基于项目教学的职业教育课程开发
研究与实践

深圳职业技术大学　组编

清华大学出版社
北京

内 容 简 介

本书立足职业教育类型特色和教育教学特征,基于项目化教学的视角,重点研究了高职课程开发理念、课程目标设计、课程整体教学设计及课程单元教学设计、教学方法与手段设计、学生学习评价方式设计、教学资源开发、教材开发、教师教学质量评价方法开发等课程开发内容。

本书主要面向职业教育战线的一线教师、教学管理人员、教育行政部门,以及致力推进产教融合、校企合作的行业企业及相关社会团体等。

本书封面贴有清华大学出版社防伪标签,无标签者不得销售。
版权所有,侵权必究。举报:010-62782989,beiqinquan@tup.tsinghua.edu.cn。

图书在版编目(CIP)数据

基于项目教学的职业教育课程开发研究与实践/深圳职业技术大学组编.—北京:清华大学出版社,2024.3
ISBN 978-7-302-64277-0

Ⅰ.①基… Ⅱ.①深… Ⅲ.①职业教育—课程建设—研究 Ⅳ.①G712.3

中国国家版本馆 CIP 数据核字(2023)第 138119 号

责任编辑:张龙卿
封面设计:曾雅菲 徐巧英
责任校对:袁 芳
责任印制:杨 艳

出版发行:清华大学出版社
    网 址:https://www.tup.com.cn,https://www.wqbook.com
    地 址:北京清华大学学研大厦 A 座 邮 编:100084
    社 总 机:010-83470000 邮 购:010-62786544
    投稿与读者服务:010-62776969,c-service@tup.tsinghua.edu.cn
    质量反馈:010-62772015,zhiliang@tup.tsinghua.edu.cn
印 装 者:三河市天利华印刷装订有限公司
经 销:全国新华书店
开 本:185mm×260mm 印 张:18.25 字 数:402 千字
版 次:2024 年 3 月第 1 版 印 次:2024 年 3 月第 1 次印刷
定 价:69.00 元

产品编号:099039-01

本册编委

本 册 主 编： 聂　哲

本册副主编： 梁召峰　覃晓燕

参编人员（按姓氏拼音排序）：

白　洁	曹　洁	陈海松	陈梅芬	陈锐浩	程律莎
池瑞楠	甘　田	何晓青	胡松华	胡希冀	江　涛
李睿璞	李　炎	林伟鹏	刘红燕	刘　敏	楼　洁
马德良	裴　茜	石　静	汤佳梅	王静霞	王茂莉
王银花	乌云高娃	吴维	肖正兴	谢利娟	徐　淳
徐平利	颜　菲	杨开亮	杨　黎	易海博	英　瑛
张喜生	张　骁	赵晓燕	朱小春		

前言

课程是学生知识、能力、素质培养的核心载体,在人才培养中具有无可替代的重要性和基础性作用。课程建设是学校教学建设的核心内容,是推进教育创新、深化教学改革、提高教学质量的最直接途径。如何建好课程是理论和实践领域常谈常新的研究主题。课程的经典概念(课业及进程)是简洁的,而课程的开发建设实践却极为复杂。不同的教育类型、多样的培养定位、科学的教学目标、具体的知识内容、灵活的知识呈现、个性的学生认知等多重要素的耦合融构,都考量着课程开发主体的教育创新思维和教学设计能力。尤其在职业教育领域,面对教育高移背景下职业教育内涵的重新定位,产业快速迭代背景下就业岗位及知识体系的不断更新,数字经济背景下学生认知及教学管理方式的赋能变更,都倒逼着职业教育战线去系统地思考、深入地研究、积极地探索、大胆地创新。

为回应职业教育课程开发的时代挑战和类型挑战,建设以对接新经济发展为主线并赋能学生未来发展的世界一流课程,自2021年以来,深圳职业技术大学启动了"金课"建设工程。学校以职业教育类型特色和数字经济时代背景为逻辑前提,以提升教学效能、提升学生学习感受、提升人才培养质量为核心旨归,以产教融合、校企合作、工学结合为总方法论,通过标准引领、项目培育、过程指导、验收总结、反思创新等环节构建了课程建设的向好发展机制。实践中,学校积累了一些课程建设经验,比如,坚持思政为先、价值引领,挖掘、梳理课程中所蕴含的思政教育元素,强化情感在教育中的"催化剂"作用;坚持校企共建、工学结合,与行业企业共同提炼岗位典型工作任务,根据典型工作任务对课程内容进行整合重构;坚持数字赋能、全面融合,建设数字化教学资源,实现个性化、差异化的学习,在规划学习计划、评估学习结果等方面开展精准教学探索等。

两年来,依托"金课"建设工程,有力推动了课程建设的理念更新、模式变革和体系重构,建成了一批优质课程,培养了一批优秀教师,建设了一批优质教学资源,培育了一批优秀课改成果,初步形成了数字经济背景下课程建设的"深职大范式"。为了进一步总结"金课"建设经验,学校组织专门力量编写了这本书。围绕课程开发理念、课程目标设计、课程整体教学及单元教学设计、教学方法与手段设计、教学资源开发、课程建设质量评价等课程开发要素进行了理论思考和实践呈现,以期为职教战线推进教育教学改革及类型化课程建设提供深职大样例。

当然,课程开发既要考虑到共时性的社会外部条件,又要遵循历时性的一般教育教学原理;既要考虑到各级各类教育的教学目标和学生特点,又要凸显不同学校在不同类型课程建设中的校本思考。这就需要教育战线充分发挥基层首创精神,积极开展课程开发创新实验,不断丰富课程建设规律,提升课程开发建设水平,提升人才培养质量,提升教育对全面建设社会主义现代化国家的有力支撑。

本书第一章由赵晓燕（北京财贸职业学院）编写，第二章由徐平利、王茂莉、杨黎、白洁编写，第三章由朱小春、胡松华、吴维编写，第四章由刘红燕、张骁、裴茜、楼洁、甘田编写，第五章由聂哲、徐淳、易海博编写，第六章由覃晓燕、刘敏、陈梅芬、英瑛、江涛编写，第七章由谢利娟、石静、马德良编写，第八章由池瑞楠、林伟鹏、曹洁、陈锐浩编写，第九章由王静霞、王银花、陈海松编写，第十章由乌云高娃、胡希冀（河北石油职业技术学院）、颜菲、李睿璞编写，第十一章由肖正兴、杨开亮、李炎、汤佳梅、张喜生编写，第十二章由梁召峰、程律莎、何晓青编写。

由于水平有限，书中还存在一些不足之处，敬请广大读者批评、指正。同时，我们也向对本书给予关心和指导的各级领导、各位专家学者表示诚挚的感谢！

深圳职业技术大学
2024 年 1 月

目 录

第一章　职业教育课程开发概述 1
- 第一节　职业教育课程的内涵与特征 1
- 第二节　职业教育课程的发展历程 5
- 第三节　职业教育课程开发的基本理论 8
- 第四节　职业教育课程开发的主要模式 9

第二章　高职课程开发理念 13
- 第一节　高职教育的定位 13
- 第二节　高职课程开发的背景 17
- 第三节　高职课程开发的逻辑 21
- 第四节　高职教育项目课程开发模式 25

第三章　课程目标设计 30
- 第一节　课程目标的内涵与分类 30
- 第二节　课程目标设计依据 35
- 第三节　课程目标设计方法 38
- 第四节　课程目标开发案例 48

第四章　课程整体教学设计 54
- 第一节　课程整体设计的基本模式 54
- 第二节　项目化教学设计 58
- 第三节　项目教学整体设计（课程标准）的体例 69
- 第四节　课程思政整体教学设计 78

第五章　课程单元教学设计 85
- 第一节　课程单元的内涵与特征 85
- 第二节　课程单元设计理念 87

第三节　课程单元设计要点 96
　　第四节　课程单元教学设计（教案）体例 110

第六章　教学方法与手段设计 117
　　第一节　教学方法的形成、发展与趋势展望 117
　　第二节　教学方法的类型 124
　　第三节　教学手段的选择与应用 134

第七章　学生学习评价方式设计 140
　　第一节　学生学习评价的内涵 140
　　第二节　学生学习评价的分类 142
　　第三节　学生学习评价的原则 148
　　第四节　学生学习评价的方式 150
　　第五节　几种典型的学生学习评价方法（含典型案例） 153

第八章　教学资源开发 164
　　第一节　教学资源的内涵与特征 164
　　第二节　教学资源的分类 167
　　第三节　教学资源开发原则 169
　　第四节　教学资源开发流程 173
　　第五节　教学资源开发案例 177

第九章　教材开发 192
　　第一节　教材的内涵与发展历程 192
　　第二节　教材的类型与特征 199
　　第三节　教材开发方法与流程 203
　　第四节　三种典型的高职教材开发案例 206

第十章　教师教学质量评价方法开发 219
　　第一节　教师教学质量评价理念 219
　　第二节　教师教学质量评价要素 221
　　第三节　教师教学质量评价标准 224
　　第四节　教师教学质量评价体系 230

第十一章　课程建设质量评价方法 240
第一节　评价方法论的基础及拓展 240
第二节　课程建设质量评价方法 247
第三节　教材开发评价方法 254
第四节　金课建设评价方法 256

第十二章　高职课程开发的挑战与对策 262
第一节　数字化时代高职课程面临的机遇与挑战 262
第二节　面向未来的高职课程开发对策 270

参考文献 279

第一章　职业教育课程开发概述

提高质量是教育的永恒主题。职业教育在规模、速度、结构、质量的矛盾运动中不断向前发展。《中华人民共和国职业教育法》(以下简称《职业教育法》)中明确指出："职业教育是与普通教育具有同等重要地位的教育类型。"由此开始,国家对职业教育提出了新的期待与要求,中共中央办公厅、国务院办公厅印发的《关于推动现代职业教育高质量发展的意见》中指出："职业教育是国民教育体系和人力资源开发的重要组成部分,肩负着培养多样化人才、传承技术技能、促进就业创业的重要职责。在全面建设社会主义现代化国家新征程中,职业教育前途广阔、大有可为。"这里的质量指的是全面的质量,包括办学质量、人才培养质量、生源质量、师资质量、管理质量等多个方面,但人才培养质量始终是最根本的。

课程是人才培养各要素和整个过程的总和。现代课程理论之父泰勒早在1949年就说过,课程是教育工作的核心。没有课程,教育就没有了用以传达信息、表达意义、说明价值的媒介。如果我们谈教育质量不深入课程领域,提高质量就会是一句空话。[1] 课程理论和实践告诉我们,课程改革要从课程目标、课程内容、课程结构、课程实施和课程评价五个要素入手,这五个方面正是课程开发的核心环节。不同的国家在不同的历史阶段为适应经济社会发展和人才培养的需要,对这五个核心要素内容进行改革,在职业教育领域形成了诸如MES、CBE、TAFE、BTEC、双元制、"工作过程系统化"、项目课程等一系列具有本土特点的课程开发模式。

第一节　职业教育课程的内涵与特征

一、课程的内涵

课程(curriculum)一词最早出现在英国教育家赫伯特·斯宾塞(Herbert Spencer)《什么知识最有价值?》(1859)一文中。它是从拉丁语currere一词派生出来的,意为"跑道"(race-course)。在我国,宋代朱熹在《朱子全书·论学》中明确提及课程,如"宽着期限,紧着课程""小立课程,大作功夫"等,这里课程的意思即指功课及其进程。随着技术迭代和社会进步,在现代主义课程观的语境中,课程不再被视为固定的、先验的"跑道",而是达成个人成长的"通道",是学生的"奔跑过程"。最常见的课程定义是"学习的进程"(course

---

[1] 翟海魂.课程是提高高等教育质量的关键[J].河南科技学院学报,2011(2):1.

of study），简称学程。逐渐兴起的后现代课程观，则把课程看作是一个复杂的、多元的甚至不可预测的开放系统或网络，强调课程是建构性的和非线性的，是形成性的而非预先设定的，认为课程是教师、学生、教材、环境之间动态交互作用的"完整文化"，是一个动态平衡的"生态系统"。

随着课程内涵的持续扩展和延伸，我们对课程的理解也是多元的，先后出现"课程即教学科目""课程即有计划的教学活动""课程即预期的学习结果或目标""课程即学习活动或经验""课程即社会文化再生产""课程即社会改造"等主要的课程观点。这些概念或观点其实反映了我们对课程本质的理解，我们大体可以将课程本质观划分为三类。

1. 确定课程是为了学习知识还是积累经验

在课程定义中，研究者对于学生在学校中是学习知识还是积累经验有着截然不同的看法。深入分析二者分歧的原因，可以发现，将课程看作为了学习知识具有一定的功利色彩，即课程是为学生将来的社会生活做准备，那么只有那些对人从事某种职业有帮助的知识才是最有价值的知识；而将课程看作积累经验，则是指人的发展是持续不断的生长过程，在这一过程中，学生的生活不能人为地将其划分为学校生活（主要是以学习为主，并发展人的科学知识和从事职业的相关技能）和社会生活。因此，研究者认为，学生经验的获得与发展是更为重要的事情。

2. 确定应强调课程的工具性还是内在性

这是课程所具有的两种功能在人们的观念意识中的体现。如果从课程所具有的外在目的出发，就会强调课程本身对于社会的意义即课程的工具性；而如果从课程对于学生所具有的发展意义出发，则会强调课程的个体意义即课程的内在性。前者关注课程的社会价值和意义，更多地用社会发展的价值取向对课程进行界定，后者则从学生的发展出发，强调学生自己在教师的引导下及在教育环境中所获得的经验。对课程的这两种属性的强调都有其自身价值，强调一个而忽略另一个都可能会造成我们教育目标的偏颇。

3. 确定课程是学科还是活动

在课程理论研究中，虽然为数众多的研究提出课程即经验或活动，但在实际的课程内容的论述中却将课程看作是学科。这其实是在如何编排和组织课程内容的形式上有所区别的。如果把课程看作学科，编排课程时就应体现学科知识的完整性和系统性；如果把课程看作活动，就可以按照组织学生学习活动的逻辑或体系来编排课程。

职业教育课程的发展同样受课程观的影响，课程观从本质上讲不存在普通教育和职业教育的区别。职业教育人才培养的目标与定位决定了其课程在促进学生发展的同时，更加注重实践经验的获得，更加强调课程服务经济社会发展的功能，更适合通过活动来组织实施。根据我国学者黄尧的观点，职业教育课程从本质属性上讲可以划分为学科课程和活动课程两大类，或者说走过了从学科课程发展到活动课程的两个阶段。徐国庆教授从"解构学科课程"到"超越任务课程"再到"提出项目课程"，将活动课程进一步聚焦到项目课程。

二、职业教育课程的特征

职业教育与普通教育是两种不同的教育类型,在人才培养目标定位与培养路径上有着根本的区别,这种区别体现在课程的目标、课程内容、课程实施、课程开发、课程评价等诸多方面。

1. 职业教育课程目标的定向性特征

课程目标是受教育者的质量规格标准,是教育目的和培养目标的具体化,职业教育课程目标具有明确的职业定向性。首先,职业教育从诞生之日起就是为就业做准备的教育,有明确的就业岗位(群),培养学生掌握特定的职业素质、知识和能力,以满足职业活动的要求。即使是公共课,也强调为专业课服务的导向。其次,职业教育课程目标兼顾就业与职业发展双重需要。伴随岗位工作中应用的知识技术日趋综合、劳动者转岗日趋频繁,课程目标不仅要适应经济、社会的发展,满足学生当下就业需求,更应重视学生可持续发展的综合能力培养,引领经济、社会发展。

2. 职业教育课程内容的应用性特征

课程内容是为实现课程目标服务的。职业教育课程目标的"职业"定向性决定了课程内容必须突出应用性。在课程内容和课程安排上要进行必要的调整,对理论知识的教学强调"必需、够用",增加与专业相关的实用性较强的选修课,增加综合素质教育、创新能力培养、创新精神训练等方面所必需的课程;及时反映与职业相关的最新科技成果,融入职业资格证书、职业技能等级证书要求;强化实践环节教学,提升学生的直接经验,大力培养学生的实践能力,实现与岗位的无缝衔接。

3. 职业教育课程组织的活动性特征

技术技能人才的培养不能靠纸上谈兵,需要在实践中不断积累经验,活动课程是最好的选择。活动课程是打破学科逻辑,以学生的兴趣、需要和能力为基础,通过组织系列活动而实施的课程。我们现在所熟知的几种活动课程开发方法,如基于能力本位的DACUM课程开发、工作过程导向课程开发、项目课程开发,都将课程本质的认识从知识转移到了人的活动。如能力本位的课程认为能力是为了完成职业活动所应具有的知识、技能和态度的综合,所以职业教育就要筛选那些能够有利于学习者从事职业活动的知识点、技能点和素质点。这就需要分析职业活动本身,需要将职业活动进行分解,以完成该职业活动所需要的能力为基础,分析哪些课程内容能够支撑该能力的培养,从而构建起课程体系。工作过程导向的课程,则通过对工作过程的深入分析,认为工作是特定顺序和结构相对固定的一个系统,在这个系统中存在对象、工具、工作方法、劳动组织和五个主要的工作步骤。在此基础上形成了工作过程导向的课程,其开发和形成课程的起点不是学科的知识领域而是职业活动中的工作过程,最终是要培养学习者的专业能力、社会能力和方法能力等。项目课程则是基于智能化时代岗位工作的性质,以工作任务为课程设置与内容选择的参照点,以项目为单位组织内容并以项目活动为主要学习方式的课程模式。

4. 职业教育课程开发的跨界性特征

从课程开发主体来看,职业教育课程开发具有跨界性特征,学校、企业、政府、行业协会(学会)共同发力,教育专家、企业人员、管理人员、教师、学生等多方面人员参与,采用典型的职业教育课程开发模式进行课程开发,课程标准就是课程开发的一个显性成果。一般而言,由政府统筹研制公共课课程标准,教师依据课标,针对本学校人才培养特色和资源特点,具体落实课程标准。专业课则由学校主导,联合行业企业,通过人才需求调研、职业能力分析、典型工作任务提炼、课程内容确定、课程结构编排等系列工作,共同研制课程标准。

5. 职业教育课程实施的高标准特征

课程实施是通过教师将课程内容传递给学生的过程,是教师根据人才培养方案和课程标准,选择合适的教材,运用丰富的教学资源,采取有效的教学方法,使静态课程动态化以影响学生的过程。对于职业学校,与普通学校相比有三个方面的高标准:一是职业教育课程实施的师资要求高,需要"双师型"教师,既要有理论知识,又要有实践经验。二是职业教育课程实施条件要求高,需要有大量的实训室、实训基地、实训仪器设备等,具有投入较大的特点。三是职业教育课程实施的方法要求高,需要因材施教,适应职业院校生源结构复杂、培养方式多样、学习需求多元的挑战。

6. 职业教育课程评价的发展性特征

评价一般指对人物或事物的衡量,特别是对事物的用途和积极作用的判断。因此,课程评价既包括对课程的设计、实施以及结果的价值判断,也包括对课程功能实现的价值判断,即课程是否满足了个体和社会发展的需要。一方面,课程评价从重视甄别筛选功能转变为"面向人人",促进受教育者人人成才,多元发展,因此从评价方法上也从相对评价转变为诊断性评价、个体内差异评价、档案袋评价等。另一方面,课程评价从只注重对课程本身的评价转变到关注课程实施效果以及对行业企业支撑作用的评价。

三、职业教育课程开发

课程开发由课程编制、课程建构等词发展而来,在 1935 年美国学者卡斯韦尔和坎贝尔出版的《课程开发》一书中首次提出。[1] 我国教育领域的专家对课程开发均有自己的观点。施良方在《课程理论:课程的基础、原理与问题》中,将课程开发定义为完成一项课程计划

---

[1] 尹蓉,桑彬彬.我国职业教育课程开发研究综述[J].广西广播电视大学学报,2019(5):72.

的整个过程,包括确定课程目标、选择和组织课程内容、实施课程和评价课程等阶段。王本陆提出课程开发主要指教育工作者对课程精心设计、实施、评价并管理的动态过程,目的在于使课程功能不断适应社会发展和人成长的要求。作为一个整体过程,课程开发包括课程编订、实施、检验,以及修正、完善和再检验。赵志群认为,课程开发是使课程的功能适应社会、经济和技术发展需求的、持续决定和改进课程的过程,并围绕优化理论与实践关系角度,将职业教育课程发展分为三个阶段:一是理论与实践并行的课程,二是理论服务于实践的课程,三是理论实践一体化课程。未来课程发展将需要关注信息化发展要求"基于工作学习"的特点和规律。[1] 姜大源认为课程开发有两个重要决定性因素,即课程内容的选择和课程内容的结构化。

从不同专家的界定可以看出,课程开发是一个动态变化、不断改进的过程,包括目标的确定、内容的选择、结构化组织、课程的实施和评价等;课程的开发要适应社会发展,课程的开发理念及课程内容要随着时代发展不断更新迭代,新一代信息技术与教学资源的建设将对课程开发产生重大影响,数字课程与数字教材正逐步兴起。

第二节 职业教育课程的发展历程

职业教育的课程变革深受社会政治、经济、科技及教育政策的影响。纵观第二次世界大战(以下简称"二战")后国际职业教育课程改革和发展的历程,大体经历了知识本位主导、能力本位主导、能力本位与人格本位融合和走向素质本位四个阶段。这四个阶段之间没有明显的界线,构成人的素质结构所需要的知识、能力和人格等要素从来都没有分离过,只是在不同的阶段,三者在课程建构与实施中各自所占的内容配比和实施方式不同。

一、知识本位主导阶段("二战"后至 20 世纪 70 年代)

"二战"极大地消耗了参战各国的物力、财力和人力,给世界各国带来了严重的创伤。为尽快走出战争阴霾,恢复正常的经济、生产和生活,社会急需各类人才投入建设,尤其是在生产一线从事基层和中层劳动岗位的人才最为缺乏,因此,主要发达国家的政府采取了一系列有力措施来发展教育,特别是大力发展职业教育。如这一时期美国颁布了《职业教育法》及其修正案,英国政府颁布了《技术教育白皮书》,制订了详细的职业教育改革方案,以此来促进职业教育的发展。社会需求刺激了教育规模的急剧扩大和就读人数的快速增长,而这一时期政府并未对教育质量提出要求,职业教育内部没有提升教育质量的动力和压力,因此教育教学方面基本沿用了以往的方式,反应在课程的建构和实施上,基本沿用普通高等教育学科课程体系,对课程内容稍加改良,以学校为教育的主要实施场所,通过班级授课传授学科知识。知识本位的课程势必忽视学生的实践训练和能力培养,在一定程度上影响人才培养的质量。

---

[1] 赵志群.我国职业教育课程模式的发展[J].职教论坛,2018(1):52.

二、能力本位主导阶段（20世纪70年代至80年代中后期）

20世纪70年代，受中东石油危机的影响，西方国家发生了规模空前的经济危机，失业人口猛增。在激烈的就业竞争中，人们发现职业教育，特别是高等职业教育培养的人才备受青睐，大批青年选择进入职业院校学习职业技能，这使职业教育获得了进一步发展。在发展过程中，职业教育内部也在不断总结经验，对失业问题进行反思并积极寻找对策，各国纷纷采取一系列教育教学改革措施来促进高等职业教育的发展，增强职业教育与就业的相关度，表现在课程上就是以能力本位为取向来建构和实施课程，课程目标从强调单一的岗位技能逐步过渡到强调职业的可迁移能力和综合能力，通过对职业岗位的分析来获取学生就业和发展所需的职业能力，紧贴行业企业前沿组织课程内容，注重动手操作等实践能力的培养，学生以先前的知识和经验为基础，通过岗位实践训练来提升自身的职业能力。具体到课程模式，先后出现了加拿大的CBE课程模式、国际劳工组织的MES课程模式、英国的BTEC课程模式和德国的双元制模式等。

三、能力本位与人格本位融合阶段（20世纪80年代中后期到90年代中后期）

人格本位主要是针对"能力本位"的弊端提出的一种教育理念或人才培养价值取向，其理论依据是欧洲的人格主义教育学，强调独立人格的价值，认为教育培养的是个体的人格，而不只是培养技能或能力。从能力本位向人格本位的倾斜也与经济社会的发展和科技进步带来的人的异化有很大关系。随着经济的发展、科技的进步和文化的日益繁荣，人们在享受新知识、新技术、新方法带来的便利的同时，也深刻地感受到了前所未有的迷茫，部分人的信仰日渐缺失，道德逐步沦丧，精神开始空虚，社会开始纷纷指责职业教育培养的是"机器人""工具人"，这促使职业教育的理论研究者和实践工作者开始反思科技主义的弊端，重新思考职业教育到底培养什么人的问题。在这种社会文化背景下，社会发出强有力呼声，强调加强人文精神的培养，重视学生人格和品行的修为。在这一阶段日本通过法律的形式鲜明地提出人格本位教育理念，指出教育的目的就是要促进学生"人格的形成"；美国通过对"劳动力本位"的界定潜隐地重视起学生人格的养成；德国也开始对双元制教育模式进行了改革，提出"学习领域"课程的概念，并将社会能力与方法能力和专业能力相提并论。不过，值得注意的是，虽然已提出人格本位的教育主张，但课程建构及实施过程中能力的培养始终没有松懈，只是对课程的类型配比等方面做了调整。

四、走向素质本位阶段（20世纪90年代中后期至今）

伴随着知识经济和信息时代的到来，20世纪90年代中后期，各国开始进行经济结构调整和产业升级改造，劳动密集型产业逐步被知识密集型产业所替代，社会对人才的层次和规格的要求也随之发生了变化，全面、综合型的高素质人才备受青睐。社会的呼声得到了教育界的回应，联合国教科文组织在《教育——财富蕴藏其中》的报告中指出"教育应当促进每个人的全面发展,即身心、智力、敏感性、审美意识、个人责任感、精神价值等方面的发展";欧盟委员会在《教与学:迈向学习化社会》文中指出要培养厚基础、宽口径、具有就业竞争力的人;《技术和职业教育与培训:21世纪展望——致联合国秘书长的建议书》认为,大学水平的技术和职业教育,除了开设高级专业化课程之外,课程中还应该包括使那些在科学技术领域内负主要责任的人,树立起把他们的专业与更伟大的人类目标紧密联系的态度;国际经合组织发布的《为职业而学:职业教育与培训》的报告再一次指出,职业教育必须在培养符合劳动力市场需求技能的同时,培养学生可迁移的能力与素质,注重学生的终身发展。在这一时期,美国、德国、英国等发达国家在职业教育发展政策和课程建构中都不约而同地转向融知识、能力、人格等要素于一体的素质本位,以便能促进作为主体的人的整体素质的提升和职业生涯的持续发展。[1]

综上所述,通过梳理当代国际职业教育课程变革与演进,结合专家的相关描述,可用表 1-1 表述。

表 1-1 当代国际职业教育课程变革与演进[2]

阶段	知识本位主导	能力本位主导	能力本位与人格本位融合	走向素质本位
时段	"二战"后至20世纪70年代	20世纪70年代至80年代中后期	20世纪80年代中后期至90年代中后期	20世纪90年代中后期至今
社会背景	战争结束,寻求经济恢复和安居乐业;劳动力供不应求;教育规模发展迅速	经济危机,人员失业;普通教育受质疑,职业教育受重视;产学合作深化;劳动力供大于求	知识经济、信息社会、社会转型;人格异化;终身教育理念兴起;新技术不断出现;岗位变更频繁;就业竞争压力大	知识经济的不断深入;经济全球化;人本思想、主体思想、终身学习思想的强化;全球化金融危机的冲击;就业竞争压力的加剧
课程取向	学科知识	岗位技能—职业能力—综合职业能力	关注迁移与适应能力;重视人格品质	强调作为人与职业生涯发展的普适性、职业性和发展性整体素质的培养
课程实施主体	学校	以学校为主的产学结合	逐步走向以企业为主的产学合作——学校企业行业等多元办学主体	行业指导、学校和企业主体,其他主体协助,多主体合作
课程结构	学科系统化、以知识的系统性和完整性来组构课程;重理论轻实践	根据职业分析和岗位分析确定课程内容;理论与实践交替的课程;教学做一体;基于工作过程、行动导向	宽口径、模块化课程;人文课程增加;弹性学制	多元整合的课程模式;文化基础课程与专业课程整合,人文课程与科技课程的整合;理论课程与实践课程一体、专业课程与职业资格课程融合,职业发展课程和创新创业课程结合;国内课程与国际课程结合;弹性学制

---

[1] [2] 张良.职业素质本位的高职教育课程建构研究[D].长沙:湖南师范大学,2012:43-46.

第三节　职业教育课程开发的基本理论

一、学科结构课程理论

学科结构课程理论认为,知识是课程中不可或缺的要素,强调要把人类文化遗产中最具学术性的知识作为课程内容,并且特别重视知识体系本身的逻辑程序和结构,因而通常把学术性作为课程的基本形式。主张以学科的知识结构作为课程设计基础的理由是学科结构是深入探究和构建各门学科所必需的法则。学科结构由三种结构组成：组织结构,即指一门学科不同于其他学科的基本方式,同时也标明了这门学科探究的界限；实质结构,即指探究过程中要回答的各种问题,也就是指基本概念、原理和理论；句法结构,即指各门学科中收集数据、检验命题和对研究结果做出概括的方式。

二、社会改造课程理论

社会改造主义课程理论以布拉梅尔德为代表,是在经验主义课程范式的基础上发展起来的。它克服了经验主义重适应轻改造、重现在轻未来、重过程轻结果等缺陷。它把重点放在当代社会的问题、学生关注的社会现象,以及社会的改造和规划等方面,不太关注学科的知识体系。这种理论的核心观点是课程不应该帮助学生适应现存社会,而是要建立一种新的社会秩序和社会文化。它的主要特点是主张以广泛的社会问题为中心,让学生要尽可能多地参与到社会生活中去。

三、学生中心课程理论

学生中心课程理论也称儿童中心课程理论,主要倡导者是美国实用主义教育家杜威。学生中心课程具有实用性、综合性、实践性等特点,是以儿童的现实生活特别是活动为中心来编制课程的理论,主张应该以学生的兴趣和爱好、动机和需要、能力和态度等为基础来编制课程。这种课程有三个基本主张：一是课程的核心不是学科内容,不是社会问题,而是学生的发展；二是课程内容不是既定不变的,而是随着教学过程中学生的变化而变化的；三是课程强调应以学生实际经验为起点,以活动和问题反思为中心,从做中学。

四、后现代主义课程理论

后现代主义课程理论是20世纪80年代中后期以来,伴随着后现代主义哲学和文化思潮在美国逐渐繁荣起来的课程研究取向。后现代主义课程观可分为批判性的后现代主义课程观和建设性的后现代主义课程观。前者运用后结构主义观点或解构主义观点对以往的课程观进行全面的批判和结构；后者综合吸收经验主义课程观、结构主义课程观、实践主义课程观的积极因素,运用后现代哲学思维方式对课程领域进行重建。强调课程应具有适量的不确定性、模糊性,教学要根据具体实际制订恰当的、适合学生实际的课程目标,主张通过跨学科的、非线性的和流动鲜活的综合课程把学生置于现实生活中,学习现实生活世界所需的知识与技能。

第四节　职业教育课程开发的主要模式

模式是解决问题的一种方式、方法,是一种参照性的指导方略,在一个良好的模式指导下,有助于按照既定思路快速做出一个优良的设计方案,有助于高效完成任务,达到事半功倍的效果。职业教育课程模式是指根据职业教育人才培养目标,在某种教育理念或课程理论的指导下,根据课程目标和课程功能来组织课程内容、安排课程结构、设计课程体系、确定课程实施途径和所需资源及条件的一种方式或范式。职业教育课程模式既是一种结构模式,也是一种功能模式,同时是动态模式,它一方面要规定课程结构并设定其相互关系以形成课程体系,另一方面这种特定的结构又指向某种特定的功能假设,同时,课程模式的构建是通过一系列规定性动作完成的,是一个动态的开发过程。从国际范围来看,目前应用范围比较广,社会认可度较高的课程模式有五种。

一、世界职业教育五种典型课程开发模式

1. MES 课程模式

MES 是 modules of employable skill 的简称,国内翻译为"就业技能模块组合"。这种课程模式是 20 世纪 70 年代由国际劳工组织综合并借鉴欧美发达国家课程改革的经验,以系统论、信息论和控制论等为基础开发出的一种职业技能培训模式。MES 课程模式在职业教育课程改革过程中起到了启蒙的作用,使"模块"的概念深入人心。模块的开发是通过一系列分析得来的。首先,通过对人类社会所有的经济活动进行分析,按照活动的性质和任务分为若干个"职业领域",再将"职业领域"内的生产活动按照工作条件、环境、要求及相互关系划分为若干个"工作范围",然后按照生产活动的性质和任务对"工作范围"进一步分割成若干个工作,每一个工作就是一个职业技能系统,每个系统有其工作规范或技能标准。MES 将一个职业技能系统再按照活动对象或活动顺序继续细化,分到不能再分的部分叫"模块",模块本身就是一种就业技能。MES 课程选择、组合课程模块或学习单元的基本依据是培训大纲,大纲的设计是按照培训需求,根据工作任务描述、模块分析、学习单元分析等完成的。

2. CBE 课程模式

CBE（competency-based education）是加拿大职业教育的特色,是以职业能力培养为本位的课程模式。这一课程模式通过对经济和教育形势、人才市场需求、职业能力、教学组织等一系列分析来建构,DACUM（developing a curriculum）表分析法是这个模式的最大特色,在我国常将运用 DACUM 法开发的课程称为 CBE 课程模式。这一方法以职业分析为起点,以满足工厂企业对教育对象的要求为基本原则,与用人单位合作,建立由企业代表组成的顾问委员会进行课程开发。具体做法是由在某一职业长期工作、经验丰富的优秀从业人员组成一个专门委员会（称为 DACUM 委员会）,使用头脑风暴法（brain storming）等技巧,将

一个职业目标进行工作职责和工作任务两个层次的分析,分别得出综合能力和专项能力,再对每一个专项能力分别进行具体详尽的说明,最终形成一张 DACUM 表及说明。接下来由课程开发专家、教师等组成的教学分析委员会根据此表进行教学分析,把职业世界对人才提出的能力要求转化为教学内容方面的具体要求。也就是根据此表来确定教学单元(或称模块)。这些单元具有明确的教学内涵,然后将教学单元按知识和技能的内在联系排列顺序。若干个相关单元可组成一门课程。在这些课程中可确定核心课程(或称基础课程)和职业专门课程、预备课程,再按课程间的相关关系制订教学计划。[1]

3．TAFE 课程模式

TAFE 学院中的课程,是面对特定的教育、培训对象开发出来的一组结构严谨的教育或培训课程,包括国家资格课程、用户选择的培训课程、商业运作的培训课程和培训招标项目四类。在课程设置上,以技术应用能力和职业素养为培养主线和"实际、实用、实践、实效"的原则设置课程,采用模块化的课程结构。澳大利亚 TAFE 学院的课程设置以市场需求为前提,以行业组织制定的职业能力标准和国家统一的证书制度为依据,具体内容和设置由企业、专业团体、学院和教育部门联合制订,并根据劳动力市场变化情况不断调整。TAFE 模式的课程是由各州依据国家行业培训咨询机构制订和开发的培训包,根据行业和课程的类别设置不同的教育服务部门来统一实施课程开发工作。按岗位需求,把应具备的知识和应掌握的技能进行分解,并将行业标准转换成课程。课程逐渐向能力本位转化,不再追求学科体系的逻辑严密性,而是采用模块化的课程结构,以职业能力为中心,按照能力单元要素来开发学习模块。在整个课程设置中只设有专业基础课和专业课。所谓模块化,就是把教育内容编排成便于进行各种组合的单元,一个模块可以是知识单元,也可以是操作单元,还可以是一个情景模拟单元,同一模块可以供一个专业使用,也可以供好几个专业共用,学生既可以根据自己的需要选学不同的课程模块,也可以对模块做增减。模块都是为适应职业群需要而设计的知识单元与技能单元,而且以专业技术训练为主,以职业资格为导向设计课程结构,组织课程内容,着眼于能力的培养。在教学组织上,方式非常灵活,教学和考核的重点放在学生的实际工作能力上,学生的实践时间,一般占总学分的 1/3 左右,有的专业甚至更长,其课程设置和教学内容上也很注重开始实务能力方面的课程,把实践和未来工作紧密结合起来,许多课程不是在学校上,而是在校外由专家上。[2]

4．BTEC 课程模式

BTEC 是 business & technology education council 的简称,被译为英国商业与技术教育委员会,这是英国最重要的职业资格认证和颁布证书的机构。目前英国的 BTEC 课程分为证书课程和文凭课程两类,每类又有初级、中级和高级三个层次,涵盖了商业、旅游、餐饮等

---

[1] 胡宇彬．他山之石可攻玉否——对高职CBE课程模式的思考[J]．学理论,2010(18):268.
[2] 平若媛,龙洋,白地动．财经类高等职业教育工学结合人才培养模式探索与实践[M]．北京:北京邮电大学出版社,2013:19-20.

多个职业领域。BTEC课程目标强调通用能力的培养，主要目的是让学生获得一种有利于他们将来职业发展的教育，并且尽可能提高他们的职业技能，使他们在实现就业的同时也为将来的深造、晋升、转岗奠定基础。[1] 课程开发基于职业资格标准，专家通过对企业的分析，把工作需要的知识、能力及品质等融入课程目标，系统地进行综合并编写教学大纲，采用模块化的课程结构，在教学实施过程中体现以学生为中心的理念，采用弹性选课和学分制的管理方式，以学生为中心进行课程的编制、教学内容处理，虽没有固定的教材，但有极其严格的教学要求。此外，BTEC有一套完整的职业教育证书体系，与其他类教育证书互相沟通，互相衔接，受到英国本土甚至海外学生的认可。可以说BTEC课程是英国在职业教育课程改革过程中形成的一套比较完整的课程开发和建构模式，对其他国家有一定的借鉴意义。

5. 双元制课程模式

在课程设置上，采用以能力为本位的课程模式，以职业活动为中心选择课程内容，从总体上讲旨在培养学生适应就业所需要的能力，包括工作中分析、解决和总结问题的能力；操作、应用、维护与维修能力，以及独立工作、协作、交往、自学等一系列关键能力。它是一种建立在宽厚专业训练基础上的、综合性的并以职业活动为核心的课程结构。课程设置不按学科体系顺序设置，理论教学与实践教学都突出强调实用，具有很强的岗位针对性与实用性。课程内容的选择以职业活动的行为过程为导向，将基础知识和专业知识合理组成一个专业技术知识体系，"双元制"实践课程的设计更加突出了以职业活动为中心的特点。在教学上特别强调宽而深的理论基础、技术上和方法上的经验、整体的思考结构以及小组中的行为方式。教学中每个项目除了包含相应的专业知识外，都含有商业、项目和过程管理以及讲解技巧的内容，以培养学生在企业的组织方面和经营方面的能力。通过这种整体性项目的训练，达到培养学生综合职业能力的目的。在企业的实训中，为了拓宽和加深专业知识，需要向学生传授一些有针对性和应用性的专业知识；为了加强学生对理论与实践的全面认识，需要介绍企业领域的广泛联系和交往的经验。如通过微型控制器项目，使学生获得跨专业的基础知识；通过灵活的生产项目练习，如生产、装配和维修，使学生获得专业知识；通过处理实际中的用户订单，使学生获得综合运用知识技能的能力。在教学组织上，以学生为主体，采用行动导向教学法，理论教学由传统的教授法向启发式、讨论式和小组学习式转变。[2]

---

[1] 张冰洁.中英职业教育课程模式比较研究——以英国BTEC课程模式为例[J].职业教育研究，2015(1)：15.

[2] 平若媛，龙洋，白地动.财经类高等职业教育工学结合人才培养模式探索与实践[M].北京：北京邮电大学出版社，2013：11-12.

二、我国职业教育两种主要课程开发模式

1. "工作过程系统化"课程模式

"工作过程系统化"模式和"工学一体化"模式都是德国"学习领域课程"在中国的"修订版"。两种模式名称不同,本质上并没有差异,都强调工作过程和工学结合,只是前者在"系统化"方面有其独特性。随着国家级重点中等职业学校认定工作和国家示范性高等职业院校建设计划的推进,这两种课程模式普及至全国。特别是"工作过程系统化"模式被写入职业院校国家精品课程评审标准之中,使其在实践得到更加广泛的应用。

2. 项目课程模式

职业教育项目课程是基于智能化时代岗位工作的性质所提出的。"项目课程"和"任务引领型"两大模式诞生于上海,两者名称不同,但机制相同。"项目课程"概念由来已久,在企业培训中被普遍应用,并产生了许多理论和实践成果。此外"项目导向""项目教学"这些概念被写入国家职业教育文件,并在实践中持续推广。因此,当项目课程作为职业教育课程的开发模式出场之后,职业院校比较容易接受并落实在课程改革中。

第二章　高职课程开发理念

高职教育体现高等性和职业性的统一,是中国教育对世界教育的一种独特贡献。但是,在新时代中国社会主要矛盾发生转变、全球产业经济转型升级、数字化技术快速发展和绿色职业教育发展理念等背景下,我国高职教育培养目标仍然需要在新机遇和新挑战中实现重构,基于技术知识复杂性学习逻辑开发课程。高职院校不仅要重视在课程内容中融入复杂工作及未来深造所必备的复杂性技术知识,而且要使专业课程内容及时跟上产业升级脚步,要强调职业教育课程开发"绿色技能",把人的可持续发展能力作为根基,把校企双元育人作为路径,把及时更新技术作为牵引,把项目遴选作为抓手,重视项目课程的价值,不断深化改革高职教育的项目课程。

第一节　高职教育的定位

在高职教育定位上,我国已经明确与普通高等教育同等重要的高职教育类型定位,形成了培养复合型高素质技术技能人才的目标定位,并由此不断健全适应社会和个人发展需要的高职教育体系。

一、类型定位和中国方案

1. 立法明确高职教育的"类型定位"

自1999年"高校扩招"以来,经过20多年发展,我国已建成世界上规模最大的高职教育体系。特别是党的十八大以后,我国高职教育步入规模与质量、效率与公平协调发展的快车道,探索了一条适合中国经济社会发展道路的高职教育人才培养模式。但是,由于我国高职教育在实践层面长期以专科层次教育为主,由此产生了"类型"与"层次"的认识冲突。这种"类型说"和"层次说"的争论从20世纪90年代就开始了,争论的焦点是"高职教育的学制是否与普通高等教育对称的问题",[1] 简言之,即要不要发展本科以上层次职业教育的问题。2014年,《国务院关于加快发展现代职业教育的决定》提出分类推进本科层次职业教育;2019年,《国家职业教育改革实施方案》强调要求开展本科层次职业教育试点,教育部、财政部共同启动实施中国特色高水平高职学校和专业建设计划,提出了"引领改革、

---

[1] 蒋广庭.对高职教育定位中"类型论"与"层次论"的探讨[J].教育与职业,2010(6):11-14.

支撑发展、中国特色、世界水平"的建设要求。2019年以来,教育部先后公布23所本科层次职业教育试点学校和4所独立学院转设的本科层次职业学校,组织论证形成涉及16个专业大类的80个试点专业。2021年年初,教育部颁布《本科层次职业教育专业设置管理办法(试行)》,确立了本科职业教育专业设置管理的国家制度。各个省、自治区、直辖市亦根据自身情况,相继出台了落实国家高职教育改革政策的具体方案。2022年,"职业教育与普通教育是两种不同教育类型,具有同等重要地位"的政策内容,不仅体现在本科层次职业教育的办学实践中,而且反映在新修订的《中华人民共和国职业教育法》当中。这就是说,我国通过立法明确了高职教育的类型定位。

2. 培养技术技能人才的"中国方案"

近年来,随着我国对职业教育尤其是高职教育的高度重视和大力投入,我国高职教育培养大批高素质技术技能人才、助推社会共同富裕和促进技能型社会建设的重要作用日益彰显,高职教育是高等教育独特类型的观点得到普遍认同。而且高职教育学术界越来越重视中国特色高职教育理论和学科建设工作,全国各地高职院校持续进行高职教育本土化创新探索,为有中国特色的高职教育理论建构提供实践基础。2014年,"国家级教学成果奖"设立了"职业教育国家级教学成果奖",全国教育科学规划课题职业教育立项数量稳步增长,高水平的学术论文和著作数量逐年增多。[1]总之,我国高职教育理论探索取得了不少成绩,形成了专业研究和实践探索相结合的格局,当代技术迭代性和技术知识复杂性特征使职业类高等教育水平能够不断向上递升,这一点也在理论上已达成共识,指引着囊括专科、本科乃至专业硕士研究生等多个教育层次的高职教育体系建设。可以认为,我国高职教育探索形成了培养应用技术人才的"中国方案",如职业教育理论研究者姜大源所说:"进一步提炼其中的经验并升华为教育理论,中国高等职业教育将以其独特的内涵与形式自立于世界高等教育之林,这很可能是中国对世界教育所做的独特贡献。"[2]事实上,我国高职教育所形成的中国特色、职业特色、原创特色业已成为中国教育对世界教育的一种独特贡献,其在国际上的影响力日益增强。

二、从类型定位看高职教育人才培养目标

1. 高职教育培养目标已经实现"高等性"和"职业性"相统一

自20世纪末开始,国内学界对于高职教育"高在何处"的问题展开了热烈讨论,这一问题涉及高职教育的定位和内涵,具有重要的理论价值和实践意义。有人认为,职业教育在世界教育史上本就是针对中等教育以下层次的,不存在"高职教育"概念;有人认为,相对于普通高等教育的学术性特征而言,高等职业教育的"高等性"受到质疑;有人认为,高职

---

[1] 王扬南.2013—2017职业教育科研情况综述(数据视角)[J].中国职业技术教育,2018(4):14-29.
[2] 姜大源.论中国高等职业教育对世界教育的独特贡献[J].中国职业技术教育,2015(36):11-19.

教育的"高"主要体现在职业技能的高标准和高素质方面而非层次方面,等等。高职教育"高在何处"困扰了学界较长时间。《国家职业教育改革实施方案》(国发〔2019〕4号)颁布之后,高职教育的定位逐渐明晰,越来越多的学者从类型教育的角度对高职教育的"高等性"进行把握,突破"高等性"和"职业性"的二元思维,使二者实现有机统一,"'高等性'不再强调与普通高等教育对齐,而是强调能够处理更复杂、更高端的'职业性'问题"。[1] 此种理论共识推动了政策变迁及实践发展。

2. 高职教育培养目标需要在新机遇和新挑战中实现重构

如今,全球科技革命和产业经济变革的脚步非常迅速,数字经济成为继农业经济、工业经济之后的主要经济形态。2020年中国数字经济规模39.2万亿元,比重占GDP的38.6%,增速是GDP增速3倍以上。[2] 毫无疑问,科技革命和产业变革必然引起人才需求的变革以及教育培养方式的变革,我国高职教育改革在新经济的人才新需求和"不同类型、同等重要"的制度新设计中,迎来了新机遇和新挑战。研究表明,数字化人才能力不仅包括数字化思维和创新能力,也包括利用各种资源进行自我提升和突破的能力。因此,高职教育人才培养目标需要在新机遇和新挑战中实现重构。正如教育部部长怀进鹏所指出的,当今世界正经历百年未有之大变局,教育必须主动变革,坚持促进人全面发展的教育观,提高数字化与绿色转型能力。[3] 如今,一方面,我国很多区域形成了具有国际竞争优势的产业集群,对高职院校扎根区域产业发展培养高素质技术技能人才提出了更高要求;另一方面,高职院校和产业企业双方相向而行、密切互动,共同探索产教融合和校企合作的创新机制。事实上,加速推进的产业经济变革正在倒逼我国高职教育深化改革、重构人才培养目标。

三、从类型定位看高职教育的课程改革

1. 目前我国高职教育课程模式面临实践困境

就课程开发模式而言,我国职业教育40年走了一条"放眼世界—借鉴移植—中国特色"的道路。目前,我国职业教育工作者已经树立了以工作任务和职业能力为导向的课程理念,形成了一套以行为主义为核心的职业教育话语体系,产出了一批富有特色的职业教育课程开发成果。概括地说,我国职业教育课程论的主要特点是就业视角、技能本位、行动导向、工学结合。中职教育如此,高职教育亦如此。但是,目前我国高职教育课程是基于传统经济"就业导向"理念建立的,其缺点是过于工具化,难以从根本上解决数字化时代的就业难问题。事实上,从目前高职院校教师的课程的开发与教学设计中,难以看出中职教育和高职教育的

---

[1] 匡瑛.高等职业教育的"高等性"之惑及其当代破解[J].华东师范大学学报(教育科学版),2020,38(1):12-22.

[2] 中华人民共和国中央人民政府官网.习近平出席中央人才工作会议并发表重要讲话[EB/OL].(2021-09-28).http://www.gov.cn/xinwen/2021-09/28/content_5639868.htm.

[3] 大力推动教育数字化转型!教育部长怀进鹏提出三点倡议[EB/OL].(2022-06-29).http://www.chinacec.org.cn/a/news/hangye/1052.html.

不同,也难以看出专科层次高职教育和本科层次高职教育的区别。也就是说,目前我国高职教育课程模式不是从工作中的技术知识学习逻辑出发建构的,而是从工作中的岗位技能需求训练出发建构的,这种建构缺少技术技能的"递升逻辑",因而在技术迭代加速的数字化时代难以应对。在这个意义上,有学者提出未来应当探索一种"基于工作学习"(work-based learning)的新课程模式,[1]这是一种正确的改革方向,但是就本质基础而言,新课程模式改革应当基于技术知识复杂性学习逻辑而展开。

2. 从类型定位看基于技术知识复杂性学习逻辑的高职教育课程模式改革

高职教育是高等教育的重要类型,不是高等教育的专科层次。就职业教育的类型定位而言,近年出台的一系列职教新政策以及新近颁布的修订版职业教育法,都明确提出培养职业教育培养"技术技能"人才,这是一个结构性和动态性概念,体现了从职业教育培养人才是从技能到技术的一个层级结构,而且是动态发展过程,既不断递升,又不断回归和证实自身。因此,高职教育应当基于技术知识的结构逻辑培养人才。技术知识既有复杂的外部来源,又有复杂的层级结构和特征,这种复杂性为类型定位的高职教育不断递升培养具有本科、硕士、博士学位的应用技术人才提供了学理基础。

美国著名经济学家、复杂性科学奠基人布莱恩·阿瑟(W. Brian Arthur)在其经典著作《技术的本质》中描述了技术知识复杂性的大致轮廓,简单说就是技术由许许多多、大大小小不同的"技能模块"构成,技能模块的"排列组合"就是技术进步,阿瑟称为"技能的集成化过程",也是"技能知识"向"技术知识"的递升过程。[2]在数字化时代,技术更加体现了其复杂、多变和敏感特征,如果新时代高职教育课程模式不是从工作中的技术知识学习逻辑出发建构,那么高职教育培养人才就是滞后而僵化的,无法适应工作世界的急剧变化。因此,从高职教育的类型定位出发,基于数字化经济的技术知识复杂性学习逻辑开发课程,高职院校不仅要重视在课程内容中融入复杂工作及未来深造所必备的复杂性技术知识,而且要在课程管理制度中进行学分制和弹性学制改革,"在国家教育数字化行动战略背景下,还可借助数字化思维、数字化技术及数字化实践支撑新的高职教育课程模式建构。例如,可通过数字化思维推动课程开发模式创新,依托国家职业教育智慧教育平台共建共享优质课程资源模块"。[3]

---

[1] 赵志群.我国职业教育课程模式的发展[J].职教论坛,2018(10):52-57.
[2] 布莱恩·阿瑟.技术的本质[M].曹东溟,等译.杭州:浙江人民出版社,2014:26.
[3] 许建领,等.新时代中国高职教育高质量发展的理论审思与实践进路[J].高等教育研究,2022,43(4):2-10.

第二节 高职课程开发的背景

一、新时代中国社会主要矛盾发生转变的背景

1. 让每个人都有人生出彩的机会

新时代中国国家教育制度将职业教育作为与普通教育同等重要的类型，以期完善职业教育的递升体系，它的出发点是公平优先、兼顾效率。在新时代中国社会主要矛盾转变为"人民日益增长的美好生活需要和不平衡不充分的发展之间的矛盾"的大背景下，中国职业教育已成为保障就业、精准扶贫和"让每个人都有人生出彩的机会"的重要力量。在这个意义上，职业教育作为一种"类型"是必不可少的，而"本科职业教育"也具有不可替代性。[1]

高职教育具有高等教育和职业教育的双重基因，形成一种独特的教育类型，这既是教育生态系统长期自然演替的客观规律，更是经济社会发展的需要，以及国家对于发展高职教育这一新种群的重视和培育。高职教育作为一种不可替代的教育类型，在企业与学校联姻的跨界合作和产业与教育链接的需求整合中实现职业教育生存发展的社会价值，[2] 给每个人的人生出彩创造机会。在此背景中，高职教育课程开发必须走进企业和社会生活，建立高素质技术技能人才培养与多层次、全方位社会服务的有机统一，并且基于可持续发展理念，在大学文化与企业文化的有机融合和建设上下功夫。

2. 满足不同生源特点学生的不同需要

高职课程的类型开发途径，同时也是将产业领域知识转向教育领域的转化过程。产业从业人员的知识特征存在相同和不同之处，每一种知识都有其独特的形成机制。高职课程开发中需厘清知识类型、传授者类型、学习者类型、途径类型等关键的类型问题。从传授者类型角度分析，高职院校教师应成为学生的"学习实践共同体"和"知识建构共同体"。[3] 从学习者类型角度分析，多维度中的多样性是我国高职院校的生源类型特点。一是通过普通高考招收的高中生；二是通过分类考试招收的普高生；三是职教中心或中专毕业生；四是五年一贯制高职学生；五是社会考生，包括农民工、下岗职工、退役军人、新型职业农民等。高职教育学习者组成复杂、层次不齐、素质差异大，不同生源类型的学生由于起点不同、基础不同、成长的环境不同、年龄差距大等原因，致使他们在知识结构、专业技能、兴趣爱好、心理特征等方面存在较大差异。

在此背景下，高职教育课程开发应充分重视并利用多样化生源特点构建具体的学习实践，一是加强工学结合，使学习领域的结构可视化，令学生能形成与专家实践中必需的观点

---

[1] 徐平利.社会公平与经济效率：职业教育作为"类型"的历史逻辑[J].职教论坛，2020，36（7）：6-11.

[2] 姜大源.跨界、整合和重构：职业教育作为类型教育的三大特征——学习《国家职业教育改革实施方案》的体会[J].中国职业技术教育，2019（7）：9-12.

[3] 庄西真.类型学视角下的职业院校教师能力结构模型[J].中国高教研究，2015（11）：101-105.

和习惯类似的观点或习惯；二是通过创建包含角色或关系的学习情境，使学习者针对性参与专业学术会话及技能实践，帮助其认同专业的具体实践；三是为高职学习者构建个性化水平分析及反馈机制，帮助其认识其个性化的能力发展轨迹。最后，在课程开发中满足不同生源特点学生的不同需要，必须要有"扎根意识"，认真观察和记录信息，创新个性化技术技能人才课程开发模式。

二、新时代数字化技术快速发展的背景

1. 推进职业教育数字化升级是职业教育改革的基础性工程

随着以 5G、人工智能、大数据、物联网、元宇宙等为代表的新一代智能技术连续突破，教育与信息化融合的势头升级提速，进入数字化发展阶段。在国家战略升级、政策布局推进的大前提下，相对其他类型教育而言，职业教育点多、面广、线长，正处于从规模向内涵转型发展的关键阶段，用数字化赋能职业教育高质量发展具有明显的后发优势。另外，新冠疫情的冲击暴露了传统职业教育体系的脆弱性，催化出职业教育数字化韧性建设需求，倒逼职业教育数字化转型。推进职业教育数字化升级，是实现职业院校数字治理、全面深化教学改革的前置性工程，也是职业教育现代化改革的基础性工程，对于提升新时代教育供给水平，支撑经济社会发展和提高国家竞争力具有重要意义。[1]

推进高职教育数字化升级，需要通过文化转型、劳动力转型和技术转型，优化和转变学校的运营模式、战略方向和价值主张，换言之，把高职教育数字化升级和高职校价值主张、战略方向的转变，以及劳动力转型和技术转型紧密结合起来，利用数字技术优势（结构性创变、功能性创变、文化创变）促进高职教育的系统结构、功能、文化发生创变，增强学校的运作活力（机制灵活、体系开放、高产效、可持续）与产生更高的服务价值（公平教育、优质教育、个性学习、终身学习、美好体验），丰富和拓展高职教育的使命与价值主张。

2. 数字化技术改变高职教育课程开发理念

以信息技术特别是人工智能的应用为核心的第四次教育革命，在治理理念、教学内容、学习方式、教师角色、评价方式等方面均将面临颠覆性变革。美国高等教育信息化协会（EDUCAUSE）发布的《EDUCAUSE 地平线报告（教学版）》，已成为各国政府预测未来教育教学高质量发展的重要参考。在 2020—2022 年的系列报告中，对影响未来教育教学的关键技术和实践进行了深入研究，如反复出现的人工智能、学习分析、开放教育资源、混合学习、微认证等关键技术，[2] 极大地影响了高职教育课程理念。

不同时代对人才能力有不同的需求，从最开始要求单一技能突出的Ⅰ型人才，到在单一

---

[1] 张青山.数字化赋能职业教育高质量发展的思考[J].中国职业技术教育，2022（11）：59-63.
[2] 刘晓峰，等.教育数字化转型助推未来高等教育教学：宏观趋势、技术实践和未来场景——《2022年EDUCAUSE地平线报告（教学版）》要点与思考[J].苏州大学学报（教育科学版），2022，10(2)：115-128.

的突出技能上要求一定宽知识面的 T 型人才,到需要不止一项突出技能的 Π 型人才,再到数字化时代的今天,市场对人才的能力需求除了具备广博知识面,同时还要具备三门或以上的专业技能,英文将其称为 comb-shaped 人才,即梳型人才,其形状像一个木梳,标志着市场对人才复合专业能力的并行要求。面对数字化人才的能力需求,高职教育工作者应深刻意识到,只有培养学生具有良好的信息素养,才能够理解信息带来的知识并形成自己的观点和知识结构,才会把终身学习看成是自己的责任。

3. 数字化技术赋能高职课程教学模式

数字化技术赋能高职课程教学模式,就是将数字化的课程学习内容和资源放在数字化学习环境中运行,进行课程内容的学习。对此,高职教育教师进行了大量有益的探索,比较成功的模式有"情景—探究"模式、"资源利用—项目探究"模式、"小组合作—角色扮演"模式等,事实上,人类基于移动设备、社交媒体、大数据、传感器、定位系统等技术力量的数字化场景正在给高职教育带来"场景教学"革命。场景教学把技术作为场景本身,强调沉浸感、交互性、趣味性、跨学科、创新性、开放性、全纳性和选择性等关键元素,注重人在跨界连接和体验共享中的身份和价值。[1]

可见,数字化技术赋能高职课程教学模式,意味着学校育人空间正在从实体走向虚实结合,学生的学习形态、学习内容的来源、学习方式发生根本性变革,不再是同样年龄、固定时间、固定场所、固定教师、固定内容。在这个意义上,建立更加开放的课程教学体系、更加灵活的学习方式、更加有效的评价模式是必然趋势。

三、全球产业经济转型升级的背景

1. 着力提高高职教育课程的产业适应性

目前全球正处于从依赖传统化石能源的经济产业形态向低碳化绿色经济产业发展进程中,如何加快利用创新扩散以推动产业发展是全球地缘经济发展的重大关切点。为实现产业链自主可控的要求,全球产品生产过程逐渐表现出纵向分工链不断缩短,横向分工链逐渐集聚的方向特征。其一为产业链条趋于多元化和短链化,其二为产业链条趋于区域化。[2]长期以来,中国依靠低成本的要素禀赋优势和出口导向战略,积极融入发达国家主导的全球价值链(GVC),然而随着逆全球化思潮的兴起和中美贸易摩擦的常态化发展,加之新冠疫情的蔓延,全球产业链的安全性和稳定性受到了巨大冲击,依赖国外市场的"外需驱动"发展模式已经不适应中国产业结构优化和高端化发展,亟须实现"内需拉动"的转型升级。2020 年 5 月习近平总书记提出了"双循环"的新发展格局,即在满足国内需求的基础上,

---

[1] 钟章奇.创新扩散驱动下的全球产业结构进化——基于Agent的模拟[J].科研管理,2020,41(2):94-103.
[2] 夏诗园."双循环"新发展格局下产业链升级机遇、挑战和路径选择[J].当代经济管理,2022,44(5):65-72.

推动消费规模扩大和结构升级,利用国内市场的"规模效应",广泛吸收全球先进要素,形成以战略性新兴产业为主导的具有自主可控能力的国内产业链。在"双循环"发展格局的战略背景下,依托和利用国内超大规模市场优势,立足消费需求升级态势加速推进中国产业转型和创新型经济发展,从而迈向价值链上游和高端环节。[1]

毫无疑问,高职教育必须顺应产业转型发展的大趋势,高职教育课程改革必须高屋建瓴地建立教育、人才与创新之间的密切关系,着力提高高职教育课程的产业适应性。在具体实践中,高职教育课程改革要聚力做好以教育为主体,实现职业教育和普通教育、职业教育和继续教育的融合,使高职教育课程以产教融合为主线,向技能培训拓展,向国际合作拓展。

2. 使专业课程内容及时跟上产业升级脚步

随着产业经济的转型升级,中国经济面临劳动力从过剩向短缺的"刘易斯拐点",人才结构性矛盾越来越突出,高层次技术技能型人才的数量和结构远不能满足市场需求。2021年10月,中共中央办公厅、国务院办公厅印发《关于推动现代职业教育高质量发展的意见》,明确优化职业教育供给结构,淘汰供给过剩、就业率低、职业岗位消失的专业,鼓励学校开设更多紧缺的、符合市场需求的专业。

专业更新必然颠覆传统课程思维。在全球产业转型升级的大背景下,高职教育的课程改革应当在办学条件、信息化、国际化、标准化、治理能力等短板上下功夫,培育有家国情怀、全球视野、专业本领的复合型人才,推动人才发展,不负时代使命;建立教育与产业的新型对接对话机制,把产业—行业—企业、专业—学业、就业—创业—乐业等关系联系起来,及时把产业界的创新创造传导给教师和学生,要将大数据技术应用于行业人才需求预测、专业与区域产业发展匹配度分析、人才培养规格确定等教育教学管理各个环节,设置具有前瞻性和发展性的专业,让专业课程内容及时"跟上"产业发展。例如,不断完善"基于开放性参照系和交互耦联的双系统化工作过程的课程开发范式",即"工作过程系统化课程",以促使课程的理念、目标、结构、内容、实施和评价等各方面能够更好地适应经济社会新的发展需求。[2]

四、绿色职业教育发展理念的背景

1. 绿色职业教育发展理念强调职业教育的"可持续性"

绿色职业教育是联合国教科文组织在职业教育中为引入"可持续性"的新术语。联合国教科文组织"职业教育百科辞典"指出,绿色职业教育是在重新调整或者加强现有职业教育机构和政策上来实现可持续发展,同时以整体性的方式帮助学生为从事有助于或者恢

---

[1] 申俊喜,徐晓凡.消费升级引领战略性新兴产业高质量发展——基于全球价值链攀升的视角[J].南京工业大学学报(社会科学版),2021,20(5):49-64,111-112.

[2] 吴全全,闫智勇,姜大源.产业升级背景下职业教育专业优化及课程设置的筹策[J].天津中德应用技术大学学报,2021(3):6-24.

复环境质量的绿色工作做好准备,获得未来绿色社会所需的绿色意识、绿色知识、绿色技能和绿色价值观。可持续性是绿色职业教育发展的价值取向,绿色职业教育促进可持续的实践可以通过两种路径:一是增加个人、组织、企业和社区的能力和自主权;二是促进就业、体面工作和终身学习,从而促进具有包容性和可持续性的经济增长和竞争力提升、社会公平和环境的可持续发展。[1]

2. 绿色职业教育强调职业教育课程开发的"绿色技能"

在绿色经济的发展要求下,开发绿色技能(green skills)成为国际职业教育发展的重要趋势。目前广泛认可的绿色技能定义是澳大利亚政府在2009年批准的《绿色技能协议》将可持续性技能(skills for sustainability)定义为:"可持续性技能也称为绿色技能,是劳动力发展和支持商业、工业和社区可持续的社会、经济和环境成果所需的技术技能、知识、价值观和态度。"通常认为,绿色技能包括三种可以识别的能力:第一种是通用的以软技能形式存在的绿色意识和行为能力;第二种是与特定绿色职业相关联的科学、技术、工程和数学(STEM)方面的能力;第三种是针对绿色转型的领导力和管理能力。

加拿大的弗莱明学院提供密集的住宿体验,来自加拿大各地的学生学习建造一个新的可持续建筑,展示绿色建筑技术和新型节能技术。学生与项目顾问、检查员和商人互动,并参与建设可持续建筑的各个方面。这种课程被描述为理论和实践技能的优秀结合,学生在课堂上接受教育,然后有机会在现场体验他们获得的知识。学生学习第一手的可持续建设实践,介绍可再生能源,除了可以自由思考,而且可以体验整个过程。

中国高职教育建立"绿色技能"课程理念的探索始于2008年,以浙江经济学院为首,在联合国教科文玛格丽塔教授指导下,联合国内十多所高职院校,进行了颇有成效的探索。参与课题的老师们根据绿色职业教育课程理念修改课程纲要,进行行业论证,实施改革举措并及时记录相关日志,有的教师还在自己编写的教材中及时加入可持续发展内容。总体来看,我国职业教育课程开发绿色技能具有一定基础,但仍旧处于起步阶段。

第三节 高职课程开发的逻辑

一、把人的可持续发展能力作为根基

1. 就业能力导向

高职教育课程开发要围绕职业工作岗位所要求的知识、技能和能力来组织,以全面分析职业角色活动为出发点,以提供产业界和社会对培训对象履行岗位职责所需要的能力为基本原则,强调学员在学习过程中的主导地位,其核心是如何使学员具备从事某一职业所必需的专业能力、自学能力和创新能力,并将这三者能力贯穿到课程开发的全过程。

---

[1] 李雅欣. 美国社区学院绿色职业教育实施路径的特点及启示[D]. 黄石:湖北师范大学,2020.

2. 一体化课程设计

以电子信息工程专业课程设计为例。首先，进行岗位职业能力与素质分析，围绕新一代电子信息、智能家电、软件与信息服务、智能机器人、半导体与集成电路等领域企业调研，面向智能硬件设计、研发、技术管理等岗位群进行岗位能力分析，得到典型工作岗位职业素质与能力要求。其次，进行"岗课赛证"一体化课程体系设计。专业教师和企业专家共同提炼岗位典型工作任务，分析完成任务应具备的职业能力与素质要求，根据典型工作任务对课程内容进行整合重构，并对其进行教学化处理。将嵌入式边缘计算软硬开发"1+X"证书职业技能等级标准融入专业核心课程，转化全国职业院校技能大赛、全国大学生电子设计竞赛等赛项资源，并将其融入教学内容，以工学结合、项目驱动培养学生的岗位胜任力，使课程内容与职业岗位要求、"1+X"证书、技能大赛充分对接，形成一套"岗课赛证"融合的课程体系。

3. 课程思政逻辑

深入挖掘学科基础、专业必修等不同类型课程和教学方式中蕴含的思想政治教育资源，合理运用元宇宙、虚拟仿真、增强现实、人工智能等信息技术，制作微视频、课件、动画、习题库、案例等形式多样的课程思政优质资源，建成集教育教学、宣传展示等功能为一体的专业课程思政优质资源共享平台。定期开展课程思政集体备课、思政课观摩、思政课程建设培训等交流活动，形成专业（群）内部交流、观摩活动常态化，营造人人重思政、人人会思政、人人乐思政的良好氛围，全面提升本专业教师课程思政建设水平。

二、把校企双元育人作为路径

1. 组建结构化教学创新团队

以专业带头人为龙头，以骨干教师为主体，以提高教学质量为主线，以课程群为平台，组建高水平、结构化教师教学创新团队，教师、企业工程师分工协作进行模块化教学。在深职大电子信息工程专业，每个教学团队由企业工程师 2~3 人、专业教师 3~5 人组成，合作开发课程标准、实训项目等内容，每位老师（工程师）担任其中一个子模块的教学任务，以现场教学、网络教学等方式按产品开发的先后顺序分步实施，每位老师的教学都服务于目标实现，在教学内容上彼此沟通协调，互相融合。遴选 2~3 名教师作为教学能力大赛种子培养，建立教学名师、课程专家组团培育教学重大项目机制，研究、申报教学建设项目。

2. 推动校企师资双向流动

根据深职大"一新一师"计划、"一师一企"计划，选派有经验的教师带领、辅导新教师，举行新教师拜师、出师仪式，要求在职教师每 5 年必须有 1 年在企业"下（下企业）、访（访问工程师）、挂（企业挂职锻炼）"，规范专任教师入职培训和在职提升。深职大电子信息工程专业以项目为载体，与龙芯、航嘉等企业合作，通过选派教师参与智能终端、电源、智能机器人等实际产品开发,将实例转化为实际应用的产品,提升教师掌握运用新技术的能力。依托 ARM 智能硬件学院,实施专业教师的技能证书培训计划,主要培训内容为底层硬件驱动开发、信号采集处理、Linux 应用开发、Linux 驱动开发、智能移动应用软件设计、云端互联等新技术、新知识。探索建立自主聘任兼职教师的办法,推动企业工程技术人员、高技能人才和专业教师双向流动。

三、把及时更新技术作为牵引

1. 使课程发展紧跟技术发展

电子信息技术飞速发展,新器件、新方法、新技术层出不穷。深职大电子信息工程专业通过派教师到企业实习、定期组织企业专家到学校讲课等形式,让教师学习和掌握新知识,反馈到课程中。每年组织全体教师和专业指导委员会成员对课程教学内容评审,更新课程内容,将电子信息领域新知识加到课程中,开发新技术课程,同时删除课程中过时的内容,废除陈旧的课程。通过这种方式形成了课程成长的自然生态系统。例如单片机应用技术是本专业的核心技术,最初开始以 51 单片机为重点,采用汇编语言进行教学,随着器件的发展,改用 C 语言进行教学,效果良好。后来 ARM 单片机技术逐步发展,专业开设"嵌入式应用技术""嵌入式操作系统""Linux 应用与驱动开发"等课程。以这种方式使专业课程不断更新发展。

2. 对技术领域进行归纳提炼

深职大电子信息工程专业通过对龙芯、飞腾、大疆、航嘉、研祥、视源等知名企业调研,深入了解企业的智能硬件领域的岗位设置以及岗位能力要求。同时,专业也通过各大网络招聘平台了解岗位的招聘情况。最后,按照"产品规划→产品开发→产品制造→销售服务"流程梳理、归纳职业岗位(群),以及职业岗位(群)能力需求。通过调研,将本专业职业岗位定位于每一岗位群中要求具有熟练专业技能及较高电子技术应用能力的工作岗位,从四个岗位群中筛选出本专业人才培养目标对应的硬件设计工程师、产品测试工程师、项目管理工程师、单片机开发工程师、移动终端开发工程师、嵌入式系统开发辅助工程师、机器视觉辅助开发工程师、生产管理工程师、销售及技术服务工程师等典型工作岗位。

3. 善于使用信息化技术

合理运用虚拟仿真、增强现实、人工智能等信息技术,制作微视频、课件、动画、习题库、案例等形式多样的课程资源。采用线上线下混合式教学模式,每次课分成课前、课中、课后三个阶段,课前学生根据《任务操作手册》,观看微视频、动画等线上资源,进行知识点自主学习、技能点模仿实训,并通过网络与老师交流;课中教师应用网络教学平台,主要针对课前学习存在的问题及重点难点集中讲授,并开展学生实操、互动讨论、递进拓展和小结测验等活动,达到运用知识、内化知识的目的;课后进行在线作业和辅导等活动。

4. 推动"课堂革命"

依托丰富的专业教学资源库资源，根据学生认知规律和学情特点，充分发挥人工智能技术优势，合理运用微视频、动画、虚拟仿真、云计算、大数据、区块链等数字技术，开发课程实操项目自动评阅系统；坚持以"学生"为中心的问题引导、任务驱动等教学方法，灵活采用翻转课堂、混合式、探究式、参与式、个性化教学等多种应用模式，探索并形成校企模块化协作教学模式，打造智慧课堂，让学生在知识习得与技能训练中获得成长。

四、把项目遴选作为抓手

1. 对项目载体进行遴选

深职大电子信息工程专业的项目遴选包括综合实训项目遴和课程实训项目遴选。在第 2~5 学期期末设置综合实训项目，项目载体遴选原则是面向深圳市新一代电子信息、智能家电、智能机器人、电源等行业，遴选趣味性、应用性、创新性的智能硬件产品或系统作为每层技术领域的载体，建立产品载体集合，并根据技术发展，进行产品迭代升级，确保技术、教学内容、项目载体三者的一致性。技术领域与产品载体的对应关系如表 2-1 所示。

表 2-1 技术领域与产品载体的对应关系

技术领域等级	产品名称	对接深圳产业	合作企业
Ⅲ级	龙芯工业计算机、养老监护系统、工业互联网网关等	新一代电子信息、智能机器人、智能家电等	龙芯、大疆、研祥、视源、嘉立创等
Ⅱ级	防疫机器人、智能家居系统、智能运动手环、智能电动平衡车等	新一代电子信息、智能机器人、智能家电等	大疆、优必选、嘉立创等
Ⅰ级	电源、无线充电器、包络跟踪电源、数控电源等	新一代电子信息、电源等	德州仪器、航嘉等

2. 促进课程思政与实践任务相结合

以思政为引领，以任务驱动为导向，贯穿整体课程设计过程。以"嵌入式实时操作系统"课程为例，介绍思政与实践任务设计思路，从社会主义核心价值观、中华优秀传统文化、家国情怀、职业素养，以及国产 CPU、国产嵌入式操作系统、编程规范等先进技术中深入挖掘与本课程相关的思政元素，充分融入课程内容，做到每个实训任务中有思政元素，实现教学内容与思政元素的有机融合。在课程思政与实践任务融合过程中，专业课程团队与企业合作，将课程内容精选分解成多个能力模块，每一个模块对应一系列的实践任务，每一个实践任务分解成若干个知识技能点，形成了以模块化实践任务为骨架、以技能知识点为内容的实践导向结构化课程内容体系，突出实践性、趣味性、职业性，体现"教、学、做合一"的设计理念。

五、把理实一体化作为原则

1. 教学场所理实融一体化

建设智慧共享实训室，构建教学应用入口，支持远程互动教学；以微云服务器为核心，采用多种线上线下教学辅助模式，配有高精度 AI 语音识别功能模块，构建录播、巡课、督导、AI 视频监控与应用分析一体化平台。实现所有实训室具有录播、多组互动、远程直播、远程互动、AI 语音识别与转录、在线巡课、无感考勤管理、无人值守、全天候开放等功能。实现理论教学、实践教学线上线下充分融合的教学场所。

2. 教学内容理实一体化

以产品为载体，以实践任务为主线贯穿整门课程教学内容，每个实训任务都是按照"任务描述、任务分析、任务实施、任务拓展"的思路实施教学，同时厘清课程概念、原理等知识点，将实训任务所需的知识点和技能点融合到任务之中，重构教学内容、章节顺序，保证课程内容具备系统化的知识体系和完整的技能体系，便于高职院校采用该教材开展"教、学、做"一体化课堂教学。

3. 教师能力理实一体化

每位教师通过参加各类教学能力培养，在教学设计、教学方法手段应用、教学资源制作、课堂组织、线上线下混合教学等方面得到持续提升，发挥教师能动性，引导教师从简单的"课程的教学者"向"学习过程的组织者""问题解决的提供者"等角色转换，推进线上课堂和线下课堂的优势深度融合，提高学生学习积极性，提升教学效果。同时，通过"一新一师"计划、"一师一企"计划、指导学生技能大赛、考取职业资格证书、参加技能大赛等途径，提升教师实践能力，培养一位教学能力丰富、实践技术精湛的"双师型"教师。

4. 课程考核理实一体化

课程以学生学业质量为导向，结合课程知识、技能、素质要求，探索形成了教师、行业企业专家、学生评价主体相结合，线上线下相结合，诊断性评价、过程性评价、终结性评价、增值性评价相结合的考核与评价模式。

第四节　高职教育项目课程开发模式

一、项目课程的内涵

1. "项目"关系到职业活动

项目是一个日常生活中经常谈及的词汇，经济、管理、教育等领域都有涉及，如生产项目、科研项目、经济项目等。这些词汇中的"项目"指一系列复杂的、独特的并相互关联且具有明确目标的活动,必须在特定的时间、限定的预算和有限的资源内按照规定完成。职业教育中出现的"项目"关系到职业活动,是在具体的工作情境中通过实践去解决实际问题。项目可以是制作一个完整的产品,例如生产一个产品,设计一个商务项目;也可以是提供一项服务,例如排除设备的一种故障,追踪一种疾病的线索等。

2. 项目课程必须利于促进学生职业能力发展

课程是一个定义多样化的概念。现下较为认可的定义有三种,一是定义在学科上;二是定义在过程上,课程包括教学目标、教学内容、课时、顺序,是有目的、有计划的教学过程;三是定义在内容上,即将列入教学计划的各门学科和它们在教学计划中的地位、开设顺序等总称为课程。

项目课程是行动导向课程的一种主要形式,它是以工作项目为中心,依据工作项目完成的需要来组织理论知识和实践知识的课程。项目课程中的"项目"必须利于促进学生职业能力的发展,可以是完整地经历生产某一产品的工作过程,也可以是聚焦解决单个或局部的关键技术问题。项目课程与职业资格标准相衔接,基于职业岗位群工作任务的相关性构建课程体系,把企业生产、管理、服务的实际工作过程作为课程的核心,以典型的工作任务或工作项目作为课程的内容,学生以个体或小组形式完成工作信息获取、工作计划制订、工作任务实施、工作成果评价等完整的工作过程。学生在这一过程中获得综合的职业知识、职业技能和职业素养。

3. 项目课程联结项目教学

19世纪末20世纪初,在欧美"新教育运动"和"进步主义教育运动"的推动下,传统的学科中心、教师中心的教学模式受到了人们猛烈的抨击,项目教学获得了形成与发展的契机。杜威对项目教学进行了初步的尝试,在教学中纳入了技术、实践、社会、艺术等丰富多样的表现形式,创建了经验主义的教学体系。克伯屈完善了项目教学的理论框架,将"项目"界定为"在特定的社会环境中所发生的、需要参与者全身心投入的、有计划的行动",并将项目的流程归纳为目标、设计、实施、评价四个阶段。项目教学法在普通教育教学中得到了广泛应用,不仅在美国盛极一时,也被其他国家接纳和采用。到20世纪70年代以来,项目教学在国际职业教育中已经得到广泛的应用,是各国教育改革中重要的教学和学习方式。近些年来,我国越来越多的职业院校开始推行项目课程改革,并对与项目课程相对应的项目教学法进行思考与探索。项目课程在把握职业教育内涵、体现职教特色等方面,代表了中国职业教育课程模式改革的发展方向,是值得系统研究并实践推广的课程模式。

二、项目课程的价值

1. 项目课程比学科课程更适合高职教育发展需要

高职教育强调高等性和职业性的融合,因此坚持"做中学"理念,教学重心放在让学生真正做起来,培养学生的综合职业能力。因此,高职教育课程在选择内容时,既要强调根据社会需求，根据职业实际的需要有针对地确定内容，又要遵循技术知识的复杂性逻辑，有顺序地组织内容，这就要求集约化而不是简单化。项目课程的特点是所有内容都由实际的工作任务引领，以面向工作过程为导向，在教学中侧重让学生按照项目的顺序去完成任务，使得学生在学会基础知识时还能完成一个完整的项目。学生在将来进入对应企业工作之后，会更加能够胜任工作，这样的教学模式更加接近企业的真实环境，也更符合职业教学的培养理念和教学需求。

与项目化课程相比，学科课程建立在结构化或系列化的学科体系上，与学科结构相适应。学科体系的结构指按照学术研究的需要将学科知识分类所建立的学科门类和学科内部知识的组合关系。首先，学科课程以知识的学科逻辑体系来设置课程，把课程内容的重点放在逻辑的分段和顺序上，使得学习产生累积效应，把学生的各种学习有效地联系在一起，逐步发展和提高学生智能；其次，学科课程把知识划分成不同的价值等级，按照价值高度进行课程内容的取舍。学科课程重视科学知识的传授，重视学习者的科学素质培养，学科课程在促进学生文化知识的系统掌握和智力水平的发展，把握学生的学业水平，便于教师的教学等方面都起到了其他课程类型不可替代的作用，特别适合培养学术型人才。这就是学科课程模式在本科等高等教育类型和层次中占有主要地位的原因。高等职业教育和普通高等教育不同，重在职业技术能力培训，学生不仅要学会知识原理，更要学会实践技能，养成态度与情感观，强调在工作过程中解决问题的能力与方法。因此，项目课程与学科课程相比，更适合高职教育发展需要。

2. 项目课程比技能模块课程更适合培养学生职业综合能力

项目课程主张通过典型产品或服务来设计完成工作任务的活动，重点关注学生如何综合运用所获得的理论知识和操作技能来完成工作任务，从而形成在复杂的工作情境中做出判断并采取行动的能力。项目课程进一步实现了用典型产品或典型服务来引领工作任务，而且项目的设计相对较大，具有整体性，从而易于融入复杂的专业知识，易于培养学生的综合职业能力，实现了知识相对系统和技能、素养培养的融合。

与项目课程相比，技能模块课程过于强化了岗位单一技能，培养人才可持续发展能力较弱，不能适应数字化时代产业经济转型升级。技能模块课程的理论基础是行为主义心理学，培训标准化流水线人才，这种人才很容易被人工智能取代。最为典型的技能模块课程就是所谓 MES 课程模式，这是国际劳工组织于 20 世纪 70 年代开发的一种职业技能培训模式。它是基于对具体工种的任务和技能进行深入分析，按照工种的具体规范来开发课程的。MES 将某一职业分解为一系列单项能力，以单项能力作为模块进行培训，以不同的模块组合成适应不同要求的培训计划，灵活性好、适应性强，可以在不同职业领域之间转移。MES 课程模式是基于能力本位的课程模式，分模块进行培训的人员易于进入培训状态，有利于培训的组织和管理。每个模块的内容都是工作岗位所要求的技能和知识，集中时间学习与职业有直接联系的知识，避免耗费时间学习无关的理论知识。但是这种模式过多强调教学内容与职业岗位要求的直接相关，所覆盖的职业面也不够宽，其课程内容很难避免片面性的呈现。显而易见，技能模块课程把职业能力分解为一些细小的任务和要素，教师过度关注外在行为，忽视内在能力和情感的变化。与之相比，项目课程更适合培养学生职业综合能力。

三、项目课程的特征

1. 开发主体多元化

高职教育的培养目标是高素质技能型专门人才，与经济社会的发展密切相关，应敏锐、及时地做出应变以匹配经济社会的不断发展。因此，项目课程开发应当由"教育专家主导"转变为"社会需求主导"，开发主体必须坚持多元化，及时把握职业岗位、岗位职责、岗位能力的变化。多元化的开发主体可包括课程专家、行业专家、一线教师、学校领导、企业经营管理领导、企业人力资源部门领导、企业工程技术人员等。德国的"双元制"教育、英国的"三明治"教学、美国的合作教育以及日本的产学合作教育等先进的职业教育模式均为学校、企业和行业多元主体共同开发。

2. 课程结构模块化

课程结构指课程之间的组合关系及一门课程内部知识的组织方式，是影响学生职业能力形成的重要变量。课程作为沟通学习个体与社会需求的桥梁，其结构不可能来自课程本身，而只能来自培养目标。高职教育要培养高素质技能型人才，要有效地培养学生的职业能力，就必须把高职教育课程结构与工作结构对应起来，从工作结构中获得高职教育课程结构。作为高职教育课程的模式，课程结构的构建是工作逻辑而不是知识逻辑，以工作结构为参照系，将理论知识与实践知识整合。项目课程不再关注建立在静态学科体系之上的显性理论知识的复制与再现，而是聚焦于蕴涵在动态工作体系之中的隐性知识的生成与构建。项目课程结构具有典型的模块化特征，主要体现在以下三个方面：一是"理念"上的模块化。项目课程开发以工作分析为基础，以工作的实践过程为主线。内容的组织打破学科型专业知识的纵向体系结构。二是"形态"上的模块化。课程按个体完成工作任务的过程递进，课程内容以行动化的学习项目为载体。学科性课程中有关的理论知识按照一定的规律分配并渗透到各项目中去，每一个项目都包括实践知识、理论知识、职业态度和情感等内容。课程建立相对完整的系统，没有割裂学科知识的系统性。三是"实施"上的模块化。一方面在课程设置和项目内容安排上，按照认知的心理顺序，基于学生已有的经验及其思维特征培养个体社会活动的基本经验；另一方面充分考虑学生的个性发展，根据学生不同的兴趣和需要，为不同个体能力的发展创造条件，匹配拓展学习资源及增值学习资源。模块化的结构不但能及时实现与新知识、新技术、新工艺、新方法的精准对接，大大增强教学内容的适用性，而且在一定程度上适应不同学习基础和不同发展需求的受教育者的需要。

3. 课程内容综合化

项目课程内容具有综合化特征，主要体现在理论知识与实践知识的综合，职业能力与职业态度、情感的综合上。实现"综合"的关键是课程载体的具体化。课程载体应当来自职业岗位的具体工作内容，从而使课程载体由抽象的概念转变为具体的任务，并且融理论、实践一体，融能力、态度和情感一体。

4．课程实施一体化

项目课程实施具有一体化特征，主要体现在实施主体、教学过程、教学环境等三个方面。就实施主体而言，学校、企业、行业为一体，产教深度融合共建课程。学校、企业、行业一体参与制订项目课程实施计划，策划教学方案，设计与提供学习资源，以学习者为中心展开教学。就教学过程而言，理论与实践一体化。由实际的工作任务引领，以面向工作过程为导向，紧紧围绕项目的行动化学习任务整合理论和实践知识，将职业活动中的整个工作过程融入教学活动之中，而不是单纯的技能训练和理论知识的验证和延续。就教学场所而言，学校联合企业、行业建立和整合教学环境，包括校园的整体环境、校内实训场地、校外实习基地和数字化实训资源等。

5．课程评价社会化

项目课程的评价是能够反映学生在学习活动过程中的学习状态、学习成果的工具，是为了保证课程能够达到预期的教学培养目标而设立的评价标准。课程评价主要体现在评价标准、评价主体和评价过程等三方面。评价标准要立足社会需求，做到课程标准与职业资格标准的接轨，实现课程标准与学生职业生涯发展的协调。评价主体不仅是学校和教师，还有学生、企业、行业协会和政府部门。评价过程不仅要落实教师评价和学校评价环节，还要着重落实学生自评、互评和社会评价环节，并建立学生自评、互评和社会评价的规范程序及方法体系。

第三章　课程目标设计

在本章中,我们将深入探讨课程目标在教师教学实践中的重要性。我们将从职业院校教师的角度分析如何从产业需求、自身专业发展和学生可持续发展等方面来看待课程目标。同时,将探讨如何培养自觉的研究意识,认识职业院校课程设计目标的特殊价值,并理解为什么去运用及怎样运用是有效的。为了全面了解课程目标,我们将从四个方面进行探索:课程目标的内涵与分类、设计依据、设计方法及开发实例。

第一节　课程目标的内涵与分类

一、课程目标的内涵

1. 课程目标的概念

课程目标（course objective）是指在一个特定的课程或教学计划中,教师希望学生在完成课程后能够达到的知识、技能和素养等方面的预期成果。课程目标通常是明确的、可衡量的,以便教师和学生都能清楚地了解课程的要求和期望。课程目标是指向结果的,在这个意义上我们也可以说,课程目标是施教主体期待的结果和人才培养实现的程度。徐国庆教授认为:"课程目标就是我们预期的课程结果,即期望学生学习某门课程后,在知识、技能、态度等方面所能达到的状态。"美国著名教育学者博比特指出,课程目标即把从事每一项具体活动所需要的能力具体、清楚而详尽地陈述出来的过程。博比特认为,课程目标即从事某一具体活动所需要的能力,这种能力是由知识、技能、习惯、价值、态度、鉴赏力等多种成分构成的。华东师范大学张华教授用比较的方法对"教育目的""教育目标""课程与教学目标"做了宏观、中观、微观三个层次上的区分。[1]他认为教育目的是指教育的总体方向,它所体现的是普遍的、总体的、终极的教育价值。教育目的是最宏观的教育价值,体现在国家的教育政策、教育基本法、教育方针中。教育目标是教育目的的下位概念,它所体现的是不同性质的教育和不同阶段的教育的价值。课程与教学目标是教育目标的下位概念,它是具体体现在课程开发和教学设计中的教育价值。[2]总之就是教育及课程目标是人们追求的一种教育价值。

---

[1] 张华.课程与教学论[M].上海:上海教育出版社,2000:6,150.
[2] 张健,陈清.职业教育课程目标确认的价值、依据与内涵[J].职教发展研究,2019（1）:5.

所谓职业教育目标,就是要回答培养什么人的问题。我们常说职业教育是培养经济社会发展需要的高素质劳动者和技能型人才。职业教育的逻辑起点是职业,因此职业教育是从职业出发的教育而非从学科出发的教育,职业教育的主要任务不仅仅是使教育对象获得更加高深、更加系统的新知识,而是更注重培养其未来从事职业活动所需的职业能力。职业教育目标融合了教育性与职业性、个性发展与客观需求、阶段学习与终身学习的各方面要求,是一个科学、独立的目标体系。

2．课程目标的作用

当课程目标的内涵被定义为预期学习结果时,它具有一系列作用,如图3-1所示。呈现了教学目标在教学、学生学习、评估、向他人传达教学意图以及评价教学有效性等方面的作用。接下来,我们依次讨论每一个方面的内容。

1）教学目标在教师教学中的作用

表述为预期学习结果的教学目标,可以为教师选择教学方法和教学材料提供一个依据,以最大限度地使学生产生预期的行为。如果想让学生理解概念,那么教师就要选择有助于学生消除错误理解、形成正确概念的方法和材料;如果想让学生发展推理能力,那么教师就要提供给学生能运用推理能力的机会;如果想让学生具备解决现实问题的能力,那么教师就必须计划能为学生提供一系列真实复杂问题的教学项目。好的教学目标往往能够为教师在设计各种有助于获得预期教学成果的教学类型时提供有效的框架。

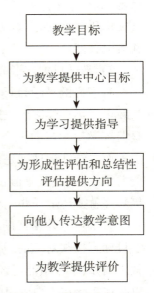

图3-1　教学目标的作用

教学、学习和评估三者是内在统一的,而教学目标则能为三者更好地协调整合提供基础。比如,如果期待学生获得问题解决这一学习成果,那么教师所设计的教学活动、评估程序就应与这一预期学习成果相对应。这能帮助教师监控学生学习过程,指导学生学习,并判断教学结束后的学习成果是否实现了预期目标。在一个精心编制的教学—学习—评估三位一体的教学方案中,这三个教学阶段很难严格区分开来。因为所有的阶段都直接指向同一个预期学习结果,并共享同一个目标——促进学生学习。

教学目标同样也是教师给学生提供反馈的基础。如果教师所描述的预期学习结果足够清晰,那么他就可以明确地指出会出现学习难易点的地方,并为促进学生学习提供及时、清晰且到位的指导。例如,如果教师在描述问题解决这一学习结果时包含了充分的细节信息,那么他就可以判断学生是否能够区分准确的数据与不准确的数据、事实与观点、相关的信息与不相关的信息。如果做不到这一点,那么教师就有必要对教学目标的表述重新进行调整。

2）教学目标在学生学习中的作用

如果教师在教学一开始就告知学生教学目标,那么学生就会明确自己努力的方向,并明确自己进行多种学习活动的目的,这样学生也能更容易地理解学习过程的复杂性,在学习中更加积极主动。

如果学生意识到学习不仅包含知识结果，还涵盖了推理、问题解决和各种学习技能，那么他们就会理解在学习中光靠记忆材料是远远不够的，还必须运用各种学习策略，参与各种学习过程才能获得预期的成果。在教学一开始就告知学生教学目标，不仅有助于引导他们学习，而且会为他们自评和发展自评技能提供依据，使其成为自主学习者。举个例子来说，在写作中，学生往往会被要求在正式提交之前检查并修改自己的作品。这就意味着学生要拥有优质作品质量的清晰概念，而这一点可由表述到位的写作目标来帮助达成。从这个角度来说，在教学开始之际就告知学生预期的学习表现或技能等学习结果，不仅能为他们的学习提供指导方向，而且可作为他们评价自我进步的基础，这将有助于学生发展自我评估与自我规范技能。

3）教学目标在形成性评估和总结性评估中的作用

有了好的教学目标，就可以使学生的学业表现评估这一复杂的事情变得简单明了。因为教学目标已经明确表述了教学之后学生所应该知道的和所应该做的。形成性评估其实也是监控学生学习的一个过程与产物，并且能据此为学生提供特定学习行为与结果的反馈情况。而总结性评估则是使用评估工具来测评特定学习结果的一个过程。如果它是一个知识成果，那么采用纸笔测试即可；而如果它是一个表现性结果（如书写、语言表达、动作技能等），那就要运用一些能够判断这些表现性技能或结果的评估方法。

教学目标除了帮助教师事先准备评估工具，也有助于教师解释评估结果。当评估与教学目标直接相对应时，那就能够指明具体学习结果是否已经取得或者哪里还需要复习或补救。例如，学生虽然已经能够说出单元中某些词语的基本定义，但是还不能准确地区分其意思并在实际句子中应用，或者学生虽然能够用公式计算，但是不会做应用题。依据教学目标，通过评估工具就能查明学生实际学习的状态。

评估并不一定要在教学结束之后进行，它可以在教学刚开始时进行以了解学生的学习准备情况或起点水平，或者在教学过程中进行以更好地引导学生学习。因此，清晰地表述预期学习结果就显得尤为重要，它可以使教学、学生的学习和评估都围绕同一目标来进行。

4）教学目标在向他人传达教学意图中的作用

我们已经指出，将包含学习目的的清晰教学目标传达给学生，会有助于他们积极地参与到学习过程中去。除此以外，表述为预期学习结果的教学目标，还能帮助教师向学生或用人单位等更好地解释学生习得的内容。

5）教学目标在评价教学中的作用

表述清晰的教学目标有助于教师查明教学上的得失。教学目标会引导教师反思教学中到底哪里出了问题，是方法、材料还是教学目标本身。在许多情况下，教师需要调整教学方法和材料（如使用更为复杂的材料并鼓励学生参与学习过程以发展推理技能），但有时教师需要修正教学目标本身，或是使教学目标能被学生清楚地理解[1]。

---

[1] 诺曼·E.格朗伦德，等.设计与编写教学目标[M].盛群力，等译.8版.北京：中国轻工业出版社，2017.

二、职业教育课程目标的分类

职业教育作为直接培养合格劳动者的专门教育,职业教育课程目标的定位既要以学生全面发展的需求为中心,以人为本,同时又要兼顾社会需求,正确处理和认识现实的社会情况。对照技术技能人才的培养结构,张健、陈清提出职业教育的"三致"课程目标,即致能、致思、致知。"三致"课程目标以能力培养为本位,以思维培养为核心,以知识培养为辅佐,是一个完整的课程目标结构。也有学者曾提出"职业教育目标分类"框架方案,将职业教育目标分为社会能力、操作能力、发展能力三个领域。

职业教育课程目标是教育活动的指南、确定人才培养方案以及进行课程开发与教学设计的依据,是建立教学体系、课程体系、评价体系的基础和前提。职业教育目标分类为建立职业教育标准和评价标准、指导职业教育课程与教学理论研究和实践探索奠定了基础。因此,我们认为职业教育的课程目标分类是以学生能胜任某种岗位为基本要求,以立德树人的价值观为基础,以个人完整知识体系的建立为依托,从而最终实现形成学生社会使命感、岗位责任感,为其发展奠定基础,养成较全面的素质、能力和知识的课程目标。

1. 素质(思政)目标

素质(思政)目标是指在具体课程教学内容与目标中融入课程思政,旨在培养学生的思想道德素质、政治觉悟、法治意识、民族观念、历史观念、国际观念等方面的综合素质。

具体包括以下几个方面。

一是树立正确的价值观。①坚定正确的政治方向。培养学生树立正确的世界观、人生观、价值观,增强"四个自信",坚定"四个意识",做到"两个维护"。②提高道德素质。培养学生遵纪守法、诚实守信、尊老爱幼、团结友善、勤奋敬业、自强不息等品质。③增强民族凝聚力。培养学生热爱祖国,热爱人民,热爱中华民族,增强民族自豪感和自信心,维护民族团结。④培养历史观念。培养学生树立正确的历史观,了解中华民族的历史,尊重历史,珍惜历史,从历史中汲取智慧和力量。

二是培养良好的职业素养。增强学生的法治意识,培养学生尊重法律,遵守法律,维护法律,运用法律,提高法治素养、职业道德素养以及职业规范意识等。让学生能够更好地适应职场环境,具有更高的职业潜能与发展能力。

三是全面提升学生的思维能力。培养学生具有创新意识、创新思维和创新能力,提高学生的实践能力和实践水平。中国职教学会会长鲁昕曾指出:要构建职业教育的新发展格局。新职业人才供需矛盾突出,未来面对新岗位、新职业,要全面提升学生的创新能力,激活学生的思辨和求解欲望,这将成为职业教育的重要目标。

因此,通过素质(思政)目标的设立,使学生能够在思想政治、道德品质、法治意识、民族观念、历史观念、国际观念等方面具备较高的综合素质,为国家和社会培养出一批具有坚定信仰、优良品质、高度责任感的优秀人才。

2. 能力目标

职业教育是能力本位教育。《新牛津英语词典》解释："能力是成功或有效做某事的才能。"能力是人驾驭活动本领的大小和熟练的程度，它是人直接与实践对话的一种本领，是直接作用于存在物将其对象化的一种才能和力量。致能即表示达到或实现能力培养目标。它是职业教育的首要目标，这一点任何时候、任何情况下都不允许有半点含糊和动摇。关于课程的能力目标，由姜大源等专家引进的德国的专业能力、方法能力、社会能力三维整合的能力观，对我国职业教育课程目标建构产生了很大影响。专业能力是人的专业实践的职业能力，表现为"以物为对象，如对材料、原料、仪表、机械等的操作、维护与保养能力；以人为对象，诸如护理、餐饮、旅游咨询等方面的服务能力；以物与人为对象的职业工作过程中的辨识、监控、调节、优化等方面的管理能力"。方法能力是人应对新问题、新情况的处置能力。社会能力是"使学习者经过职业教育培育，不是成为一个会说话的机器人，而是成为一个活生生的社会人"。

与课程能力目标相近的观点认为职业教育的课程目标是技能。当然这里的技能不是纯粹体力付出的动作技能，而是指由培养再造技能（模仿技能）为主转变为创造技能为主，由动作技能为主转变为智慧技能为主，由简单、重复技能为主转变为复杂、灵活技能为主。这种以创造、智慧和灵活为内涵的技能，我们认为就是高技能。它与高职教育培养高技能专门人才的本质属性是相吻合的。另外，有人认为职业教育的课程目标是解决问题的能力，还有人认为职业教育的课程目标是技术实践能力的培养。技术实践能力是以技术为内容，以实践（即"会做"）为目标能力，当然这种能力也包含思考，这里的思考是指体现实践特征的实践性思考。它包括情境性判断、判断的验证和实践性方法三方面的思考。这里的思考是整个过程结合着具体情境或"物"的对象性思考，它是实践性的，完全不同于纯粹理性的符号化思考。

3. 知识目标

知识是人类建构的得到精心阐释的思想和逻辑相结合的精神产物，它是只有人类能够把握和解读的第二信号系统，是符号化的理论体系。知识是人的精神底蕴，是人的社会化、文明化必备的要素和资源，因而职业教育目标体系必须有知识的加盟。职业教育落实课程的知识目标要注意两个要点。

1) 在知识数量上，要以"必须、够用"为主

"必须、够用"是教育部文件规定的职业教育理论知识学习的取舍原则。"必须、够用"的主要内涵包括：一是在奠定学生作为社会人基本的文化基础，并形成正确的价值观念和立德树人方面，他的知识必须是够用和有效的。二是指在支撑其专业学习、技能培养、提高认知和理解能力方面，他所学习的知识是必要的，而不是冗余的。三是指能够基本适应和支撑学生未来岗位工作需要。"必须、够用"的原则，首先，是节制理论知识的过度学习，"防止理论知识的僭越出格，避免理论分析过多过深，那样势必会削弱职业教育的职业性和实践性，培养出的学生能力不足，技能低下，而且理论也未必强"。其次，与其让学生学习大而无

当、多而无用、深而无度的理论知识，使他们备受折磨，不如从效用的角度考虑，果断剔除，做好减法。最后，适度的知识教学，可以压缩腾挪出时间和空间，让出更多的课时资源，用于对职业教育而言也许是更重要的致能教育和致思教育，凸显职业教育的品质和特色。

2）在知识性质上，要以学习"工作化知识为主"

所谓工作化知识，就是与工作相联系、相混搭、相交集而存在的知识。按照徐国庆教授的观点："所谓工作知识，就是关于工作原理、工作过程、工作方法、工具材料、工作诀窍的知识，人们用它来表达工作过程中具有实践功能的知识。"而工作知识的特征，"一是工作过程所使用的知识；二是工作行动所表征的知识；三是工作任务所组织的知识"。职业教育课程知识目标固然可以通过知识的取舍、限缩、精简的方式来达成知识学习"必须、够用"的目的，但知识再少，仍然是学科性知识，与能力培养所需要的知识并不在一个频谱上，不具有逻辑自洽性和内在一致性。所以在知识学习上最好是学习与职业需要、工作过程相一致的知识，这样的知识是与专业、职业、未来工作岗位相连带附随的知识，是岗位工作不可或缺的必需的知识，这样的知识是直接有助于素养与能力提升的知识，是真正职业教育的知识，不学不行，即便学多一点、多学一点，也是有益无害。[1]

第二节 课程目标设计依据

一、社会需求维度分析

1. 经济、社会发展需求分析

经济、社会发展需求分析是指高职课程目标的确立要通过对经济、社会发展的大背景与区域经济、社会发展小环境的分析情况而定。党的二十大报告指出，"实施科教兴国战略，强化现代化建设人才支撑""加快构建新发展格局，着力推动高质量发展"。教育、科技、人才是全面建设社会主义现代化国家的基础性、战略性支撑。必须坚持科技是第一生产力、人才是第一资源、创新是第一动力，深入实施科教兴国战略、人才强国战略、创新驱动发展战略，开辟发展新领域新赛道，不断塑造发展新动能新优势。习近平总书记对职业教育工作作出重要指示强调，在全面建设社会主义现代化国家新征程中，职业教育前途广阔、大有可为。要坚持党的领导，坚持正确办学方向，坚持立德树人，优化职业教育类型定位，深化产教融合、校企合作，深入推进育人方式、办学模式、管理体制、保障机制改革，稳步发展职业本科教育，建设一批高水平职业院校和专业，推动职普融通，增强职业教育适应性，加快构建现代职业教育体系，培养更多高素质技术技能人才、能工巧匠、大国工匠。各级党委和政府要加大制度创新、政策供给、投入力度，弘扬工匠精神，提高技术技能人才社会地位，为全面建设社会主义现代化国家、实现中华民族伟大复兴的中国梦提供有力人才和技能支撑。

---

[1] 张健，陈清.职业教育课程目标确认的价值、依据与内涵[J].职教发展研究，2019（1）：5.

社会的发展对高职教育提出了迫切要求,可以说,社会的需要成为高职教育发展的动力源泉。在宏观背景下,各区域经济、社会发展也出现了一些新的特点,高职人才的根本出路就是为地方经济、社会发展服务,因此,高职教育也必须积极应对小环境的变化。

2. 岗位(群)分析

高职课程改革要加强岗位针对性,突出专业性和技能性。这就要求进行岗位(群)分析,对岗位(群)数量及结构状况的调查、预测分析。从经济、社会发展的趋势中可以分析岗位(群)发展情况。比如,在第一产业领域,我国正在大力发展生态农业、节水农业、绿色农业(农业要坚持生态优先、环境优先和效益优先的原则);第二产业领域要重点发展高新技术产业;第三产业领域大力发展交通运输业、电信服务业、文化教育产业、旅游业(文化旅游、绿色旅游和科教旅游为主)等。岗位(群)发展趋势显而易见。

在把握宏观大局的同时,高职教育所进行的岗位(群)分析必须遵循以服务地方经济为根本宗旨,即要强调区域岗位(群)分析。比如,以深圳市产业发展为例,《深圳市人民政府关于发展壮大战略性新兴产业集群和培育发展未来产业的意见》指出,到2025年,形成一批引领型新兴产业集群,网络与通信、软件与信息服务、智能终端、超高清视频显示、新能源、海洋产业等增加值千亿级产业集群发展优势更加凸显,半导体与集成电路、智能传感器、工业母机等产业短板加快补齐,智能网联汽车、新材料、高端医疗器械、生物医药、数字创意、现代时尚等产业发展水平显著提升,合成生物、区块链等未来产业逐步发展成为新增长点。高端产业的发展,产业的优化升级以及自主创新能力的增强,都对生产者的劳动能力提出了新要求,要求教育为高新技术产业发展培养高层次、高规格的生产、建设、管理、服务等一线人员,这就要求高职课程必须满足这种发展需求,以发展为驱动,确立相应的课程目标,遴选合理的课程内容。

现代经济、社会发展出现了新的变化:岗位更替、行业变迁、人员的流动性越来越大,而且复合型岗位越来越多,生产的自动化、智能化、综合化程度呈现出越来越明显的态势。因此,那种只考虑单一"岗位需要"的课程改革目标已经不适应新形势的需要,必须改变主要培养单项技能突出、岗位针对性很强的单一人才的"岗位需要"课程观,转变为培养具有"基础宽、方向多"的素养的复合型人才的课程观。

此外,不容忽视的是,经济、社会发展的可能需求,或者说它能接纳的工作人员容量是有限的,必须要按照经济、社会发展趋势创造新的岗位(群)。这就要求高职所培养的人才应具备预见本领、开拓勇气、创新能力,过去单单强调掌握某种理论和技术、技能的职业教育课程观也不适应这种需要了,必须大力培养创造性人才,因此应设置合理的课程结构,进行创新素养的培育。

二、专业需求维度分析

众所周知,高职教育的教学体系明显不同于普高的教学体系。普高强调学科知识结构的完整性和系统性,以培养学生具有深厚的专业理论基础、宽广的专业知识面、较强的科学创造潜力为目标。而高职教育的理论教学"必须、够用"即可,不强调"知其所以然",而强调"知其然",在此基础上,侧重于职业岗位技能的专项性和操作性教学,以培养学生具有扎实的职业技能、专深的岗位业务知识、较强的技术再现能力为目标。所以,高职课程目标必须建立在对顺利完成岗位(群)工作所需的知识、技能、技术和素质做系统分析基础之上,并进而遴选课程内容,使学生学到的知识、技能真正满足职业岗位的实际需要。

基于上述分析,进行岗位的工作要素分析是必然的。岗位要素分析主要是通过对相关岗位职责、岗位能力需求调查,掌握高职培养的人才应具备的智能结构,以确定人才培养规格。进行职业分析应注意两点:第一,职业分析要紧紧依靠长期在企业生产一线工作的专家和技术人员,切忌仅仅靠学校领导、教师脱离实际的主观判断分析;第二,岗位分析必须兼顾相关岗位。联合国教科文组织第18届大会通过的《关于职业技术教育的建议》中指出:要使个人具备在他的职业生涯各阶段都可以继续学习所需要的能力、知识和态度。所以,人才的培养,也不应该完全拘泥于一个岗位,而应关照多个岗位、相关岗位或岗位群。可见,对岗位要素的分析,不是简单的事情,必须系统、科学、全面。

三、学生需求维度分析

课程目标最终要落实到学生学习上,最终要由学生个体来实现。学生的基础及需求是课程目标确立的关键力量。

1. 学生基础分析

课程目标是学生学习的结果,能否达到这种结果,是与学生学习的基础密切相关的。学生的基础主要指学习的知识基础、能力基础及素质基础,这些都与进一步的学习有关。对高职教育而言,由于学生来源多样化,学习基础差异大,比如,普通高中学生理论基础较好,但技能水平较低;职业高中学生则恰恰相反;中专学生则处在前两类学生中间。这些都是高职教育必须关注的。因此,必须对学生的学习基础作调查、分析,以便有的放矢地制订课程目标。

2. 学生需求分析

一般而言,学生的需求是建立在现实经济、社会发展状况基础上的,同时,也是建立在学生对自身的认识和把握基础上的,它的客观性显而易见。但是,我们知道,需求作为人的心理反应,是大脑对外界和自身的互动情况而做出的反映,一个人的需求往往也带有很强的主观色彩。因此,必须对学生的实际需求作认真分析,对于合理的需求要尽力提供好的条件,以便满足之;而对一些脱离社会实际和个人实际的不现实的需求要进行引导,使之趋于合理、可行。[1]

---

[1] 张仲林,薛立军. 当代职业教育理论与实践发展研究[M]. 哈尔滨:东北林业大学出版社,2008.

第三节　课程目标设计方法

一、目标定位

1. 课程教学目标定义

如图 3-2 所示,课程教学目标是基于学生的学习或发展需求而定的预期的学生的学习成果。课程教学目标是一定阶段学校课程力图最终达到的标准,是学院、专业或课程组要求各科课程的最低目标,也是教师引导学生必须达成的目标。制订目标时要考虑就业、晋升、未来发展三个层次。

图 3-2　与课程相关的教学目标

每门课程在专业人才培养过程中定位准确、与专业定位相适应,对学生职业能力的培养和职业素养养成起到重要支撑和明显促进作用,且与前导及后续课程衔接得当。明确每门课程教学在实现培养目标和达到培养要求中的作用,使每门课程与培养目标和培养要求直接联系起来;使老师清楚"为什么教"、学生明白"为什么学"。

2. 课程目标定位

如图 3-3 所示,在制订课程教学目标之前需要考虑社会需求、专业需求以及学生需求,其中社会需求包括行业需求及岗位职责,专业需求需要考虑学校及专业人才培养目标,学生需求在关注学生自身需求的同时还应该关注学习基本原理,结合这三个需求进行课程目标定位,然后针对定位进行分析,从而确定课程教学目标。

1)行业需求

首先应该确定课程所面对的行业需求。近年来,大数据、云计算、人工智能、机器学习、物联网等技术的出现不断颠覆着人们的生活方式,也推动着中国社会进入了全新的数字经济时代,从根本上改变了商业环境与竞争态势,行业需求不断发生变化。我们需要根据产业变化趋势分析行业对人才的需求,这些都可作为课程目标的出发点。

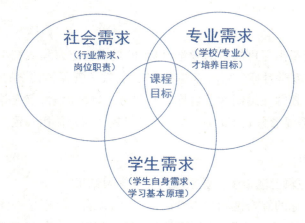

图 3-3 课程目标定位流程

2）岗位职责

数字化技术导致行业需求发生变化，产业中的岗位也相应发生变化，部分岗位发生变迁，有些岗位消失或出现新岗位，岗位职责及岗位能力也随之变化。我们在制订课程目标时要对应岗位职责，分析其对素养、能力、知识等的要求，确定培养目标。

3）学校/专业人才培养目标

专业培养目标定位既要考虑学生毕业时的要求，同时还要考虑本专业毕业生在毕业后3年左右能达到的职业和专业成就。

专业培养目标定位的依据主要包括社会需求、学校定位等，其内涵实际是指毕业生职业能力的描述及其职业成就的认定。专业培养目标定位包括毕业生能力特征概述（素质、能力、知识）、毕业生服务面向（就业的领域）、人才的基本定位（符合学校定位）。

专业培养目标参照工程师资质能力要求，对毕业3年左右的学生做用人单位及第三方的调查，分析专业对所属行业/企业的适应性与前瞻性，形成相当于助理工程师资质的能力描述。重点是专业调研，包括专业背景调研、专业人才需求调研、典型工作任务调研、岗位职业能力调研等，并根据这些调研明确专业人才培养目标。

专业培养目标定位既要符合学校定位、定位水准，又要符合职业发展、社会需求，同时还需要课程体系的支撑，并定期审核、评估、修订。根据专业培养目标制订课程体系，课程体系中的课程（含所有培养环节）设置均以有效实现培养目标为核心。

4）学生自身需求

在课程目标制订过程中要充分考虑学生自身的需求，以人才成长规律为主线，对接职业标准、行业标准和岗位规范，校企联合设置课程，体现职业教育的职业性、实践性和开放性。以学生为中心，适应学生发展，兼顾学科的系统性，促进学生知识、技能和职业素养协调发展。清晰体现专业培养目标的实现脉络，同时还要考虑前瞻性的发展要求。

5）学习基本原理

在课程目标制订的具体过程中还需考虑学习的基本原理。只有教学目标与已知的学习原理一致时，教学目标才可以做到前面提到的"使老师清楚为什么教，学生明白为什么学"。

二、目标分析

尽管教师可以列举出尽可能多的教学目标，但是在特定课程或教学单元中能完成的目标是有限的。在进行教学目标分析时需要考虑时间、教学资源和教学的先决条件，限制了学生有望掌握的东西。教师在编制教学目标时必须考虑这些因素，审视并选择恰当的教学目标。在选择时，教师需要考虑如下问题，这样能确保教学与评估相一致。

1．社会需求分析

1）目标是否在逻辑上涵盖了行业领域所有的学习结果

这里考虑的是目标的综合性和代表性问题。例如，确定目标是否涵盖了学习的三大领域——认知、情感和心理动作技能，并且这三个领域之间以及各领域内部是否平衡或协调。一个不争的事实是，很多教师在智力技能的教学中注重事实性知识的传授，而忽视复杂智力结果、态度、兴趣、技能等，此外，在诸如岗位实操等注重表现性技能的教育中，往往又忽视了关于认知内容的教学。

2）作为预期学习结果的职业教育的教学目标是否与行业企业领域岗位职责相匹配

如果行业或企业标准中对岗位职责有清晰的描述，那就需要把教学目标与之对应起来。如果里面的表述是含糊不清的，还需要求证于课程领域的专家。尽管专家的意见不尽统一，但知道这些有助于你鉴别大部分专家支持的目标，也有助于你了解该领域的最新进展，把握大致的方向。

2．专业需求分析

确定是否与学校或专业人才培养目标相一致。如法律专业对人才培养的内涵是自主、自律、自由和民主，那么在教学目标中就要体现出这些哲学内涵，同时在专业人才培养中尤其要重视有效的口头和书面表达、思维技能和复杂任务的解决，那么教学目标就要包含这些内容。总之，教学目标应该与整个学校的教育办学方向以及专业人才培养目标相一致，无论教育哲学是明确的还是内隐的。

3．学生需求分析

1）对于学生来说是否可以达成

在选择教学目标时，学生群体的特点和已有水平是教师设计和选择教学目标时需要考虑的重要因素。诸如简单讨论之类的前测，可以帮助我们了解学生的背景和学习的准备情况。教师选择的教学目标应该是适合学生群体需要的，是学生通过努力可以达成的。

另一个相关的考虑因素是教学时间和可用的教学设施与材料。比如，思维技能的发展和态度的转变是极其耗时的，它们取决于学生长期学习体验的累积效应。同样，某些结果（如科学方法技能）的达成可能需要特殊的实验设施和教学材料。我们不是说要放弃这些预期目标，而是认为某些目标是需要调整的，这样才能适合于特定的学生群体和教学条件。

2) 目标是否符合学习的基本原理

如前所述,教学目标应该作为预期学习结果来表述,因此教师要考虑教学目标与已知的学习原理是否一致。教师在选择教学目标时必须考虑以下一些基本的学习因素。

(1) 准备学生是否足够成熟去达成特定的目标,学生是否具有成功的必要经验和教育背景,教育目标的水平是否设定在学生可接受范围之内。

(2) 动机目标是否满足了学生的需求和兴趣,是否需要调整目标,以便让学生更积极地关注是否存在能更好地满足学生兴趣的目标水平。

(3) 保持目标是否能反映那些需要费时达成的学习结果(如综合应用和思维技能),目标是否涵盖了持续时间更长的学习结果。

(4) 迁移目标是否反映了能广泛应用于新情境的学习,结果目标是否包括了有助于该领域未来学习的学习方法和思考模型,目标是否能反映现实情境下最常见的复杂学习任务。

这些问题并不容易回答,它反映了教师在规划和选择教学目标时考虑学习过程的重要性。要说明的是,越复杂的学习结果保持得越长久,而且越具有迁移的价值。如果教学目标刚好落在学生最合适的发展水平上,那么越是复杂的结果就越能激发和保持学生的兴趣。

三、分层分类式教学目标设计与编写

1. 编写知识目标

知识理论是进行问题探究、思考解决及综合能力提升的基础,因此在进行知识目标编写的时候需要关注知识在熟悉、领会和应用等不同层次水平上的目标。

知识目标中的熟悉是指强调对学习材料的回忆或再认。领会是指通过解释、转换、预测等类似的方式掌握学习材料的意思。应用则是指在新情境中使用材料的能力。不同的水平层次均涉及与学科专业相关的术语、事实、规则、程序、概念、原理或理论。

理论基础学习水平是从知识的熟悉、理解到应用逐步深入的。图3-4用"创新思维"课程中"创新"概念的学习案例来说明各个水平的具体学习结果应如何描述表现的类型,从而表明各水平的不同特点。

---

1) 熟悉创新的概念(明确认识创新的概念,能够回忆并复述其内容)
(1) 识别创新的定义
(2) 识别创新的例子
(3) 写出创新的同义词
(4) 写出创新的反义词
2) 领会创新的内涵(能够解释或分辨出哪些事实是创新)
(1) 用自己的话给某种创新的事实下定义
(2) 区分正确使用和错误使用创新的含义
(3) 描述两个近似创新事实的异同

图 3-4　学习结果描述实例

> 3）应用创新的方法论（能够将创新应用到实际的问题解决过程中）
> （1）选择描述一个观点、一个行为或一个事件的最佳创新点
> （2）用指定的某种创新方法写一段文字
> （3）在布置的项目任务中用到某一种创新方法

图 3-4（续）

通过不同水平层次分别描述预期学习目标的好处在于，可以帮助学生明确学习目标并能够划分学习重、难点，同时也能够及时让教师通过学生的学业状况进行学情分析。比如，有的学生可能凭记忆知道某个知识点但是并不理解，不能用自己的话表述出来。不能识别相关的例子或者不能很好地应用，等等。通过目标达成度的反馈不断调整教学进度，以学定教。

2．编写能力目标

能力是完成一项目标或者任务所体现出来的综合素质。人们在完成活动中表现出来的能力有所不同，能力会直接影响活动效率，并使活动顺利完成的个性心理特征。能力总是和人完成一定的实践相联系在一起的。离开了具体实践既不能表现人的能力，也不能发展人的能力。因此，我们在进行能力目标描述时，将其分为思维能力与实践能力两个部分。

1）以思维能力提升为目标的描述

思维能力和策略有许多不同的表达方式。我们平常所熟知的"批判性思维""创造性思维""问题解决"就是对思维能力和策略最常见的分类表述。批判性思维能力强调分析和评价（如识别和分析一个问题、评价问题可能的解决方案），创造性思维强调生成新的东西（如提出解决问题的新方案）。虽然在许多研究文献中，批判性思维和创造性思维都分而论之，但实际上它们都是各类问题解决的重要因素。本案将要讨论的是普遍意义上的思维能力，而非局限于思维的某一个方面。典型的问题解决中的思维策略包括下列活动：①识别和分析问题；②应用已有知识；③收集新的信息；④组织和比较收集到的材料；⑤分析相关因素和关系；⑥分类和判断可选方案；⑦综合一个解决方案或选择一项行动。在这样的问题解决过程中，包含了低层次认知结果（如概念的知识）和一般性问题解决策略（如观察、提出问题），同时还涉及一系列具体思维能力（如确认数据是否充分的能力）和情感行为（如客观性）。

如图 3-5 所示是分析、综合和评价水平上的具体思维能力清单，这些能力使我们可以灵活地编写思维能力领域的教学目标。当面对的问题比较复杂时，这个清单有助于我们选出解决主要问题所需的具体思维能力，形成综合性清单；而当问题的范围有所限定时，它又有助于我们选出有针对性的某几种具体思维能力。同时，这个选编本中丰富的具体思维能力还为我们提供了从一个领域到另一个领域相同的能力发生变化的可能。例如，很可能会因为要解决的问题类型或者学习内容的特点不同，科学、社会研究、英语、数学、艺术、音乐及职业课程中的分析能力要强调的具体思维能力也各不相同。综合和评价层次也有类似的差

异。尽管图中所示的具体思维能力清单并不详尽，但它仍然为我们编写高层次思维能力领域的目标提供了一个很好的起点。在图中，我们将具体思维能力按层次分开各列成清单，但这样做并不意味着这些能力应该与课程内容分离而单独教授和测量，而是为了便于论述。有时，一种具体思维能力（如区分事实和观点）必可以在运用于某个需要分析的特定问题之前，先单独测量和教授。更常见的是把具体思维能力的教授和测量都放在某个具体学科的特定问题或情境之中进行，而不单独分离。与其他具体学习结果一样，思维能力描述学生如何反应，而课程内容则描述需要学生作出反应的情境和问题类型。

```
1. 分析
1) 识别
充分    矛盾    不一致    推理    假设    标准    推论    关系
属性    权限    限制      联系    偏见    歪曲    主旨    成见
原因    效果    证据      迷信    焦点    要素    组织    趋势
完成    错误    善辩      效度    概念    例外    问题    变量
结果    谬论    程序
2) 区分
精确与错误          事实真相与价值主张          原因和效果      貌似可信与难以置信
始终如一与前后矛盾   可能与预料                  支配与从属      相关与无关
极其重要与无关紧要   总结与结论                  事实与结论      支持与反对
事实与假设          有效与无效                  事实与推论      可以验证与未经证实
事实与观点          完全合理与毫无根据
3) 推断
假设    特征    动机    目的    态度    条件    机构    质量
偏见    情绪    观点    关系
2. 综合
形成
分类系统    概括性    原理    概念    假设    难题
结论        音乐作品  问题    设计    计划    故事
等式        诗歌      总结    解释    预测    理论
3. 评价
1) 生成
准则    标准    程序
2) 判断
精确性    正确性    重要性    充分性    可信性    规范性
适合性    组织性    实用性    明确性    合理性    正确性
内聚性    说服性    意义性    完整性    关联性    价值型
一致性    可靠性
```

图 3-5　具体思维能力实例

2）以实践操作或解决问题能力提升为目标的描述

实践操作或问题解决项目的教学目标涉及知识、思维能力、程序、策略和系列支持性能力（如研究能力、交往能力）等多方面的因素。这使对问题解决项目的教学目标的识别和表述相对于那些限定在某项具体能力或者某类认知结果（如领会）领域的目标要困难得多。我们将目标描述分为限定性问题解决即实践操作项目和拓展性问题解决项目两类分开表述，编写教学目标的过程会更加明晰。

（1）表述限定性问题解决项目的目标。限定性问题解决项目通常被限定在某个范围之内并且高度结构化，一般由教师设计。限定性问题解决项目可运用于从简单到复杂的所有学科领域，强调对现实问题学习的综合和运用，有助于高层次思维能力的发展。如图3-6所示的案例表明了限定性问题解决项目的教学目标的特点。

1　提出解决一个科学问题的建议
1.1　描述问题的本质
1.2　识别所涉及的科学概念和原理
1.3　分析并解释相关资料
1.4　描述解决问题的计划
1.5　列出实施计划会遇到的困难
1.6　预测提议的解决方案可能造成的影响
2　描述比较两种产品的实验
2.1　描述产品的设计需求
2.2　描述测试和比较两种产品的手段
2.3　证明测试程序的合理性
2.4　描述测试的结果
2.5　编写使用两种产品的建议
3　运用数学概念设计一种测量系统
3.1　描述要测量的问题
3.2　设计测量方法
3.3　解释运用数学概念的系统
3.4　总结一个数学公式中的程序
3.5　测试程序并描述结果

图3-6　限定性问题解决项目实例

上面这些目标和具体的表现性结果表述得都比较宽泛，可作为设计限定性问题解决项目的目标的最好模板或模型。我们可以通过"科学问题"（如减少烟雾）、"两种产品"（如纸巾的类型）、"行为或事件"（如篮球赛）或者"测量问题"（如一棵大树的高度）等这样的命名方式，使之适用于具体的教学内容和水平，必要时还可以修改具体的表现性结果。

（2）表述拓展性问题解决项目的目标。拓展性问题解决项目通常用于培养学生解决综合性的、结构不良的、"现实世界"中的题的能力。拓展性问题往往有多种可能的解决方案，需要学习者整合多种学习类型与技能。在一项拓展性研究项目中,学生需要识别并选择问题,设计并实施研究,撰写研究过程与结果的报告,设计实验或构想展示材料(如模型),最后在全班或其他小组面前呈现研究结果并进行辩论。项目的表现性目标可以提前提供给学生,评估标准则直接由预期的表现性结果改编形成,并且可以在项目研究开始之前告知学生。

下面列出的是与问题解决项目有关的几项主要技能。
◇思维技能　　◇研究技能　　　◇检索资源的技能
◇写作技能　　◇展示技能　　　◇小组合作技能
◇演讲技能　　◇自我评估技能

如图 3-7 用一个"书面报告"的案例来说明怎样表述目标和具体表现性结果,才能使之成为评估拓展性研究项目的基础。

1　选择并表述一个现实性研究问题
1.1　列出若干想解决的"现实世界"中的问题
1.2　选择其中一个可以解决的问题
1.3　选择一个适合他的教育背景的问题
1.4　清楚客观地表述问题
2　检索并选择相关资源
2.1　检索各种各样的资源
2.2　选择最相关的资料
2.3　利用充足的资料得出结论
3　撰写项目的书面报告
3.1　描述问题和研究的特征
3.2　描述研究的过程
3.3　分析、综合并解释研究结果
3.4　描述研究结果可能的不同解释
3.5　表述研究结果支持的结论
3.6　描述研究的不足
3.7　列出对后续研究的建议

图 3-7　目标和具体表现性结果表述实例

正如前面提到的,有些研究项目最后只需要提交书面报告,也有些研究项目则不止于此,书面报告仅是简单地提供了一种实验研究的背景或者作为设计模型、海报或其他展示材料的基础,有的甚至需要在全班面前做口头报告,同时就研究过程和结果接受其他同学的提问并答辩。当然,这些综合性更强的项目需要对附加的表现性结果也做出表述。

在如图 3-8 所示的案例中,虽然目标表述得仍比较宽泛,但它很好地说明了应该如何表述综合性研究项目的附加表现性结果。

```
1    开展一项实验研究
1.1   设计恰当的实验程序
1.2   设计研究中变量的控制方式
1.3   选择并操作必需的设备
1.4   正确实施评价程序
1.5   分析并解释结果
1.6   明确表达有效的结论
2    准备研究项目的展示材料
2.1   选择合适的展示方式（如图表、图形、海报、模型）
2.2   构建达到所选的展示方式标准的展示过程
2.3   构建与研究结果相关的展示过程
2.4   构建、总结并阐明研究结果的展示过程
3    在小组面前呈现研究项目并答辩
3.1   以良好的组织方式描述项目
3.2   总结研究结果及启示
3.3   运用展示材料阐明观点及其相互关系
3.4   直接完整地回答小组成员的问题
3.5   呈现反映详细计划的报告
3.6   通过对问题的描述和回答展示正确推论的能力
```

图 3-8　综合性研究项目的附加表现性结果表述实例

拓展性研究项目可以由学生个体完成，也可以通过团队合作完成。如果是后者，表述表现性结果时还需要考虑学生个体如何在团队中更好地发挥作用。比如，可以按照图3-9这样表述。

```
1    在小组工作中有效地发挥作用
1.1   参与小组讨论
1.2   提出清晰的、有条理的意见
1.3   提出有意义的问题
1.4   用心倾听他人的观点
1.5   提出反映想法的问题和意见
1.6   表现出对其他组员的尊重
1.7   完成小组按计划分配的工作
```

图 3-9　拓展性研究项目表现型结果表述实例

正如限定性问题解决项目也需要配上说明性目标一样，在上面这些案例中，具体的表现

性结果表述得也很宽泛,因此适用于多种类型的拓展性问题解决项目。这些清单表明了应该如何表述表现性结果,但最能发挥作用的做法是将它们作为拓展性问题解决项目的目标进行设计,同依据或模型一起运用到具体教学内容和相关结果的设计中。

3. 编写素质目标

素质作为一种稳定的心理品质和行为习惯,在教育目标中体现为教育对象的初始状态和教育活动结束状态之间所发生的变化,最终也是可以测量的。素质作为教育的输出目标,测量起来比较困难。可以把输出目标转化为过程目标,通过过程和结果结合作为教育的目标并进行测量评价。

(1) 心理。这是非智力因素的主要部分,是个体重要的生存能力,是一种发掘情感潜能,以及运用情感力量影响生活各个层面和人生未来的关键性品质要素。关于心理层面的素质目标设定主要可以考察以下五个方面。

① 情绪控制:自我安慰并摆脱焦虑状态;控制冲动和愤怒;处变不惊,在挫折和失败面前保持镇静、信心、希望和勇气;化解不良情绪。

② 自我感知:对自己优缺点和所处环境的准确感受和把握,对自我要有正确的认识。

③ 自我激励:持续保持热情,不断明确目标,始终专注于目标。

④ 认知他人:设身处地为他人着想,体谅他人的感受。

⑤ 人际交往:顺利进行人际交往,团队协作中能够和谐处理与他人的关系。

(2) 品德。思想和品德对社会和个人的特殊地位,使有必要把它作为独立的教育目标进行设计和评价。品德方面的素质目标可以归纳为以下三个方面。

① 公民教育:主要是对国家、民族的认知,对社会公德、社会伦理、公民权利和义务等的了解和接受。

② 个人与社会:使学生认识个人发展和社会发展的关系,帮助学生建立正确处理个人与社会关系的价值观念,形成学生的社会责任感。

③ 个人与他人:是以"学会共同生活"为中心的教育目标,使学生掌握处理人际关系,以及进行人际交往和沟通的基本准则。这里要解决的是价值问题,即对个人和他人价值的认识。

(3) 思想。思想教育的目标体现在三个层次上。

① 认知领会:对中国近代历史、中国共产党的历史、马列主义基本理论、邓小平理论知识的领会。

② 情感领会:热爱党,热爱祖国,热爱社会主义,是在"知"的基础上形成的"情"的目标,通过行为进行评价。

③ 世界观和方法论:学会用辩证唯物主义指导自己观察并分析问题,形成世界观和方法论,这是在"意"和"行"层次的目标。每一阶段的教育可以通过测验和行为分析并评价教育目标的实现情况。

第四节 课程目标开发案例

一、以"创新思维"为例

1. 目标定位

"创新思维"课程是深圳职业技术大学一门通识教育基础必修课程,面向全校新生开设,由课程建设团队开发课程标准,各二级学院专任教师承担面向本专业学生的授课任务。课程立足于产业变革对复合型创新人才的需求标准和发展动向,将思政引领、以人为本、求实创新的教育理念贯通于创新人才培养的全过程,侧重创新思维理念和创新实践能力双向驱动的培养模式,将"人人皆可创新"的文化自信、"可持续发展"的社会责任感、"敢闯敢干"的时代精神等价值理念一同融入创新育人的全过程。掌握创造力心智发展的基本理论和知识,具备换位思考、包容性思考、发散性思考、水平思考等方面的能力。主要分解为素质(思政)、能力及知识三个重要的课程目标。

2. 目标分析

在课程目标设计之前,课程团队开展了面向企业访谈、全校《创新思维》授课师资集体教研会以及面向全校学生的问卷调查。针对课程开设基础、形式以及师生和企业关注的重点问题进行了深入的探索,对于课程目标的设定提供了明确的方向。

1)社会需求分析

2015年5月,国务院颁行《关于深化高等学校创新创业教育改革的实施意见》(国办发〔2015〕36号),确立了建立健全高校创新创业教育体系,普及创新创业教育的总体目标。为了实现这一目标,必须以"面向全体、分类施教"的全新观念为指导,整体更新高校创新创业教育体系的基本结构。此外,深圳市是我国首个创新型城市,承担着粤港澳大湾区、先行示范区和现代化国际化创新型城市的建设工作,有着"创新之都""创业之城"的美誉,创新城市建设与时代发展强烈呼唤创新人才的高质量培养。近年来,深圳市围绕创新驱动发展战略以及"创新引领型全球城市"目标定位,不断完善"政府引导、学校主导、企业参与、社会支持"的创新教育工作机制,持续推进创新教育发展。

2)专业需求分析

为创新驱动发展战略提供强有力的人才保障和智力支撑,深圳职业技术大学主动深化创新创业教育改革。学校以创新创业为引领,构建与专业教育深度融合的"进阶式双创教育模式",深化从启蒙教育、预科教育、专门教育到实战训练的双创人才培养体系;完善通识必修课、选修课、专业课到实践训练课的双创课程体系,优化从社团孕育、赛会遴选、项目孵化到创业实战的双创实践体系,构建产教融合、产品试制、项目孵化、成果展示、资源对接的双创服务体系,最终形成创教、创孵、创赛、创展、创投一体化的双创生态体系。建立并健全"进阶式双创教育"课程体系,开展"启蒙教育"。面向全体大一新生开设"创新思维"必修课程,计2学分。遴选各二级学院专业骨干教师担任主讲教师,结合全校各专业特点,在

"创新思维"必修课程中融入各专业的元素。

3）学生需求分析

深圳职业技术大学2022年发起关于"创新思维"课程体验度的调查问卷，回收2040份有效问卷。其中显示：96.81%的学生在学习"创新思维"课程之前，没有在大学之前修读过其他与创新相关的课程，如表3-1所示。

表3-1 在进入大学之前是否修读过其他与创新相关课程的问卷调查结果

选 项	小计	比 例
否	1975	96.81%
是（如选择是，请列举课程名称）	65	3.19%
本题有效填写人次	2040	

创新教育更多的是要求全面、动态、灵活的课程体系，这既是创新课程发展的需要，也是当前社会培养高素质创新人才的必然要求。问卷显示：30.59%的学生在进行项目创新研究时倾向于从与自身专业相结合的领域突破，如表3-2所示。

表3-2 创新教育应注重方面的问卷调查结果

选 项	小计	比 例
与自身专业相结合的领域	624	30.59%
自己感兴趣的领域	960	47.06%
当今热门方向发展	219	10.74%
生活中普遍存在的问题	206	10.1%
其他	31	1.52%
本题有效填写人次	2040	

课堂活动要以学生为中心，加大实践教学的比重，充分挖掘学生的积极性、主动性、创造性。深圳职业技术大学关于"创新思维"课程体验度的调查问卷显示：创新思维课程中脑力热身（课堂中的小游戏）(58.63%)、创新行动（项目实践环节）(48.24%)、小组讨论与合作(35.1%)（参见表3-3）等让学生"动"起来的教学环节颇受学生青睐。必须改变传统的教师讲课为主的授课模式，真正地让学生通过课堂活动进行创新创业的实践。

表3-3 课程中令人印象最深刻的内容的问卷调查结果（多选题）

选 项	小计	比 例
脑力热身（课堂中的小游戏）	1196	58.63%
创新行动（项目实践环节）	984	48.24%
知识探索（老师讲授知识点）	924	45.29%

续表

选项	小计	比例
他山之石（创新的案例分享）	827	40.54%
小组讨论与合作	716	35.1%
项目展示与路演	407	19.95%
其他（如有一些令你感到惊喜的小细节，请描述）	67	3.28%
本题有效填写人次	2040	

面向全体学生开设研究方法、学科前沿、创业基础、就业创业指导、创新创业思维等创新创业教育通识课程，培养学生善于思考、敏于发现、敢为人先的创新思维。深圳职业技术大学关于"创新思维"课程体验度的调查问卷显示，该课程对于激发学生对未来职业的思考（61.37%）、对生活中普遍存在问题的解决能力（60.64%）、对个人能力的反思（59.12%）、对后续专业课程学习的热情（51.27%）方面大有裨益（参见表3-4），对于培养学生的联想能力（56.13%）、发散性思考（55%）、同理心（53.58%）、批判性思考能力（48.63%）、平行思考能力（41.52%）、包容性思维（40.05%）、系统性思考（31.08%）也有较大的帮助（参见表3-5）。因此可以说，创新创业通识课程的开设有助于学生综合能力的提升和辅助专业知识的学习。

表3-4 创新思维对未来帮助主要体现方面的问卷调查结果（多选题）

选项	小计	比例
对后续专业课程学习的热情	1046	51.27%
对生活中普遍存在问题的解决能力	1237	60.64%
对未来职业的思考	1252	61.37%
对个人能力的反思	1206	59.12%
其他	55	2.7%
本题有效填写人次	2040	

表3-5 关于对思维的转变主要体现在哪些方面的问卷调查结果（多选题）

选项	小计	比例
联想能力：我会将看来风马牛不相及的事物联系到一起思考	1145	56.13%
同理心：面对问题我会换位思考	1093	53.58%
批判性思考能力：我会透过现象去探索问题的本质	992	48.63%
发散性思考：面对问题我可能会想到更多解决方案	1122	55%
平行思考能力：我会换个思考模式去想问题	847	41.52%

续表

选项	小计	比例
包容性思维：在讨论时我会站在他人的观点基础上提出建议，而不是着急否定	817	40.05%
系统性思考：面对复杂信息时，我会抽丝剥茧找到问题根源	634	31.08%
其他	52	2.55%
本题有效填写人次	2040	

要丰富教学手段和教学方法。利用"学习通""雨课堂"等信息化手段，灵活运用讨论式、启发式、情景式、互动式等多种教学方法为学生提供音频、视频等多种类型的丰富教学资源，充分调动学生的积极性和主动性，激发学生的创新意识和创新能力，使课堂更加高效和有趣。深圳职业技术大学关于"创新思维"课程体验度的调查问卷显示，形式多样的教学手段带给了学生更深刻的印象（见表3-6）。由此可见，相较于传统的纸质阅读和教师讲授，生动形象的动画、视频更容易激发学生的学习兴趣，因此在创新创业教育中，必须重视信息化手段的融入。

表3-6 关于在线教学的资源印象最深刻内容的问卷调查结果（多选题）

选项	小计	比例
知识微课	881	43.19%
动画案例	1147	56.23%
行动指南	820	40.2%
课堂教学的实录	863	42.3%
在线讨论	859	42.11%
测试题	283	13.87%
其他	44	2.16%
本题有效填写人次	2040	

3．目标陈述

1）素质（思政）目标

（1）培养学生对问题的敏感性，愿意接受新事物，发现新问题。

（2）培养学生思维的敏捷与流畅性，对于特定的问题情境能顺利产生多种反应或提出多种答案。

（3）构建学生面对复杂问题的应变能力和适应性，面对问题能发挥自由联想。

（4）激发学生独创性思考，勇于提出突破常规的解决方案。

（5）培养学生面对困境时的创新自信力。

（6）树立学生切实增强对民族振兴、国家兴旺的历史使命感。

（7）树立学生为实现远大理想的坚定信念和脚踏实地、百折不挠的创新精神。

2）知识目标

（1）理解创新思维的内涵，了解个体的心智模式与创新人格塑造。

（2）了解各种不同的创新思维模式。

（3）掌握收集信息来探索真实问题的方法。

（4）理解用户行为的概念，厘清问题的本质需求。

（5）熟练运用触发创意的各种方法。

（6）认识并掌握应用快速原型模型的基本工具与方法。

（7）掌握项目路演的基本方法。

3）能力目标

（1）掌握对不同事物进行关联性思考的联想能力。

（2）掌握与人沟通并能够良好互动的协作能力。

（3）掌握与人共情并能够换位思考的移情能力。

（4）掌握透过现象去理解问题本质的批判性思考能力。

（5）掌握尝试不同角度理解问题的思考能力。

（6）掌握处理复杂问题时的系统性思考能力。

（7）掌握对问题或事物进行发散思维与联想的能力。

（8）熟练运用不同工具快速实现想法的动手能力。

（9）提升公共演讲与表达能力。

二、以"单片机应用技术"课程为例

1. 目标定位

本课程是电子信息工程技术专业的一门专业基础课程，旨在培养学生科技强国、文化自信、爱岗敬业、勇于创新、精益求精的思想政治与职业素养，掌握单片机应用系统开发的基本理论和工作原理，具备独立完成单片机应用系统设计、生产和维护的能力。

2. 目标分析

1）社会需求

深圳是我国半导体与集成电路产品的集散中心、应用中心和设计中心，随着物联网的普及以及相应应用，电子产品设计、单片机应用设计人才需求较大。目前小到智能家用电器，比如数控冰箱、智能电饭煲、变频式空调等，大到汽车高铁如特斯拉、小鹏汽车等都涉及单片机产品的应用。随着物联网越来越普及，行业需要具有爱岗敬业、创新意识并掌握单片机应用技术的开发人员。

2）专业需求

"单片机应用技术"是电信学院、机电学院、汽车学院等工科学院的专业基础课，为各专业后续开展智能家居设计、机电系统控制、车辆电子控制系统设计等提供基础知识储备。根据各专业需求，需要将模块化程序设计、单片机定时器/计数器、中断系统、单片机人机交互接口、串口通信等知识融入课程中，帮助学生掌握单片机应用系统的设计方法。

3）学生需求

在课程网络平台对学生需求进行问卷调查，其中关于个人素质的调查结果排序从高到低依次为：沟通表达能力占36%，责任心占22%，工作认真细心占16%，吃苦耐劳占14%，善于判断占12%。在课程学习方式上，学生比较认可项目式教学，通过团队合作的形式完成难度不断进阶的项目来提升自己，同时学生比较关心课程对就业的帮忙。综上所述，在课程目标设计时需考虑个人素质、企业文化、岗位能力需求等因素。

3. 目标陈述

1）素质（思政）目标

（1）培养学生爱党、爱社会主义及担当民族复兴大任的爱国情怀。
（2）培养学生对社会主义核心价值观的情感认同，并培养相应的行为习惯。
（3）培养学生爱岗敬业、艰苦奋斗、勇于创新、热爱劳动的劳动精神。
（4）培养学生执着专注、精益求精、一丝不苟、科技强国的工匠精神。
（5）培养学生的标准意识、规范意识、安全意识和服务质量职业意识。
（6）培养学生严谨细致、踏实耐心、团队协作、表达沟通的职业素质。

2）知识目标

（1）具备单片机应用系统硬件电路设计能力。
（2）具备单片机应用系统硬件系统制作能力。
（3）具备单片机应用系统控制程序设计能力。
（4）具备单片机应用系统综合设计和调试能力。
（5）具有较强的思考、分析和解决问题的能力。
（6）具有跟踪新技术和创新设计的能力。
（7）具有数字技术学习和应用的能力。

3）能力目标

（1）了解单片机和嵌入式系统相关知识。
（2）掌握单片机硬件系统结构知识。
（3）掌握嵌入式C51语言的编程语法特点。
（4）理解模块化程序设计方法。
（5）掌握单片机定时器/计数器和中断系统的工作原理。
（6）掌握单片机人机交互接口设计方法。
（7）掌握单片机串口通信工作原理。
（8）掌握单片机应用系统的设计方法。

第四章　课程整体教学设计

课程整体教学设计是开展教学的重要工作，是一个系统规划、实现学习目标的过程，是从整个课程全局的角度对原有课程内容进行合理有序的重新规划与设计的过程。可以说，课程整体教学设计得好坏直接影响课程实施的质量。本章从课程设计的几种常见模式的介绍入手，分析了各种模式的特点，最后聚焦于职业教育常用的基于项目教学的职业教育课程教学设计，对项目化课程整体设计的原则、流程、方法进行了详细介绍，并基于"项目"搭建课程的设计介绍了课程标准开发的体例与流程，同时对课程整体设计中如何体现"思政"融入的设计方法进行了分析。

第一节　课程整体设计的基本模式

一、学科导向课程模式

1. 什么是学科导向课程模式

学科导向课程模式是指传统的课程开发模式，即基于各类培养目标和学生发展水平，课程根据知识的范畴、结构、内容、方法、组织和理论的历史发展而设置。主要是以陈述性知识为主，在教授过程中，教育者通过设置一定情景，让受教育者通过逻辑思维，学习和理解概念性和论证性的知识。

在学科导向课程模式下，首先，需要对学科导向课程标准进行正确的解读，从而联系学科和学情。其次，需要对目前的学科导向课程进行梳理、评价，发现优势和劣势，明晰当下学科课程的优势，在学科课程建设中保持优势；清楚当前学科课程的不足和面临的挑战，以明确学科课程变革的起点和方向。再次，要把握好本校学科课程建设所处的位置，即要根据学情对学科课程建设进行准确定位，明晰学科课程的层次、内容选择、结构状况，提高学科导向课程模式的教学能效。最后，采取合适的方式实现学科导向课程建设的最优化，探究学科导向课程模式的有效路径和方法。

2. 学科导向课程模式的特点

1）学科核心素养导向特点

在学科导向课程模式中，教师基于学科育人价值、学科课程标准与学科核心要素的深入解读，通过对学生学情的真实分析和把握，围绕学科核心素养指向的真实教学目标，坚持学科逻辑及心理逻辑的相互统一，秉持教学设计的系统思维，以学科核心知识为凭借，以学科情境为载体，精准合理地设计、整合并体现学科教学与学习的关键点及重难点，真实解决具有客观情境性、生活实践性、主体能动性、立论系统性、有机整合性与最佳真实性的高质量学科性问题。

2) 学科体系导向特点

学科导向课程模式通常按照特定知识领域内在的逻辑体系来加以组织，根据学科核心素养导向的要求、教学设计整体的要求、课堂教学流程各环节的需要、知识维度的要求、认知过程的要求、操作方式的需要、不同学科教学实践的需要等重要标准设置课程内容。课程模式强调知识的功能性、可迁移性，同时基于知识学科属性选定具有代表性的知识作为教学重点。学科导向课程模式将相互联系或具有相似性的课程根据需要进行整合。针对学习时空的有限性和丰富的课程之间的矛盾，以及共同基础与学生个性发展诉求之间的矛盾，注重学科内、跨学科、超学科的课程整合，从而形成新的课程结构，满足多元发展、多样选择。

3) 目标导向特点

以学生发展为本进行课程的设计和开发。学生发展需要、学生培养目标是学科导向课程建设的出发点和落脚点，在课程标准的前提下，学科导向课程以学生为基础进行课程的改造，使教学内容更切合学生实情。

二、能力导向课程模式

1. 什么是能力导向课程模式

能力导向课程模式是指以获得综合职业能力为目标的课程开发模式，即教育者从某一职业所需具备的能力为出发点设计其教学内容、教学方法和评估教学效果。教育者通过整合知识、技术、技能确定课程设置的逻辑，在具体的职业教学活动中，帮助受教育者构建其职业能力，学习和掌握岗位所需的专业技术技能、职业基本素养和创造性思维等。

职业能力是职业教育课程开发的重要依据和基础，职业能力的规律和特点会影响和决定职业教育课程结构，能力导向课程模式是在分析职业能力规律基础之上构建的职业教育课程结构模式。能力是构建课程结构的重要逻辑之一，能力也被定义为胜任工作中关键职业任务的"合乎标准"的专业品质。正是这些核心的工作任务表现了这一职业的专业性特征。培训和绩效指导标准国际联盟（IBSTPI）将能力定义为促使人们在给定的职业活动中能够有效行动或实现就业岗位中预期标准的知识、技能或态度的集合。职业教育课程与职业能力之间有着复杂的关系，职业教育课程是发展职业能力的重要载体，而职业能力是职业教育课程开发的依据和基础。职业能力需求分析是职业教育课程开发的基础。当前，职业教育课程观念的范式正在发生着显而易见的转换，职业学校课程由学科组织范式转向工作过程相关和能力本位范式。课程应基于能够使学生有效地完成实际工作环境中的任务并达到专业标准的能力。能力选择作为课程的组织原则，是将现实生产活动回归于课堂教学的一种方式。因此，职业教育课程结构应该围绕职业能力不同层次和方面来构建。职业院校专业课程结构同构于职业院校学生应达成的职业能力结构。

职业教育课程开发是根据社会发展和社会分工以及学校自身学科建设而形成的新课程，包括对现有课程的改革、更新，使得专业设置具有开放性、现代性的特征。课程是建立在学科、专业、教学内容基础上的，是学校知识教育和社会发展需要的中介，课程建构是从学校满足社会分工需要的角度而进行知识选择、课程设置、教学内容系统化的过程。以就业能力为导向的职业教育课程开发指以培养学生的就业能力为起点，以能力本位为内容，以人格发展、可持续发展能力和终身学习为目标，在学科建设、课程设置、教学内容上将就业能力的特征融入其中，培养学生的终身就业和可持续发展能力。

2．能力导向课程模式的特点

1）综合能力导向特点

在知识经济、信息时代、学习型社会的背景下，职业教育课程体系的建筑要以人为本，综合知识、技能、态度和价值等各个要素，培养学生的职业技能、人际交往技能和生活技能等，突出学生自主学习，强调学生理论与实践相结合，使学生通过亲身的体验进行探索性、研究性、自主性的学习和实践，提高学生解决实际问题的能力，培养学生的创新能力和创新思维，形成终身学习的观念。在培养学生硬技能的同时，培养学生的人文精神和科学素养等软技能，使学生具备健康的职业人格、群体意识和社会责任心、自主创业意识和终身发展能力。课程的改革要以人的全面发展为宗旨，以提高学生的就业能力为核心。21世纪的职业院校毕业生要适应社会的发展，应当具有一定的综合素质，并能将理论知识和技术结合起来去完成有创造性的实际工作。因此，职业教育课程的改革必须指向人的发展，应以素质教育为先，培养健全的人格，培养有德之才、身心健康之才、创新之才。

2）职业能力导向特点

综合考虑社会对人才的知识、能力和素质的基本要求，从而确定课程的数量、内容、课程间的关系以及要传授哪些知识、传授多少、如何传授等。整体优化要使得课程体系形成一个相互联系、融合的合理结构，既要注重课程整体中各个部分是什么，也要注重每个部分在整体中占的比例以及通过什么方式实现，最终达到课程整体结构的最优化。社会对人才需求体现了一种综合化的趋势，经济的全球化所需要的不只是专业知识丰富的人才，还要求人才具有一定的人文与社会知识、沟通和交往技能、心理知识、价值关怀等，这些都属于就业能力的范围。因此，在这种情况下课程的改革就应当从整体上对这些问题进行关注和回应，才能培养出高素质的适应全球化市场要求的人才。

3）适应性特点

要兼顾职业教育社会性、职业性、实践性与操作性特点；在专业的针对性方面，职业技术教育学科内容应充分体现工种的需要；在课程内容的时效性方面，职业技术教育所开设的专业学科的内容要紧贴市场，注意时空变迁所引起的知识技能的更新；在人才培养的规范性和未来需要的适应性方面，职业技术教育的培养规格必须在研究职业岗位的具体功能、职责、作用所必须具备的知识和能力的基础上，有针对性地设置课程及其内容，并确定好教学大纲及配套教材等,使职业教育培养的学生能成为适应岗位要求不断变化的合格人才。职业学校学生毕业后需进入劳务市场,因此为增强其适应能力的相关课程内容应宽一些,单项技术操作可强化一些。可实施社会化考试考证制度并与社会需求接轨。

三、项目导向课程模式

1. 什么是项目导向课程模式

项目导向教学法是近年来教学改革的重要形式之一。项目化教学一般以团队合作为基础,学生主动地参与项目中的任务,并相互交流和合作,使整个项目协调有序地完成,这是一个教、学、练、评有机融合的过程。项目导向型教学模式主要以工作任务为课程设置与内容选择的参照点,以项目为单位组织内容并以项目活动为主要学习方式的课程模式。

项目教学法是师生通过共同实施一个完整的项目工作而进行的教学活动的教学方法。项目教学法是将项目作为载体,学生在教师的引导下,培养学生的沟通能力并以解决问题作为目标,是一种系统的教学方法。项目导向型教学模式是以某一项目为载体设计课程内容的课程开发模式,即该项目贯穿于整个课程中,由教育者围绕工作任务组织课程内容,设计综合化情景,并引导受教育者在实际问题情境中进行完整学习工作的过程。职业教育课程中的项目是基于工作任务的、聚合式的。项目是具体产品、服务或者决策,是职业活动中的实例,例如烹饪专业中的糕点、材料,工艺美术专业中的作品,工程造价专业中的土方工程施工、脚手架工程与垂直运输等。在教学过程中,强调问题情境和自主探究,受教育者根据教育者的指导进行实际操作训练,在探索问题和实施项目的过程中掌握所需的相关知识和专业技能。教育者应着力培养受教育者的创新思维能力和职业道德素养等,以提高受教育者的综合能力。

2. 项目导向课程模式的特点

基于项目导向的职业教育综合课程的核心就是将相关的知识要素联结综合,以项目为参照点组织内容,以工作任务为参照点设置课程模式,以实现课程、职业和学生之间的关系平衡。因此,职业教育课程综合化具有以下特点。

1)整体性特点

基于项目导向的职业教育综合课程不是各类零散知识的大拼盘,而是追求相关知识要素在达到职业教育目标基础上的内在联系与相互促进,使整体功能得到最大限度发挥。因此,无论是从书本上还是从职业界选择的课程内容上,都必须在职业调查、任务分析和逻辑组织的基础上明确哪些是基本概念和原理,哪些是技能、方法和策略,哪些是一般的常识,并赋予原先彼此分离的知识以新的作用和意义。

2)开放性特点

这种开放性从课程内容上讲表现在两个维度上:一是对结构性课程内部而言,表现为现有课程内容与职业生活和学习者之间的信息开放与交流;二是对结构性课程与外界的关系而言,表现为职业教育课程与最新的科技、文化成果之间的信息开放与交流。这种开放性从教学层面上讲,则表现为教学活动方式与职业情境之间的信息开放与交流。基于项目导向的职业教育综合课程只有体现这种全方位立体化的开放性,才能及时调整出满足各种需要的职业教育课程和教学模式。

3) 主题性特点

基于项目导向的职业教育综合课程不仅要强调整体性,而且要强调构成结构性课程的各知识要素都要有一个主题作为它们的组织中心。从结构性课程的层面上讲,主题性表现为职业教育的整体目标;从构成结构性课程的课程序列的层面上看,主题性表现为课程的教学目标;从教学单元(或学习包)的层面上看,主题性则表现为一项任务、一个问题、一种技能、一个概念、一条规律等。职业教育综合课程只有体现主题性,才能保证职业教育在培养学生整体素质的过程中使职业针对性落在实处。

4) 层次性特点

由于学生群体中存在基础参差不齐、能力强弱不一等差异,整齐划一的课程内容难免产生"学习机会不均等"的现象。为了保证每个学生最大限度地发挥学习潜力,课程内容设置必须体现层次性。当然,这种层次性必须遵循"下要保底,上不封顶"的原则,既要保证每个学生达到"合格"的基本要求,又要有利于潜力大的学生冒尖。因此,职业教育综合课程应由基础模块项目、提高模块项目、特色模块项目构成,以便不同层次、不同特点学生各适其所、各取其需、各获其益。

第二节 项目化教学设计

教学设计是开展项目教学的首要工作。项目化课程设计就是基于课程的教学目标,打破教材的内容,重新进行内容的选取,然后按照项目搭建课程的新框架,即项目化的教学设计。

一、项目教学设计的原则

项目化课程以工作过程及职业活动为导向,以项目和任务为载体,以学生为主体,以教师为主导,注重理论与实践一体化,教、学、做一体化,最终目标落脚于培养学生的综合能力。项目化课程设计的基本原则应包含以下几个方面。

1. 课程设计以工作过程及职业活动为导向

为有效提高人才培养与企业需求的匹配度,项目化课程应与具体的工作过程相联系,体现当下职业活动实践的内在规律及要求。因此,项目化课程整体设计框架要建立在对实际工作内容、职业岗位分析的基础上,将人才培养目标、课程目标与具体的职业、岗位、生产任务有机结合。课程项目应选取工作过程或职业活动中的典型工作任务,尽可能贴近生产、贴近新技术、贴近新工艺,实现课程内容与行业或者企业的职业标准有效对接。

项目化课程逻辑体系的基础是工作过程导向,与传统的以学科型专业知识为重的纵向体系结构不同,现代项目化课程重点构建相关职业知识和职业能力的横向结构。课程设计的特点是工作线索与学习线索并存,其中以完成工作任务或解决职业活动中出现的问题为主线索,课程整体上是按照完成工作任务的实际步骤来推进的。在此基础上,职业活动导向对学习情境提出了更进一步的要求,也就是说岗位工作场景的模拟以及岗位工作过程的再现,即学习情境职场化。通过工作任务(项目)的内容设计,项目化课程将工作过程与教学规律、学生职业心理与行动过程、教学情境与工作情境有机结合,突出教学过程的实践性、开放性和职业性。

2. 课程设计以培养学生综合能力为目标

项目化课程设计要突出对学生综合能力的全面培养,以学生职业能力的提升为目标,实现理论知识、专业技能和职业素养的全面结合。

项目化课程中知识内容是促进学生理解项目技能的基础,也就是让学生明白在完成工作任务(项目)时"为什么要这样做"。项目化课程的知识内容一般分为理论类与实践类,其中理论类知识是指支撑项目工作任务开展的理论性基础知识,实践类知识是指完成项目工作任务所需的应用性进阶知识。在规划知识学习目标时,通常分为了解、熟悉、掌握三个层次,其中了解是指学生为了开展项目学习需要了解的背景知识;熟悉是指学生对于所需要的知识有系统性的认识,能够找到知识之间的联系,把点连成线,可以运用知识解决部分问题;掌握是指学生对于所需要的知识有全面的认识,可以把知识连成网络,在实际工作中可以运用自如。

项目化课程的主要目标是培育学生具备一定的职业能力,也就是让学生明白完成工作任务(项目)时"应该怎样做"。个体的职业能力一般可以分解为专业能力、方法能力和社会能力三个方面。专业能力指从事职业活动所需要的专门知识和专业技能,强调适应性、针对性,如市场营销专业的研究分析、沟通能力、销售技能等;方法能力指具备从事职业活动所需要的工作方法和学习方法,强调合理性、逻辑性、创新性;社会能力指具备从事职业活动所需要的社会行为能力,强调适应社会、融入社会的能力。

在项目化课程"技能内容与要求""知识内容与要求"的基础上,提炼项目课程内容的思政元素。在宏观层面上,要融入国家、社会、经济、区域及行业背景,引导学生关注国家和社会的发展,增强爱国主义精神,提升服务意识和社会责任感;在微观层面上,大力弘扬和传播劳模精神、劳动精神、工匠精神,传递爱岗敬业、艰苦奋斗、勇于创新、甘于奉献等美好品质,坚持"德技并修"高质量培养技术技能人才。将相关的知识、技能上升至职业道德层面,从职业道德高度解析知识技能的价值与作用。

3. 课程设计以项目和任务为主要载体

尽管项目化课程以项目为课程主线,但课程内容的设置并不是多个分散项目的集合,而应该是聚焦于工作过程中典型产品的设计和生产活动。在项目化课程设计的过程中,工作任务分析是基础,活动情境设计是关键,项目设计是核心。其中工作任务分析是为了使教师准确把握工作岗位要求,寻找课程内容设置依据;活动情境设计是为了让学生在具体情境中走进项目,能真实有效地应对职业活动实践的挑战;项目设计是为了将课程、教学与具体的行业、职业活动过程相联系。

需求强调的是,这里所说的项目是指为了专门培养学生职业能力形成和发展而设置的学习型项目,以便学生在学习过程中更有效地达到目标,这与发生在真实职业领域的项目并不完全相同。学习型项目的特点以实际的职业活动、企业工作为背景,按照认知规律进行改造,并有机融合知识、技能、素质等内容。

4. 项目化课程以项目设计为关键内容

项目的设计在职业岗位分析的基础上,以工作过程为导向,并围绕职业活动中典型的工作任务确定课程内容,这是课程教学设计的重要环节。在项目设计时应把握项目的真实性、典型性、综合性、完整性、系统性、层次性等要求。项目设计包括但不限于项目与课程目标之间的依托与支撑、项目与学习情境的有机结合、项目与学生的调整与适应等,项目开展各节点之间的逻辑结构等。项目设计是将专业教学各知识点按工作过程及工作任务重新整合,达到工作学习一体,理论实践一体,教、学、做一体的效果,即学习任务项目化。课程项目可以是为设计与制作产品提供某项专业服务或技术支持等,如市场营销专业为某公司进行产品营销方案设定,会计专业为公司编制现金流量表,软件技术专业为某客户编写程序代码。

5. 课程设计以学生为主体,以教师为主导

项目化课程是以师生共同实施并完成一个"项目"为主要学习方式的教学活动。在学习过程中要坚持以学生为主体、以教师为主导的教学模式。在教师的全程参与和具体指导下,让学生自觉、主动地深入探索,从而掌握解决实际工作问题的方法和基本步骤。课程实施过程中,必须从分析学生的生源结构、学习特征、学习基础等开始,选择课程教学内容,设计适合的考核评价方法,尊重学生的主体地位,充分发挥学生的主观能动性,并注重学生之间的相互启发,要兼顾发展。

在坚持学生主体地位的同时,也要强调教师的主导作用。教师应当是项目化课程的设计者和项目执行过程的组织者与引导者。这就要求教师全身心地投入和参与,认真研究和分析学生思维方式和解决实际工程问题的思维习惯,努力寻找教育对象与教学内容之间的最佳结合点。在项目教学过程中,指导教师要善于诱导学生,密切关注项目实施和执行的进程,认真讨论目前存在的主要问题,及时地进行适当调整和具体指点。

6. 课程设计注重知识、理论、实践一体化,以及教、学、做一体化

项目化课程要求课程设计注重理论和实践知识的高效融合。在教学内容上,将专业理论知识与专业实践技能有机结合、环环相扣,体现职业岗位群的能力要求,从而组成一个有机整体来施教,有效避免二者的分离和脱节。在教学方式上,打破传统理论课与实践课由于人为划分而造成的时间和空间段的严格划分,从而实现理论课与实践课在时间和空间上的结合。

项目化课程强调教、学、做一体化，课程内容从模拟的项目工作引入，突出学即用的实用性特点。教师在"做"的过程中"教"，学生在"做"的过程中"学"，突出工学结合的实践性特点。在教学实施过程中，要充分调动和激发学生学习的积极性、主动性和创造性，重点培养学生的自主学习能力和解决实际问题的能力。

二、项目化课程设计的流程

项目化课程设计的流程通常包括以下方面：明确教学目标，根据教学目标确定项目，规划项目过程和分解项目任务。在此基础上，针对项目过程设计项目资源和学习活动，最后开展教学评价的设计。

1. 明确教学目标

设计项目化课程的起点是明确教学目标，教学目标是展开教学的前提。在设计项目化课程时，教师对教学目标的选择要注意从学习者的能力发展和工作需求入手，同时也要关注到多种教学目标，如高阶思维能力、合作技能等的发展。设置教学目标的核心思路是根据课程所面向的岗位定位，对岗位进行典型任务分解、任务过程梳理，并对岗位能力要求进行分析，从而明确学生经过项目化课程学习后能够取得的能力、产出等方面的成果，并要科学规划学习路径，从而有效地帮助学生取得这些成果。因此，需要明确学生在完成各阶段的项目后应该习得的知识和掌握的能力。为了提升教学的效率，项目化课程应进一步具象化教学目标，突出能力及产出成果的可观测性，同时除了学科知识外，项目化课程的目标应关注关键能力及素养的培养。这就要求在设置教学目标时，充分结合学生未来的生活和工作场景，或课程所讲述知识的应用场景进行倒推。比如，在数据分析课上，教学目标是使学生能够使用适当的数据分析模型进行科学决策。在产品设计课上，教学目标可以使学生能够运用开发方法，完成产品原型设计。在财务管理课上，教学目标是使学生能够运用所学知识规划一家机构的财务制度，并提出财务管理方案。具象化的目标相比单纯的知识点更立体化，且更有利于将教学目标转换为具体的课程项目。

需要注意的是，目标本身是有一定层级划分的。基于布鲁姆的认知目标分类，教师在设置目标时需要建立在对学习者能力、知识、基础等的精准分析上，从而设定合理的教学目标层级，这也会直接影响项目选择，如项目的内容、规模、项目持续时长等。

2. 根据教学目标确定项目

项目设计是项目化课程的核心。在项目化课程中，所有课程活动和学习活动都是围绕项目展开的，因此选择"好"的项目对项目化课程的成功来说至关重要。

项目的设计应该满足四方面的要求。首先，项目应充分反映教学目标。很多教学目标本身就构成了项目的选题，比如课程的目标是学生能够利用本课程所学习的知识，为一家企业的核心产品制订新的销售方案，本身它就可以转化成一个项目。其次，项目要能够体现和整合课程希望学生所学习掌握的知识。项目化课程要避免项目和教学内容"两张皮"。如果项目和教学内容关联度不强,将会对教师完成教学任务造成一定的阻碍,对学生掌握实质性的知识和技能造成一定的困难。再次,项目应能够激发学生的学习动机。好的项目能够让学生产生比较强的参与意愿,甚至让学生乐于沉浸其中。项目化课程对学生的主动性有一定的要求,学生的主动性越强,越能够从项目中有所收获,因此,"如何激发学生的学习动机"是项目选择时要思考的另一个问题。最后,项目设计要充分考虑工作过程或职业活动特点,应建立在岗位分析、职业能力分析的基础上。需要注意的是,在同样的教学目标下可以产生不同的项目,在进行项目选择决策时,需要综合考虑哪些项目更能符合学生的实际需求,哪些项目在可行性上会更高,哪些项目更能激发学生的学习动机。

根据教学目标所要求的层次来选择项目,通常教学目标层级越高,项目的难度、复杂程度也会越高;项目规模越大,需要的时间也会越长。比如同样是财务管理课程,项目定位可以是完成一些基本的财务操作,比如制作财务报表等,也可以是为一家机构规划一个完整的财务制度。显然两个项目的难度、规模、所需时间都是不同的。

在确定项目时,明确以下问题将有助于课程的设计,项目与教学目标之间是否匹配?项目涵盖了哪些知识点?这些知识点是否能够覆盖课程要求的主要教学内容?项目对学生来说是否有足够的吸引力?项目持续时间是否符合课程时长?项目的难度和复杂程度是否符合目前学生的知识和能力的水平?项目以个人还是小组完成?如果是小组,那么小组的规模应该如何设定?明确以上问题将有助于项目的选择。

3. 规划项目过程和分解项目任务

在确定项目之后,为了确保项目过程的可控性,需要对项目过程进行规划,并对项目任务进行分解。规划项目过程就是要为学生顺利和高质量地完成项目提供清晰的路线指引。经过科学设计的项目进度能够确保学生的学习过程和路径维持在教师的教学计划之内,同时让学生在面对项目时有的放矢。在设计项目化课程的教案时,要明确列出项目的实践过程,以及对应每一个项目任务或项目步骤的教学活动或学习活动。需要注意的是,不能将项目化课程等同于让学生做项目,如果教师仅仅在课程开始时告诉学生"需要做一个什么样的项目""在项目结束后需要提交一个什么样的作品",而没有规定项目的一些关键时间点和任务清单,缺乏实质性的项目指导,平时上课也基本沿用了直接讲授的形式和内容,这实际上并不能称为项目化课程。

规划项目过程可以分为以下几个步骤:一是将项目分解为若干任务和步骤;二是确认每项任务或每个步骤的具体产出;三是规定每项任务和每个步骤的完成时间。为了让学生对项目整体有全局性的把握,并且按时完成任务,教师可以在项目的开始就给出项目的任务进度表,列明项目的关键时间点和任务清单。需要注意的是,对项目的分解程度需要根据任务的复杂程度和学生的情况来决定。规划项目的过程的本质是为学生提供"专家"路径并让学生逐渐习得"专家"路径的重要方法。在面临复杂问题时,新手往往不知从何处下手。从某种程度上来说,教学的目的就是要让学生实现从"新手"到"专家"的转变,这种转变需要学生在"专家"的帮助下逐渐习得"专家"解决复杂问题的思路和方法。对项目做出分解,是教师从"专家"的角度出发，为学生提供解决复杂问题的路径，从而提高效率和质量。当然，这就要求教师本身必须是项目的专家，并且能够按照科学系统的方式总结项目的过程。

4. 设计项目资源和学习活动

对于项目化课程来说，教师需要根据项目规划和项目任务分解情况，确定每个项目任务需要掌握的知识和技能，并为学生完成项目提供针对性的学习材料和资源支持，设计相应的教学、个别辅导、讨论交流等学习活动。教师应根据项目的进度，配合项目要求提供针对学习性材料，包括但不限于介绍整体项目完成方法和步骤的相关教材，针对子任务的额外资料，与子任务相对应的讲解、示范、辅导。需要注意的是，不建议一次性提供有关项目的所有材料，这会使学生产生畏难情绪，学生无法掌握材料使用的时间和方法，从而降低项目资源支持效率。

与项目分解一样，对项目资料和讲授活动的安排，也需要根据任务的复杂程度和学生的实际情况进行判断，因为对学习者完成任务的知识和技能进行分析，并提供针对性的资料和讲解等教学活动，其本身也是在为学生完成任务提供基本保障。

5. 教学评价的设计

在项目化课程中，除了规划学习过程、设计针对项目的学习资源和学习活动之外，还需要设计项目化课程的教学评价。在现有关于教学评价的实践和研究中，通常从不同维度对教学评价进行分类，其中从评价发生的时间来看，可以分为形成性/过程性评价和终结性评价。从评价的方式来看，也可以分为量化的评价和质性的评价，其中量化的评价具有客观评价，质性的评价具有主观性，这些评价的形式在项目化课程中都会有所涉及。从评价的主体来看，可以分为机器评价、自评、同伴互评、师评以及其他外部人员参与的测评等，评价的主体适用于不同的活动阶段，且评价效果存在差异。

从终结性的评价来看，项目化课程相比较其他的教学模式来说，实体作品的生成是最重要特征之一。为了激发学生的学习动机，引起学生对项目的重视程度，在项目化课程中通常会将最终实体项目作品的呈现作为终结性评价的主要部分，如研究计划书、调查报告、产品原型。同时，在很多过程中，除了实体作品的终结性评价外，也会包括知识点测验形式的终结性的评价。比如在文化英语课程中，教师要求学生以小组为单位使用英语自定主题，介绍中国传统文化故事或者文化现象，制作成微视频进行提交。其中微视频是终结性评价的一项内容，也是主观评价，但由于微视频无法对学生英语词汇、句法等基础知识的掌握程度进行评价，因而需要增加知识点的测验作为终结性评价的另一项内容。

另外，在项目化课程中形成性评价也是必不可少的。形成性评价可以是阶段性的作品，也可以是在完成项目过程中开展一些习题测验、阶段性的练习、讨论题等。相比较终结性评价来说，项目化课程中的形成性评价本身也可以被看作是学习活动，它更多起到诊断、激励、调节等作用。教师通过形成性评价可以更好地监控学生的项目进度，适时地进行纠错。学生通过形成性评价可以发现自己的问题及其他人的长处，从而修正自己的项目。需要注意的是，要合理确定形成性评价和终结性评价占总成绩的比例。

与项目分解和设计项目资源一样,对项目评价的设计也要根据教学目标、项目复杂度、学生的实际情况而存在差异,教师在设计评价方案时,需要评估自己的工作量、学生的工作量以及项目进度,合理制订评价方案。

三、项目化课程设计的具体方法

1. 树立反向设计的课程改革理念

把课程改革放入"行业+企业+学生"的大系统,整个设计基于"以学生全面发展、以提升学生综合能力、以打造高质量课程"的"三中心"原则,"对接行业企业、对接标准、对接学生需求"(简称"三对接")反向设计课程体系的建课思路。在"三对接"的前提下,梳理学生未来就业的核心岗位群,然后针对这些核心岗位群的要求、针对职业能力标准的要求梳理核心职业能力,然后采用倒退反向设计的方法来讨论需要开设哪些课程去支撑这些职业能力,根据产出反向设计核心课程;而来自这样的体系的课程目标也可以进行反推,使课程定位和目标清晰,为后续的课程设计打下基础。

2. 分类进行三种类型的项目化课程再造

项目化课程设计就是根据课程目标,对课程内容进行"解构、重构",通过"项目化"的课程改革,实现"把企业搬进课堂",在此我们结合多年实践经验总结了基础课、专业课的三种分类设计的项目化课程设计方法,即分别针对理论课(基础课)的"内分法",按内在逻辑或者知识分类进行模块设计并在专业课中应用"串联法"和"并联法",如图4-1所示。

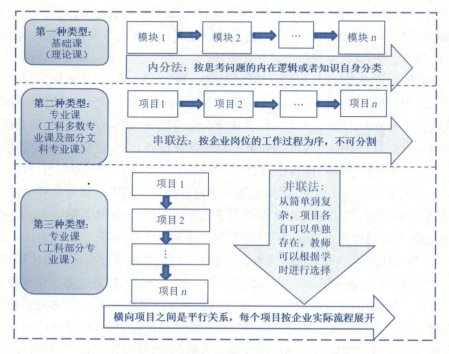

图 4-1 三种类型的项目化课程宏观设计方法

图 4-1 针对专业理论课（基础课或者公共课）"按内在逻辑"来重构课程，按照生活和认知上的逻辑，对教学内容按时代、按分类、按习惯等方法，寻找到符合人们认知习惯的方式，依托生活中的案例、场景设计课程结构与内容。这种方法适用于基础课，难点就是要找到"内在逻辑"，也就是每门课要思考按照什么脉络来进行分类，然后按照这个脉络进行课程再造。

对于专业课则可选取两类做法：一种是"串联法"，即按照未来岗位的"工作过程"来设计课程，就是我们过去常说的"给予工作过程的系统化课程设计"，每一个步骤即是一个项目，每个项目都不能少，如串联电路，少了则"不通"，按照"工作过程"推进项目训练。这里要注意的就是每个工作都有流程，但不是每一个过程都有教育价值，一定要根据岗位的需求选取有教育价值的流程来设计课程；另一种是"并联法"，就是按照从简单到复杂的方法进行项目设计，即项目 1 到项目 n 是一个难度递进的过程，同类项目按照复杂程度纵向排列，学生每完成一个项目就是得到一次全面训练，n 个项目即训练了 n 次。这个"并联法"的特点是纵向上项目从简单到复杂，横向上是平行关系，即每一个项目依然按照企业实际流程展开，是"并联"关系。这种课程项目化设计的优点有一定的灵活性，教师可以根据情况、学时等酌情选取训练几个项目，因为每个项目可以单独存在。

上面两种项目化课程设计的方法基本可以解决所有类型的课程设计，教师可以对着课程分析后选用上述某种方法。上述方法在实践中得到了若干专业老师的认可，证明其好用好学，其核心是把企业和生活搬进课堂，通过项目化的设计实现课程再造。

四、教学设计的案例示范

为进一步说明项目化教学设计流程，本部分以商务英语课程项目化教学为例，在课程对标职业岗位、课程目标对标职业能力、项目化课程宏观设计等方面进行探讨，为项目化教学设计提供参考。

1. 进行课程对岗分析

明确课程所面向的岗位定位是确定工作任务、职业能力的基本依据，也是实现课程学习情境与工作情境融合的重要途径。在项目化课程设计前，通过对某一职业岗位或岗位群需要完成的任务进行深入、细致的分解，掌握其具体的工作内容，构建完整的工作任务体系，有助于打破以知识为基本参照点的传统学科课程组织形式，转变为围绕工作任务体系设置课程和组织教学，也为准确、细致地定义职业能力及实现课程内容的调整确立了重要的基础。同时，依据与岗位相关的工作情境创设学习情境，以项目为载体，让学生在基于工作过程的仿真教学环境中通过完成项目主动建构相关的理论知识，培养和发展职业技能。

在进行课程对岗分析时，需要兼顾动态性原则。一是把握职业岗位的变化。随着信息技术的发展，知识技能更新周期越来越短，导致传统职业消亡速度加快，新兴职业层出不穷。对于项目课程而言，把握职业岗位变化的情况是课程开发的首要环节。教师在开发项目课程时，要考虑新技术引发的产业变化、业态变迁、模式变革等对职业岗位的影响，增强项目课程开发对职业岗位变化的把握度。二是把握岗位职责的变化。项目课程开发离不开对岗位职责变化的把握，教师应通过多途径、多渠道重点剖析就业岗位职责变化对项目课程的影响。

　　例如，商务英语作为有特定用途的英语，是一门实践性很强的职业技能课程，其教学过程中涉及特定的商务背景和目的，以完成特定的商务沟通和操作任务为目标。课程重点训练学生使用语言在特定商务情境中有效地完成商务活动或业务操作的能力，因此适用于围绕"任务驱动、项目导向、基于工作过程"的项目课程模式来组织教学。在开展项目化课程设计之前，通过对地方外资企业、合资企业、外贸公司等涉外企事业单位的调研，与企业专家的交流，结合近几年商务英语专业毕业生主要就业岗位进行课程对岗分析，商务英语课程职业相对集中于外贸业务岗、涉外行政管理与服务这两大领域，岗位包括外贸业务员、报关员、外贸单证员、外贸跟单员、商务助理、商务翻译、涉外文秘、外事接待等。典型的工作任务主要涉及商务单证缮制、海关报关、产品介绍、产品报价与议价、订货与订单处理、客户开发与联络、涉外接待、公司推广与宣传、商务谈判、现场翻译、会议安排等。因此，商务英语主要培养学习者在国际商务场景中以英语作为工作语言，完成具体商务任务，成为适应企业需求的应用型涉外商务工作者。

2．梳理课程目标及职业能力

　　职业能力是确定课程目标，选择课程内容的基本依据。根据任务进行具体化的职业能力描述，保证了对课程内容的分析真正深入了职业内部，能真正选择出岗位任务所需要的知识和技能，增强课程内容的实用性，从而让学生在建构知识与工作任务联系的学习过程中有效地培养职业能力。

　　就商务英语课程对标的专业外贸业务岗、涉外行政岗而言，要完成相应岗位的工作任务，必须具备相应的职业能力，如能根据进出口业务流程与操作规范进行基本的业务操作，能接待国际商务业务客户并维持良好的客户关系，能描述企业的组织结构与产品生产流程，能运用商务谈判技巧进行简单的商务谈判，能组织、主持或参加一般的国际商务会议，能进行一般的会议翻译和商务陪同翻译等。除了专业职业能力，良好的沟通协调能力、学习能力、分析解决问题能力、务实积极的态度等社会能力和品德素养因素也在工作过程中发挥着重要的作用。表4-1对外贸业务岗、涉外行政岗进行了典型工作任务分解、工作过程梳理和岗位能力要求分析。

表4-1　相关岗位职业能力要求分解表

岗位名称	典型工作任务	工作过程	岗位能力要求
外贸业务岗	1．跟单，商检； 2．外贸函电的制备； 3．外贸文件的翻译； 4．外贸单证的制作； 5．贸易谈判与现场翻译	1．熟悉商品市场动态； 2．寻找国际贸易伙伴； 3．交易磋商谈判与翻译； 4．签订进出口贸易合同； 5．结合贸易术语办理收发货相关手续； 6．结合结算方式办理货款收付事宜； 7．办理进出口收付汇核销手续； 8．办理出口退税手续	1．英语听、说、读、写、译的能力； 2．国际贸易实务操作能力； 3．外贸函电撰写能力； 4．外贸单证缮制能力

续表

岗位名称	典型工作任务	工 作 过 程	岗位能力要求
涉外行政岗	1．接待安排； 2．英文资料的翻译； 3．现场翻译； 4．会场布置； 5．商务沟通与谈判	1．对外接待工作； 2．组织会议； 3．商务会谈口译； 4．商务沟通与谈判； 5．英文文书翻译	1．英语听、说、读、写、译的能力； 2．人事管理能力； 3．涉外商务沟通、交流能力； 4．涉外文书处理能力

基于以上相关岗位职业能力要求，商务英语课程旨在提高学生的商务英语技能和运用能力，为培养高素质、外向型、具有国际视野的复合型国际商务人才奠定扎实的基础。课程总体目标是通过以商务领域中典型工作任务的引领、模拟情景的英语交流，以及商务英语信息的交换等项目活动不断拓展学生的商务知识面，完善学生的知识结构，强化学生目标岗位（群）的实用性商务英语技能，使学生具备在特定目标商务情境下灵活地运用英语解决实际商务问题的能力。

3．针对能力进行课程宏观设计

以岗位工作任务及职业能力为切入点，结合商务知识、语言功能与职业实践进行课程宏观设计，具体包括以下几个阶段。

（1）目标制订阶段：技能与职业素养并重。商务英语教学是一种技能教学，将商务知识和商务技能、语言知识和语言技能融为一体，在教学中着重培养学生以英语为媒介开展商务活动的技能。

（2）项目确定阶段：以商务活动为载体。项目主题与商务活动直接关联。在分析课程总目标的基础上进行项目分解，确定子任务，每一个项目、子任务应包含一定量的操作技能及协作能力，涉及学习的相关知识操作方法。结合实际应用情境拟定任务，以任务驱动组织教学过程，达到教学目标。

（3）任务实施阶段：教师引导学生思考任务的目的，以及执行任务的方式方法。学生通过小组协作，利用道具、模拟场景执行任务，最终完成任务的实施。在该过程中，教师应相信学生并尊重学生，课堂上充分发挥民主，使学生有自主学习和独立制订计划、完成计划的机会。任务实施过程是本模式的核心部分。

（4）教学评价阶段：教学评价采用学生自评与小组互评，把平时的学习行为量化为平时成绩，把书面考试实践化。项目最后考核成绩由平时的形成性评价和项目结束后的终结性评价两部分组成。

4．项目化课程宏观设计案例分析

1）课程目标制订

知识目标：通过项目化课程学习，学生应在原有英语基础知识上强化商务知识的学习和商务英语语言能力的训练，进而既具备商务基础知识，又能不断提高商务英语语言综合技能,掌握国际商务英语专有词汇及外事活动沟通常用表达,熟悉各种商务活动流程,了解商务场景下的口头和信函交流,为将来提升学历和就业奠定良好的基础。

能力目标:具备商务背景下良好的英语表达沟通能力,具有开展商务接待、商务谈判等商务办公能力,能够完成信息的收集、分析和整理工作,能无障碍看懂及撰写英文商务信函、报告、合同、会议记录等商务类文件,并具备在商务业务中的应变能力和解决问题的能力。

素质目标:培养商务环境下运用英语交流及实现跨文化交际的高素质技能型职业人才。一方面提高学生听、说、读、写、译的基本商务技能,另一方面培养学生坚韧、认真和乐观的职业态度、团队合作精神和服务意识。

2)教学内容确定:项目与子任务

在工作任务和职业能力分析的基础上,确定项目课程内容,进行项目设计,并且按照符合工作过程和工作顺序的原则编排项目,每个项目可由若干个模块或任务组成,如表4-2所示。

表4-2 项目任务细化表

项 目	具 体 任 务
项目一:求职应聘	了解涉外公司的工作职责; 进行求职面试准备; 了解面试礼仪,开展模拟求职面试
项目二:参加展会	了解展会类型; 进行展位申请、参展准备; 展位接待
项目三:商务接待	安排商务旅行; 商务酒店安排、商务宴请、会议安排
项目四:市场营销	市场营销与销售、公司介绍、产品推介、网上营销
项目五:商务谈判	价格谈判、支付方式、货物运输、合同签订
项目六:客户服务	了解客户服务,了解客户类型,处理投诉

3)项目过程规划

在商务英语项目课程的教学实践中,教师可以将班级公司化,即把班级分解为采购部、策划部、营销部、人事部等组成的公司,将学生职员化,在课堂中进行一项项的商务活动,教学活动依据工作任务而展开。首先,各小组按照该项目的总体目标和子项目完成各组员在该项目中的分工,并指定项目实施计划,设想项目实施中需使用的工具、软件、方法等,拟定完成各子项目具体任务所需的时间。其次,每个组员需针对分配到的任务运用网络、图书馆、访谈等形式完成任务素材收集和素材整理工作。最后,对呈现的项目结果以恰当的形式进行展示,使学生获取基本商务知识,提高商务英语交际技能,以及增强处理、解决实际商务问题的职业能力。

4)教学评价

最终的教学评价可由组内成员自评、小组互评以及教师综合评价构成。评价可由终结性评价及形成性评价组成,其中终结性评价包括项目展示及知识点的测验,形成性评价包括阶段性的练习、讨论题等。评价标准在开学初由师生共同讨论制订，包括讨论内容、表现形式、成员参与度、成员配合度、准备程度、与观众互动性、PPT质量等。

第三节 项目教学整体设计（课程标准）的体例

一、课程标准概述

1. 什么是课程标准

国内外学者与机构对于课程标准的内涵有不同的解释。游学者将课程标准描述如下："课程标准主要是对学生在经过某一学段之后学习结果的行为描述，而不是对教学内容的具体规定（如教学大纲或教科书）；它是国家（有些国家是地方）制订的某一学段的共同的、统一的基本要求，而不是最高要求；学生学习结果行为的描述应该尽可能是可理解的、可达到的、可评估的，而不是模糊不清的、可望而不可即的；它隐含着教师不是教科书的执行者，而是教学方案（课程）的开发者，即教师是'用教科书教，而不是教教科书'，它的范围应该涉及作为一个完整个体的发展的三个领域：认知、情感与动作。"有机构认为课程标准"是对我们希望学生在校期间应掌握的特定知识、技能和态度的清晰阐述；课程标准描述了一个社会或一种教育体系规定的学生在不同年级、不同学科领域应该获得的成绩、行为以及个人发展，以使学生为丰富完满的生活做好准备"。以上表述虽然是针对普通教育的课程标准的描述，也同样适用于高职教育阶段的课程标准。

尽管表述不尽相同，有几点是学者达成共识的，即高职课程标准应该是描述学生经过某一门课程的学习后达成的"学习结果"以及"认知、情感与动作技能"的描述。它对于课程具有规范、指导、组织、评价等功能，是教师编写教材、执行教学、评估教学以及进行命题的重要依据。

2. 课程标准的作用

1）规范、指导、评价和组织课堂

高职教育课程标准是各课程组根据专业人才培养方案与课程体系，依据《国家职业资格标准》以及相关行业、证书标准制订的基本学习规范与质量要求、教学内容以及教学考核的标准。因此，它对于课程教育质量是否达标提出基本要求，同时也是规范课程内容、教学设计、教学评价的标准。

具体说来，课程标准规定了某一门类或某一领域课程的性质、目标、内容框架；它是高职类课程开发（教材编写）的基本依据；它体现了多个利益主体（政府层面、行业层面、学校层面）对当代"职业人"培养的规格与质量要求；它是高职类课程管理与评价的基本依据；它具体规定了某专业领域的高职学生在知识、技能、素质等方面所应达到的基本要求；它提供了指导性的教学原则和评价建议。

总之，规范的课程标准为一定范围内的课程组织与管理活动提供了目标、原则、策略和方法等依据或手段,使课程教学的组织实施活动建立在同一规范、同一水平的基础上,从而获得一定的公信力或专业影响,使课程教学管理过程具有明确指向和多方面的依据,达到所期望的状态和目标。

2）规范和支持产教融合、校企合作高职人才培养

2020年,教育部等九部门印发《职业教育提质培优行动计划（2020—2023年）》,代表着我国高等职业教育进入内涵发展、提质培优阶段。在这个阶段中更应该坚持高职教育的产教融合、校企合作、工学结合的特点,坚持职业教育与普通高等教育不同教育类型的区别。

高职教育的特点在于开放性和多元性。这种开放性不仅体现在教学活动的主体（由单一的学校主体变成企业和学校两个主体）,而且体现在职业院校的教学体系实现全面的开放化,如教学场所、教学内容、师资队伍、教学评价以及教学资源的构成等。如何将这些要求实现,从而培养高素质的职业人才,应该在高职课程标准中得以阐释。

工学结合优质核心课程标准的制订是构建以工作过程为导向、以职业岗位能力为主线的课程体系的保障,是以职业岗位能力要求为依据优化课程内容落到实处的保障。课程标准作为课程的质量标准,为教学主客体提出了明确而具体的要求,是课程实施、课堂教学和学业成就评价的依据。课程标准的建设在一定程度上引导着课程改革的方向,对于规范课程教学的基本要求,提高高职教学质量,增强学生的职业能力和促进学生学习过程的良性发展,具有实质性的重要意义,其将成为高等职业教育进入内涵式发展及实现课程改革整体性突破的切入点。

3．制订课程标准的原则

1）以培养学生综合职业能力为宗旨

高职教育培养高素质技能型人才,强调"以职业能力为本位"。基于"高素质""高层次"等特征,"职业能力"本质上是才能、方法、知识、观点、价值观的综合发展,体现了学生职业生涯发展的多项要素。因此高职课程标准应对学生将来必须面对的"职业行动领域"进行具体描述,同时融入职业资格证书、"1+X"证书的要求,强调工作过程知识的掌握。通过一系列可以操作、学习和传授的具体工作任务,学生能获得与企业发展需要相一致的职业能力,并能拓展更加宽广的职业发展空间,为学生的终身职业生涯发展奠定基础。

例如,"单片机应用技术"课程贴近单片机工程师职业岗位需求,以培养学生的单片机应用系统设计能力为主线,采用项目化教学设计思想,以工作任务为导向,由任务入手引入相关知识和理论,通过技能训练引出相关概念、硬件设计与编程技巧,体现做中学、学中练的教学思路,突出实践性、趣味性、职业性,体现"教、学、做合一"的设计理念,并融入职业素养教育和价值观引导等内容,注重提升学生的综合素质和岗位胜任力。

2）课程标准由校企共同制订,体现了高职课程的职业性

职业性是高职课程的本质属性,高职课程标准必须反映其服务对象如行业、企业、职业岗位、社会以及学生等方面的要求。因此,高职课程标准的制订者除了高职院校的教师、高职课程研究专家外,更应有来自行业、企业一线的实践专家。各方人员通过广泛的交流与协

商,发现问题,达成共识,形成方案。

高职课程标准必须能反映其服务对象如行业、企业、职业岗位、社会以及学生等多方面的要求,必须得到企业的认同,这样更有利于学生就业并发展将来的职业生涯。所以,高职课程标准是由社会、企业、学校共同参与制订,是企业标准与教育标准的融合。

例如,"云计算技术概论"课程标准由校企共同制订,包括四大项目,分别是开发私有云硬盘,搭建大数据平台,运营并维护云上数据库,部署区块链系统。项目核心全部来源于企业,以企业实际云计算应用案例为载体,以企业云平台中涉及的云计算技术为核心;同时企业也参与学生评价,占比为15%。

3) 课程内容与工作过程充分对接

高职课程体系建设的第一步是进行职业领域(岗位)典型化工作任务的剖析与研究。首先,由学校组织专业教师团队到行业、企业生产一线,以"从业人员所承担的事"为出发点,了解和跟踪目标岗位(群)的实际工作任务;其次,由专业教师团队、行业专家以及企业一线技术人员共同进行反复论证与研讨,从众多的实际工作任务中选取典型工作任务;最后,将典型工作任务与专业课程进行一一对应,形成学习性工作任务。

实际工作任务不是简单的"企业的活"的集合,应该能反映从业人员职业发展历程并具有代表性的工作任务,是构建课程体系的基础。而从实际工作任务中提炼出典型工作任务具有挑战性应该具有一定的标准。一般来说,典型工作任务在整个企业的工作大环境里具有重要的功能和意义,能呈现出该职业典型的工作内容和形式,具有结构完整的工作过程(计划、实施以及工作成果的检查评价)。作为专业而言,各门课程所选取的任务是相互协调的,学习性工作任务的集合是学生将来面对任务的综合能力,因此,对典型工作任务进行课程序化应遵循人的职业成长过程,而不完全是职业工作逻辑。

例如,"单片机应用"课程通过企业调研,以职业岗位能力为起点,对单片机工程师岗位的工作过程分析,提炼出单片机工程师的典型工作任务,形成本课程的知识、能力和素质目标;以简易机器人为载体,从企业产品中精心选取课程项目,将课程内容精选分解成8个项目;强调以能力训练为中心,针对每个项目具体能力要素的培养目标,精心选择训练任务,体现精训精练,形成19个相互独立、前后关联、由易到难的实践任务。

4) 课程标准必须明确、具体,具有科学性

一是课程标准的语言要清晰、明确、具体,无歧义;二是关于工作过程知识的描述应是企业技术和管理通用的专门术语,以便学生理解并掌握专业的知识和技能,并能使用工具与工作人员(包括顾客、同事和管理人员)进行有效沟通。

高职课程标准的质的科学性是指高职课程标准的制订必须依据社会发展和国家对于高职人才的需求,根据企业工作过程和人的职业成长和生涯发展规律提炼工作过程知识,并依据工作过程结构对知识进行排列,让学生通过工学结合的方式建构本职业行动领域的工作过程知识,能够高质量地从事岗位工作。此外,还应确定量的合理性。

例如,"创新思维"课程标准中,对于课程教具、硬件设备有非常明确的、可执行的说明。

(1) 课程教具。课程教具清单除了有能够激发学生视觉表达的白板、便利贴、彩笔之外,

还应准备对应不同模块的课堂教具,包括在问题聚焦训练时可持续发展金字塔模型架,在进行思维训练时使用训练工具卡,在进行调研活动时使用行动学习引导卡等,如图4-2～图4-4所示。

图4-2 可持续发展金字塔模型

图4-3 行动学习引导卡

图4-4 训练工具卡

（2）硬件设备（各专业可根据学情分析作个性化选择）。为了更好地让学生在获得创意后能够及时地将想法变为现实,在原型制作环节可以个性化地选用硬件设备,帮助学生更好地完成项目创意。对于没有编程基础的学生,可以选择易上手的木质切割、钻孔等能够快速加工成型的简单机器;对于有一定编程基础的学生,可以使用3D打印技术并搭载智能化模块硬件,实现AI一体化设计,如图4-5～图4-7所示。

图4-5 多功能切割钻孔一体机

图4-6 3D打印机

图4-7 智能硬件模块

5）高职课程标准应便于考核检测

制订高职课程标准的目的之一,是让教师能够整体地、一致地思考"教什么""怎样教""为什么教"和"教到什么程度"四个问题,因而高职课程标准应便于对学生的学业情况进行考核,应尽量选用可观察、可检测的语言来描述学生的学习结果。与此同时,课程标准不能过于宽泛,否则将无法检测学生是否达到了标准。

4．课程标准的主要组成部分

课程标准是对学生"学习结果"和"掌握的特定知识、技能和态度"等的描述。课程标准要通过"内容标准""表现标准"以及"学习机会标准"等体现。也就是说,课程标准应指明教给学生的知识和技能,反映其掌握的程度与水平,反映对师资以及学校、社会所提供的其他资源的使用。根据高职教育培养目标的性质以及工学结合的教学要求,高职课程标准的专业总纲部分可包括"指导思想""培养目标与规格""专业主干课程""课程体系结构""专业教师任职资格及工作安排""实训(实验)装备——校内一体化教学的最低配置要求"等内容;科目课程标准的结构可包括"课程的性质与任务""职业行动领域(典型工作任务)""课程目标""课程内容与要求""课程实施的说明",以及对"教学组织与方法""教学材料的编写与选择""教学评价""相关课程资源的开发与利用"等的建议和说明。

各院校的课程标准会有些区别。以深职大为例,主要内容如表4-3所示。

表 4-3 课程标准内容

类 别	说 明
一、课程概要	课程名称、学分、学时、类别、性质、前导及后续课程、开设学期等
二、课程定位	阐述课程在专业教学体系中的作用
三、课程目标	阐述课程的素质(思政)目标、知识目标与能力目标
四、课程设计	阐述课程设计理念与思路、课程设计框架等
五、课程内容与要求	以表格的形式列明课程各项目、任务,以及知识、技能与素质的内容与要求
六、实施建议	阐述课程团队、教学条件、教学方法与手段、教学资源、教学评价等
七、其他说明	描述课程在课证融通、创新创业、双语教学及相关改革创新方面的情况
附:知识图谱	用思维导图的形式展示各个项目及任务的思政点、知识点与技能点

二、课程标准开发体例与流程

1. 填写课程概要

课程概要通常以表格的形式呈现,包含合成中英文名称与课程代码、学分等信息,如表4-4所示。教师填写时应注意课程概要与专业人才培养方案高度统一,留意课程代码、课程学分、开课时间等信息不要出现错误。课程类别分为通识教育与专业教育。其中又细分为基础、核心以及拓展课程。课程的前导及后续课程应该在专业会议中进行统一,以确保知识的连贯性以及相互独立不重复。

表 4-4 课程概要

课程名称	中文: 英文:		课程代码		
课程学分		课程学时	共 学时,理论 学时,实践 学时		
课程类别	通识教育:☐基础课程 ☐核心课程 ☐一般课程 ☐拓展专业课程 专业教育:☐基础课程 ☐核心课程 ☐拓展课程				
课程性质	☐必修 ☐选修		适用专业		
前导课程	可列举1~2门		后续课程	可列举1~2门	
开设学期	第一学期	第二学期	第三学期	第四学期	第五学期	第六学期

2. 明确课程定位

用简练的语言对该课程的性质、任务及与其他课程的关系等内容进行总体描述。

(1) 参考课程描述：本课程是×××专业的一门×××课程（与"课程概要"中课程类别的表述一致），旨在培养学生科技强国、文化自信、爱岗敬业、勇于创新的思想政治与职业素养，掌握×××等基本理论和工作原理（此处主要表述知识目标，根据课程特点合理描述），具备×××等方面的能力。

(2) 课程性质：主要说明该课程在专业培养计划中的地位——是基础课还是核心课，是必修课还是选修课，是拓展课还是职业资格或技能认证课程，是理论课还是实践课，等等。

例如，所选课程为会计电算化专业职业技能核心课程，会计与统计核算专业职业技能课程，财务管理专业职业拓展课程。

(3) 课程任务：应充分体现相关技术领域职业岗位（群）的任职要求。主要说明一下学生学习本课程应掌握哪些知识，培养哪些技能，形成哪些素质，反映课程对达到人才培养目标所具有的功能和作用。

描述课程任务可使用下面的语句：主要针对××岗，××等岗位开设，主要任务是培养学生胜任工作岗位的××能力，要求学生掌握××的基本技能。

例如，通过该课程的学习，学生能够掌握旅游服务与管理的基本知识，熟悉旅游管理和导游工作的主要程序和方法，尤其要通过训练掌握导游工作过程中的各环节的操作技能，具备一定的岗位协调能力、应急处理能力和较强的人际沟通能力，突出职业技能、职业态度、职业习惯的培养和训练，为今后从事旅游服务与管理工作打下良好的专业基础。

3. 确定学习目标

学习目标是指学生通过本门课程的学习所要达到的知识、能力和素质（思政）目标。从宏观上描述学生应掌握哪些知识，形成哪些技能，养成哪些素质，特别应突出能力目标。学习目标的描述应该尽可能是可理解的、可达到的、可评价的，而不是模糊不清的、可望而不可即的。重点关注学生能做什么，而不是知道什么。

表述方法：为了确保学习目标的表述"可测量、可检验、可评价"，应尽量少用或不用"知道""了解""懂得""熟悉"之类对知识掌握要求的动词，否则所描述的学习目标就会比较模糊。

建议采用"能或会+程度副词+操作动词+操作对象"的格式，如"能熟练操作电动堆高叉车""能识别不同的电子元器件"。当然，也不能绝对化。

描述能力目标常用的动词有操作、采集、使用、制造、调整、安装、设计、排除、估算、计算、布置、组织、管理、协调、监控、完成、表现、制订、解决、拟定、测绘、测量、尝试、试验等。

描述知识目标常用的动词有背诵、辨认、回忆、选出、举例、列举、复述、描述、识别、说明、比较、分类、归纳、概述、判断、区别、提供、猜测、预测、估计、推断、检索、收集、整理、应用、使用、质疑、辩护、设计、解决、撰写、拟订、检验、计划、总结、推广、证明、评价等。

描述素质目标（过程与方法、情感态度与价值观领域）常用的动词：养成、形成、具有、热爱、建立、树立、坚持、保持、确立、追求等。

实例：通过本课程的学习，理解货物配送系统的组成，能够根据客户实际订单的要求合理地选择拣货作业方式并对其（进行）设计；养成良好的沟通能力与团队协作精神，具有安全文明的工作习惯、良好的职业道德、较强的质量意识和创新精神。

4. 进行课程设计

课程设计通常包括设计理念与思路、课程设计框架。其中理念与思路主要阐述课程设计依据、原则、内容选择标准等课程设计理念与实施思路。课程设计框架以思维导图的形式呈现课程的项目化教学设计。

以职业能力培养为重点，与行业企业合作进行基于行动导向的课程开发与设计，充分体现职业性、实践性和开放性的要求。

体现以行业企业发展需要和完成职业岗位实际工作任务所需要的知识、能力、素质要求，选取教学内容，并为学生可持续发展奠定良好的基础。

紧扣课程定位，把道理想明白，把架子搭起来，为实施作指南。

行文格式如下。

本课程以×××项目（任务、岗位、产品、活动、案例……）为载体，与企业合作设计（创设、选取）×个典型的××××作为学习情境；根据岗位（群）工作任务要求，确定学习目标及学习任务内容；

本课程采取行动导向（项目教学、案例教学）教学模式，以学生为主体，以×××为导向组织教学及考核。

实例：本课程以单片机应用系统真实应用项目为载体，与企业合作设计7个典型的单片机应用系统作为学习情境；根据岗位（群）工作任务要求，确定学习目标及学习任务内容。

本课程采取行动导向（项目教学）教学模式，以学生为主体，以单片机应用系统的设计制作过程为导向组织教学及考核。

5. 确定课程内容

以表格的形式列明课程各项目、任务以及知识、技能与素质的内容与要求，参考格式如表 4-5 所示。

表 4-5 课程内容

项目 （单元）	学习成果	任务（节）	知识内容 与要求	技能内容 与要求	素质（思政） 内容与要求	参考学时		
						理论	实践	合计
项目 1 （单元）		1.1	1. 2. 3.	1. 2. 3.	（按项目或任务列举）			
		1.2	1. 2. 3.	1. 2. 3.				

续表

项目 (单元)	学习成果	任务（节）	知识内容 与要求	技能内容 与要求	素质（思政） 内容与要求	参考学时		
						理论	实践	合计
项目1 (单元)		1.3	1. 2. 3.	1. 2. 3.	（按项目或任务列举）			
项目2 (单元)		2.1	1. 2.	1. 2.	（按项目或任务列举）			
		2.2	1. 2.	1. 2.				
……								
				学时总计				

岗位（群）上出现频率高的知识、技术、内容作为重点，反之频率低的则应简略点。课程内容的选取应该根据工作过程为线索展开。

（1）有的工作任务是以产品为逻辑线索而展开的，如数控加工、典型零件加工等为我们揭示其任务逻辑提供了线索。

（2）有的是以工作对象为逻辑线索而展开的，如物流管理。

（3）有的是以操作程序为逻辑线索而展开的，如电子产品制造。

（4）有的是以设备或系统的结构为逻辑线索而展开的，如汽车维修、空调与制冷设备的安装和维修。

（5）有的是以岗位为逻辑线索而展开的，如酒店服务、烹饪。

（6）有的是以典型工作情境为逻辑线索而展开的，如导游。

6. 完善实施建议

对于课程达到应有效果所应该保障的教学团队、教学方法资源等做出描述。

（1）课程团队：描述课程负责人、课程团队基本任职要求，专业课程团队原则上应至少包含1名企业教师。

（2）教学条件：描述支撑课程教学所需要的教学场地、实训室及软硬件设施要求。

（3）教学方法与手段：①教学方法（应探索与采用以"学生"为中心的问题驱动、项目驱动、过程驱动式教学方法，并选取2～3种适用于本课程的典型教学方法进行描述）；②教学手段（应依托信息化技术手段开展翻转课堂、混合式教学探索与设计）。

（4）教学资源开发与利用：①教材选用（如选用教材为课程团队编写出版的教材，应简要阐述教材编写理念与思路）。参考格式：《××××》，主编，出版社，出版时间，版本。②参考资料（描述参考教材与相关参考资料）。③资源开发与利用（对照"金课"验收指标中"课程资源量化要求"，描述课程应建设和选用的基本教学资源与拓展教学资源），如表4-6所示。

表 4-6　教学资源

资源类型	资源名称	数量	基本要求及说明
基本教学资源	教学课件/个		每个教学任务配备 1 个以上教学课件
	教学教案/个		每个教学任务配备 1 个以上教案
	微视频/分钟		（1）1 学分课程：配备 20 个以上教学视频、教学动画等微视频，每个学分微视频时长不少于 200 分钟。 （2）2～4 学分课程：每个学分配备 10 个以上教学视频、教学动画等微视频，每个学分微视频时长不少于 100 分钟。 （3）5 学分以上（含）课程：配备 50 个以上教学视频、教学动画等微视频，微视频时长不少于 500 分钟
	习题库/道		（1）1 学分课程：每个教学任务配备习题，配备的习题不少于 100 道，其中开放式/非标准答案测验题、案例题等综合应用题不少于 20%。每个习题均要提供答案及解析。 （2）2～4 学分课程：每个教学任务配备习题，每个学分配备的习题不少于 50 道，其中开放式/非标准答案测验题、案例题等综合应用题不少于 20%。每个习题均要提供答案及解析。 （3）5 学分以上（含）课程：每个教学任务配备习题，配备的习题不少于 250 道，其中开放式/非标准答案测验题、案例题等综合应用题不少于 20%。每个习题均要提供答案及解析
	实训指导文件		
	……		
拓展教学资源	在线课程		
	案例库		
	……		

（5）教学评价：指在本课程教学中采取的过程考核方式（平时考核）、办法等，应有具体评价内容、评价标准、评价方法等，学生应有具体成果、作品。具体考核方式视课程不同而不同。应该与教学目标要求相一致。换句话说，教什么就应该评什么。

（6）过程性评价：提问、分组讨论、案例分析、课后作业、成果（作品）展示等；终结性评价：机考——上机操作，卷考——判断题、选择题、分析题、设计题等，答辩等。

（7）教学评价思路：教学评价应以学生学业质量为导向，结合课程知识、技能、素质要求，明晰教学评价主体、评价内容、评价方式、评价标准等相关要求。

评价内容与标准参考表 4-7。

表 4-7　教学评价

考核方式	过程性考核（××分）					终结性考核（××分）	增值性评价（××分）
	平时考勤	项目训练	综合设计	网络学习	……	期末考试（闭卷或开卷）	大赛获奖、职业资格证书获取等
分值设定							
评价主体							
评价方式							

第四节　课程思政整体教学设计

一、课程思政在整体教学设计中的意义

1. 什么是课程思政

1）课程思政的背景

2020年5月教育部印发的《高等学校课程思政建设指导纲要》，提出"全面推进课程思政建设是落实立德树人根本任务的战略举措"和"要求科学合理地构建'公共基础课程＋专业教育课程＋实践类课程'的课程思政教学体系"要求。

思政课程通过课程内容的传授强化了对学生的思想政治教育，在一系列理论知识的学习中，提升了学生的思想道德修养，使其增强了政治觉悟，从而发挥了课程的思政教育本体作用。而课程思政通过深入挖掘各学科思想政治教育元素，把思想政治教育与各个专业课程发展相联系，在教授专业知识的同时发挥专业课程思政育人的作用。思政课程与课程思政都是传授知识，但二者对学生的思政作用不同，但又辩证统一于学生的思想教育过程之中。

2）课程思政的必要

高职院校长期以来一直专注于学校思政课程的建设与开发，将思政课程作为学生德育的主战场，忽略了专业课程立德树人的重要载体作用，容易形成重专业知识传递而轻核心价值观树立，重职业技能培养而轻职业道德塑造的不均衡局面，不利于立德树人。因此，高职院校要紧跟教育发展趋势，课程思政建设工作要围绕全面提高人才培养能力这个核心点组织开展专业课程思政建设，充分理解专业课程思政的关键内涵，深挖专业课程思政元素，更好地践行高等教育三全育人和立德树人的使命。

全面覆盖、类型丰富、层次递进、相互支撑的课程思政体系正在构建，但课程思政与思政课程协同育人机制还有待完善，一些问题还有待解决。一是存在专业知识与思想政治教育融合难的问题，造成"两张皮"现象，也容易出现本末倒置把课程思政"显性化"、把思政课程"隐性化"的错误倾向。二是还有一部分专业课程教师能力不足，无法将思政知识与专业知识融会贯通，思想上排斥将思想政治教育带入课堂。三是一部分课程思政教学设计落后，教学方法陈旧，导致课程思政的教学效果不佳。

3）课程思政的核心概念

专业课程思政建设的关键内涵。专业课程思政建设的核心是在专业课授课过程之中积极落实立德树人的根本要求，充分发挥课程的德育功能，运用德育思维深挖专业课程中所蕴含的爱国情怀、责任担当、爱岗敬业、无私奉献、勤劳踏实、追求卓越、开拓创新等育人元素，形成"聚合"；寻找育人元素与各知识点、技能点的契合点，将这些元素有机地融入知识传授和技能训练过程中，形成"合力"；在对学生的教育教学中实现思想引领，潜移默化地对学生行为举止产生影响，形成"内化"，引导学生有理想、明信念。

2. 如何进行课程思政的教学设计

专业课程思政建设是一项系统化的长期工程,需要学校、院系、专业、教师等相关方群策群力,构建科学合理的课程思政教学体系,共同商讨和制订专业课程思政建设的方案,分层分类、循序推进,实现全员、全方位育人的目标。

1)专业课程思政建设的主要目标

(1)厘清专业课程蕴含的思政元素。思政元素是开展课程思政教学的关键,专业课程思政建设的核心任务是要深挖所有专业课程中蕴含的爱国情怀、责任担当、爱岗敬业、勤劳踏实、追求卓越等德育元素,发挥德育元素在立德树人过程中的关键作用。

(2)找准专业课程思政元素的契合点。紧贴不同专业的育人目标,深度挖掘并提炼专业知识体系中所蕴含的思想价值和精神内涵,找准专业课程教学内容与思政元素的契合点,设计专业课程思政教学的计划、方法、手段等实施方案,在课堂教学中有机融合专业内容与思政元素,发挥二者同频共振的效应。

(3)精准实施与实时监测专业课程思政建设。人才培养效果是课程思政建设评价的首要标准,科学、合理地拓展专业课程的广度、深度和温度,制订专业课程思政建设策略并精准实施,根据评价标准和制度,在各类考核评估评价工作和深化高校教育教学改革中落细落实,监测和评估方案实施效果。

(4)实现三全育人、立德树人的目标。专业课程思政建设的目标是通过深挖专业课程思政元素,使课程更好地践行三全育人和立德树人的使命,培养社会主义建设需要的高素质、高技能的复合型、创新型人才。

2)高职院校专业课程思政建设策略

(1)学校层面——组织导引课程思政建设。学校作为专业课程思政建设的顶层设计者,要在各学科专业、各类课程的课程思政建设中加强宏观统筹设计与管理。设立课程思政建设管理工作小组,为课程思政建设构建组织保障机制;制订"学校课程思政建设指导意见",为课程思政建设提供制度保障;构建全校"公共基础课+专业技能课+实训实践课"全覆盖的思政化课程体系;绘制课程思政元素的内容蓝图;开展爱国主义教育、社会主义核心价值观、中华民族精神教育、国家宪法教育、职业道德素养教育等;设计课程思政建设成效监控机制和评价激励机制,为课程思政建设添足马力。

(2)院系层面——协同管理课程思政建设。院系是专业课程思政建设工作的中间执行者,应与学校协同开展和管理专业技能课程思政化建设工作。制订院系专业课程思政建设细则,落实"学校课程思政建设指导意见";开展教师思政建设的业务技能培训,提升教师立德育人的能力;组织遴选院系重点专业、核心课程,首轮建设一批专业课程思政建设示范课,形成示范引领效应;评价验收首轮专业课程思政建设示范课,在线推广经验,并全面展开专业课程思政建设工作。

(3)专业层面——专业配合课程思政建设。专业层面以专业负责人为主导,根据立德树人要求,配合学校和院系从专业人才培养模式、人才培养方案等角度开展思政建设。组织专业研讨会,商讨专业课程思政建设的计划;创新人才培养模式,在现代学徒制等创新人才培养模式中融入思政建设内容;重构人才培养方案,在人才培养目标中重点强调德育要求;调整专业课程体系,根据思政建设需要增设专业德育课程;设计课程大纲标准,将思政建设落实到课程大纲目标设计中。

(4)教师层面——深挖专业课程思政元素。教师是课程思政建设的执行主体,要充分发挥教师的主体作用,通过教师将专业课程教学内容转换为载体,深挖思政元素与专业知识点和专业技能的契合点,并将思政建设工作融入教学全过程中,实现学生德育目标,这是专业课程思政建设的重中之重。教师自我意识觉醒,自我强化德育理念,努力找准育人角度,不断提升育人能力,切实提高每一位教师参与课程思政建设的积极性和主动性;根据学校课程思政内容蓝图要求,深挖专业课程思政元素,精准定位课程与思政的契合点;教师落实专业课程思政到教学目标设定、教案设计、教材选编、教学授课、实训实践、作业测验等教学全过程,在课堂教学中实现立德树人工作"春风化雨,润物无声"。教师对学生专业课程思政教学的学习效果进行监控与评价,将学生德育素养情况纳入课程考核评价内容中,保证专业课程思政建设的成效。

二、课程思政教学内容与教学资源设计

1. 课程思政教学内容设计

以课堂教学为切入点,发挥教师的主导作用,把思想政治教育贯通于课程设置、教材创新、教学设计等教育教学环节之中,真正打通"两个体系",使二者融会贯通,为思政育人奠定牢固的体系基础。

1)优化教学目标设计

在教学目标设计上首先要考虑思政育人目标,这是课程整体不可或缺的主要目标。实现育人目标,优化教学设计,要使专业教师明确肩负的双重职责,即不仅是学生的专业导师,也是学生成长成才的良师,专业教师才能从内心深处想方设法找到实现课程思政教学目标的突破口。

在课堂上基于问题导向有针对性地解决学生高度关注的思想倾向、学习态度等问题。如在"园林规划设计"教学设计中,不仅通过任务驱动教学方法培养学生对城市绿地进行合理设计的能力,还要通过"讲""析""评""改""创"等教学环节,培养学生树立"绿水青山就是金山银山"的生态理念,使其成长为"生态人"。

2)创新思政教学方法

好的教学方法可以事半功倍,专业教师要充分利用学生对专业课先天的兴趣,挖掘教学内容中的思政元素,通过项目教学、情景模拟、案例教学、角色扮演、头脑风暴等教学方法,不断拓展课程思政建设方法和途径,潜移默化,不仅晓之以理,还要动之以情,启之以思,做到润物细无声。

3）思政目标外化于行

全面推进课程思政就是要立足国家和地区经济社会发展需要，以专业与课程为基本载体，围绕人才培养体系、教学体系、课程体系、教学管理体系进行改革探索，解构剖析专业知识体系，深度提取思想政治教育资源，以自然、创新的方式纳入课程教学，学生学习后可以即时转化。在教与学的过程中赋予学生知识与技能的价值内涵，将个人理想价值与国家发展、民族复兴等紧密联系起来，深化教学改革，提升教学质量，实现育才与育人的统一目标。

思政目标的实现是通过学生的言行去检验的，不仅要听其言，更要观其行，以促进学生实现由经常到日常的变化，最终实现持之以恒的定力效果。

2．课程思政教学资源设计

1）课程思政教育教学体系科学化

专业教师需要深入梳理专业课教学内容，结合不同课程特点、思想方法和价值理念，深入挖掘课程思政元素，有机融入课程教学，达到润物细无声的育人效果。从课程所涉专业、行业、国家、国际、文化、历史等角度，增加课程的知识性、人文性，提升引领性、时代性和开放性。

专业课程思政不仅要根据专业知识挖掘思政元素，找到二者的契合点，还要求课程思政的教育教学体系科学化。首先要求课程思政内容体系化，知识内容之间必须具有关联性、层次性、整合性，再借助教学策略，融入课程标准、教学大纲、教学设计、课件以及课堂教学。

2）多渠道、多形式、多内容的思政体系

（1）构建科学合理的"课程思政"教学体系。"课程思政"的建设需要构建科学完整的思政教育体系，主要涵盖公共基础课、专业教育课程、实践类课程。其中，职业院校课程体系中专业课占80%，学生的主要任务是专业理论学习与操作技能的提升。在深度推进高校课程思政建设过程中，专业课程思政建设是解决专业教育与思政教育"两张皮"的关键，是实现价值塑造、知识传授和能力培养的关键。专业课教师课程思政能力是教师能够对所讲授的专业课进行内容解构，深入梳理专业课程的逻辑结构与岗位能力体系，深入挖掘和提炼专业知识图谱体系中的思政元素，并对知识内容与思政元素进行重构，找准知识与育人的契合点，进而有机融入课堂教学。

第一，突出全面性，构建公共基础"课程思政"教学体系。公共基础课是面向全校学生共同开设的必修课程，主要是为了培养大学生的思想道德修养、法律法规意识、科学思维和人文素养、国家安全和责任担当等。打造一批具有特色的综合素质类、体育美育类公共基础课程，在潜移默化中厚植学生爱国主义情怀，坚定社会主义崇高理想信念，锤炼坚强意志，塑造健全人格。以立德树人为基本要求，将思政元素分解、整合，全面融入公共基础课的教学目标、大纲、内容、设计与实施过程，遵循学生成长发展规律，形成结构合理、功能互补、稳中求变的公共基础"课程思政"教学体系。

第二，强化多样性，打造专业"课程思政"教学体系。专业课是"课程思政"建设的重要载体，在人才培养方案中，专业课程占比将近70%，将思政元素恰当融入专业知识，方能达到润物细无声的最佳育人效果。要结合学科专业的特色和优势、专业人才培养目标,深度挖掘并提炼本专业课程所要达到的思想政治教育效果,根据学生的接受能力和认知程度,遵循科学合理的课程建设原则,逐步拓展专业课程的广度、深度和温度,从专业标准、行业政策、国际国内形势、中国传统优秀文化等视角提升课程内涵并引领专业发展。

第三,聚焦职业性,完善实践类"课程思政"教学体系。对于"课程思政"而言,理论知识是其中一个方面,实践性则是另外一个方面,高职教育尤其要高度重视课程思政的实践性。在各专业的人才培养方案中,实践教学的比重都达到了50%以上,实践类课程思政要引导学生学思结合、知行合一,让学生把鸿鹄之志落实到脚踏实地的具体行动之中。专业实践实训课程主要是组织和引导学生积极参与和体验,"课程思政"的目的在于实践性、活动性、主动性、参与性、情感性、体验性,在此过程中侧重学生的情感体验和行为锻炼。实践实训类课程是高职院校思政元素承载量最大、项目最多、频度最密的实施载体。对制度的敬畏与自觉遵守,诚信、敬业、保密的职业素养形成,客观、严谨、细致的科学观训练,以及团队协作、人文关怀、时间就是生命、发现与质疑、探索、创新思维的培养,都可以在体验中获取。

(2)多渠道、多形式、多内容的有效思政元素。由于专业课门多类广,多渠道、多形式、多内容的有效思政元素的融入便形成了课程思政体系。应充分考虑课程知识体系在学科与专业内的位置,以及与专业前导课、后续课程之间的相互关联与支撑作用。以专业或专业群为设计整体,理顺各门课程的关系,厘清各门课程的内容边界,按照课程的职业特性与岗位能力重构课程体系。举例如下。

① 理学类专业课程要着重科学思维和逻辑方法的训练,将思政教育与专业知识有机结合,引入科学伦理、工程伦理案例教学,要激发学生的奋斗精神,培养学生勇攀科学技术高峰的责任感和使命感。

② 工学类专业课程要用当代中国成就鼓舞学生建立自信心,通过高深学问的探索增强学生的本领,激发学生科技报国的信念担当和家国情怀。

③ 文史哲类专业课程要讲好中国故事,直面学生困惑,从历史与现实、理论与实践等维度深刻理解习近平新时代中国特色社会主义思想,实现思政与学术精神的学理性融合。

④ 医学类专业课程要引入中国历代救死扶伤、悬壶济世典型案例,在培养学生精湛医术的同时,将人民群众生命安全和健康放在首位,培养学生救死扶伤、医者仁心的精神。

⑤ 艺术类课程重点强化以美育人、以美化人,要增强文化自信,自觉传承和弘扬中华优秀传统文化。

⑥ 农学类专业课程培养学生强农兴农、知农爱农的情怀,以强农兴农为己任,培养知农爱农的创新人才。

⑦ 教育类专业课程以教师为典型示范加强师德师风教育,注重言传身教,增加学生责任心,引导学生树立学为人师、行为规范的职业理想,培育爱国守法、规范从教的职业操守。

⑧ 经管法类专业课程紧紧围绕国家和区域发展需求,引导学生经世济民、诚信服务、德法兼修等。

例如,"新一代大学英语"Unit 6 的单元主题为 To be or not to be(人生选择),其思政目标就是在做重大的人生决定方面帮助学生培养积极乐观的心态,树立正确的人生观、择业观。

又比如,"旅游概论"课程的"走进旅游"板块中,通过学生分享家乡的旅游资源,达到培养学生爱党、爱国、爱家乡的情怀,引领大学生树立热爱大自然的生态意识和文明旅游意识。紧扣时代脉搏,将专业课程的内容进行改造、创新、融合,在教学授课、研讨、作业、论文、考试中融入课程思政内容,使之反映出新时代的新要求,同时注重现代信息技术手段,有助于与学生互动,增强大学生对新思想的情感认同、政治认同和思想认同。

3)课程思政元素的"四融"展开

挖掘专业课中的思想政治教育元素,深度挖掘不仅要考虑课程自身的运行特点与规律,还要从整体上考虑思想政治教育与专业课程以及专业课与专业课之间的关联性,建构系统连贯的课程思政元素分布体系和互动互促的生成性关系。教师要寻找专业课程知识传递与德育价值塑造的"触点",对课程蕴含的思政理念与元素进行深度开发要着重从"四融"展开。

一要融"爱",就是指价值观,培养学生坚定政治立场,透过专业链接学科与行业发展,挖掘中国复兴故事,引导学生爱党、爱国;以专业特色为切入点,从地方资源、校史资源、校风校训方面增强学生对学校、专业的热爱与认同,增强学生价值理解力与价值认同力。

二要融"情",就是情感精神,从专业体系中凝练人文精神、科学精神、精益求精的工匠精神等。挖掘情怀精神,旨在涵育学生的精神文化;挖掘人文素养,塑造独立人格;挖掘科学方法,锻炼应对未来变化发展的能力;挖掘职业品格,培养就业中的职业道德规范与职业操守。

三要融"哲",就是方法论,从唯物辩证法、实践认识论、唯物史观三个不同视角培养学生运用哲学方法论解决与处理实践问题,特别是归纳与演绎、分析与综合、逻辑与历史相统一、从抽象到具体的辩证思维方法,从而提升学生的综合素质与能力。

四要融"史",就是讲"四史"与学科发展史。任何学科史都是探索史与励志史,有的学科发展史也蕴含国家民族历史,特别是学科中的红色基因以及学科为国家、为人类做出的贡献,要结合"四史"理论有机嵌入专业学习,充分发挥鲜活历史的作用,鉴古知今,接续传承,融会贯通,以"史"育人。要注意的是,挖掘的思想政治教育元素应与专业教学相互补充、相互促进、相得益彰,能够为全面提升人才培养质量服务。

4)深度挖掘课程思政资源素材

深挖思政教育资源素材,充分发挥每门课程中蕴含的思政教育功能,融入"思政教育点"开发教案、课件、"课程思政"教材、"课程思政"资源,形成可复制、可推广的立体化课程资源,对于建立学科育人共同体,推进高职院校的课程建设非常有益。

第一,开发和利用校本资源,使教育教学资源库本土化。"课程思政"教学资源应遵循一切基于学校的理念,体现学校的办学宗旨、学生的特别需要、本校的优势资源。可以是改编、整合已有资源,也可以是加工、创造新资源,校本资源的建设是一个持续的、动态的、逐步完善的过程。比如为了实现价值引导和德育内涵深层次融合,会计教研室在百家讲坛《"平"语近人》栏目的基础上,将会计职业道德与社会主义核心价值观进行了融合拓展,期望学生能够在纷繁的社会中有着一颗"大德"的心。开发的微课资源以校园中常见的一些不文明、不道德小视频以及当年度上市公司财报造假小视频为切入点，引入厦门大学会计三杰之一常勋教授明大德案例、杨震"暮夜却金"和学生日常私德关联小事、陶行知先生公私分明的小故事、习近平总书记的名言名句，视频虽然只有十分钟，虽然没有大道理的直白，却更容易引发学生的共鸣。

第二，善于运用现代信息技术，拓展思政教学资源。互联网提供给教师和学生海量的教学资源，只要恰当使用，就会获得意想不到的收获。为了保证课程的丰富多彩、引人入胜，需要收集大量的素材，可以是增强学生的文化素养、提升创新能力、培养职业特质的素材，也可以是思想引领教育、家国情怀培育的素材。借助现代化的技术手段，结合课程和专业特色，通过提炼打造，运用文本、图片、视频等多种形式，搭建"课程思政"教学平台，让思政教学变得灵活方便、开放前瞻、职业所需、完整全面。所有共享给学生的资源需要经过教学团队开会研讨，坚持问询学生的建议，不断修改增删素材，持续添加平台的功能，增加课程的实用性。

第三，充分挖掘各种社会资源，打造课程思政育人基地。高职教育具有很强的职业性、实践性，利用校内外实践教学基地，在专业实验实践课程、创新创业教育课程、社会实践类课程中充分挖掘各种社会资源，将其融入"课程思政"内容之中，培养德技并修、知行合一并具有良好职业精神的高素质毕业生。工匠精神、职业素养、专业能力、团结合作、行为习惯、求真务实、细心严谨等思政元素都需要在实践教学中将价值塑造、知识传授与能力培养融为一体，从而内化于心、外化于行。

第五章　课程单元教学设计[1]

本章围绕课程单元的教学设计，先从课程微观教学划分、课程单元特征等方面分析课程单元的内涵与特征；又围绕以人为本、深度学习、数字化转型三个方面介绍课程单元的设计理念；再从确定学习主题、设计学习任务等八个方面分析课程单元的设计要点；最后以"土方工程施工"课程单元教学设计为例，详细介绍教案的特征、基本要素及教案设计的基本体例。

第一节　课程单元的内涵与特征

一、课程微观教学划分

1. 课程中的教学模块

教学模块来源于模块化教育模式，主要有 MES（modules of employable skills，模块式技能培训）、CBE（competency based education，能力本位教育）两种模式。MES 是以从事某种职业的实际岗位工作的完成程序为主线、以岗位工作为依据来确定教学模块；CBE 则是以从事某种职业应当具备的认知能力和活动能力为主线，以执行能力为依据确定模块。

MES 和 CBE 都强调实用性和能力化。MES 从职业具体岗位工作规范出发，更侧重于职业岗位工作能力；CBE 从职业普遍规律和需求出发，更侧重于职业基础通用能力。

2. 课程中的教学项目

教学项目来源于项目教学法，是一种行为导向教学法。一个项目是计划好的有固定开始时间和结束时间的工作，一般项目结束后应有一件较完整的作品，这是与教学模块最大的不同点。项目一般来源于工作岗位，如软件开发工程师岗位的"开发党务管理软件"、网络部署工程师岗位的"部署公司小型网络"等项目。

教学项目一般具备完整性、独立性、典型性等特点。首先，项目是一个完整个体，包含项目开始阶段、规划和准备阶段、执行阶段及结束阶段。其次，项目是独立的，不需要增加额外的知识、技术或人力、物力。最后，教学项目必须是工作岗位上的典型工作项目，具备代表性，能够反映岗位的素质、知识、技能需求。教学项目大多情况下是多个人共同完成，少数情况是单个人完成。

---

[1] 本章系广东省教育科学规划课题"类型教育背景下职业教育产教融合项目化课程开发方法研究与实践"阶段性研究成果（课题号：2023GXJK898）。

3．课程中的教学单元

教学单元最早是由德国教育学家赫尔巴特提出的概念，它是教材和教学活动的基本单位。教学单元依据学习者的思维结构和过程，对应于形成概念的思维活动的段落，把教学内容划分成相对独立的各个部分，或是依据学科知识的逻辑体系，把性质相同或有内在联系的部分组织在一起。教学单元的界定有助于在一段连续的时间内系统完整地进行某一方面的知识传授和技能训练。

教学单元可以按照教学任务划分，任务一般来源于教学模块或教学项目，教学任务一般具备目的明确、时间有限、相对完整等特点。首先，教学任务具有清晰的目的，任务达成后的效果是清晰的。其次，教学任务能在有限的时间内完成，任务的时间边界性是明确的。最后，教学任务一般相对完整，但在实施过程中必须考虑与前置任务和后置任务之间的联系。

二、课程单元的特征

随着微观教学设计越来越受到重视，课程的教学单元（课程单元）的定义也越来越完善，被定义为一段连续的时间内系统完整地进行某一方面的价值引导、知识传授和技能训练。课程单元是微观教学设计的重要概念，是课程微观教学的反映，主要有连续性、完整性、独立性、松耦合、可评测等特征。

1．课程单元的连续性

课程单元是课程的一部分，所选取的内容必须是课程中连续的一部分内容，在知识、技能和价值等方面具备连续性；一般可以在连续的时间内完成教学，如 2 学时或 4 学时。

2．课程单元的完整性

课程单元是课程的一个单元，是最小的粒度，原则上不可再分割，因此具备完整性，一般包括单元的起始阶段、中期阶段、结束阶段，具有明显的边界线。

3．课程单元的独立性

课程单元属于课程，但又具备独立性，它的空间和场景一般是确定的，而且是单一的，较少情况会出现一个课程单元在多个教学空间和场景开展的情况。除此之外，一个课程单元不需要增加额外的知识、技术或人力、物力即可开展教学。

4．课程单元的松耦合

课程单元具备独立性，但是并不独立于课程，它与课程单元前后内容具有松耦合性，即掌握前序单元的内容是本单元的学习基础，而本单元的学习成果将作为后序单元的学习基础。除此之外，课程单元与前序单元和后序单元在价值、知识、技能上具备一定的联系性。

5．课程单元的可评测

课程单元应有明确的素质目标、知识目标和技能目标，并且课程单元的教学目标是课程教学目标的子集。课程单元的教学目标可以在有限时间、有限空间内通过设计教学策略及组织教学活动达成。除此之外,课程单元的教学目标还可以通过制订清晰的教学评价方案进行评测。

三、课程单元举例

一门课程可以根据教学任务,从授课时间、空间、连续性、完整性、独立性、松耦合、可评测等角度对课程单元进行划分。下面以"建筑施工技术"课程为例,介绍课程单元的划分。

1. 课程介绍

"建筑施工技术"是依据教育部"高等职业学校工程造价专业教学标准",对标"施工员""造价员"的"会识图、会建模、会管理、会算量"岗位核心能力要求的一门专业基础课程。

2. 划分教学项目

"建筑施工技术"通过校企协同,每学期遴选合适的企业项目,将工程项目转换为教学项目,将工作任务转换为学习任务,将行业标准转换为成果检验标准,以岗位需求为土壤动态生长,重构课程教学内容,将课程内容重构为7个项目,分别是智慧建造前期准备、基础工程施工、钢筋混凝土工程施工、装饰装修工程施工、装配式混凝土工程施工、装配式钢结构工程施工、低碳施工。

"建筑施工技术"通过项目化教学培养学生科技强国、文化自信、爱岗敬业、勇于创新的思想政治与职业素养,掌握建筑工程施工的基本理论和工作原理,具备从质量、投资、进度、安全等方面管理工程的能力。

3. 根据任务从项目中划分课程单元

以"装配式钢结构工程施工"项目为例,"任务1 钢结构工程识别"2学时划分1个课程单元,"任务2 钢结构深化设计"6学时划分3个课程单元,"装配式钢结构加工安装"2学时划分1个课程单元。通过课程单元学习,使学生掌握钢结构工程识图规则、钢结构建模技巧与深化设计、钢结构安全施工要求、安装流程、验收要求,能完成钢结构深化设计、组织钢结构工程施工、检查钢结构工程施工质量,树立新时代的新思想,培养艰苦奋斗的劳动精神。

第二节 课程单元设计理念

一、以人为本理念

1. 以人为本的概念

马克思认为,以人为本是基于一种对于人在社会主义历史发展进程中主体地位的一种肯定,它强调的是人在历史发展过程中的主体地位。以人为本中"人"的含义一方面是指马克思提出的全体人、每个人,强调的是人的范围;另一方面是指历史层面,即人民,强调的是人的特殊性质。以人为本中的"本"是指价值层面的含义,突出人的发展意义和价值。

以人为本作为一种价值取向,在尊重人、解放人和为了人的理论指导之下,要求在分析问题、解决问题的过程中坚持历史的尺度和人的尺度两相并存。

2. 教育的以人为本

在教育领域,以人为本是以人为中心,突出人的发展。人是教育的中心,也是教育的目的;人是教育的出发点,也是教育的归宿;人是教育的基础,也是教育的根本。教育是一个复杂的社会化活动,其实质意义就是根据社会发展的必要要求和特殊需要来培养人、创造人的社会活动。

教育领域的以人为本从客观现实来看,"人"包含了教育者和受教育者。从教育者角度来说,教育是教育者培养受教育者完善体魄、强健心智的过程,是培养受教育者习得知识经验并熟练运用到生活实践中的受教育过程。从受教育者的角度来说,教育是知识经济及传统文化薪火相传的过程,是为国家和社会不断培养适应、促进其发展的各行各业人才的过程。受教育者是教育活动的对象,他的主观能动性在很大程度上影响甚至决定了教育活动的完成效果和知识掌握应用程度。

在教育领域逐渐形成了以人为本的教育理念,在教育实践中人的位置应该被突出强调,同时,人的整体发展作为教育的主要目的,培养人的心智、情感表达能力、社会性能力、身体协调力、想象力、直觉、审美能力、精神潜能等方面的发展能力。以人为本需要关注个体人生发展,而不是局限于狭隘的知识堆积和无差别的技能训练,突出强调教育是促进人的成长,帮助受教育者认识自己、认识世界,帮助受教育者打开宽阔的视野,促进受教育者参与世界的演变,强调人的生存意义和精神价值。

3. 课程的以人为本

"有教无类、因材施教"是孔子的以人为本教育理念的核心思想。通过以人为本理念在课堂教学中实施,关注学生的个性发展是现代教育发展的重要方向之一。以人为本的深层次体现在于教师站在学生的角度思考问题,全身心地投入与学生相互连接中,通过身教和垂范影响学生的成长。

(1) 从关注学生整体到关注学生个体。学情分析是开课之前必不可少的一个步骤,是教学设计的核心组成部分之一。在传统教学中,教师更重视班级整体的情况,忽视个体学情分析。在教育过程中,每一个学生都是独立的个体,动机、情绪、习惯、品质、价值观都不同。随着时间的变化,学生个人的状态也会发生变化。因此,教学方式需要根据学情分析进行不断调整,定制一个最适合的学习方案,通过因材施教关注个体并让他们可以按照自己的进度进行学习。

(2) 从使用课程到创设适合学生的课程。长期以来,教师的主要任务就是将教材内容"原汁原味"地传递给学生。这种做法带来的直接后果是学生的综合创新能力不强、知识结构单一、知识面狭窄,难以适应未来社会发展需要。知识的跨界综合已经成为世界发展的主导趋势,多学科的交叉融合成为主流。因此,教师不应该只是课程的使用者,更应该是课程的创设者。一方面,合理打破固有的章节,突出任务的完整性进行单元设计,帮助学生更好地建立自己的能力网络；另一方面，用完整的课程育完整的人，引导学生利用多学科的知识解决实际问题，在实践探索中获得真正的本领。

（3）从培养知识技能到塑造学生品格。随着产业数字化转型和数字教育的兴起，教师的部分工作被科技所替代，而价值引领、信念确立、道德养成等方面的作用被进一步凸显。过于强调教育效率，学校就变成了冷冰冰的"教育工厂"，教师变成了工厂里的"机器操作员"，学生的人格、心理和品质受到了不应有的忽视。因此，教师应更加注重学生精神提升、人格完善和价值引领，成为塑造学生品格的工程师。

（4）从知识权威到引导和陪伴学生。2016年3月，世界经济论坛发布了一份题为《教育的新愿景：通过技术培育社会和情感学习》的报告，倡导把人的社会性和情感教育置于应对新工业革命的高度。教育的魅力就在于师生之间无处不在的情感交流，它不是单向的知识传递，而是双向的情感互动。教师不一定是无所不知的知识权威，但一定是充满爱心的引导者和陪伴者，一定是学生精神成长和情感发展的领路人。教师应以爱育爱、以情育情，通过积极美好的情感体验，帮助学生实现完整的生命成长。

（5）从舞台中心退居幕后策划。一直以来，教师的教学活动存在着明显的边界。如今，随着虚拟现实、数字孪生等数字技术的发展，特别是教育元宇宙概念的诞生，这个局面正在发生改变。教育元宇宙可以根据学习者的需求构建不同的虚拟使用场景，在海量学习内容中建构科学性的、系统性的学科教育体系，从而帮助用户过滤、筛选信息，进行更加有效的教育。因此，教师应积极采用新型数字技术创设适应不同学习内容的学习情境，让学生在解决实际问题的过程中掌握知识与实践变革之间的深层联系，在积极体验中学习知识，培养能力，养成个性。

4. 课程单元的以人为本举例

课程的以人为本理念需要在课程单元（见图5-1）中体现。下面以"建筑施工技术"课程为例加以介绍。

图5-1 "建筑施工技术"课程单元设计

"建筑施工技术"的课程单元为 90 分钟,包含导、探、析、练、评五个环节(见表 5-1)。在课前,教师布置线上学习任务,培养学生的自主学习能力;在"导"环节,教师采用案例教学法,让学生充分融入情境,增加体验感;在"探"环节,教师采用小组合作学习法,让学生查规范、探究方法、制订方案;在"析"环节,教师采用问题导向教学法,引导学生思考;在"练"环节,教师采用虚拟仿真教学法,学生通过仿真演练,突破难点;在"评"环节,教师让学生分享和交流成果,突出学习成效。在课后,教师布置拓展学习任务,进一步巩固学习成果。

表 5-1 "建筑施工技术"课程单元实施过程

教学环节		教学内容及活动	教学方法/信息化手段等
课前	自主学习	教学内容:钢结构识图 教学资源:"学习通"线上发布课前测试 教师活动:发布学习任务,分析学生课前成绩调整教学策略 学生活动:网上自学,完成线上测试(成果 1)	线上测试,培养学生自主学习的能力
课中	环节 1:导 (5 分钟)	教学内容:视频案例引入 教师活动:讲授 学生活动:听讲	案例教学法
	环节 2:探 (小组 PK 40 分钟)	教学内容:钢框架工程识图 教师活动:观察、指导 学生活动:查规范、究方法、订方案(成果 2) 思政:培养知规范、守流程、重安全的工匠精神	小组合作学习法
	环节 3:析 (20 分钟)	教学内容:教师讲解钢结构制图图例及识图规则 教师活动:问题导向引导学生思考 学生活动:总结安装流程 做中教,解决教学重点	问题导向教学法,Web端虚拟仿真教学
	环节 4:练 (20 分钟)	教学内容:仿真演练 教师活动:答疑 学生活动:仿真演练(成果 3)、检查方案(成果 4) 做中学,突破教学难点	问题导向教学法,Web端虚拟仿真教学
	环节 5:评 (5 分钟)	教学内容:任务总结 教师活动:课堂小结 学生活动:成果分享交流	虚拟仿真实训
课后		线上拓展:线上完成钢屋架识图实训	
教学小结		通过本任务学习,让学生掌握钢结构工程识图技能	
教学反思		现象:部分同学面对复杂的平面图纸较难与实际工程建立联系 解决措施:线上虚拟仿真实训要求多次完成,100 分达标,加深同学们的直观认识	

"建筑施工技术"的课程单元的设计改变了传统的教师为中心的思想,关注学生整体和个体,创设适合学生的课程,在培养知规范、守流程、重安全的工匠精神的同时,注重塑造学生品格以及引导和陪伴学生,充分体现了学习者的主体和教师的策划角色,贯彻了以人为本的教育理念。

二、深度学习理念

1. 深度学习的概念

深度学习的概念最早由瑞典教育学家马顿在 1976 年提出，他认为深度学习是一种包含主动和高水平认知加工的学习方式，与之相对的是机械学习和记忆孤立信息的浅层学习方式。深度学习是一种积极参与和高度投入的学习过程，学生围绕具有挑战性的学习任务，全身心积极参与，体验成功，获得发展。

2. 深度学习中的批判性理解

批判性思维最早起源于"苏格拉底问答法"，它是通过一定的标准评价思维，进而改善思维，是合理的、反思性的思维，既是思维技能，也是思维倾向。批判性思维被普遍确立为教育特别是高等教育的目标之一。批判性思维在深度学习中体现为学生寻求对学习主题的理解和对教学内容的批判性学习。相比浅层学习，深度学习是基于理解的学习，它的特点在于与先前的知识和经验相联系，不是要求学生被动地接受，通过深入的辨析，学生也能加深对知识更加深层次的理解。

3. 深度学习中的过程性反思

反思是高阶思维能力之一，是对自身的深刻认识和内省。反思被认为是人类基于探究外部物质世界活动的经验来追寻事物本质和意义的内心活动。在深度学习中，学生的反思性行为是过程性的，是关键特性之一，必须贯穿于学习活动的始终。学生在学习过程中建立新旧知识的联系、通过反思形成有意义的经验，再调整和重构认知结构。

4. 深度学习中的知识整合

深度学习的理念注重知识的整合，是指学习内容的整合和学习过程的整合。其中，学习内容的整合是指促进各种具有内在联系的知识之间有意义的整合，促进学生对学习内容逻辑体系的掌握、思维能力的发展；学习过程的整合是指在学习过程中将新的知识纳入已有知识体系，梳理新旧知识之间的关系，促进学生对知识的理解，形成新的认知结构。

5. 深度学习中的迁移和问题解决

知识迁移是一种学习对另一种学习的影响，是在学习这个连续过程中，任何学习都是在学习者已经具有的知识经验和认知结构、已获得的动作技能、习得的态度等基础上进行的。这种原有的知识结构对新的学习的影响就形成了知识的迁移。根据知识迁移影响的不同，可分为正迁移和负迁移：若原有知识对新学习知识有促进作用，则称为正迁移；若原有知识对新学习知识有阻碍作用，则成为负迁移。因此，在学习新知识前，必须全面分析学生的学情，以了解已有知识将对新知识的学习造成正迁移或负迁移。如是正迁移，可以优化教学策略强化迁移效果；如是负迁移，必须及时调整教学策略，避免或减轻负面迁移效果。

深度学习中的知识迁移主要用于解决问题,要求学生将所学知识灵活运用于不同场景,转化为直接解决问题的能力,从而获得迁移能力。在传统教学中,学生在学校学习的是教师设计好的知识技能,而在毕业后工作中往往遇到的是新问题,如没有迁移能力,就没有办法很好地应对这些问题。成语"触类旁通""举一反三""融会贯通"深刻地反映了知识迁移在工作生活中的应用。

6. 深度学习中的高阶思维能力培养

如图 5-2 所示,高阶思维是指发生在较高认知水平层次上的心智活动或认知能力。它在教学目标分类中表现为分析、综合、评价和创造。高阶思维能力集中体现了知识时代对人才素质提出的新要求,是适应知识时代发展的关键能力。

图 5-2　思维能力层级图

深度学习中的高阶思维"分析"能力是指把事物或对象由整体分解成各个部分或属性的能力;"综合"能力是指把事物或对象的各个部分与属性联合为一个整体的能力;"评价"能力是指对一件事或人物进行判断、分析后得出结论的能力;"创造"能力是指将两个或两个以上概念或事物按一定方式联系起来,主观地制造客观上能被人普遍接受的事物的能力。

7. 深度学习中的挑战性和情境性任务

深度学习要求更加高阶的学习,并不是多讲教材的知识或者加深知识的难度,而是需要以具体任务重新组织教学内容,任务具备挑战性和情境性,以达成高阶的学习目标。

深度学习中的挑战性任务是指运用新、旧知识解决复杂问题的过程,让学生在挑战中学会合作、独立积极思考的能力,从而塑造更加完整的知识结构。

深度学习中的情境性任务是指基于将来要接触的真实工作或生活场景,构建包含复杂知识、技能、素质要求的情境,为学生构建学习与实践之间的桥梁,有助于积累工作和生活经验。

8. 深度学习中的多维深度投入

深度学习要求更加深度的投入,这里的投入不仅仅是指学生,也包括教师。教师与学生一样也是课堂的重要主体之一,教师投入时间和精力的多寡在很大程度上决定了学生能否深度参与教学过程。教师需要主动、全身心投入教学中,全程关注学生以及教与学的数据,而非被动地等待学生主动提高课堂专注力。

学生是课堂的重要主体之一,对课堂的深度投入是深度学习的重要特征,也是促进深度学习的重要条件。学生的深度投入包括行为、情感、认知等多个层面的整体投入。传统教学中,不少学生对课堂的投入往往是在配合教师或在教师的权威下不得不配合的无奈之举,这样学习的效果往往不佳。深度学习中的深度投入要求全面深入挖掘学生的内在驱动力,使学生在教学过程中表现出更多的自我学习动机,对挑战性学习任务充满兴趣,积极参与课堂讨论,踊跃分享自己的看法,提出有见地的问题,敢于发表不同见解。

9. 深度学习中的教学增值性学习评价

深度学习不能一蹴而就,是一个由浅层学习达到深度学习的过程。教师对于这个过程应该通过采集教与学的全过程数据,进行过程性学习评价掌握深度学习的效果。

在深度学习的评价中需包含增值评价,也是最能体现深度学习成果的部分。增值性评价就是以学生课程学习成就为依据,追踪学生在一段时间内学习成就的变化,并将客观存在的不公平因素的影响分离开来,考察对学生学习成就影响的净增值的评价。通过评价学生的增值性学习,可以了解学生的深度学习成效。

三、数字化转型理念

1. 数字化转型的背景

国家"十四五"规划和2035年远景目标纲要中提出:"迎接数字时代,激活数据要素潜能,推进网络强国建设,加快建设数字经济、数字社会、数字政府,以数字化转型整体驱动生产方式、生活方式和治理方式变革。""培育壮大人工智能、大数据、区块链、云计算、网络安全等新兴数字产业,提升通信设备、核心电子元器件、关键软件等产业水平。构建基于5G的应用场景和产业生态,在智能交通、智慧物流、智慧能源、智慧医疗等重点领域开展试点示范。鼓励企业开放搜索、电商、社交等数据,发展第三方大数据服务产业。促进共享经济、平台经济健康发展。"数字化转型已经成为我国国民经济和社会发展最重要的任务之一。

2. 数字化转型的概念

数字化转型是顺应新一轮科技革命和产业变革趋势,不断深化应用云计算、大数据、物联网、人工智能、区块链等新一代信息技术,激发数据要素创新驱动潜能,打造提升信息时代发展能力,加速业务优化升级和创新转型,改造提升传统动能,培育发展新动能,创造、传递并获取新价值,实现转型升级和创新发展的过程。

从"十三五"规划纲要正式将"数字中国"上升为国家战略开始,到"十四五"规划中明确"数字化转型"在生产、生活、治理方面的作用,数字技术逐渐全面应用于各领域的建设。

3. 教育数字化转型的背景

教育部一直高度重视信息技术对教育的影响，陆续出台一系列政策，部署推进教育数字化转型。《教育信息化十年发展规划（2011—2020 年）》《教育信息化 2.0 行动计划》等系列规划文件陆续发布。2021 年，教育部等六部门发布《关于推进教育新型基础设施建设构建高质量教育支撑体系的指导意见》，提出要以教育新基建促进线上线下教育融合发展，推动教育数字转型、智能升级、融合创新，支撑教育高质量发展。

国家《"十四五"数字经济发展规划》强调推进教育新型基础设施建设，推动"互联网＋教育"持续健康发展。国家《"十四五"国家信息化规划》提出实施全民数字素养与技能提升行动。教育领域的数字化改革逐渐加速。

4. 教育数字化转型的概念

教育数字化转型是国家数字化转型的关键任务之一，是通过数字技术和数据技术的综合创新应用，促使教育要素、教育业务、教育场景实现全面数字化，进而逐步形成与现代经济社会发展高度适配的高质量教育体系的持续过程。其受经济和社会发展水平、教育思想观念、信息技术发展水平、全民数字素养和技能水平等诸多要素的影响，只有在坚定目标和方向的条件下统筹多方资源、协调多方力量、持续强力推进，方能达成"转型"的战略目标。

5. 课程教学内容的数字化转型

我国传统产业加速向数字化、网络化、智能化方向延伸拓展。产业数字化转型进程提速，对经济增长拉动作用不断增强。相应地，课程教学内容也应该根据国家教学标准要求，对接职业标准和规范、职业技能等级标准，对接新产业、新业态、新模式、新职业，体现专业升级和数字化改造，实现数字化转型。

6. 课程教学资源的数字化转型

随着教育信息化逐渐普及，课程的教学资源已由传统的纸质教案、教材、板书转变为微课、慕课、动画、电子课件、云教材等多种形式。随着教育数字化的要求，虚拟现实（VR）、增强现实（AR）、混合现实（MR）、数字孪生（DT）等数字技术与教育深度融合，也促进了教学资源的数字化转型。

（1）虚拟现实（VR）：VR 通过设备模拟一个完全虚拟的数字世界，通过眼镜和手柄等外设，能给使用者提供视觉、听觉等感官上的体验感。

（2）增强现实（AR）：AR 通过将真实世界特定的画面或信息植入程序中，并对这些内容进行模拟、升级、补充、渲染。在应用 AR 技术的时候，这些被计算机处理的信息会在特定的场景被激发，与现实世界叠加，从而达到超越现实的感官体验。

（3）混合现实（MR）：MR 不仅包括增强现实和增强虚拟现实，而且包括融合现实和虚拟世界而产生的新的视觉混合现实环境。在新的视觉环境中，物理对象和数字对象共存，实时交互。

（4）数字孪生（DT）：DT是指在计算机虚拟空间存在的与物理实体完全等价的信息模型，可以基于数字孪生体对物理实体进行仿真分析和优化。

7. 课程教学过程的数字化转型

课程教学是数字化转型的核心，探索课堂教学过程数字化方式，进行数据采集、分析和应用，实现教学过程的数字化。除了大数据之外，人工智能、云计算、区块链等数字技术也逐渐成为教学过程数字化转型中的关键技术，让教学过程更加智能化、数字化，实现服务学生新型能力的培养。

（1）大数据：大数据在教学过程中的作用主要体现在显著增强教育解释力、教育诊断力、教育预测力、教育决策力和教育监督力。

（2）人工智能：AI在教学过程中的主要应用有智能教学平台、全面智能测评、拍照搜索在线答疑、智能语音识别辅助教学及测评、教育机器人、模拟和游戏化教学平台等。

（3）云计算：云计算的优势主要集中在利用各种技术来打破原有的空间时间壁垒，能够帮助建设高质量的教育资源库、高效的网络学习平台以及高集成化高科技化的教学管理系统。

（4）区块链：区块链的分布式账本技术可以更好地管理老师和学生的整个教育体验，并且更加透明。

8. 课程能力培养的数字化转型

课程的数字化转型不仅仅体现在教学内容、教学资源以及教学过程等方面，还对能力培养提出了新的要求，即以数字能力为核心的新型学生能力培养。

接下来，以酒店管理与数字化运营专业为例，列举部分核心课程进行数字化转型的能力培养要求。随着智能技术在酒店业的广泛应用，越来越多的酒店增加了智能设备，也对岗位提出了新的要求。因此，第一条"掌握酒店智能前厅、客房、餐饮服务与运营管理的基本理论以及安全、卫生相关知识"增加了对数字能力培养的要求；新媒体营销已经逐渐成为主要的营销手段之一，因此，第二条"熟悉酒店财务、成本控制、市场新媒体营销和运营管理知识"增加了培养新媒体营销的数字能力的要求；数据是酒店管理的重要数字资产，分析酒店数据成为企业运营的重要工作之一，因此，第三条"具有在数据分析的基础上解决酒店服务、运营与管理中常见的问题的能力，并能应对各种突发状况"增加了数据分析的数字能力要求；数字化营销策划、数字化运营与管理已经逐渐成为企业管理的常用手段，因此，第四条"具有酒店组织架构设计、酒店市场数字化营销策划、酒店员工培训计划编制与执行、酒店员工绩效评价等酒店数字化运营与管理能力"增加企业数字化管理方面的能力要求。

课程的教学评价是评价学习成效的关键手段。利用数字技术对教学评价进行改革，制订数据采集标准，全过程自动采集教与学的数据，优化组合基于数据的评价方式，促进评价过程与学习过程的紧密结合，在学习过程中完成评价。

第三节　课程单元设计要点

本节所述课程单元对应于项目化课程中的一个 2～4 学时的任务（单元）。如果任务（单元）超过 4 学时，建议拆分成 2～4 学时的分任务（分单元）。

课程单元设计流程为：确定学习主题→确立学习目标→设计学习任务→设计教学步骤→设计教学方法→设计教学环境与资源→设计教学评价方式→开展教学反思（见图 5-3）。

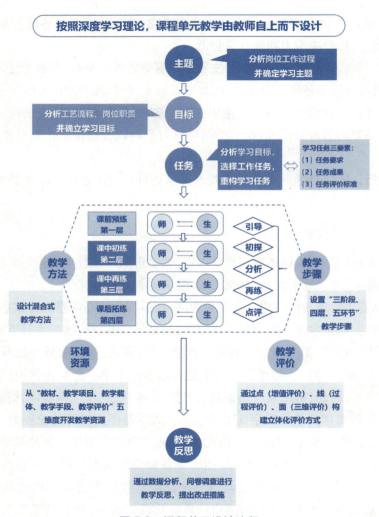

图 5-3　课程单元设计流程

一、确定学习主题

课程单元的设计首先要确定学习主题，再围绕学习主题设计结构化学习内容。一个优秀的学习主题设计可以帮助我们厘清课程单元的组织结构，通过自主探究和协同合作让学生在学习主题和学习内容之间建立联系，帮助学习者加强对学习主题的理解。

1. 确定原则

(1) 目的性原则：将教师的教学视角从聚焦在"如何教"，转变到"教什么""为什么教"，即目的性原则。

同一门课可能几个专业方向都在学，不同的专业方向针对的岗位是不一样的，需要掌握的学习主题的侧重点也不一样，这个时候就要求老师要深入细致地结合岗位工作过程来确定选择什么样的学习主题，课程单元的教学活动要围绕这个主题展开。

例如，"建筑施工技术"课程的"装饰装修工程施工"部分既可以按装饰装修的岗位工作流程选择学习主题为"顶棚装饰装修工程施工""楼地面装饰装修工程施工""墙面装饰装修工程施工"，也可以按施工工艺分为"抹灰类工程施工""铺贴类工程施工""裱糊类工程施工"。前者比较适用于项目化教学，优点是与实际工作过程结合紧密，缺点是不能涵盖所有知识点；后者比较适用于章节式教学，优点是知识点讲解完善，缺点是与实际工作过程脱节，遇到实际工程不知如何开始工作。

(2) 实用性原则：实用性原则即主题所讲述的知识和技能，在大多数的岗位工作过程中会用到。学习主题的选择要综合考虑常规项目中通常会出现的知识（技能），同时主题的选择要考虑工作过程的前后关系、难度梯度，工作过程靠前的、难度低的学习主题放在前。通过递进式的分层学习，掌握知识内容，熟练操作技能。

例如，"建筑施工技术"课程的"装饰装修工程施工"项目按岗位工作流程施工的步骤是：顶棚装饰装修工程施工→楼地面装饰装修工程施工→墙面装饰装修工程施工。学习主题也按这个顺序确定。

(3) 创新性原则：创新性是指根据教学的内外环境变化适时对学习主题进行局部或全局的调整。教学的内环境从宏观层面是指教育为适应国家经济技术发展而进行的整体结构调整，从微观层面上是指学生层次、来源等分布情况变化；教学外环境主要指学科面对的新产业、新业态、新模式的要求。

例如，"建筑施工技术"课程为适应教育数字化转型的内环境，将数字转型的内容融入每个项目，增加课后拓展的数字化转型学习主题；为响应"碳中和""碳达标"的国家政策外环境，增加低碳施工学习主题。

2. 操作方法

(1) 合适才行：其一是与岗位工作过程的合适性。学习主题的选择，要充分听取企业导师、行业专家的意见，优先选择工作过程中常用的、急需的学习主题。其二是与学生的合适性。兴趣是最好的老师，学习主题的选择，最终是为了学生能够掌握工作岗位所需要的知识和技能，所以只有学生爱学、想学的主题才是最好的主题。每一个学习单元结束后，通过问卷调查了解学生的学习情况，决定是否需要对后续学习主题进行调整和修改。

(2) 够用就行：对于项目化教学，所选的项目都来源于实际工程，所以并不能涵盖所有学习主题，这时就需要对项目重构，加入必须掌握的学习主题。使学生通过学习可以掌握基本工作流程，同时学习主题的选择要以学生能熟练掌握并完成关键工作为主，够用就行。

（3）满意才行：一方面是企业对学生的满意度，每年选取有代表性的企业，回访调查对在岗学生的满意度，针对调查反馈情况修改调整学习主题；另一方面是毕业生的满意度，通过问卷调查，补充毕业生认为重要的学习主题。

3．案例剖析

"建筑施工技术"课程的学习主题：采用项目化教学模式，选择某学校配电房工程（两层框架结构、低难度）、某学校小高层宿舍（20层框架—剪力墙结构、中等难度），难度梯度由低到中的两个真实工程项目为教学载体，按照建筑施工流程重构学习主题（见图5-4）。

图5-4 "建筑施工技术"学习主题

二、确立学习目标

确定学习主题后,分析学习主题所对应的工艺流程及工作岗位的岗位职责,确立学习目标,包括知识目标、技能目标和素质目标。

1. 确定原则

(1) 目的性原则:围绕学习主题构建结构化学习内容,分析学习内容涵盖的知识(技能)点,并按其在工艺流程中所起的作用,用知识目标描述完成工作任务必备的知识点及应达到的学习水平,用技能目标描述完成工作任务必须达到的技能水平,用素质(思政)目标描述学生通过本学习主题的学习要具备的思政素质与职业素养。

(2) 实用性原则:学习目标要紧贴课程培养岗位的核心能力。例如,"建筑施工技术"课程对应的岗位是施工员、监理员、造价员,在完成学习主题"楼地面装饰装修工程施工"时,"施工员"要能够组织施工,"监理员"要能够检查施工质量,"造价员"要能够计算工程量,三维学习目标就要贴合这三种能力。

(3) 创新性原则:以学期为单位,动态迭代,及时更新并引入"新技术""新规范""新工艺"。例如"楼地面施工"中,测量仪器使用引入激光水准仪、电子水平尺。

2. 操作方法

(1) 合适才行:根据工艺流程将知识目标分级描述,可分为"了解""熟悉""掌握"三个层级。一个学习主题,知识目标建议不超过三个,其中必须要有"掌握"的知识目标。技能目标以"能""会"的动宾结构形式描述。例如,"能检查宿舍房间瓷砖地面铺贴施工质量"。素质(思政)目标可以采用"养成""具备"等动宾结构形式来描述。结合课程思政整体设计,连续并相关的学习主题可通过同系列的思政案例采用相同的素质(思政)目标。

(2) 够用就行:针对工作流程作知识(技能)鱼骨图(见图5-5),标出基础知识(技能)点。2学时的学习主题一般完成不超过两个(技能)点的学习,其中必须包括基础知识(技能)点,够用就行。

(3) 满意才行:通过学习任务的完成情况,分析整体学生的学习目标达成度,全部学生都能熟练掌握基础知识(技能)点。其中80%以上的学生能熟练掌握一般知识(技能)点,任务目标达成度才算满意。

3. 案例剖析

"建筑施工技术"课程的"楼地面装饰装修工程施工"工作流程分为制订施工方案、组织施工、施工验收。确定该主题的教学三维目标如下。

知识目标:熟悉楼地面装饰装修工程施工方案编制原则;掌握楼地面装饰装修施工流程要点,掌握楼地面装饰装修施工验收要点。

技能目标:能编制楼地面装饰装修工程施工方案;能完成楼地面装饰装修工程施工验收;能完成楼地面装饰装修工程量清单项目特征描述。

素质目标:养成耐心细致、严肃认真的工作作风,具有精益求精的工匠精神。

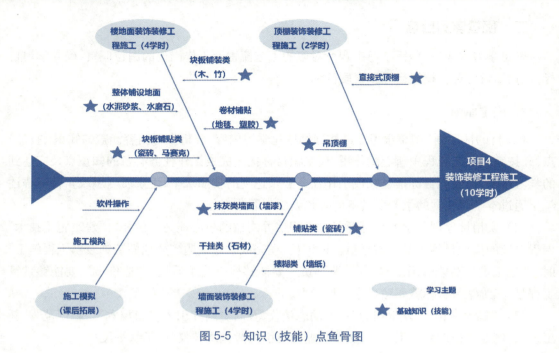

图 5-5 知识（技能）点鱼骨图

三、设计学习任务

1．设计原则

通过分析学习目标鱼骨图，在教学项目载体中选择合适的工作任务，将工作任务重构为学习任务。从任务的三要素，即任务要求、任务成果、任务评价标准来设计学习任务。

（1）目的性原则：设计学习任务的目的是完成学习目标。任务的选择基于课程项目载体，必选知识（技能）鱼骨图上的基础知识（技能）点，可结合具体项目载体情况，综合考虑岗位核心技能要求，再选取一个高难度梯度的知识（技能）点，基于低难度知识点设计课堂基本任务、基于高难度知识点设计课堂进阶任务，围绕课后拓展主题设计课后拓展任务。

（2）实用性原则：校企协同，依托课程项目载体，按照学习目标设计学习任务。一门课程可从教学项目库选取 2～3 个有难度梯度的项目，通过项目重构使设计后的学习任务能基本覆盖学习主题的知识（技能）点，不同专业方向的任课教师可以按照本专业人才培养要求，合理组合学习任务，即实用性原则。

（3）创新性原则：学习任务的创新性表现，其一是指任务库建设时要紧跟行业发展要求，紧跟新产业、新业态、新模式、新职业，动态更新任务库；其二是任务描述与发布时，可借助数字技术，将任务环境、任务成果可视化，这一点对于线上慕课课程尤为重要。

2．操作方法

（1）合适才行：学习任务的设计要有难度梯度，2 学时的学习主题，建议设计一个课堂基本任务、一个难度略增的课堂进阶任务，例如，课堂进阶任务"卫生间楼面装饰装修工程施工"比课堂基本任务"水泥砂浆地面装饰装修"增加了难度递增的"防水层施工"任务要求,而本学习主题的课后拓展任务是行业数字化转型的热点——数字施工模拟,教师将操作视频和行业前沿资讯上传慕课平台,同学们课后自学完成。

(2)够用就行:一个学习主题有多个知识(技能)点,设计学习任务时不需要都囊括,依托课程项目载体,以基本知识(技能)点为主线,以学生通过任务训练能熟练掌握基本知识(技能)点为宜,够用就行。

(3)满意才行:设计学习任务后,需要编制学习任务书,任务书描述要有故事性,可以采用"4W+1H"的原则来描述任务要求:任务小组成员角色(Who)、任务环境(Where)、任务目的(Why)、任务完成时间(When)以及完成任务步骤(How)。任务成果描述要有画面感、要具体,一定要有一份具体且清晰的任务评价标准。

3. 案例剖析

"建筑施工技术"课程的"楼地面装饰装修设计"中基础知识点是"整体铺设楼面",设计课堂基本任务为"多层框架水泥砂浆楼面装修",课堂进阶任务为"多层框架卫生间瓷砖楼面装修",课后拓展任务为"多层框架装饰装修数字模拟施工"(见图 5-6)。

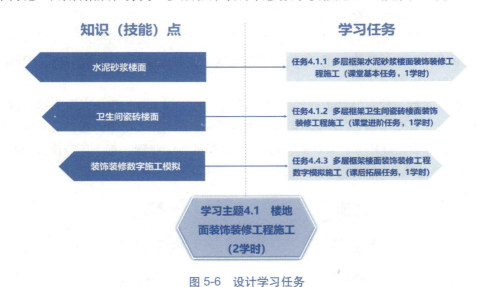

图 5-6 设计学习任务

四、设计教学步骤

1. 设计原则

(1)目的性原则:设计教学步骤的目的是让先进的教学理论和教学策略通过课堂教学来实现和完善,以达到预期的教学目标。深度学习教学理论和数字化时代的线上线下混合式教学策略,使课堂教学的维度得以在课外延伸,每个学习任务可以通过课前(第1层)、课中(第2、3层)、课后(第4层)的"三阶段、四层"的教学步骤来完成。

(2)实用性原则:课中阶段是教学的主要阶段,这个阶段教学步骤设计要突出以"学生为主体、教师为主导",在教师的引导协助下,学生小组协作完成任务、产出成果,培养岗位能力。

（3）创新性原则：设计"三阶段、四层、五环节"的教学步骤，其中"引导"环节的案例选择非常重要，案例选取恰当，可以明显提高同学们的课堂参与度。要选取与课程任务相关度高且影响力比较大且比较有趣的案例，引入案例后要提出合适问题，以引发学生思考。所选案例最好是有讲解的新闻视频，用图片引入也行，但图片旁要配说明文字，并通过教师的讲解将案例具体情景导入课程，不建议以纯文字引入，如果是纯文字描述，可制作成动画，不同的学习主题案例的选取应该有创新、有变化，避免视觉疲劳。

例如，在"学习主题1.3　土方开挖工程施工"时，选用中央电视台新闻观察栏目报道的"楼倒倒"事故案例引入，并提出问题：①事故产生的原因是什么？②如果你是工程的施工员、监理员应该怎样做才能避免事故的发生？

2．操作方法

（1）合适才行：针对不同类型的课程、不同的教学模式，教学内容的选择、课堂活动的组织都会不同，与课程类型融合、与学习任务协调、与授课教师个人风格相匹配的课堂教学步骤设计才是好的课堂设计，合适才行。

（2）够用就行：课堂教学步骤的设计可以采用课堂教学流程图的形式（见图5-7），一个课程单元设计一个教学流程图，学生学习活动线、教师教学活动线两线并行；教学设备的使用以够用为原则。

（3）满意才行：教学设计步骤的满意可以从"生"与"师"两个方面来反映，好的教学步骤设计首先是学生满意，学生不由自主地就能融入课堂，上完课仍然觉得意犹未尽，愿意并盼望完成课后拓展任务；其次是教师满意，教学的每个步骤、每个环节连接顺畅，一气呵成，让教师感觉课程的开展水到渠成。

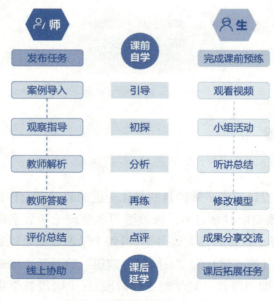

图5-7　课堂教学流程图

3. 案例剖析

如图 5-7 所示，采用"引导、初探、分析、再练、点评"五环节。课堂开始的 5～10 分钟通过教师的课堂"引导"，吸引学生的兴趣、告知学生本堂课学习目的；课中以学生的探究和练习为主，对 2 学时的课堂可分为学生"初探"、教师"分析"、学生"再练"，对 4 学时的课堂可重复"初探""分析""再练"的过程；课堂结束前的 5～10 分钟由教师总结"点评"，布置课后拓展任务。

五、设计教学方法

教学方法可以分为三类。

第一类是原理性教学方法。这是教学规律、教学思想、教学理论观念在课程教学中的实现，是教学意识在教学实践中方法化的结果，如启发式、发现式、设计式、注入式等。

第二类是技术性教学方法。向上可以接收原理性教学方法的指导，向下可以与不同学科的教学内容相结合构成操作性教学方法，在教学方法体系中发挥着中介性作用，如讲授法、谈话法、演示法、参观法、实验法、练习法、讨论法、读书指导法、实习作业法等。

第三类是操作性教学方法。指不同类型实训教学中具有特殊性的方法，如外语课的听说法、美术课的写生法、音乐课的视唱法、理工实训课的工序法等。

这么多的教学方法要如何合理地运用到教学中，需要经过精心设计。

1. 设计原则

(1) 目的性原则：教学方法的设计要为课程的学习目的服务，与课程的形式有很大关系。线上公开慕课因为是视频教学，没有师生互动，可采用讲授教学法，一个微课讲解一个知识点，通常不超过 10 分钟。线下部分，职业教育主要是培养学生的岗位应用能力，课程大多采用任务驱动教学法。而具体到课堂"五环节"教学，"引导"部分可以采用案例教学法，通过选取合适的案例引入课程，也可以采用情境教学法，通过创设与任务要求相适应的环境情境，让学生扮演实际工作过程中的岗位角色，以角色扮演学习法完成任务，课中"初探""再练"部分可以采用小组讨论教学法或小组练习教学法，通过讨论、辩论或动手练习，培养合作精神，激发学生的学习兴趣。教师"分析"部分可以采用问题导向教学法，通过启发式提问、分析问题、解决问题，使学生获得正确的观点和系统的知识。教师"评价"部分可以采用讲授教学法，总结知识点和课堂学习情况。课后拓展部分，宜采用自主探究学习法，对课堂教学任务未涉及的知识点组织学生自主学习，完成课后拓展任务，锻炼学生探索问题及解决问题的能力。

(2) 实用性原则：教学方法的选择要根据具体的任务要求而变化，以实用为原则。比如，如果设计的学习任务是去现场参观，可以采用参观教学法，由校外实训教师指导或请现场工作人员讲解，要求学生围绕参观内容收集资料，做好记录，参观结束后，整理参观笔记，写出书面参观报告，将感性认识升华为理性知识。参观前应先给学生简单介绍一下参观的目的和会涉及的知识点，参观教学最好不要讲新知识点，以回顾已经学过的知识点为主，可使学生巩固已学的理论知识。如果教学在实训基地进行，可以采用现场演示教学法，以现场实物为对象,通过教师规范示教,学生动手实操,掌握岗位技能。

(3)创新性原则:数字时代,信息大爆炸,知识的激增改变了传统教育的方方面面,主要表现在以下方面:①搜索、探究并获取碎片化知识;②虚实互动获取沉浸式体验;③多维度可视化帮助知识理解;④迭代更新助推产品设计;⑤互联网化分享激发学习兴趣;⑥随时多元合作助力任务完成;⑦个性诊断找到学习短板;⑧人机交互协助自主学习;⑨全面的数据跟踪,促进个性化学习。这些方式与传统的学习方式相互融合,带来教学方法的革新。

2. 操作方法

(1)合适才行:针对任务类型选择合适的教学方法,针对基础知识(技能)点的学习,比如建模、编制施工方案,采用个人练习学习法就比较合适,而需要互相协作的学习任务,就需要采用小组合作教学法,开展小组合作教学需要教师精心设计任务情境、小组成员要分工明确,教师还要从旁监督协助,才能达到好的教学效果。

(2)够用就行:一个2~4学时的学习任务,课堂教学采用3~5种教学方法就行,对于以掌握技能为主的现场实训教学,采用教师规范示教、学生分组练习的现场演示教学法就可以,教学方法的选择够用就行。

(3)满意才行:教学方法设计的满意度可以从两个方面来反馈。其一,从课后拓展任务成果企业导师打分来分析评判,教学方法选择合适,课堂教学效果好,学生的课后迁延学习能力就强,拓展任务完成质量也就高。其二,从学生的问卷调查中判断,学生喜欢并认为有学习效果的学习方法就是合适的。

3. 案例剖析

"建筑施工技术"课程的"顶棚装饰装修施工"按照"三阶段、四层、五环节"分段、分层、分环节设计教学方法(见图5-8)。

六、设计学习环境与资源

1. 设计原则

(1)目的性原则:让学生在真实(或仿真)的工作环境中完成学习任务,有利于培养学生的职业素养和职业技能。所以学习环境和资源的设置一定要与工作任务紧密联系,即目的性原则。能够采用全真设备、场地,企业导师指导,围绕行业规范、企业标准展开实训教学是最理想的情况。通常做不到完全采用真环境、真设备,这时可以借助信息技术来建构数字化教学资源,通过在虚拟的高仿真场景中教学来提高学生的实践能力。让学生受益是技术与教育结合的核心目的。

(2)实用性原则:教学环境与资源的建设与工作任务紧密联系,首选当然是建设真实的环境、使用真实的设备。但是某些学科中,练习所用的材料通常并不容易取得。例如,在传统医学教育等以动物标本、尸体、病毒教学为主的学科中,主要问题是资源不足和学习者安全风险高。又如飞机的设计和操作,在没有实物观察的情况下,学生很难仅仅基于传统的多媒体手段,如图片、动画和视频来正确掌握该主题。同样,对于施工周期长和隐蔽工程(施工完成后被遮盖而不可见的工程,例如桩基工程、边坡支护工程等)的土木工程项目,因为工程范围广及时间跨度长,很难在教室展示,尤其是其中一些操作具有高风险。因此,在很多情况下,学生无法获得与实际项目紧密结合的复杂和高风险实验的经验。针对上述问题,需要寻求能够模拟真实场景的技术方案,构建虚实共存的课堂。这样的课堂能显著提升学习者的体验,满足对多样化学习场景日益增长的需求。

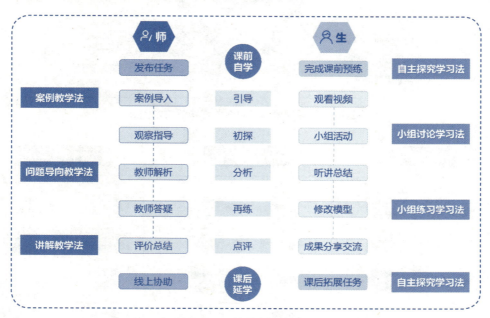

图 5-8 教学方法设计

(3)创新性原则:第 5 代移动网络、扩展现实和人工智能等新兴技术的发展实现了广泛的三维体验和交互。生动的三维虚拟动态显示和身临其境的体验将在不久的将来成为新常态。基于扩展现实的虚拟现实共存课程超越了虚拟现实、增强现实和混合现实的限制。依托数字新技术设计学习环境与资源,可以实现数字世界和物理世界的融合,进一步创造一个虚拟和现实共存的智能课堂。

2. 操作方法

(1)合适才行:环境和资源的建设要与项目载体、学习任务相适应,学习环境和学习资源的建设包括硬件条件和软件条件构建,硬件条件主要是虚实相生环境构建,软件条件由虚实相生课程设计、虚实相生课堂实施、虚实相生教学评价三部分组成(见图 5-9)。

(2)够用就行:从项目、任务出发,教学设计阶段分析教学策略开发教学资源,教学实施阶段构建数字孪生与实体建造虚实相生课堂,教学评价阶段通过教学平台全记录实现基于大数据的智能分析评价(见图 5-10),教学资源够用就行。

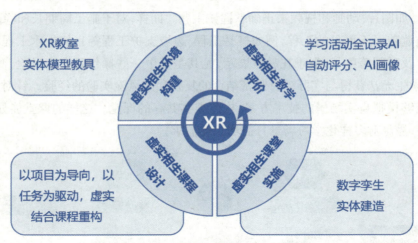

图 5-9 学习环境和学习资源建构的技术框架

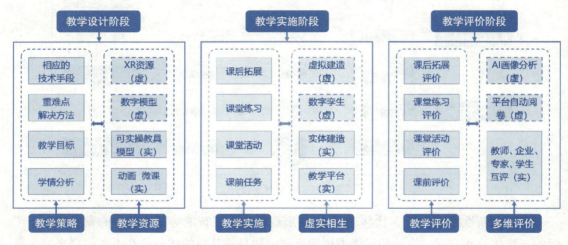

图 5-10 三阶段虚拟仿真资源建设

（3）满意才行：环境和资源的建设通常会有技术制作团队支持，但是不同专业类型的教学资源建设流程不同，而往往专业教师撰写的脚本更像是教材文本或教案，不能按照类型分类，而不分类的脚本让非本专业的制作团队不能很好理解，常常导致联合开发的资源不理想或应用不顺畅。所以在资源开发过程中专业教师一定要多与制作团队沟通，从技术框架开始，就要求制作小的样例，教学团队试用合适后再进行下一步开发，并经过几个教学周期的使用来不断完善，方能达到满意的效果。

3．案例剖析

"建筑施工技术"课程从"教材、教学项目、教学载体、教学手段、教学评价"五维度出发设计"一链、二类型、三端、四库"的教学资源体系（见图 5-11）：开发区块作业链、成果上链并智能评价；数字虚拟教师 24 小时答疑解惑；出版纸质活页式教材、云端更新的数字教材"纸数一体"二类型教材应对教学内容调整；通过"中国大学 MOOC"教学平台+"智慧树"虚拟仿真实训平台双平台线上教学端、XR教室+工匠中心线下教学端、手机移动学习端,开展线上线下混合式教学;建设"思政案例库""工程项目库""教学模型库""XR工艺库"助力课堂任务的完成。

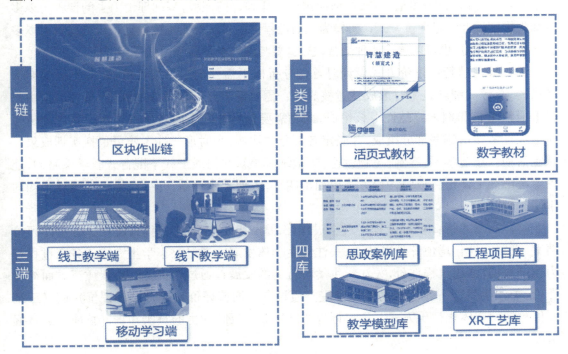

图 5-11 "一链、二类型、三端、四库"的数字资源

七、设计学习评价方式

1. 设计原则

（1）目的性原则：学习评价的目的是评判学生的知识、技能掌握情况，即能不能进行后续课程的学习，能不能胜任相应岗位的工作。学习评价方式应与三维学习目标相对应。

（2）实用性原则：知识维度的评价应该以掌握为原则，采用达标性评价，即在教学平台上设立题库，随机抽题，允许多次答题，必须达到设定的分数才能达标。能力维度以任务完成度来判断，采用成果评价。素质维度采用过程评价，主要评判学生的学习态度和课堂参与度，包括签到、课堂练习、课堂讨论、抢答、选人答题等。

（3）创新性原则：针对不同生源，通过增值评价，实现个性化教学。依据学生个性化学习目标设置学习任务的不同增值评价考核节点。对达到考核点的同学给予鼓励和表扬，并协商提高考核点;对未能达到考核点的同学，教师团队分析原因，及时调整教学策略，即降低任务难度或个别辅导。

2. 操作方法

(1) 合适才行：学习评价方式很多，有多维评价、终结性评价、达标性评价、过程性评价、成果性评价以及增值评价，如何应用要具体到每门课程，基础理论为主的课程可以多从知识维度设计学习评价方式；实操为主的课程可以多从技能维度设计评价方式；可以多种评价方式并用，也可以选一两种结合，总之，要与课程类型和学习任务相适应。

(2) 够用就行：评价方式设计时首先分析需不需要期末终结性考核，对不需要期末考试的，总评成绩就是平时形成性考核成绩；需要期末终结性考核的课程，总评成绩由平时形成性考核和期末终结性考核组成，此时需要分析并确定两者所占比例。其次分析平时形成性考核由哪些部分组成，并确定各部分的比例，平时形成性考核可包括实训成果、课堂活动（章节学习、签到、主题讨论、随堂练习等），采用线上线下混合式教学策略的，还需要考虑线上评价。成绩评价方式要简单明了，方便学生理解，并要在第一节课就告知同学们。

(3) 满意才行：利用课程平台全过程记录学生的学习成绩变化，建立学生个体评价档案，设置个性化增值评价考核点，关注学生个体发展；通过收集学生完成任务全过程行为轨迹数据，强化过程评价，关注学生学习行为的发展；通过知识、能力、素质三方面综合评价，关注学生德智体美劳的整体发展。通过点（增值评价）、线（过程评价）、面（三维评价）构建立体化评价方式。学习评价的结果要能反映学生的真实知识（技能）点掌握情况。

3. 案例剖析

"建筑施工技术"课程教学评价设计。构建"行动导向、学生中心、成果产出"的评价体系（见图 5-12），采用多维评价、终结性评价并用，达标性评价、过程性评价与成果性评价结合，并通过增值评价实现个性化教学。

成绩由平时项目成绩（60%）+期末线下开卷笔试成绩（40%）组成。依据学生个性化学习目标设置不同成果的增值评价 $\left[\alpha = \dfrac{当前任务成绩(n+1) - 前一个任务成绩(n)}{前一个任务成绩(n)} \times 100\% \right]$ 考核节点。对达到考核点的同学给予鼓励和表扬，并协商提高考核点；对未能到达考核点的同学，教师团队分析原因，及时调整教学策略，即降低任务难度或安排同学组队学习。

平时项目成绩由三个维度组成。知识维度采用达标性评价，学生线上自行完成知识点达标测试，可多次完成直至达标。

能力维度采用成果性评价，成果上传到自主研发的作业区块链平台，数字成果由平台人工智能 AI 评分，其余成果由教师与企业专家共同评分。

素质维度采用过程性评价，由教学平台自动记录课堂活动（线上章节学习、签到、主题讨论、随堂练习），按设置的权重自动评分。

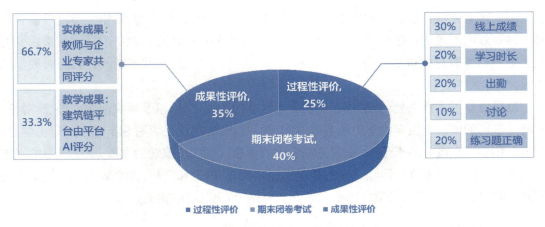

图 5-12 "建筑施工技术"学习评价方式

八、开展教学反思

1. 设计原则

（1）目的性原则：教学反思的目的是深度思考在教学设计、教学实施、教学评价过程中的经验与不足，总结教育理念更新、课程思政落实、优化教学内容、创新教学模式、转变教师角色、改进教学评价、运用信息技术等方面的改革与创新，使设计理念、教学实施与育人成效有机统一。

（2）实用性原则：具体到每一个任务，教学反思是"分析、反省、改进"的过程，分析学生情况、课堂情况，反省学习主题选取是否符合岗位要求，学习目标是否符合工作过程，任务设计是否与学习目标契合，教学过程安排是否合适，教学方法运用是否恰当，教学环境和资源是否能辅助教学，学习评价设计是否能反映学生学习的真实情况，深刻反省后一定要有具体可行的改进措施。

（3）创新性原则：教学反思是教师专业发展和自我成长的核心因素。叶澜教授曾经说过："一个教师写一辈子教案不一定成为名师，如果反思则有可能成为名师。"教学反思可以激活教师的教学智慧，促进教师创新教学模式，构建师生互动机制与学生学习新方式，既是教师发展的重要基础，也是教师不断提升自己教学水平的好办法。

2. 操作方法

（1）合适才行：教学反思不仅要反思我教了什么，教得好不好，还要反思学生学到了什么，学到的知识是否是工作岗位需要的，学生是否乐学好学，教学目的是否达成了，是否关注了所有学生，课堂互动是否积极。反思发现了问题，就要有合适的改进措施。

（2）够用就行："教学反思"的主要内容有：回顾反思、记录改进自己的教学行为和理念；观摩反思同事的教学行为和理念；参与集体交流研讨，诊断自己或同事的教学问题，提出解决问题的对策；通过分析公开发表的课堂实录（课例）的意图、理念，对比自己的课堂教学，发现别人成果的可资借鉴之处，综合运用这些方法开展教学反思，够用就行。

（3）满意才行：反思课堂满意之处，如课堂上一些精彩的师生对答、学生争论等能引起师生共振效应的做法；教学思想方法和教学原则运用的一些体会；教法改革和课堂应变的教学措施以及教材改进和创新方法。这些可供以后教学时参考，有不断改进和完善教学的功效。

反思课堂不满意之处，侧重审视自己课堂教学的失误之处，以及解决问题的办法、对策，如问题情境的创设有没有给学生思考的空间，学习活动的组织是否有利于学生的自主学习，小组合作学习有没有流于形式，是否关注学生的情感、态度、价值观的发展，学生学习的兴趣如何等。对这些方面进行回顾、梳理，并作出深刻反思、探究和剖析，使之成为以后教学时的借鉴，同时找到针对问题的解决办法和教学新思路，写出改进的措施。

3．案例剖析

"建筑施工技术"从课堂任务完成度、所学知识与岗位契合度、学生的乐学度、教学目标达成度、对学生的关注度、课程互动度、教学方法合适度、教学资源适配度等方面来进行教学反思（见表5-2）。

表5-2 "建筑施工技术"教学反思表

反思切入点	是否达成	如何改进	反思切入点	是否达成	如何改进
（1）课堂任务完成度好吗？			（5）学到的知识是工作岗位需要的吗？		
（2）学生乐学好学吗？			（6）教学目的达成了吗？		
（3）关注了所有学生吗？			（7）课堂互动积极吗？		
（4）教法学法有需要改进的方面吗？			（8）教学环境、教学资源运用合适吗？		

第四节 课程单元教学设计（教案）体例

一、教案的特征与基本要素

1．教案的特征

（1）前瞻性：教案是教师的教学方案，所以教师必须提前编写，因而它具有一定的前瞻性和预设性。教师有关下一步教学活动的一切设想、所要开展的任务、要完成的成果、要采取的各种教学方法等均已反映在教案中。

（2）系统性：教学是由多种教学要素组成的一个复杂系统，包括教学环境、教学资源、教学方法和手段等，教案就是对这诸要素的系统安排与组合。

（3）操作性：良好的教案设计对教学内容的选择、教学方法的运用、教学时间的分配等都作出了具体明确的规定和安排。这一系列的安排要有很强的可操作性,并能根据现场教学情况及时调整,成为教师组织教学的可行依据。

(4)预演性:教师备课、写教案的过程,实质上就是实际教学活动的每个环节、每个步骤在教师头脑中的预演过程。它能使教师如临真实教学情境,对教学活动的每一细节周密考虑,仔细策划,为教学活动的顺利进行提供可靠保证。

(5)思考性:教案的思考性指的是课后的反思。教案的作用不仅是上好一节课的计划书,还是今后教育教学的参考书,所以教案的编写不应该终结于课前,而是结束于课后的反思,使教案得以有效延续。一堂课会有收获,也可能会有遗憾,需要通过课后反思及时分析成功与不足,总结和记录教学中的好方法。长期坚持养成回顾思考的习惯,不仅可以不断提高教学能力,形成个人的教学特色,还可以提高教学研究水平。

2. 教案的基本要素

一门课程的教案最好有一个简短的前言,对课程作一个总体的说明,包括课程性质、课程针对的岗位、培养的核心能力、教学整体设计的思路、采用的教学策略和教学模式,以及思政设计策略,并附一个课程内容图。

教案是教学设计的具体实施计划,可以按学习主题来编制教案,一个学习主题一个教案。教案的基本要素包括授课信息(包括项目序号、项目名称、授课班级、授课时间、授课学时、授课地点、授课类型、使用教材),授课内容,学情分析,思政元素,教学目标,教学重点,教学难点,教学方法,教学手段,教学资源,教学设计,教学过程,上课日志,教学评价,教学反思。

例如,建筑施工技术教案的前言部分如下。

依据教育部"高等职业学校工程造价专业教学标准"(专业代码440502),"建筑施工技术"是专业基础课程,课程教学内容对标"造价员、施工员"和新职业"建模员、装配技术员",岗位核心能力为"能算量、能管理、能建模、能安装"。校企协同,每学期遴选合适的企业项目,将工程项目转换为教学项目,工作任务转换为学习任务,行业标准转换为成果检验标准,以岗位需求为土壤动态生长,重构课程教学内容,将课程内容重构为7个项目、21个学习主题、64个学习任务。采用成果导向、学生中心、持续改进(OBE)教学理念,线上线下混合式(O2O)教学模式,通过案例厚植爱国情怀并系统化地将"知规范、重安全、讲质量"的建筑工匠精神融入课堂教学中。

二、教案设计的基本体例

教案体例通常分为四种类型,即讲稿式教案、条目式教案、表格式教案、图表式教案。

1. 讲稿式教案基本体例

讲稿式教案是指教师在编写教案时按一定的教学步骤把教学内容详细地写出来,类似讲稿,因此也称文字表达式教案。线上MOOC的微课视频因为没有学生互动,且视频会放大演讲者的微表情,通常要采用讲稿式教案;微课录制时需结合教案内容选配图片,同时将文字内容制作成字幕,要求画面与文字内容对应,目的是线上自学时通过微课的语音讲解、图片、字幕就能学懂知识点。一个讲稿式教案通常仅针对一个知识(技能)点。

扫描如图 5-13 所示的二维码,可以查阅"一眼看懂钢结构"的讲稿式教案,针对教案所录制的微课视频见 https://www.icourse163.org/course/SZPT-1206693826?from=searchPage。

图 5-13 "一眼看懂钢结构"讲稿式教案的二维码

2. 条目式教案基本体例

条目式教案是以按顺序排列的条目为结构形式的教案类型。它的主要特点是每一个条目的容量具有伸缩性,可因人、因材、因校制宜,是一种常用的教案。

扫描如图 5-14 所示的二维码,可以查阅"土方工程施工"条目式教案。

图 5-14 "土方工程施工"条目式教案的二维码

3. 表格式教案基本体例

表格式教案是以表格的形式来表述备课的内容。根据教学要求,按照课时与教学内容将教案设计成一张表格。表格式教案具有一目了然、言简意赅的特点,便于教师熟记教学内容(见表 5-3)。

表 5-3 "土方工程施工"表格式教案

单元序号	01	单元名称	任务 1.3 土方工程施工
授课班级	19 造价 2	授课时间	
授课学时	2 学时	授课地点	XR 教室
授课类型	虚实结合	使用教材	《建筑施工技术》
授课内容	(1) 土方开挖施工的流程 (2) 土方开挖的施工注意事项 (3) 编制土方开挖施工技术方案		
学情分析	学生已学习建筑识图、建筑材料与构造、建筑 CAD 绘图、Revit 绘图等课程		
思政元素	讲述愚公移山的寓言故事,鼓励同学们要有毅力、有恒心		

第五章 课程单元教学设计

续表

教学目标	(1) 知识目标：掌握配电房土方地形图识图、建模算量、土方开挖流程及验收要点
	(2) 技能目标：能识图，能建模，能组织施工，能算量
	(3) 素质目标：树立新时代新思想，培养艰苦奋斗的劳动精神
	(4) 思政目标：培养知规范、守流程、重安全的建筑工匠精神
教学重点	(1) 地形图识图，(2) Revit建模、算量，(3) 土方开挖流程及验收标准
教学难点	方格网算量
教学平台	中国大学MOOC课程：https://www.icourse163.org/course/SZPT-1206693826?from=searchPage； 智慧树线上虚拟仿真实训：https://www.zhihuishu.com/virtual_portals_h5/virtualExperiment.html#/indexPage?courseId=2000064632
教学设计	课前预练线上自学，完成基本任务、线上虚仿实训。 课堂教学采用"导、探、析、练、评"五环节，基本子任务为"楼倒塌的偶然与必然"。教师通过事故新闻"导入"视频案例；学生小组讨论"初探"塌楼原因，修改课前成果；教师"分析"原理，总结土方开挖的流程与注意事项；学生"再练"进阶任务——配电房土方开挖施工，教师"点评"。课后完成拓展任务

教学过程

教学环节		教学内容及活动		教学方法有信息化手段等
课前	自主学习	教学内容：配电房土方工程施工 教学资源："学习通"线上发布课前土方算量题目 教师活动：发布学习任务，分析学生课前学习情况，调整教学策略 学生活动：网上自学，完成线上测试（成果1）		线上测试，培养学生自主学习的能力
课中	环节1：导（10分钟）	教学内容：配电房地形图引入 教师活动：讲授 学生活动：听讲	第1至2学时	案例教学法
	环节2：（探小组PK，45分钟）	教学内容：土方开挖的施工流程、验收标准 教师活动：观察、指导 学生活动：查规范，究方法，订方案（成果2） 思政：培养知规范、守流程、重安全的工匠精神		小组合作学习法
	环节3：析（35分钟）	教学内容：教师讲解土方开挖的知识要点 教师活动：用问题导向方法引导学生思考 学生活动：总结安装流程 要求：做中教，解决教学重点		问题导向教学法，Web端虚拟仿真教学
	环节4：练（90分钟）	教学内容：修改算量结果 教师活动：答疑 学生活动：仿真演练（成果3）、建模算量、方案（成果4） 要求：做中学，突破教学难点	第3至4学时	问题导向教学法，Web虚拟仿真教学
	环节5：评（10分钟）	教学内容：任务总结 教师活动：课堂小结 学生活动：成果分享交流		虚拟仿真实训
课后	线上拓展	线上完成配电房基坑土方开挖建模、算量、施工方案（成果5）		

续表

教学小结	通过本任务的学习,让学生掌握放坡土方开挖的建模、算量、施工要求
教学反思	现象: 解决措施:
上课日志 (上课情况记录)	

4. 图表式教案基本体例

图表式教案是一种非常精彩的可视化教学方案,适用于较复杂的结构分析、联系类比、逻辑推理以及总结、复习课型,由于这种教案直观形象、条理醒目,所以既易于教师把握教学中心,更易于教师处理好教学内容的内在联系,是一种比较好的教案方式(见表5-4)。

表5-4 图表式教案:配电房土方工程施工

单元序号	01	单元名称	任务1.3 土方工程施工
授课班级	19造价2	授课时间	
授课学时	2学时	授课地点	XR教室
授课类型	虚实结合	使用教材	《建筑施工技术》
授课内容	任务1.3 土方开挖工程施工 ├─ 任务1.3.1 危楼的偶然与必然 1学时 基本任务 │ ├─ Z1 基坑降排水技术要求 │ ├─ Z2 土方开挖技术要求 │ └─ J1 会分析土方开挖事故产生原因 └─ 任务1.3.2 配电房基坑土方开挖施工 1学时 进阶任务 └─ J1 会组织土方开挖施工		
学情分析	学生已学习建筑识图、建筑材料与构造、建筑CAD绘图、Revit绘图等课程		
思政元素	讲述愚公移山的寓言故事,鼓励同学们要有毅力、有恒心		
教学目标	(1)知识目标:掌握配电房土方地形图识图、建模算量、土方开挖流程及验收要点 (2)技能目标:能识图,能建模,能组织施工,能算量 (3)素质目标:树立新时代新思想;培养艰苦奋斗的劳动精神 (4)思政目标:培养知规范、守流程、重安全的建筑工匠精神		
教学重点	(1)地形图识图,(2)Revit建模、算量,(3)土方开挖流程及验收标准		
教学难点	方格网算量		
教学平台	中国大学MOOC课程:https://www.icourse163.org/course/SZPT-1206693826?from=searchPage; 智慧树线上虚拟仿真实训:https://www.zhihuishu.com/virtual_portals_h5/virtualExperiment.html#/indexPage?courseId=2000064632		

第五章 课程单元教学设计

续表

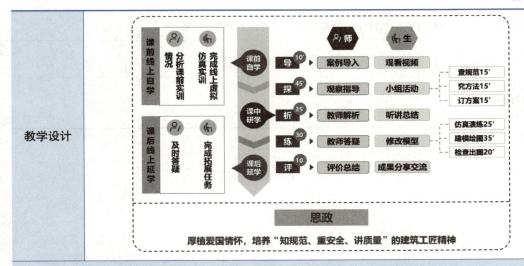

续表

教学小结	通过本任务的学习，让学生掌握放坡土方开挖的建模、算量、施工
教学反思	现象： 解决措施：
上课日志 （上课情况 记录）	

第六章　教学方法与手段设计

教学方法和教学手段发挥着施教主体和受教主体之间的桥接作用。如果我们把学校的教育内容看成"传道、授业"之"道""业",那么,教学方法、教学手段则相当于"传道授业"之"传""授"。在教育内容、教育主体相对稳定的情况下,作为一种自变量的教学方法则与学校教育实效表现出明显的正相关性。正因如此,长期以来,教学方法、教学手段的改革与创新被视为增进教育教学吸引力、提升学生学习效率和教育效果的重要举措。因此,系统凝练教学方法、教学手段的内涵特征,全面梳理当下教学方法、教学手段的主要类型,积极反思职业教育场域教学方法、教学手段的"考量要点",则是我们全面推进基于项目教学的课程开发与建设的关键思路。

第一节　教学方法的形成、发展与趋势展望

一、教学方法的概念与历史沿革

1. 教学方法的概念与意义

潘懋元认为教学方法有广义和狭义之分。广义的教学方法是指为达到教学目的和完成教学任务所采用的途径和方法的总称;狭义的教学方法是指在教学活动中,教师如何对学生施加影响,怎样把科学知识传授给学生并培养学生的能力,发展学生的智力,使其成为让学生具有一定道德品质和素养的具体的手段。[1] 李秉德将教学方法界定为"在教学过程中,教师和学生为实现教学目的及完成教学任务而采取的教与学相互作用的活动方式的总称"。[2] 王策三认为教学方法是"为达到教学目的,实现教学内容,应用教学手段,由教学原则指导并由一整套方式组成的师生相互作用的活动"。[3] 美国教育家克拉克和斯塔尔将教学方法定义为教师为达到教学目的而组织和使用教学技术、教材、教具和教学辅助材料以促成学生按照要求进行学习的方法。[4] 尽管关于教学方法的概念国内外并未统一定义,但一般

---

[1] 潘懋元,王伟廉.高等教育学[M].福州:福建教育出版社,1995:201.
[2] 李秉德.教学论新编[M].北京:人民教育出版社,1991:193.
[3] 王策三.教学论稿[M].北京:人民教育出版社,1985:245.
[4] Leonard H.Clark, Irring S.Starr.Secondary School Teaching Methods[M].Third Edition.London: Macmillan Publisher Limited, 1977:25.

认为教学方法是为达到教学目的,实现教学内容,在教学原则指导下所采取的教学手段和方式的总称。[1]

教学方法的种类不一而足,每一种方法都有适用的对象和范围,也有各自的不足和局限性。根据不同的标准分类,要用不同的教学方法。早在20世纪70年代,苏联教育家巴班斯基就列出了40多种教学方法。所谓"教学有法,教无定法",没有最好的方法,只有最适用的方法。如何选择和运用教学方法,既是一门科学,也是一门艺术,不能脱离一定的教学情境和教学对象来谈,而应当根据教学对象、教学目标、教学内容科学合理地选择适用的教学方法。正如苏联教育家巴班斯基所说:"教学方法的最优化程序中一个最重要的也是最困难的问题是合理地去选择各种教学方法并使之达到这样的结合,即能在该条件下,在有限的时间内获得最好的教学效果。"[2]

教学方法的意义不言而喻,任何教学活动都离不开一定的教学方法。如果说教学目标是方向,那么教学方法就是到达最终方向的路线。在确定了教学对象、内容和目标以后,能否恰当地选用教学方法,就成为能否完成教学任务、实现教学目标的关键因素。同样的科目、同样的教学内容和教学对象,有些教师的课堂鲜活有趣,有的教师的课堂却枯燥乏味,究其原因,一个重要方面就是教师采用了不同的教学方法。因此,教学方法是提高教育教学质量的关键所在,没有教学方法的创新很难有高质量的大学教育质量。[3]

2. 现代教学方法的形成与发展

教学方法的历史源远流长。早在我国先秦时期诸子百家就广泛运用了讲授法、问答法、背诵法、讨论法等教学方法。例如,孔子主张"有教无类""因材施教",他特别善于运用启发式教学方法,在教学中循循善诱、善于启发,通过问答法、讲解法启迪学生思考,这在《论语》等经典著作中得到了充分体现。西方社会早在古希腊时期就流行问答法、讲授法、辩证法等教学方法,例如,古希腊的苏格拉底特别喜欢运用"问答法"启发学生思考问题,他把这种方法比作"精神助产术",即借助比喻、质疑等手段,通过发问与回答的形式,启发学生澄清错误并获得真知。在此后两千多年的发展历史中,尽管活跃着问答、讨论、模仿、辩论等各种教学方法,但占主导地位的始终皆是以教师为中心,以知识讲授为主,强调教师控制和学生服从的传统教学方法。18世纪末、19世纪初德国教育家赫尔巴特提出了著名的"四段教学法",[4]这种方法以教师、教材、课堂为"三中心"将教师控制和学生服从奉为圭臬,被视为传统教学方法的代表和集大成者。

现代教学方法是相对于传统教学方法而言的,发轫于19世纪末、20世纪初在欧美广泛兴起的"新教育运动"和"进步教育运动"。这股运动反对教师中心和课堂填鸭式灌输

---

[1] 侯怀银,王俊琳.改革开放以来中国大陆大学教学方法研究:历程、进展和趋势[J].高等教育研究,2014(10).

[2] 巴班斯基.教学教育过程最优化[M].吴文侃,译.北京:教育科学出版社,2001:54.

[3] 别敦荣.大学教学方法创新与提高高等教育质量[J].清华大学教育研究,2009(4).

[4] 赫尔巴特.普通教育学[M].李其龙,译.北京:人民教育出版社,2015.

的传统教学方法,强调以学生为本,推崇个性、自由和社会教育,这标志着现代教学方法的形成与发展。与传统教学方法以教师、书本和课堂为中心不同,现代教学方法以学生为中心,重视直接经验和社会活动,强调知行合一、从做中学。[1]开创现代教学方法的代表人物是美国哲学家和教育家杜威,他批判以教师、教材和课堂为中心的传统教学方法,提倡以学习者为中心,"从做中学",把学习活动与生活经验相结合的现代教学方法。[2]

现代教学方法自形成以来经历了不同的发展阶段。在19世纪末至20世纪上半叶,教学方法强调科学和实证,倡导以学习者为中心,解放个性,自由发展,比较有代表性的有杜威的五步教学法、蒙台梭利教学法、克伯屈的设计教学法、帕克赫斯特的道尔顿制、桑代克的学习理论等。20世纪50年代以后,教学方法强调心理认知与合作学习,推崇智力因素与非智力协调发展,比较有代表性的有皮亚杰的活动教学法、布鲁纳发现教学法、施瓦布探究教学法等。20世纪90年代以后,教学方法更加关注学生的创新能力、自主学习和社会责任感,比较有代表性的有建构主义教学、情境教学、合作教学等。回顾现代教学方法的形成与发展历史,一个总的方向是教学方法从以教师为中心向以学生为中心,从学做分离到学做合一,从个体学习到合作学习,从知识学习到全面发展。

二、中国高职教育教学方法的探索与发展

1. 中国职业教育教学方法的实践探索

19世纪末晚晴兴办洋务运动,建立实业教育系统,致力于培养各类专门人才,由此职业教育开始萌生。在这一阶段,教学方法仍以"师授学承、恪守经训"的传统旧式教育为主。20世纪20年代以后,伴随新文化运动以及西方教育思潮的涌入,我国职业教育在广泛吸收和借鉴杜威的五步教学法、克伯屈的设计教学法、帕克赫斯特的道尔顿制等西方教学方法的同时,开始探索本土化教学模式及方法,职业教育平民主义和实用主义迅速兴起。例如,我国职教先驱黄炎培先生提出了"手脑并用,做学合一,理论与实际并行、知识与技能并重"的教学方法原则。[3]著名教育家陶行知提出了"教学做合一"教学法,认为"生活即教育""社会即学校"。[4]陈鹤琴提出"活教育"理论,主张抛弃书本主义,把教学建立在社会实践和生活经验的基础之上。[5]

中华人民共和国成立初期,国家大力发展新的中等技术教育取代旧职业教育,服务中国建设。[6]20世纪50年代,我国借鉴苏联教育的经验,大量引进苏联的教学理论、教材,在教学方法上重视系统知识的学习,强调课堂教学和教师的主导地位。20世纪50年代末和

---

[1] 李方.对立与融合:传统教学方法与现代教学方法[J].华南师范大学学报(社会科学版),2003(6).
[2] 约翰·杜威.民主与教育[M].薛绚,译.南京:译林出版社,2014.
[3] 黄炎培.职业教育论[M].北京:商务印书馆,2019.
[4] 陶行知.陶行知教育名篇[M].北京:教育科学出版社,2013.
[5] 陈鹤琴.陈鹤琴教育箴言[M].上海:华东师范大学出版社,2013.
[6] 俞启定.新中国成立以来职业教育定位及规模发展演进的回顾[J].浙江师范大学学报(社会科学版),2019(5).

60年代中期国家实施"教育与生产劳动相结合"的教育方针,倡导"开门办学""上山下乡"等以劳动为导学的教学方法,后在1966年5月至1976年10月特殊时期使职业教育系统的实验探索被迫中断。[1] 20世纪八九十年代,在改革开放的大潮中,我国职业教育进入了恢复重建和迅速发展的新时期,这段时期的教学方法改革注重引进和借鉴活动教学法、发现教学法、暗示教学法、合作教学法、问题教学法等国际教学方法流派。

进入21世纪以后,伴随高等教育扩招和职业教育新一轮大发展,我国职业教育在学习借鉴国外先进教学方法的基础上,结合本土教学改革不断探索具有本土特色的教学模式和方法。党的十八大以来,职业教育的战略地位得到国家前所未有的高度重视,职业教育实现历史性跨越,职业教育教学方法的探索和实践取得丰硕成果。据统计,2001—2018年,我国出版教学方法的专著达到了793部。[2] 目前我国职业教育应用的教学方法多达上百种,比较常见的有工学结合、理实一体,项目教学、活动教学、案例教学、探究教学、情景教学、模拟教学等。经过多年的实践探索,我国职业教育已经形成了一批具有职教特色和本土特点的教学模式和方法,如基于工作过程的课程观和基于行动导向的教学观、[3] 职业教育行动导向教学[4]和工学结合一体化课程观、[5] 职业教育课程开发"十步法"、[6] 基于工作任务的职业教育项目课程观[7]等。

2. 新时期高职教育教学方法的发展趋势

新时期高职教育教学方法的改革与发展呈现出如下五大趋势。

一是趋向方法的整合性。新时期高职教育培养的是德技并修的高素质复合型技术技能人才,教学不再是知识传授的单一过程,而转向知识传授、能力培养、素质提高的多维路径,仅靠单一和碎片化教学方法已远不能满足教育教学需要。[8] 正是在此背景下,重知识轻实践、重讲授轻操作、重单一技能轻综合素质的传统教学方法失效,基于产教融合、理实一体、工学结合、项目载体、任务驱动、行动导向等具有开放性和整合性的教学模式及方法越来越受到青睐和欢迎。

二是趋向以学习者为中心。学习范式的变革从"教学者中心"向"学习者中心"转变,学习者正在从被动接受者变成整个学习过程的积极参与者。[9] 个性化、自主化学习日益发

---

[1] 赵鑫,李森.我国教学方法研究70年变革与发展[J].课程·教材·教法,2019(3).

[2] 李允.国外教学方法中国化的70年历程:贡献、羁绊及超越[J].课程·教材·教法,2019(10).

[3] 姜大源.职业教育学研究新论[M].北京:教育科学出版社,2007.

[4] 赵志群,海尔伯特·罗什.职业教育行动导向的教学[M].北京:清华大学出版社,2016.

[5] 赵志群.职业教育工学结合一体化课程开发指南[M].北京:清华大学出版社,2009.

[6] 石伟平,徐国庆.职业教育课程开发技术[M].上海:上海教育出版社,2006.

[7] 徐国庆.职业教育项目课程开发指南[M].上海:华东师范大学出版社,2009.

[8] 宁永红,马爱林,张小军.近三十年中等职业学校专业教学方法的发展及趋势[J].中国职业技术教育,2015(23).

[9] Hugh Guthrie, Roger Harris, etc. Teaching for Technical and Vocational Education and Training [J]. International Handbook of Researchon Teacher and Teaching, 2009.

展,学生有权决定学什么、怎么学、在哪里学。[1]这就要求教师在教学方法的选择与教学活动的组织上,多从学生的立场、角度、兴趣出发,基于学情分析开展教学设计,赋予学生更多学习自主性,促进他们积极主动学习。例如,近年来流行的翻转课堂就是一种典型的以学生为中心的教学模式。

三是趋向泛在学习。泛在学习打破了学习的时间和空间限制,学习者可以通过移动智能终端连接网络进行无处不在、无时不在的学习。传统教学的三个中心——教师、教材、课堂——在泛在学习时代不再具有唯一性和垄断性,学生学习的途径和方法变得日益多元化,对教师和教材的依赖性逐渐减弱。[2]这就要求教师提高数字化素养和教学能力,创新数字化教学模式和方法,善于开展线上线下混合式教育,积极拥抱泛在学习、线上学习带来的新时代教学变革。

四是趋向交互性。伴随职业教育与新经济、新技术和产业的日益融合,职业教育的教学方法也越来越强调基于跨界融合的交互性。这种交互性不仅限于教师与学生、学生与学生、课内课外、线上线下,还广泛拓展到政校行企、产学研创、岗课赛证等方方面面,并且这种交互性的广度和深度随着跨界融合的发展而与日俱增。在这种背景之下,教师要适应跨界融合的趋势拓展教学的广度和深度,开展基于教师与学生、学生与学生、师生与教学环境乃至行业、产业更大环境之间的交互性教学,促进信息和资源的双向和多向流动,整合多元主体和载体的教学内容和学习活动,不断提高全员育人、全程育人、全方位育人的实效性和针对性。

五是趋向与人工智能的深度融合。人工智能技术的快速发展推动了人工智能与教育教学的系统性融合,开启了智慧教学的新时代。[3]智慧校园、智慧教室、智慧课堂将逐渐成为人工智能时代教育教学的新常态,VR、AR等人工智能技术在教育教学方法改革中日益得到广泛应用。[4]新时期的教学方法改革向智能化、数字化、个性化、终身化方向发展,教师要拥抱人工智能时代的"课堂革命",主动适应信息化、人工智能等新技术变革,积极开展基于VR和AR技术的混合式教学,为学生营造可交互、沉浸式的学习环境。

三、数字化背景下高职教育教学方法的变革

1. 数字化对高职教师教育教学带来的挑战

数字化背景下的线上教学具有开放交互、去结构化、时空分离三个基本特点,为教师开展教育提供广阔空间和便利条件的同时,也带来了教学"除魅""失范"和"脱域"的问题。

一是开放交互及其带来的教学"除魅"问题。传统课堂教学是在相对封闭的教室进行的,学生在学习上高度依赖教师,处于被动学习的状态——"老师教什么我就学什么",学习过

---

[1] 于萍,徐国庆.当前职业教育教学方法发展趋势研究[J].职教论坛,2011(33).
[2] 周美云.机遇、挑战与对策:人工智能时代的教学变革[J].现代教育管理,2020(3).
[3] 孙婧.人工智能时代教学价值的变革[J].华中师范大学学报(人文社会科学版),2021(3).
[4] 方绪军,王屹,陈业淼.人工智能时代职业教育课堂教学改革的逻辑分析、现实挑战与时代进路[J].教育与职业,2022(12).

程缺乏交互性。数字化背景下的线上教学是通过开放的互联网平台进行的,学生变为主动学习者,可以自主选择学习的内容和方式,学习过程具有高度的交互性。他们不再受制于"老师教什么我就学什么",而是实现了"我想学什么就学什么",这在客观上降低了学生对教师教学的依赖,导致了教学"除魅"的问题。"除魅"的本义是指人类摆脱对神秘主义的认识而逐渐获得理性化认知,教学"除魅"是指由于数字化学习极大地丰富了学生的学习渠道,教师教学的吸引力和重要性下降。在传统社会,教师垄断了知识的传授,学生对教师充满敬畏心理。在数字化时代,学生学习的方式和途径非常丰富,教师"传道授业解惑"的魅力和光环逐渐消退。如果教师的教学无法吸引学生的兴趣,那么学生可以随时切换"学习频道"。

二是去结构化及其带来的教学"失范"问题。传统课堂教学是高度结构化的教学活动,其背后具有支撑教学有序进行的教室、黑板、教具、课桌等物理环境以及一整套教学规则。在数字化的线上课堂中,教室、黑板、教具等教学环境及其相关联的教学规则弱化甚至消失了,代替它们的是计算机和网络。网络这一端是老师,网络另一端是学生,大家彼此在虚拟的世界相互联系。从这个角度来讲,在线教学具有去结构化的特点,脱离了结构化的教学环境以及与之相关联的刚性教学规则。学生上课的地方不再是结构化的教室,而是高度差异化的环境,学生学习的行为往往缺乏刚性教学规范的约束,而更多地有赖于个人自觉性。去结构化增加了在线教学的自主性和创造性,但一旦脱离了课堂教学规范,就很容易导致教学"失范"的问题,即缺乏统一和明确的行为规范。面对教学"失范",教师引导力不可避免地下降,很难对学生的在线学习行为进行及时有效的引导和干预。学生是否能够认真进行线上学习,在很大程度上依靠个人自律性。

三是时空分离及其带来的教学"脱域"问题。在传统课堂教学中,师生在同一时间、同一教室面对面进行直接的互动,彼此在时间和空间上具有同一性。数字化的在线教学完全不同,老师和学生在不同的地点甚至不同的时间通过网络平台进行间接的互动,这种时空分离进一步造成了师与生人际的分离、教与学过程的分离。[1]时空分离让在线教学超越了空间和时间的限制,实现了随时随地的交互学习,但也增加了教学过程中的不确定性,容易导致教学"脱域"的问题。由于时空分离,缺少老师的现场监督,部分自主性较差的学生有可能从线上教学中"脱域"。例如,在直播上课时,老师在网络这一端讲得津津有味,但网络另一端有可能不少学生只是打开了手机播放视频,根本就没有在听课,他们有可能完全脱离了"网课"这个教学场域,而进入其他的场域如玩游戏、看电影、睡觉等。在教学"脱域"的情况下,由于一部分学生脱离了网络课堂,不同的学生可能处于不同的"频道",老师很难把学生整合到同一个教学场域。

2. 数字化背景下高职教育教学方法提升策略

为应对数字化背景下线上教学带来的挑战,教师应当从三个方面入手,即提升课程吸引力、强化教师引导力和教学整合力,克服在线教学"除魅""失范"和"脱域"的问题。

---

[1] Keasly G. Essential Characteristic of Online Education[Z].Thomson Learning,2005.

一是通过精准的教学设计，提升课程吸引力，克服数字化背景下教学"除魅"问题。首先，要彻底改变以教师为中心、以知识灌输为导向的传统课堂思路，采取以学生为中心、以能力培养为导向的在线教学思路，在备课、上课、课后答疑等方面充分考虑学生的多样化和个性化学习需求，把在线教学变成学生培养能力和解决问题以及师生互动的双向交互过程，而不是教师向学生"满堂灌"知识的单向输出过程。其次，坚持"量身定做"，根据学生学习需求和兴趣精准设计适合学生自主学习的个性化教学内容，[1] 适当减少事实性知识和记忆性知识，多一些探究性问题、情境性问题。要创造性地转化那些学生不愿学、不易学的教学内容，把它们与学生的求知欲望和日常生活结合起来，使之成为学生眼中的"哈利波特里面的魔法棒"，而不是"植物大战僵尸里的僵尸"。最后，坚持因材施教，多开展翻转课堂、泛在学习、混合式学习，多应用探究式教学、沉浸式教学、案例式教学、任务驱动式教学、互动式教学，充分调动学生学习的积极性。对于直播教学的教师而言，不妨选择性地学习和借鉴电视台主持人和"直播网红"的经验和技巧，用学生听得懂、喜欢听的语言授课，增强在线教学的吸引力。

二是通过精准的教学过程管理，从环境管理、纪律管理、互动管理入手加强对在线教学过程的管理，提升教师引导力，克服数字化背景下教学的"失范"问题。环境管理方面，要注意规范在线教学的物理环境，引导学生在安静和舒适的环境之中"上网课"。要求和督促学生在适合"上网课"的环境之中上课，并且通过点名回答、视频连麦等方式检查学生在线学习的环境。还要注意通过规范着装、上课打铃、互相问好、点名提问等教学仪式感引导学生在心理上进入课堂，自觉营造和校园上课一样的学习氛围。纪律管理方面，严肃在线教学的纪律要求，如按时上课，不旷课、不迟到、不早退，完成规定的学习任务和作业，通过课中实时抽查、课后查看后台数据等方式掌握学生上课行为动态，对违反纪律的行为予以及时干预和制止。互动管理方面，要利用好网络平台课堂管理工具，多开展课堂互动，构建参与型在线课堂。在课堂互动环节，可以充分利用在线教学平台的评论区、连麦互动等功能，有针对性地开展语音互动、视频互动、文字互动，引导学生积极参与课堂讨论。注意善用在线教学平台互动面板的表情包，例如给作业完成好的同学大拇指点赞，给发言积极的同学鼓掌鼓励等，及时引导学生的学习行为。

三是通过精准的教学结果评价，把学生牢牢嵌入一定的教学场域，提升教学整合力，克服数字化背景下教学的"脱域"问题。在过程评价方面，借鉴建构主义理论开展任务驱动式教学，在一定的教学情境之中精心设计真实有趣的教学任务，让学生带着任务去学习。这样可以把学生带入同一个教学场域，变"要我学"为"我要学"。[2] 可以借鉴游戏闯关的方法开展闯关式教学，引导学生在问题闯关中完成不同环节的学习任务。例如，在课前、课中、课后三个环节设置小测试题，课前测验学生预习效果，课中测试学生学习效果，课后测验学

---

[1] 梁林梅，罗智慧，赵建民.大学教师在线教学现状调查研究——以南京高校为对象[J].开放教育研究，2013（1）.
[2] 林晓凡，刘思琪.面向高阶思维能力培养的直播教学策略[J].现代教育技术，2019（3）.

生复习效果,学生只有通过前面的测试才能够进入下一个环节。任务驱动式和闯关式教学通过前后相连、环环相扣的任务学习,把学生牢牢地"嵌入"一定的教学情境。在结果评价方面,要采取 OBE(outcomes-based education)学习结果导向的教育模式,明确学生线上学习的成果产出。在线课堂自主化和个性化学习的特点适合 OBE 教育模式,[1]因而可以将学习成果评价作为"指挥棒"驱动学生在线学习。例如,通过课后作业完成质量、小组任务完成情况、单元测验成绩等,对学生的学习效果进行评价。[2]

第二节 教学方法的类型

一、基本教学方法

我国著名教育家李秉德先生按照教学方法的外部形态和这种形态下学生认识活动的特点,从中国学校教育教学实际和有利于教师选择运用的角度出发,将常用的教学方法分为五个类别。

1. 以语言传递信息为主的方法

这类教学方法主要是通过教师运用口语,向学生教授知识、技能,以及学生独立阅读书面语言为主体的教学方法。教师和学生之间教与学的知识信息传递主要是靠书面语言和口头语言的表述来实现的。这也是目前教学过程中应用最为广泛的一类方法。这类教学方法在教学过程中主要有讲授法、谈话法、讨论法以及读书指导法等。

(1)讲授法。讲授法是指教师通过口头语言向学生传授知识信息的方法。它一直是教学史上最主要的教学方法,即使今天出现了许多结合了现代化教学手段的新颖教学方法,如演示法、实验法等,讲授法依然是无可取代的重要的教学方法,是学校教育中既经济又有效,并且是最常用的教学方法。运用讲授法,教师可以通过合乎逻辑的分析和论证,生动形象的陈述和描绘,用启发方法并要诱导性地设疑和解疑,使学生在较短的时间内获得较为全面系统的知识。

讲授法的具体形式又可分为三种,即讲述式、讲解式、讲演式。对某个事件或事物做系统的叙述和描述叫讲述。对某个概念或原理进行解释、分析和论证叫讲解;不仅描述事实,而且深入分析和论证事实,并在此基础上做出科学结论,叫讲演。教师使用这类方法时,要注意教学内容的科学性、讲究语言的准确性、规范性和连贯性,以及启发性、艺术性。

(2)谈话法。谈话法又称问答法,是师生通过相互提问以引导学生运用已有的知识和经验,通过推理获取新知识及巩固旧知识的一种教学方法。从心理机制来说是属于探究性的。使用这种方法时,学生掌握的知识不是由教师直接提供的,而是教师引导学生把发现的

---

[1] 苏芃,李曼丽.基于OBE理念,构建通识教育课程教学与评估体系——以清华大学为例[J].高等工程教育研究,2018(2).

[2] 汪潇潇,刘威童.基于OBE理念的MOOC课程设计与案例分析[J].远程教育杂志,2017(6).

信息通过学生自己的思考加以重新安排,并进一步组织或转换,使它和原有的认知结构融合起来。

谈话法具有现代教学理论提倡的双向交流、反馈和调节的特点,对于调动师生双方积极思维、互启智慧,实现智慧信息碰撞和教学相长,对培养学生分析、理解和解决问题的能力有积极作用。

谈话法的形式从现实教学任务来说,有引导性谈话、传授性谈话、复习式谈话、总结性谈话。

(3) 讨论法。讨论法是师生、生生之间为分析和解决某个问题或课题而进行的探讨,是为了辨明是非真伪,是一种获取知识、形成技能、发展能力的方法。

讨论法的用途非常广泛,除了能促进学生加深对知识的理解外,它还能为学生提供群体思考的机会,让学生在群体思考过程中进行思维碰撞,并互相启发、互相补充,有益于摆脱自我中心,增长才智。讨论法还可以促进学生的交往,促进他们掌握各种社会技能,如参与倾听、表达、协作、竞争等。

讨论的具体方式有成对交换意见、分小组讨论、全班讨论三种。

运用讨论法教学时要求教师要做到以下几点:讨论前布置讨论课题,指导学生复习有关知识,查阅相关资料并写好发言提纲;讨论课题需要饶有兴趣、颇具吸引力,且深浅适当,紧扣主题;讨论过程中要有启发与引导,适时激发和引导学生大胆发表观点;讨论结束后要有小结,处理讨论结果要明确、条理分明,并予以适当拓展和延伸,为后续学习指路。

(4) 读书指导法。读书指导法又称为阅读指导法,是教师指导学生通过阅读教科书或参考书,借助书面语言获得知识,培养自学能力的方法。

这种教学方法的优点是有利于培养学生认真读书和独立思考的习惯,掌握读书方法,提高读书能力;能弥补教师讲解之不足;扩大学生知识领域,丰富学生精神生活。指导学生学会读书是提高教学效率的基础条件。

读书指导法包括指导学生预习、复习、阅读参考书、自学教材几个方面。具体做法可归纳为引导、思读、精练、答疑、总结五个步骤。

运用读书指导法教学时要求教师要做到以下几点:让学生认识读书的必要性和重要性,培养他们的读书兴趣;教给学生正确的读书方法;帮助学生选择合适的书目;运用多种方式如讨论会、交流心得等指导学生阅读,使其逐渐养成良好的读书习惯。

2. 以直接感知为主的方法

以直接感知为主的教学方法主要是指教师通过各种教学媒体的演示、组织教学性的参观、观摩活动等,使学生利用自己的各种感官,直接感知客观事物、现象而获得知识信息,形成正确认识的方法。

这类方法具有形象、直观、生动、具体和真实等特点,能激发和强化学生的学习兴趣,凝聚学生的注意力,发展学生的观察力乃至洞察力。缺点是它只能直接给人以形象,不易使学生直接掌握概念。在教学中,这类方法与以语言传递信息为主的方法结合运用,会使教学效果更佳。演示法和参观法是这类方法中的主要教学方法。

教师在运用以直观为主的教学方法时,最主要的是要指导学生培养观察的能力,并尽可能使学生利用多种分析手段协同感知。以直接感知为主的教学方法包括演示法和参观法。

(1) 演示法。演示法是指在教学中展示实物、模型、图片等教具,进行示范性实验,采用现代化视听手段等指导学生获得知识的一种教学方法。演示法使学生从感性上认识一定的客观事物,为理性认识打下基础。

演示法演示常用的五种形式(演示的种类):一是实物、标本、模型;二是图片、图画、图表、地图;三是实验演示;四是电化演示,即幻灯、录音、录像、教学电影等;五是教师示范动作(操作)的演示。

运用演示法教学时教师要做到如下几点:精心选择演示教具,设计演示实验;确保全班学生都能够看清演示活动;指导学生进行正确的观察,并注意引导学生使用多种感觉器官;演示与讲授相结合,教师边讲边做,学生边看边想;演示后进行总结,让学生把知识与现象联系起来,以挖掘现象背后的本质,形成正确的概念。

(2) 参观法。参观法是根据教学目的组织学生到校外场所,通过观察和研究实际事物和现象,获得知识和巩固、验证已学知识。

根据具体目的不同也分为三种:一是准备性参观,在讲授新课之前进行,为学习新课提供感性认识;二是并行性参观,在学习某一课题的过程中进行,边讲边看,把理论和实际联系起来,一般和现场教学相结合;三是总体性参观,在讲完新课后进行,以验证、巩固和加深所学的知识。有的参观可与调查访问或座谈会结合进行,补充参观不能直接看到的材料。

3. 以实际训练为主的方法

这种教学方法是以形成技能、行为习惯和发展学生能力为主的一种方法,以学生的实践活动为主要特征。通过实践性教学活动,使学生的认识向深层次发展,巩固和完善学生的知识、技能和技巧。技能包括动作技能和心智技能两方面。动作技能的形成始终受心智技能的支配和调节。各种体育、艺术活动和劳动技能、各种实际操作能力以及道德行为习惯的培养都离不开实际训练的方法,它包括实操练习法、实验法和实习作业法。

(1) 实操练习法。它是指学生在教师指导下通过实际操作,反复练习强化,获得相应技能的方法。学生要真正掌握事实、操作知识,并转换为熟练的技能技巧,必须经过多次有效的实操训练。该法也称为反复练习法。

根据技能练习的任务和性质,可分为各种口头练习(朗诵、演讲等)、书面练习(书面作业、绘图等)、动作练习(机器操作、职业工作、运动和舞蹈动作等)、独立练习或创造性练习(素描、创意习作等)。实施这种方法要有一定的知识基础并且具有反复练习自觉性;要循序渐进,逐步提高。

运用练习法教学时要求教师要做到以下几点:提出任务,明确目的,说明方法;练习题要难易适度;练习时注意培养学生自我检查、自我分析、自我更正的能力;适当地进行个别指导;学生完成练习后教师要认真仔细地进行分析、总结,及时发现并解决问题;注意练习形式的多样化。

（2）实验法。实验法是指学生在教师指导下,运用一定的仪器或工具设备进行独立作业或实地操作,引起要观察的现象或使其变化,以获取知识、巩固知识或培养实际操作能力的教学方式。它可以培养学生探索创造精神和严谨科学的态度,分为感知性实验、验证性实验和设计性实验。这种方法在自然科学各学科的教学中运用得比较广泛。教学中的实验活动是从科学实验借鉴而来的。

运用实验法教学时要求教师要做到以下几点：编制实验计划,做好实验准备工作；实验开始前,向学生说明实验目的、要求和注意事项；实验进行时,注意及时给予指导和帮助；实验结束后进行总结,提出要求。

（3）实习作业法。实习作业法是根据课程标准的要求,学生在教师指导下在真实场所（职业现场或实习基地）进行一定的实际操作或其他实际活动,以获得实践知识、实际操作技能技巧,以及形成和发展能力的方法。

这种方法的特点是感性、综合性、独立性和独创性,适用于操作性、实践性较强的学科,因而在自然科学和技术学科中占有重要地位,如数学课的测量实习,物理、化学课的生产技术实习,生物课的植物栽培和动物饲养实习,地理课的地形测绘实习等。实习作业法有利于贯彻理论联系实际的原则,培养学生操作实践及独立工作的能力。实施该法要做好实习作业准备和动员、过程指导,做好实习总结和效果反馈；如果不注重指导,则易流于形式。

4．以欣赏活动为主的教学方法

这类教学方法是教师在教学活动中利用教学内容和艺术形式创设一定的情境,使学生通过体验客观事物的真、善、美,陶冶情操,激发兴趣,树立理想和培养审美能力的方法。美有自然美、科学美、文学美、艺术美、社会美和伦理美,涉及人类一切活动领域。

其运用的教学方法主要是欣赏法（陶冶法）,在各学科教学中表现为三种不同的类型：一是艺术美和自然美的欣赏（如音乐、美术、文学作品和大自然的欣赏）；二是道德行为的欣赏（如政治、历史、语文等教材中所表现的道德品质或社会品德的欣赏）；三是理智的欣赏（如科学研究中追求真理、严谨求实、发明创造、大胆探索精神的欣赏）。这类教学方法着重培养欣赏的鉴赏能力和社会价值观念。

5．以引导探究为主的方法

这类教学方法以培养求索精神和方法为目标,以新颖内容为主线,是教师组织和引导学生通过"独立的"再发现步骤,获取知识技术,并掌握创造性认知策略的一种方法。

这种方法可使学生有新鲜感,提高学习兴趣,启发创造性情感和意向,培养创新意识和创新能力。学生在探索解决认识任务的过程中,他们的独立性能得到比较充分的发挥,从而逐步达到培养和发展学生的探索、研究、创新方面的能力。

在这类方法的实施过程中,教师要引导学生尽可能地发挥其在学习中的自主作用。教师的作用更重要的是体现在为学生设计探索研究的情境上，提供相关的资料引导学生开展有目的的探索活动，帮助学生形成"发现"的结论或结果。

这类方法主要有发现法（也称探索法或研究法）。运用这一教学方法，一般有以下五个步骤。

(1) 教师选定要由学生自我发现的问题（理论知识）。
(2) 设置问题情境，使学生在情境中产生矛盾，提出所要解决的问题。
(3) 学生通过学习、研究活动，提出假设。
(4) 从理论或实践上检验假设，开展辩论。
(5) 总结并提取一般概念、原理（发现新的理论知识）。

二、职业教育行动导向教学方法

"行动导向"起源于20世纪30年代的美国"行动研究"，将"行动导向"应用于职业教育领域的是德国，并在德国得以推广和应用。"行动导向"是德国职业教育自19世纪80年代以来逐步形成和发展的职业教育理念及教学模式和方法，成为世界上职业教育领域的一种先进教育理念。

"行动导向"是一种指导思想，其宗旨在于培养学习者具备自我判断的能力。在教学中，行动导向意味着知识的传授和应用取决于学习目标、内容、方法和媒体等因素的重组，即在整个教学过程中创造出教与学和师生互动的社会交往的仿真情境，把教与学的过程视为一种社会的交往情境，从而产生一种行为理论的假设。这种理论基于当代心理学最新发展成果的基础，并对职业教育教学理论和方法进行了深入研究和构建。

行动导向教学的目的在于通过教师的引导，使学生在动手实践中培养职业行动能力。它是以职业活动为导向和以能力为本位的教学，是学生全面参与的教学。其目标是培养学生的综合职业能力，让学生在实践活动中培养兴趣，积极主动地学习，最终让学生学会学习。以培养关键能力为核心的"行动导向型"教学方法，使职业教育以一种新的概念与模式运行，对世界职业教育与培训事业的发展产生了极为深刻而广泛的影响。

行动导向教学法不再是传统意义上的封闭式的课程教学，它采用非学科式的、以能力为基础的职业活动模式。行动导向教学法是按照职业活动的要求，以学习领域的形式把与活动所需要的相关知识结合在一起进行学习的开放型的教学。学生也不再是孤立地学习，他们以团队的形式进行研究性学习。

教育部职业技术教育中心研究所教授、中国职业教育技术学会副秘书长邓泽民先生的"事业教育设计系列丛书"中的《职业教育行动教学》一书，专门系统地论述了"行动教学"。书中指出："行动教学法又称行动导向教学法，是系统地、有目的地组织学生在实际工作情境或学习性工作情境中，参与资讯、决策、计划、实施、检查和评价等工作过程，提高发现、分析和解决问题的能力，总结和反思学习的过程。"

行动导向教学的经典方法有任务教学法、模拟教学法、案例教学法、项目教学法、角色扮演法等。行动导向教学的创新教学方法有大脑风暴法、张贴板教学法、引导课文教学法、未来设计法（畅想法、未来工厂法）、实验教学法、探究学习法、项目迁移教学法、卡片展示教学法、知识竞赛教学法、自学指导教学法、听说引导教学法、畅想落实教学法、谈话教学法、四阶段教学法、六阶段教学法，等等。

1. 任务教学法

任务教学法是以工作任务为核心来训练专业技能并构建专业理论知识的教学法。"基于工作任务"是这种教学法的核心思想。

这种教学法是针对把知识与任务剥离开来的传统教学法的弊端提出的。在传统教学法中，知识被看成是从实践中抽象出来的独立于工作任务的符号体系，因而其教授也是在教室中，在纯粹符号层面上采取与工作任务相剥离的方式进行，这些知识的实践价值要通过学习者把它们应用到实践中来实现。

从职业教育的角度看，要培养学生的职业能力，就要做到：一是课程内容必须与工作任务密切联系，从课程中应能找到这些知识与工作任务的清晰联系；二是必须形成学生的任务意识，在学生头脑中建立以工作任务为核心的知识结构，把知识和任务整合起来。前者是课程内容开发中需要完成的，后者虽然也需要相应教材的支持，但最终需要运用任务教学法来实现。

任务教学法包括以下五个步骤。

（1）提示工作任务。即教师首先给学生讲清楚要完成的工作任务的内容、条件和目标，并通过对工作任务的提示，激发学生的学习动机。

（2）尝试完成工作任务。教师在简单演示后，让学生尝试完成任务，教师适当指导。如果学生由于缺乏必要的知识准备而难以完成任务，就应当尽快转入第三个阶段。

（3）提出问题。如果学生通过模仿教师能够基本完成任务，那么所提的问题就应当是针对如何理解操作过程的；如果学生无法完成任务，那么所提出的问题就应当是针对问题解决的。

（4）查阅并理解和记住理论知识。引导学生通过阅读教材或查阅其他资料，或通过教师讲解，来获得完成工作任务所需要的专业技能和专业知识，并理解和记住。

（5）回归工作任务。把所获得的知识与任务联系起来，看看在掌握了这些专业知识后，能否把工作任务完成得更好。

2. 模拟教学法

模拟教学法是在一种人造或虚拟的情境或环境里学习某职业所需的知识、技能和能力，让学生在一种近似于真实的环境和条件下进行学习的教学方法。模拟教学给人一种身临其境的感觉，更重要的是提供了许多重复的机会和随时进行过程评价的可能性，且成本较低。

模拟教学分为模拟设备教学与模拟情境教学两大类。模拟设备教学主要是靠模拟设备作为教学的支撑，其特点是不怕学生因操作失误而产生不良的后果，而且可以进行单项技能训练,学生在模拟训练中能通过自身反馈感悟正确的要领并及时改正。例如,机车驾驶、汽车驾驶或飞机驾驶的模拟设备可以给学员提供安全、有效的训练机会。模拟情境教学主要是根据专业学习的要求,模拟出一个社会场景,这些场景中具有与实际相同的功能及工作过程,只是活动是模拟的。目的是让学生在一个贴近真实的环境之中全面具体地理解所要学习的内容以及未来所要从事的岗位等,有利于提高学生的综合职业素质。

应注意的是,虽然是虚拟的,但是教学过程的重点还是应集中表现在强调行动的完整性上,应是基于"行动导向"的一个教学过程。

模拟教学法的实施过程包括编制课时教学方案、教学准备与情景设置、组织与实施模拟教学、总结和评价等步骤。

3. 案例教学法

案例教学法是指以一些具有较强针对性、实践性、真实性和典型性的个案、实例为载体,教师引导学生对其进行深入分析与探究,在培养发现问题、分析问题、解决问题等多方面能力的同时掌握新的知识的教学方法。

案例教学法的实施可以分为三个阶段,即课前准备、课堂实施和课后评估,具体可以分为六个环节,即案例的引入、信息的收集、方案的研讨、决策的制定、方案的确定以及方案的评价等。

在运用案例教学时,要注意精选案例。这里的"案例"是关于实际情境的描述,它指的是一个完整的、有代表性的真实事件。案例必须真实可信、客观可辨而且多样;案例的内容要与本节课所学知识有关,难易程度与学习知识的深浅度相关,篇幅大小与教学时间相适应。

教师要做好充分的课程准备,案例教学的目标要明确而具体,要给予学生充分的独立思考、讨论的时间和空间。在此过程中,教师应引导学生全身心投入学习过程中去,不同学习小组会提出不同的方案,在对方案进行选择的过程中,也对学生的决策能力进行了锻炼。

4. 项目教学法

所谓项目教学法,又称"产品教学法""项目作业法",是在教学中选择一个核心课题,据此为学生设计一个项目,按行动回路设计教学思路,师生通过共同实施一个完整的"项目"而进行相应的实践教学活动。项目指以完成一件具体的、具有实际应用价值的产品(一件产品、一种服务、一个策划或决策等)为目的的任务,是学生综合运用知识和技能才能解决的问题。不仅传授给学生理论知识和操作技能,更重要的是培养他们的职业能力。

在职业教育教学中运用项目教学法时,选择并确定项目是关键。在这一过程中,要注意所选项目以一个实际工作任务最佳,并要与学生所要学习的内容以及企业的实际生产过程等有直接的关系,要呈现出相关行业的最新发展动态等;要注意所选项目的难易程度要符合学生的实际,并在此基础上有一定的提升。要注意所选项目实施完毕,应有具体的项目成果呈现，使学生有学习的成就感，也使项目的最终实施效果得以呈现。

项目教学法主要由以下四个环节构成。

（1）确定项目内容和任务要求。教师拟出一个或数个可供选择的项目，与学生讨论，确定项目的目标和任务。

（2）制订工作计划。由学生制订工作计划，确定工作步骤和程序。

（3）实施计划。学生分工，按照既定工作步骤和程序展开项目活动。

（4）检查总结。先由学生自己总结，再由教师对项目工作成绩进行检查评分，师生共同评判工作中的问题，寻找新的解决方法。

运用项目教学法的基本要求：一是学生应具有较强的独立工作能力；二是要根据学生的水平选择有适当难度的项目。在项目教学法的实施过程中，应特别强调以行动为导向的学习，重视学生的相互交流与信息的反馈。

5．角色扮演法

角色扮演教学法是指让学生作为参与者（演员）或观察者，一起投身到一个真实的问题情境之中，通过行动学习，学习和体会处理实际问题的方法，了解不同方法造成的不同后果。采用角色扮演法学习的内容既可以针对一般性的社会问题，也可以针对专门的职业性问题。典型的一般社会性问题如人际冲突（揭示人与人之间冲突）、群际关系（群体间冲突的谈判、协商、妥协）、个人两难问题、历史或当代现实议题；典型的职业性问题如处理商业纠纷、服务接待等。

角色扮演法包括以下四个步骤。

（1）教学准备。课前教师要做好教学目标、模拟情境和所需背景资料的准备，明确学习任务，设置与情境相关的一些问题，让学生思考在角色扮演中的行动。

（2）角色分配。教学目标和情境确定后，教师和学生一起根据学生的特点进行角色安排，每个学生都要明确自己的身份特点和任务职责。

（3）扮演实施。学生在一定情境下开始角色扮演，学生在扮演过程中要按照相关要求展开行为活动，他们是活动的主角。教师在这些过程中只是参与者和组织者。若学生遇到了无法解决的问题，教师可以提供必要的帮助和提示。

（4）总结与评价。扮演完毕，针对关键问题和步骤进行讨论、分析，也可根据实际情况引入新场景或调整角色，再次进行角色扮演。学生要对角色扮演过程中的感受、收获、所遇问题及解决办法等内容进行汇报总结。师生要对角色扮演的学生进行评价，学生评价包括自评和他评。教师还要进行最后的反馈和评价，包括学生对角色的理解和把握、角色的行为表现、语言表达应变能力等方面的内容，针对出现的共性问题进行总结，提出解决问题的通用方案，促进知识向能力的转化。

这种教学方法侧重于体验职业场景，感悟角色内涵，锻炼了学生的交流沟通能力。同时，教师对整个课堂的掌控能力也必须要高，否则会流于形式。

6. 引导课文教学法

引导课文教学法是德国奔驰公司为了提高学生独立工作的能力而开发出的教学法。学生通过阅读由教师精心设计的引导文字，可以明确需要完成的任务，在教师指导下循序渐进地完成一系列学习任务。它是项目教学法的发展和完善，目的是促进学生独立工作能力的发展。

引导课文是引导课文教学法成败的关键。它需要大量配套的指导性材料，可以是有关过程的关键性问题与简要答案，也可以是展示复杂结构的样图，还可以是材料或工具清单，亦可能是辅以讲解或文字说明的视频材料。引导课文包括任务描述、引导性问题、学习目标描述、质量监控单、工作进度计划、工具和材料需求表、专业信息来源指示单（如指明专业杂志、文献、技术资料、劳动安全规程和操作说明书）等材料。

引导课文大致分为以下三类。

（1）项目工作引导课文。主要的任务是建立起项目及其所需要的知识能力间的关系，即让学生知道完成任务应该懂得什么知识，应该具备哪些技能等。如木工专业中制作一套门窗等。

（2）知识技能传授性引导课文。主要功能在于使学生不仅学习知识，而且真正理解知识在实际工作中的作用，如计算机文字处理系统中的学习指南等。

（3）岗位描述引导课文。帮助学生学习某个特定方位所需要的知识、技能，以及有关劳动、作业组织方式的知识，如售货员岗位的任务说明书。

在引导课文教学法中，培养学生的独立工作能力是一切教学活动的基本出发点，其教学过程一般可分获取信息、制订计划、做出决定、实施计划、工作过程，以及质量的控制、评定等阶段。这种教学方法让学生成为学习的主体，让教师担任顾问的角色，从而培养了学生学习的主动性，增强了学习的成就感。需要注意的是，在引导文教学法中，引导文的质量、工作任务难度的设计以及教师的指导都对教学效果起到十分重要的作用。在教学过程中，教师一定要承担起指导的责任，否则引导文教学法只能是一种自学方法而不是教学方法。

三、教学方法的选择与运用

古今中外积累的教学方法十分丰富多样。随着现代教学改革的不断深化和拓宽，新的教学方法又不断涌现。事实上各种教学方法并无绝对优劣之分，而是各有千秋，各有其适用范围。因此，恰当选择并合理运用教学方法就成为提高教学质量的关键课题之一。实践证明，教学的成败在很大程度上取决于教学方法的选择、组合与优化。

1. 教学方法的选择依据

（1）与教学目标和任务相适应。每节课都有一定的教学目标和任务，要选择与之相应的能够实现教学目标、完成教学任务的教学方法。如要使学生掌握新知识，强调知识学习，可采取以语言传递信息为主的教学方法；如为使学生获得感性知识，可使用演示法、参观法等。如果强调学生掌握动作技能，可以采用以实际训练为主的教学方法。如果强调多方面的目标，则应该综合运用多种教学方法。

（2）与教学内容相适应。教学内容是制约教学方法的重要条件，由于每门课程和每节课的教学内容不同，教学方法也应随之变化。另外，不同学科的性质也各不相同，其教学方法的选择也有区别。如果是传授新知识，例如概念性内容，就要选用讲授法；如果上复习课和巩固以前所学的知识和技能，就可用谈话法和练习法；如果是为了阐明事物的特性，揭示事物发生、发展与变化的规律，则可选用演示法。

（3）与教师自身素质相适应。教师素质主要是指教师的表达能力、思维品质、教学技能、个性特长、教学风格特征、组织能力及教学控制能力等。教师自身的素质直接关系到所运用的各种教学方法的作用发挥。教师应对自身素质进行实事求是地分析，选用最适合自己的教学方法并扬长避短。同时，教师在教学过程中要不断提高自身的素质，丰富和改造现有的教学方法，创造独具个性的教学风格。

（4）与学生学情相适应。教师在选择教学方法时还要考虑到学生的实际情况，主要是学生的心理特征、年龄特征、知识基础情况、学习态度、智力发展水平等因素。

（5）与客观条件相适应。教学环境、教学设备、教学进度、教学时间等都是教师选择教学方法所应考虑的因素。不少教学方法的运用需要一定的设备条件。如演示法需要一定的直观教具，实验法需要一定的仪器、材料等。学校不具备相应的条件，教师可因陋就简，尽量创造条件加以运用，但不宜过分强调。

2．教学方法的运用

（1）坚持启发式的指导思想。启发式是教学方法的指导思想，它强调教师应从学生实际出发，采取各种有效的方法去调动学生学习的积极性、主动性，引导学生通过自己的智力活动去掌握知识，发展认识能力。启发式是相对于注入式而言的，它强调尊重学生的主体地位，指导学生的学习方法，重视学生的技能形成、能力发展和个性展示。

各种教学方法既有启发性质，又有注入性质，这取决于教师如何运用教学方法。例如，讲授法如果一味地讲，枯燥地讲，就是注入式；而以提出能引起学生积极思维的问题和案例开头，激发学生的学习动机，再配之以形象、风趣的讲解等，就具有启发的意义。因此，教师应以启发式为指导来具体运用各种教学方法，以唤起学生的学习兴趣，激发学生的求知欲，启发学生独立思考，使学生通过教师的教学达到举一反三、触类旁通的学习效果。

（2）坚持优化组合和综合运用。实践证明，在教学过程中，学生知识的获得、能力的培养、智力的发展，不可能仅仅依靠一种教学方法，必须把多种教学方法合理地结合起来。要根据课程目标，将各种教学方法进行优化整合，注意将各种教学方法加以有机地配合并综合地运用。

尤其在高职教育中，课程目标具有复杂性，既有知识目标、能力目标，又有态度目标，同时还包括各种职业技能认证的目标。因此，根据不同的目标，需要以不同的教学方法来支撑，并且确保各种教学方法能够有效配合。各种方法应综合起来，协调配合，形成合力，确保课程目标的实现。

第三节　教学手段的选择与应用

一、典型教学手段举例

科技发展到今天,教学手段更加多元,并且目前学界对教学手段也没有统一的分类界定。本节所介绍的教学手段,既考虑到现代教学手段,也要考虑到传统经典教学手段,同时还考虑到了职业教育领域较为公认的相关教学手段。

1. 文字书籍

文字书籍是最为传统的教学手段。在漫长的教育活动历史中,文字书籍发挥了重要的作用。一般而言,文字书籍可以分为原著性、编撰性和编著性三种类型,其主要承载了著者的原创性观点,汇编了某一领域的知识技术,演绎改编了某一历史,创作生产了某一故事等。在某种程度上,文字书籍(尤其是教科书)基本上就等同于学校教育内容。它以间接经验的形式作用于教育主体,是教师开展教育教学的基本蓝图,是学生获取知识的基本源泉。现代电子信息技术高度发展,将人类推向智能时代,但经典的文字书籍教学手段将依旧长期存在。作为一种重要的知识传递工具,即便文字书籍的形态发生了改变,但电子书、云教材等新型的书籍依旧是纸质书籍的一种"物理变化",任何一种手段都无法取代这一高度抽象概括的人类经验积淀。

2. 电子视听设备

电子视听设备主要包括幻灯机、投影仪、录音机、录像机、电视机、电影机、VCD 机、DVD 机、计算机等,这些直观教具应用于各学科教学领域,因利用其声、光、电等现代化科学技术辅助教学,又称为"电化教学"。可以说,正是这些现代科技把教学手段现代化变成了现实。由于现代化教学手段具有兼用形声呈现教学信息、教学的时间与空间适应性强等方面的特点,因此其对教育产生了深刻的影响。一是拓展了教育的时空,使传统阶段教育向现代终身教育发展成为可能。二是引起教育内部的深刻变革,促使教育思想、教育观念的转变;冲击传统的教育结构、制度,促使现代教育体系的确立。三是提高了教育、教学的质量,降低了教育成本,增进了教育的效率。可见,作为一种历史的必然,电子视听设备教学手段对促进教育现代化具有重要的作用。

3. 互联网络技术

20 世纪 90 年代以来,新的计算机和通信技术引发了信息传播技术的革命,其快速发展有力地带动了现代教育技术和教育方式的颠覆性变化。卫星通信技术和"信息高速公路"等在世界范围内的应用,扩大了人们的认知空间——互联网络技术集文、图、声、影于一身,实现了传播的一体化,开拓了人们对客观世界学习和认知的新兴方式。"现代计算机和信息技术的高速发展在客观条件上带动了教育信息化和教育手段现代化的进程。特别是 Internet 业务的普及,已在技术上和经济上使构筑和运行高性能、低价格的远程教育系统成为可能。"[1] 如果说电子视听设备是教学中的一个个资源孤岛,那么互联网络技术则是桥接各个孤岛,整合教育资源,倍增教学实效的重要桥梁,它给教育主体提供了一个"深不可测"的知识海洋,让学习者基于更加广域的平台获取一切可能的知识技术。

4. 虚拟仿真技术

虚拟仿真(virtual reality)技术(意同虚拟现实),简称 VR 或称灵境技术,是 20 世纪 80 年代开始崛起的一种涉及计算机图形学、人机交互技术、传感技术、人工智能等的综合集成技术。它由计算机硬件、软件以及各种传感器构成的三维信息的人工环境——虚拟环境,可以逼真地模拟现实世界乃至虚幻世界中的情境。当人们"进入"这一环境中,便会产生"身临其境"之感,并可亲自操作,自然地与虚拟环境进行交互。

虚拟仿真技术是在多媒体技术、虚拟现实技术与网络通信技术等信息科技迅猛发展的基础上,将仿真技术与虚拟现实技术相结合的产物,是一种更高级的仿真技术。VR 技术主要有三方面的内涵:一是借助于计算机生成的环境是虚幻的;二是人对这种环境的感觉(视、听、触、嗅等)是逼真的;三是人可以通过自然的方法(手动、眼动、口说、其他肢体动作等)与这个环境进行交互,虚拟环境还能够实时地做出相应的反应。总之,该技术具有构想性(imagination)、沉浸性(immersion)和交互性(interaction)的特点,使人们能沉浸其中,超越其上,出入自然,形成具有交互效能多维化的信息环境。

5. 智慧教室

和现代实训室一样,智慧教室不是一个简单的教学环境,而是一种综合性的教学手段集合体。它是数字教室和未来教室的一种形式,运用现代化手段切入整个教学过程,让课堂变得简单、高效、智能,有助于开发学生自主思考与学习的能力。一般认为,智慧教室主要包括九个系统。即教学系统、LED 显示系统、人员考勤系统、资产管理系统、灯光控制系统、空调控制系统、门窗监视系统、通风换气系统、视频监控系统。智慧教室的建设基于现代物联网技术,其设备能够体现物联网的三个层次(应用层、网络层、感知层),运用传感器、射频识别(RFID)等技术,使信息传感设备实时感知任何需要的信息,按照约定的协议,通过可能的网络(如基于 Wi-Fi 的无线局域网、移动通信、电信网等)接入方式,把任何物品与互联网相连接,进行信息交换和通信,实现物与物、物与人的泛在链接,实现对物品的智慧化识别、跟踪、监控和管理。

二、教学手段的选用原则

1. 教学手段的选择要参考类型特色

《国家职业教育改革实施方案》中开宗明义地指出:"职业教育与普通教育是两种不同教育类型,具有同等重要地位。"可以说,职业教育的"类型性"而非"层次性"已经得到

---

[1] 张新明,李国祥.教育信息化和教育手段现代化国际综述[J].比较教育研究,2000(3):7-9.

了理论界与决策层的一致认可。这就说明了在职业教育系统内部，其教学手段的选择必然要与职业教育的类型性特色相契合。有关普通教育与职业教育的区别已然为学界所熟知，二者最大的区别在于培养目标的迥异，前者侧重于人才的通识性知识，后者侧重于人才的专业性技能。因此，职业教育教学手段的选择就必然带有职业教育的类型特色，必须倡导教育对象的职业性和技术性，必须通过反复的操作、系统的演练来铸就精湛的"匠艺"。要培养现代化的高端产业人才，就必须要倡导教育对象的创新性和逻辑性，就必须通过完整的项目化驱导来培养生产实践和技术革新能力。

2. 教学手段的选择要考虑到受教对象

所谓的"因材施教"，不仅体现在教育内容维度，也同样体现在方法和手段层面。不置可否，教育具有筛选功能。通常情况下，"群"[1]维度的学生具有这一群体的特殊个性。已有相关研究表明，职业教育学生缺乏自主学习能力与习惯，自律能力较差，已经是影响中国职业教育在线教学改革的重要因素。[2]因此，在教学手段的选择过程中，就必须规避职教学生的被动属性，要通过教师督导等"补差性"方法、通过环境刺激和形式吸引等外砺手段，不断增强教育教学的魅力，最大限度地激发职教学生的求知欲望和学习自觉性。另外，有关人类思维的研究表明，形象思维与抽象思维是人类理性认识中的两种不同方式。抽象思维以概念、理论、数字等抽象的形式概括事物本质，把握事物的内部联系；形象思维则主要用形象材料来比拟、概括事物本质。[3]而职业教育学生，其思维方式也必然会存在某些共性的特点。在教学手段的选择中，就必须考虑到职教学生的认知思维，通过与客观世界（生产实践）的直接联系，助力学生形成感性直观认识，再通过概念、符号的抽象表达，助力其对事物的高阶把握。

3. 教学手段的选择要考虑到教学内容

教学内容与教学方法、教学手段之间是相互关联的。没有对教学内容的充分把握，教学方法的选择与运用就是无的放矢；没有教学方法的改革与创新，教学内容将被束之高阁。[4]同在职业教育体系中，不同的课程、同一门课程的不同章节、同一章节中的不同知识点，都要采取不同的教学方法和教学手段。较为直观易懂的教学内容，可以使用讲授和讨论等的教学方法予以呈现；相对复杂抽象的教学内容，则需要基于尖端的教学手段、基于综合的教学方法，详细地分解、演示、阐述教学内容的知识要素和要素逻辑，最大可能地降低学生的认知负荷，提升教学的效率和效果。

---

[1] 马克思主义将人分为"类、群、个体"三种概念，其中，"类"主要是指全人类，"群"是指某一特定人群，"个体"是指某一单个的人。

[2] 李鹏，石伟平.职业教育在线教学模式转型：问题、经验与路径[J].中国电化教育，2020（8）：86-99.

[3] 贺善侃.形象思维·抽象思维·科学认识[J].复旦学报（社会科学版），1998（4）：3-5.

[4] 吕永贵，高雨吉.职业教育现代教学方法体系的构建[J].职业技术教育，2000（22）：4-5.

4. 教学手段的选择要考虑到时间特征

所谓的"时间特征",既是指教学发生的具体时刻（时段性）,也指教学发生的特定时代（历时性）。就前者而言,囿于人的生物性规律,在不同的季节、不同的时间段,人们的注意集中、心理活动等有着很大的差别,对外界刺激的敏感度、内化度都存在着相应的差异。因此,实践教学中,要牢牢把握学生的身心发展规律,考虑教学手段选择的时段性特征,在不同的教学时段采取不同的教学刺激。就后者而言,不同时代的生产方式、生活方式以及科学技术等决定着这一时代的教育教学形式。相对而言,现代社会发展日新月异,人类积累了更多的哲理思想、更多的科学技术,这些要素资源作用于教学过程,使得教学的理念更为先进。在这一时代背景下,教学手段的甄选,就必须要凸显出数字化、智能化的历时性特征,甄选与时俱进的教学方法和教学手段。

5. 教学手段的选择要考虑到场域空间

教学是在一定的场域空间内发送的师生互动,教学方法和手段的选择必须基于特定教学空间进行适当的转换。一般来说,教学空间主要分为线上和线下两个场域,当教学场域由现实（线下）转为虚拟（线上）,教师就必然要重新进行教学设计,重选适合的方法手段来驾驭基于网络的"云课堂"。与传统的线下教育不同,线上教育最为匮乏的就是真实的教育环境。缺少了师生之间的神情交流、肢体互动、氛围熏染,教师则很难实时捕捉到来自学生的学习反馈。特别对自制力相对不足的职教学生而言,其学习更有赖于教师的系统化的多维激发。可知,"智能化""泛在化"的虚拟空间（线上）教育实际上给广大教师提出了更高的要求。教师在整个"教"与"学"的互动中,必然要表现出更多的主体性、主动性,要让教师本身的激发力和感染力充斥在不同的教育场域,使学生时刻感受到来自教师的"诱、导、讽",以此来提升与未来教育相匹称的人文关怀。同样,在线下教学空间,教师也要选择与现实场域相对应的方法手段,要通过直观的操作演练以及可及的肢体互动等方式,不断提升教学效率。

三、教学手段的革新举措

教学手段既包括工具、仪器、设备以及挂图、模型等物质化的教学手段,也包括语言、表情、手势、姿态以及教师自身个性化的气质等非物质化的教学手段。既包括录像、电视、投影仪、计算机等现代教学手段,也包括黑板、书籍等传统教学手段。各种手段各有优势、互为补充。根据"高地"建设的"数字性""综合性"等价值诉求,教学手段的革新可择要从如下维度展开。

1. 积极开发智慧教室

智慧教室又称智能教室、未来教室,是大数据、人脸识别、物联网、人工智能等技术与传统课堂深度融合的一种智慧教学环境。[1] 智慧教室可以优化教学内容呈现,便利学习资源获

---

[1] 尹合栋,于泽元,易全勇.智慧教室评价指标体系的构建[J].现代教育技术,2020（3）：80-87.

取,促进课堂及时深度互动。[1]可以说,智慧教室是实现师生交互式讨论教学模式,探索教师对教学方法、教学理念、教学手段改革与信息技术更紧密融合的教学环境平台。运用此教学手段,可以使得教师能够实时感知学生的学习反映,进而极大提升教学实效性。在智慧教室的建设过程中,要通过活动课桌椅和显示屏的无线接入系统,实现学习小组间互动交流;要通过录播系统的设置,保障课堂教学的实时录播,帮助学生课后复习及教师教学情境回溯;要广泛使用纳米黑板等技术,可实现触控互动、多媒体教学和粉笔书写,将传统教学黑板和可感知的互动黑板无缝对接;全面建设打卡系统以及教室设备集中控制系统,以便收集实时设备运行数据,全面提高教学服务及教学管理水平;要建设学习分析系统,全面采集学生的学习行为数据,智能分析学情表现,助力师生打造高效的教学方法,为师生提供多维度、个性化的信息分析服务。

2. 全面建设基于 VR、AR、MR[2] 的学习空间

"可视化"和"身临其境"是虚拟仿真、增强现实及混合现实等相关技术的主要特征,这些技术手段在职业教育领域中具有广泛的应用前景。其可以建构高保真的虚拟空间,并能实现虚拟空间与现实空间的有机结合。学生置身其中,能够切身体会到教学内容中所描绘的时空意境,为学生的灵感激发提供具象化的情境导引。另外,此类技术还可以模拟生产及实训环境,将一些精准性的操作技能训练以及危险性的实验实训等在虚拟的环境下展开,确保学生和高精密仪器设备在绝对安全的前提下开展反复性的操作训练,不断提升职业学生的操作技术技能。因此,"高地"建设背景下的教学手段革新就必须依托现代信息技术,加快智慧学习空间改造,建设"5G+AR/VR/MR"的学习空间,努力构建未来课堂基础环境,为智慧教学提供保障,实现虚实结合的一体化教学。

3. 系统建构"智慧教学平台"

智慧教学平台是以大数据和人工智能为技术支撑,集管理、教学、评价、数据反馈等功能在内的综合性虚拟资源空间。其紧密围绕课前、课中、课后"三段式"的教学闭环,基于实时数据分析,打造覆盖多种使用场景的智慧教学环境,实现学校的精细化、最优化教学。开展"高地"建设背景下的智慧教学平台建设,首先,要强化平台资源建设,将联合行业企业打造的一批融行业规范、各类大赛技术标准、X证书内容的项目化课程输入云端,进一步扩大优质课程资源的覆盖面。其次,要加强平台教学场景建设,整合大数据和云计算等新技术,服务各段教学场景,构建全新的智慧教学环境;整合人工智能技术优质教学资源,为学习者提供一站式、高保真在线学习体验,并提供及时、个性化的反馈指导。最后,要加强平台反馈系统建设,实现教与学全过程的数据采集、学生画像和学情分析,助力师生及时进行有效教学的实时改进。此外,还需要加强平台考试模块建设,加强学生成长档案记录模块建设等。

---

[1] 黄荣怀,胡永斌,杨俊锋,等.智慧教室的概念及特征[J].开放教育研究,2012(2):22-27.
[2] VR即虚拟现实(virtual reality);AR即增强现实(augmented reality);MR即混合现实(mix reality),既包括增强现实又包括增强虚拟,是指合并现实和虚拟世界而产生的新的可视化环境。

4. 深入打造新形态教材

教材是继语言文字之后出现的经典教学手段。它不同于一般的书籍,是依据课程标准编制的、系统反映学科内容的教学用书。尽管现代化的教学手段日益丰富,但作为教学实施的根本蓝本和主要依据,教材的经典地位却依然无法撼动。打造"高地"背景下的教材建设,需要对教材的内容和形式予以更新。在教材的内容方面,要携手行业大师和企业技术人才,积极引入行业规范、X证书、各类竞赛技术标准,不断提升教材内容的前沿性、高端性、实用性。要对接国际化发展和"走出去"需要,以世界眼光、本土情怀的准则,积极开展双语教材、外语教材建设。在教材的形式方面,要针对企业生产实操和项目化教学需求,积极开发新型活页式、工作手册式教材;要针对数字经济背景下现代信息技术的发展形势,积极开发具有强大背景资源的立体化"云教材"。此外,还要加强教材开发的组织建设,要成立教材开发与选用委员会,加强教材建设的统筹、规划、研究与支持保障工作。要强化质量和品牌意识,既要突出国家规划教材等高端教材建设,也要强调适合不同教学对象使用的校本教材建设,还要重视专业群系列的教材开发,不断铸就教材"经典"。

当然,职业教育教学手段革新还必须要理性地回归到教学实践。一方面,不能过于强调手段,不能过分强调设备、工具等教学手段的现代性、高端性,而是要更多地关注到教学手段和教育教学理念、特定教学对象和教学内容的契合问题。教学手段应用的目的在于减轻教师的工作压力,在于降低学生的认知负荷,而不在于手段本身的形式华丽和体系严整。另一方面,教学效果的高低和教学手段的现代化程度并非成正比,而是与教师对教学手段的运用效果及与教师结合现代化教学手段开展的教学组织实施程序成正比。也就是说,在现有的教学环境下,要使教学手段理性回归到课堂教学实践,就不能单纯依赖先进的装备、材料和工具,而是要发挥教师的主观能动性,充分挖掘和运用教学手段的效能,提高合理运用教学手段的效益。[1]

---

[1] 李嘉骏.教学手段须回归课堂教学实践[J].中国教育学刊,2010(4):51-53.

第七章 学生学习评价方式设计

第一节 学生学习评价的内涵

2020年10月,中共中央、国务院印发《深化新时代教育评价改革总体方案》,在方案中指出"教育评价事关教育发展方向,有什么样的评价指挥棒,就有什么样的办学导向",并且提出了"完善与职业教育发展相适应的学位授予标准和评价机制",[1]为职业院校学生学习效果评价模式的改革提供了政策依据。

教育评价是指在一定教育价值观的指导下,依据确立的教育目标,运用有效的评价技术和方法,对教育活动的过程和结果进行科学的测定、分析、比较,并给予价值判断的过程。伴随着教育评价的发展,自20世纪20年代以来,经历了以桑代克为代表的学习效果评价(测量),以泰勒为代表的教育目标评价,以布鲁姆为代表的教学有效性评价,以英国为代表的学习性评价以及我国所倡导的发展性评价等阶段。

教育评价的落脚点是学生学习。学生学习评价是保障及提升高等教育质量的重要途径,也是高等教育质量评价的重要组成部分。在职业教育领域,学生学习评价是指依据一定的评价标准,采用科学的评价方法,对学生学习活动的过程和结果进行综合价值分析与判断的过程。学习评价的本质是对学习者通过学习所产生的身心发展变化做出客观具体的判断,并对学习过程和结果进行反思和反馈调节,以改进学习活动的各个环节,不断提高学习质量和水平。通过学习评价的过程使学生的知识进行更新、重构,缩短与预期学习目标的差距,帮助学生达到一定的学习目标,从而获得相关知识,取得既定的学习成果。

一、学生学习评价的原则

学生学习评价应坚持以德为先、能力为重、全面发展,坚持面向人人、因材施教、知行合一,引导学生坚定理想信念,厚植爱国主义情怀,加强品德修养,增长知识见识,培养奋斗精神,增强综合素质,促进学生德、智、体、美、劳全面发展。

二、学生学习评价的目的

高等职业院校中学生学习评价应以提高学习者的职业道德、技术技能水平和就业质量

---

[1] 中共中央国务院印发《深化新时代教育评价改革总体方案》[EB/OL]. (2020-10-25). http://www.gov.cn/zhengce/2020-10/13/content_5551032.htm.

为核心,具有诊断、导向、激励和监督等功能。学生学习评价的主要对象是学生,评价的目的是发现问题,及时改进教学解决问题,最终促进学生的全面发展。学习评价应该立足现在、面向未来,针对不同阶段学生进行测试,不断促进学生主动学习,增强他们的学习激情和求知欲望。

三、学生学习评价的主体

传统的"单一主体"评价模式如今已经很难全面地评价学生未来职业发展的各项素质,诸如诚信、勤奋、创新等。随着科学技术的发展,催生出许多现代职业岗位,这就要求未来的从业者具有较强的综合素养。评价主体的多元化,既是高职学生成长发展需求,也是现代职业岗位的必然要求。现代职业教育体系的构建要求职业院校、教师、学生、行业企业、家长和社会形成多元评价的协同共同体。

- 职业院校:职业院校为教学活动的管理者,为课程目标、课程组织、教学条件、活动平台等进行管理和协调。
- 教师:教师是高职院校课程的开发者和实践者,也是学生评价的重要评价者,对人才培养质量的监控扮演着关键角色。
- 学生:学生是高职院校课程的参与者和直接受用者,对课程的实施效果、自身的学习状态有着客观、全面的评判。
- 行业企业:行业企业对职业领域所需要相关岗位的职业需求最为熟悉,在评价学生的技能实践过程中,对提高学生职业素养和职业技能起着显著性作用。
- 家长和社会:家长和社会一起评价学生的成长过程,为学生的自我发展提供前进的方向和无穷动力。

通过职业院校、教师、行业企业、学生、家长和社会多元评价主体形成合力,促进学生不同智能的可持续性发展。

四、学生学习评价的特点

- 独立性:大学生学习评价的主体涉及国家、社会、企业、行业、学校、教师和学生,评价主体的多样性使得评价体系的各项指标必须相互独立,减少重复交叉部分,真正提高评价的有效性。
- 发展性:大学生学习是一个动态发展的过程,学习评价应该坚持以学生能力的提高和发展为主要依据,应对学生的综合素质进行评价。评价应该贯穿于整个学习过程,具有一定的前瞻性,对教学目标的改进、教学方案的优化、课程设置的完善、学生能力的提高都具有一定的导向功能。
- 可操作性:任何内容的评价,其评价标准的设置应该具有科学性与可测性,评价要素要充分体现学生的学习状态和学习成绩,在实施过程与结果分析中都应该严格遵守规定进行,评价标准在设计时还应该注意数据的收集与使用方法的可行性。

- 多样性：每个学生在学习上都有其不同的地方，有善于逻辑推理的，有善于理论分析的，有富于想象力的，因此，针对不同学生，评价方式也要具有多角度、多层次、多样性，应尽可能多地反映学生的学习状况和学习能力，以保证对学生进行客观的评价。
- 综合性：学生学习评价不仅是学习成果的评价，也是学习过程、学习行为以及学习能力等的综合评价。

第二节　学生学习评价的分类

按评价的方法不同，学生学习评价可以有如图 7-1 所示的几种类型。

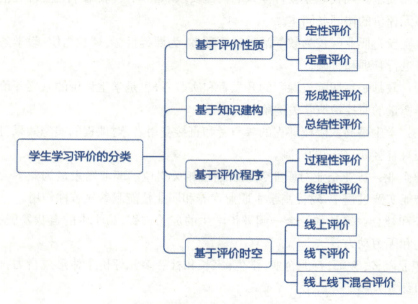

图 7-1　学生学习评价的几种类型

一、基于评价性质

从评价的性质上进行分类，学生学习评价可分为定性评价和定量评价。

1. 定性评价

定性评价是对评价资料作"质"的分析，是运用分析和综合、比较与分类、归纳和演绎等逻辑分析的方法，对评价所获得的数据、资料进行思维加工。定性评价不采用数学方法，是根据评价者对评价对象平时的表现、现实和状态或文献资料的观察和分析，直接对评价对象做出定性结论的价值判断，如图 7-2 和表 7-1 所示。定性评价是属于经验型的，带有较强的主观性的评价方法，在教学活动中一般采用的定性评价有等级评价法、评语评价法、评定评价法等。

班级＿＿＿＿＿＿	学生姓名＿＿＿＿＿＿		学号＿＿＿＿＿＿			
评价项目	标准描述	优	良	中	差	总结
知识评价	基本规定					
	总体框架					
	评价指标					
	策划方案					
	其他					
能力评价	交底、培训					
	创新技术					
	阶段评价					
	其他					
任务建议/任务反思						
任课老师：			年 月 日			

图 7-2 "智慧建造"课程教师定性评价标准

表 7-1 园林规划设计作品考核标准

考核项目	分 类	考 核 内 容	评分标准/分
专业能力	设计理念	设计概念符合设计主题要求,符合社会公众认知,具有积极、正面的引导作用	10
	现状分析	能应用多种软件绘制现状并进行分析,同时与后期设计要有较强的关联性	10
	空间组织	功能分区合理,空间组织层次丰富,整体感强,比例尺度符合空间功能需求	10
	设计表达	文本编辑逻辑性强	5
		文本版面设计简洁,能体现项目的设计主题、设计风格	10
		效果图能较好地表达设计思想,体现设计美感	20
		模型制作精细化程度高,材质、色彩设置真实	15
专业素养	创新能力	设计概念、造型等能跳出常规思维,具有独创性	5
	审美能力	意向图、版面构图、色彩搭配等具有一定美感	5
	学习能力	能使用课程教学以外的软件,能学习、模仿优秀案例	5
	社会意识	设计时应具有公众服务意识,能体现弱势群体的需求,还应具有环保意识、生态意识	5
总 计			100

2．定量评价

定量评价则是从"量"的角度运用统计分析、多元分析等数学方法,在复杂纷乱的评价数据中总结出规律性的结论,对评价对象做出定量结构的价值判断,如图 7-3 和图 7-4 所示。定量评价强调数量计算,具有客观化、标准化、精确化、量化、简便化等鲜明的特征。在教学活动中具体表现为笔试、测验、分项评价等。

143

班级_____　　学生姓名_____　　学号_____

序号	项目	项目分数	子项	子项分数	表现结果	评价标准	得分	累计
1	纪律	10	迟到	2		违规不得分		
			溜号	2		违规不得分		
			早退	2		违规不得分		
			串岗	2		违规不得分		
			旷课	2		违规不得分		
2	识图、绘图	25	基本符号	5		符合规范		
			尺寸标注	5		清楚合理		
			截面尺寸	5		清楚合理		
			钢筋尺寸	10		清楚合理		
3	数字化施工	20	概念清楚	7		清楚合理		
			技术合适	7		是否撑握方法		
			构架合理	6		清楚合理		
4	智慧工地布置	25	概念清楚	5		清楚合理		
			技术合适	5		清楚合理		
			构架合理	5		清楚合理		
			图纸布置合理	10		合理、合规		
5	绿色施工	20	概念清楚	5		清楚合理		
			符合规范	5		合理、合规		
			方案合理	5		清楚合理		
			技术创新	5		清楚合理		
6	总分	100						

任课老师：　　　　　　　　　　　　　　年　月　日

图 7-3 "智慧建造"课程教师定量综合评价标准

班级_____　　学生姓名_____　　学号_____

序号	项目	项目分数	子项	子项分数	表现结果	评价标准	得分	累计
1	识图、绘图	20	基本符号	5		符合规范		
			尺寸标注	5		清楚合理		
			截面尺寸	5		清楚合理		
			钢筋尺寸	5		清楚合理		
2	数字化施工	20	概念清楚	7		是否撑握方法		
			技术合适	7		是否撑握方法		
			构架合理	6		是否撑握方法		
3	智慧工地布置	20	概念清楚	5		清楚合理		
			技术合适	5		清楚合理		
			构架合理	5		清楚合理		
			图纸布置合理	5		合理、合规		
4	绿色施工	20	概念清楚	5		清楚合理		
			符合规范	5		合理、合规		
			方案合理	5		清楚合理		
			技术创新	5		清楚合理		
5	与施工现场契合度	20	总体框架	5		贴合工程实际		
			评价指标	5		合理、合规		
			策划方案	5		清楚合理		
			技术创新	5		有创新点		
6	总分	100						

任课老师：　　　　　　　　　　　　　　年　月　日

图 7-4 "智慧建造"课程行企专家定量综合评价标准

二、基于知识建构

学生学习评价基于知识的建构可以分为形成性评价和总结性评价。

1. 形成性评价

形成性评价是在教学活动计划实施中对照预先设计好的计划、方案的标准衡量学生学习过程中的表现以及发展并做出的阶段性评价（见图7-5）。这种评价能够及时了解阶段教学结果和学习者学习的进展情况、存在的问题等，以便及时反馈、及时调整和改进教学工作（见图7-6）。

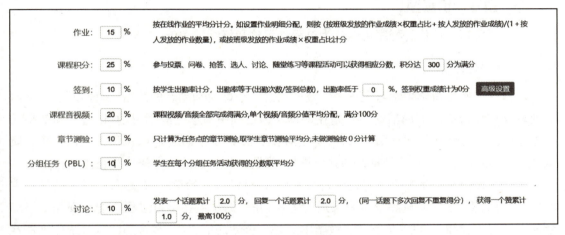

图7-5　形成性评价权重设置

图7-6　教学预警条件设置

形成性评价可以通过多种方式来进行，包括教学活动中的观察、对作业的批改、教师与学生的沟通、建立学习档案、学生定期自我评价等。

2. 总结性评价

总结性评价是在教学活动告一段落时，为了对教学效果和学习成绩进行评估而做的阶段性测试和总结评价。总结性评价的内容主要围绕专业知识与技能的评价展开，包括日常学习任务完成情况、知识技能测试、阶段性考试成绩等观察点。形成性评价强调的是过程，总结性评价强调的是结点。但是我们能不能将时间维度上的差异视为两者之间的关键差别呢？1967年，美国著名评价学者斯克里文出版了著作《评价方法论》中对两者的界定，可以得出形成性考核和总结性考核之间的差别主要集中在评价的目的、呈现方式以及结果运用者之间的区别,如表 7-2 所示。

表 7-2 形成性评价和总结性评价之间的差别

类别	目的	呈现方式	结果运用者
形成性评价	提供信息反馈以提高教育质量	描述性	教育活动的实施者或参与者
总结性评价	做出教育效果的判断,从而区别优劣、分出等级或鉴定合格	概括的、结论性的	教育活动的实施者或教学机构

三、基于评价程序

学习评价基于评价的程序可以分为过程性评价和终结性评价。

1. 过程性评价

过程性评价是对学生学习过程中涉及的信息给予即时和动态的反馈、解释和调整,从而实现教学过程价值增值的活动。它是在课程实施过程中对学生的学习动机、过程和效果的总体评价。过程性评价通过引导教师、学生对教学及学习过程的关注,从而提高课程实施质量,促进个体发展。这是一种重要的评价思想,强调的是教学活动中评价的整体过程。

过程性评价对学生整个学习过程进行考评,即从课程开始至结束,对每个学生的学习主动性、学习进度、学习质量和学习效果进行考核,并根据学生在学习过程中的表现和效果综合评定其课程成绩,如图 7-7 所示。教学本身是一个动态的过程,客观的评价系统应该贯穿于整个教学活动中,是对学生整个学习过程的考核。

教学全过程记录	知识目标	技能目标(50%)				素质目标(50%)						
		个人实训(25%)			小组实训(25%)		课堂活动(25%)			实训活动(25%)		
	达标性评价	课前	课中	课后	数字模型	实体建造	签到	章节学习	小组讨论	随堂练习	组间互评	教师评价	企业导师评价	实训室管理员评价
		5%	10%	10%	12.5%	12.5%	6.25%	6.25%	6.25%	6.25%	6.25%	6.25%	6.25%	6.25%

图 7-7 "智慧建造"课程过程性评价标准

2. 终结性评价

终结性评价就是对课堂教学的达成结果进行恰当的评价,是指学习活动结束后为判断其效果而进行的评价。终结性评价有助于对学生的实际水平做出判断和对下一轮学习计划的整体设计的改进。对于职业教育类课程来说,终结性评价一般是指在本课程结束后所进行的课程评价,评价形式一般有期中考试、期末考试和实操考试。

过程性评价是一种相对科学、公平、可持续的评价方式,既重视学生的学习进程,也重视教师的教学效果,更多关注于局部目标达成;终结性评价更加重视教学活动整体效果、教学目标达成,两种评价方式各具千秋、互为补充。在教学活动中将两种评价方式进行有机融合,能有效提升教学成果。

四、基于评价时空

学习评价基于评价的时空可以分为线上评价、线下评价,以及线上线下混合式评价。

1. 线上评价

随着科学技术的发展,利用信息和互联网平台,使得互联网与教育行业得到了极大的融合,随之衍生出新的学习评价方式,即线上评价。线上评价是一项复杂的工程,由于不像传统课堂一样能够面对面及时对学生的学习进行反馈,同时又不能像传统课堂一样,可以通过随机提问等方式了解学生的学习效果,因此,进行线上评价一定要选择合适的评价系统或在线平台,目前常用的在线平台有超星在线平台、智慧职教云平台和雨课堂等。线上评价能够及时地记录学生的学习过程,实现对学习过程、学习态度、学习结果等的评价。线上评价通过在线平台可以随时监控学习者的学习状态,例如,对章节学习的次数统计、对课程视频的学习记录、对课程作业的完成情况,以及对一些主题讨论的记录等。另外,丰富的课程题库也为学生的自我测试提供了一个很好的途径。通过线上的评价结果,教师可从中了解到学生的学习情况,帮助教师及时改进教学方法,提高教学效率。

2. 线下评价

线下评价主要是指传统的评价方式。传统的学习评价主要在课堂中进行,教师可在课堂随时检查学生的学习效果,且对学生的学习评价多以教师评价为主。对一些采用翻转课堂的课程来说,在进行学习评价时也会要求学生进行自我评价,但对于评价结果的记录则略显复杂了。目前应用最多的线下评价形式还是以考试的形式进行的,比如期中、期末的理论考试,以及阶段性的实操考试等。

3. 线上线下混合式评价

随着互联网技术的飞速发展,"互联网+教育"促使教育理论和教学模式发生了新的变革,在"互联网+"战略和教育部积极发展高校线上线下混合性教学的背景下,以现代信息技术与教学的融合为特征,传统线下课堂教学逐渐向线上线下混合式教学转变。

线上线下混合式教学表现一般为课前、课中、课后的任务设计与教学目标设计,在学习时空上包括"课前线上预习与问题提出,课中线下答疑解惑与专项突破,课后线上专项练习与应用实践"三个阶段,学生线上进行学习和效果测试,教师线下答疑解惑和互动交流。作为新型的教学模式,其学习评价也包括课前、课中、课后阶段,评价指标相应地分为线上学习评价与线下学习评价。其中在线上对课程测试、互动交流、学习总结、学习态度等方面加以评价；线下教师在教学过程中答疑解惑，对学生进行指导帮助等，如图7-8所示。

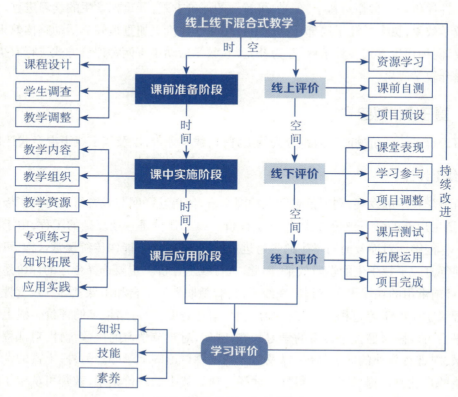

图7-8 线上线下混合式教学

具体的学生学习评价方式还需根据课程的性质、内容、授课方式进行搭配和选择。

第三节 学生学习评价的原则

学习评价是教育教学的重要组成部分，更是学习活动顺利实施的基础。高质量的学习评价可以更好地发挥评价导向、激励、诊断、改进教学等相关功能，从而促进学生的发展和教师教学水平的提高。学生学习评价主要依据以下理念。

一、学生发展成效理念

在教学活动中，学生既是学习主体也是评价主体，学生学习评价在学生学习活动的过程和结果乃至形成最终的职业能力方面，其根本载体都是学生自身。学习评价是为了让每一名学生获得充分的发展，这不仅仅体现在学习成绩上，更多体现在技能、素养、人格、身心健康等方面的全面发展。对于学生学习活动以及职业能力的评价，不能只关注其学习投入活动和学习成果，也不能只关注其形成的职业能力，尤其是在应用型人才这一培养目标下，更应兼顾学生认知与行为、知识与技能、理论与实践等多方面的提升与进步，甚至以学生的学习目标乃至更高的人生目标为统领，统筹性地评价和关注其整个学习活动和学习成果，关注其学习活动、学习成果与其个性化成长和职业发展的衔接性和发展性。

二、师生共同成长理念

评价指标的建立可以使教师明确教学中取得的成就和需要努力的方向，可促使教师进一步地研究教学内容、教学方法，以提高自己的教学水平。教师也可以通过评价进行反思并促进教学方式的改进，以便更好地应用教学策略从而优化教学效果，较好地发挥评价指标中的激励和改进的功能。而提高教师教学能力与提升教学质量的最终目的依然是提升学生学习水平，教学质量越好，帮助学生获得的学习成果也越好，因此，正确的学习评价指标体系的建立可以促进师生共同成长的目标达成。

三、混合学习评价理念

传统的教学中学生学习评价往往一考了之，书面考试对于专业理论知识的考核和检测是有效的，但无法对学生的职业技能和能力、学习态度和情感、思想意识和意志、道德品德和行为等方面进行评价。

《深化新时代教育评价改革总体方案》中明确指出要"坚持科学有效，改进结果评价，强化过程评价，探索增值评价，健全综合评价"，并且要"改革学生评价，促进德智体美劳全面发展"，因此对学生学习的评价，根据其目标的发展性、内容的综合性、主体的多元性等方面要求，评价方式不能单纯采用标准化测验，而是采用多种途径，在非结构化的情景中评价学生的学习结果。要理论考试与技能考核相结合，定量评价与定性考评相结合，形成性评价与总结性评价相结合，过程性评价和终结性评价相结合。既要有单项知识和技能的评价，又要有素质能力的评价。社会对人才的需求正逐渐由知识型向能力型转变，从创新人才培养角度出发，应建立开放、多元的学习评价体系，以适应社会对知识、能力与综合素质的要求。

四、个性化理念

高等职业教育大力发展下，个体教育选择也发生了巨大变化，不再局限于单一的教育路径，传统大规模标准化的教育已经不能适应信息时代人民群众对大规模个性化教育的需要。《国家中长期教育改革和发展规划纲要（2010—2020年）》指出，要坚持以人为本，树立多样化人才观念；要尊重个人选择，鼓励个性发展。而当今在信息化时代，新技术不断出现，以移动互联网、智能终端、物联网等为代表的泛在学习环境和智慧学习环境的普及，为个性化学习提供了技术支持。在新时代职业教育的教学活动中，通过学习评价中指标的分析既可以根据学生的学习动机、学习参与度、在线积极性、学习目标达成度等特征对学生群体进行划分，以提供个性化指导，提升学习效果；也可以研究学生的学习习惯、学习过程和学习结果数据构建的画像模型，并基于学生画像的刻画（包括个体特征、个人表现和个人发展愿景）设计精准个性化学习路径规划框架；同时学生可以根据其学习兴趣和需求，按照其学习进度和步调选择所需的学习资源和服务，从而实现知识的吸收和创新。

第四节　学生学习评价的方式

一、线上评价与线下评价相结合

1. 线上评价内容

线上评价的内容十分丰富，课程考勤、课堂互动、主题讨论、在线作业、章节学习记录、阶段性测试（章节测验）、课程资源使用情况等都可以通过线上的方式得到评价的结果，并且可以对评价结果进行数据分析，从而使学生及时了解自己的学习状态和进度，同时评价结果也更加公平公正。

2. 线下评价内容

线下评价内容对于不同的课程略有不同，一般线下评价内容包括基础知识、基本技能、职业素养等，通过线下评价可以考查学生对于课程重要知识点的掌握情况，检验学生对于技能的熟练程度以及职业能力和职业素养的养成情况。

3. 线上线下评价相结合的评价比例设置

通过以上对线上线下评价的分析，线上评价的形式多样，能充分发挥学生的主观能动性和学习积极性，教师可以针对学生的学习行为设置相应的评价指标，利用在线平台的信息记载功能对学生的学习进行评价，同时利用平台记录的数据对评价结果进行分析，反馈教学效果。线下评价主要利用课堂和相关教学设备完成对学生的知识、技能和素养的评价。

为了充分发挥学生学习评价的多元化和公平公正，应将线上和线下评价进行有机结合，从而达到全面考查学生的学习能力和职业技能的目的。对于两种评价方式的设置比例，可以按 60∶40 的比例进行设置，即线上评价占比 60%，线下评价占比 40%，重点关注学生的学习过程和学习能动性，记录学生的进步和发展。

二、过程性评价与终结性评价相结合

1. 过程性评价的特点

过程性评价重视学习的成果以及在学习过程中隐含的要素，是过程性与目标性并重的评价方式。学生的经历、思维方式、学习习惯等方面的不同，会导致在汲取知识的过程中引发不同的反应，这种反应会包含非智力因素潜在的影响。过程性评价可以有效地对学生学习过程进行引导，同时能帮助教师对其教学行为进行优化。过程性评价在对学习效果进行判断的同时，也会反过来影响学习过程。过程性评价主张评价主体和客体的融合，师生共同参与评价并不断进行反馈，从而作用于学习过程。过程性评价关注评价的过程性、动态性和生成性，在学习过程中通过具体表现、证据和数据，完成对学习过程、状态和结果的评价。

从评价的形式来看，常见的有学生自评、同学互评、教师评价这三种。这三种评价形式

往往同时作用于课程教学中,学生自评具有反省作用,同学互评具有借鉴作用,教师评价具有诊断作用。学生自评是通过查看自己学习过程中保存的资料,结合学习内容的测验结果分析自己的优点和缺点,客观地对本阶段的学习表现进行描述,并明确努力的方向,真正做到心中有数。同学互评的关键在于提高互评意见的表述质量,避免互评因同伴关系而流于形式。因此,这需要教师进行有效指导并制定合理的评价标准,鼓励学生客观、积极、有效地进行互评。

2. 过程性评价的内容

过程性评价的内容主要有课前的网络问卷调查、项目(章节)测验、网络学习平台使用过程、学生作品等。

课前的网络问卷调查主要是在讲解课程新内容或新的知识点前,对学生的知识基础、生活经验、学习能力等方面的基础进行了解,同时也可以检验学生的课前预习效果,有时也以课前测试的形式进行评价。项目(章节)测验主要是来检验和评价学生在学完每个项目或章节后对该项目或章节内容的掌握情况,及时向学生反馈阶段性的学习效果,为后面的学习提供整改依据。网络学习平台的使用过程评价主要就是利用网络学习平台自动记录学生的学习过程,包括在线作业情况、课堂互动情况、课程签到情况、课程资源使用情况、章节学习次数情况、讨论交流情况等,通过学习平台对以上学习过程的记录,对学生的学习过程进行评价,根据评价的结果及时查漏补缺,反思不足,做出改进,帮助学生寻找适合自己的学习习惯、方式和方法,不断激励学生实现可持续发展。学生作品主要是指在课程的学习过程中,在不同的阶段需要完成的阶段性任务,学生作品可以是不同形式的,能评价学生对该阶段学习内容的完成情况。对学生作品的评价既可以是自评、互评或教师评价,也可以是按一定比例的综合性的三方评价。

3. 终结性评价的特点

终结性评价一般通过终结性的考试来评定学生的学习成绩,从而证明学生对理论知识、技能的掌握程度以及达到教学目标的程度。另外,也用来确定学生在后续教学活动中的学习起点,并预测学生在后续教学活动中成功的可能性,同时也为制订新的教学目标提供依据。

终结性评价过于强调以灌输理论知识为主的学业成绩,过于强调对理论知识学习结果的评价,而对学生参与学习过程的积极性、主动性、创造性等的评价重视不够,更看不到学生在学习能力、习惯和态度方面所取得的努力和进步,这就容易忽视学生在学习过程中的这些努力和进步因素,削弱学生的进取心和自信心。

4. 过程性评价与终结性评价相结合的比例设置

通过对过程性评价和终结性评价特点的分析,在对课程的学习评价的过程中,学习评价不仅注重结果,更要关注发展变化的过程,注重在发展过程中多次、即时、动态地实施过程性评价。在进行学习评价时,使终结性评价与过程性评价有机结合起来,既注重对学生课程基础知识的理解和掌握状况进行评价,更注重对学生在课程学习过程中的参与状态、学习方式、思维方式及学生在学习过程中表现出来的主动性、创造性和积极性等进行评价，从而促进教学方式的改进，更好地应用教学策略，优化教学效果，达到预设的教学目标。

课程的学习评价应包括平时成绩，即过程性评价结果（占课程总成绩的60%）和期末考试成绩，即终结性评价结果（占课程总成绩的40%）。其中过程性评价较以往所占比例加大，涵盖内容包括学生过程性考核的出勤、作业、课堂互动、课程资源使用、章节学习次数、阶段性测试（项目或章节测验）。在过程性评价里，出勤占平时成绩的10%，作业占平时成绩的25%，课堂互动占平时成绩的10%，课程资源使用情况占平时成绩的15%，章节学习次数情况占平时成绩的10%、讨论交流情况占平时成绩的5%，阶段性测试占平时成绩的25%。期末终结性考核，以所学内容为基础，考查学生的理论知识水平，在结课后通过期末考试的形式进行。根据职业院校不同课程特点，也可将终结性考试设置为期末理论考试和实操考试，各占50%的比例。对于过程性的评价内容，主要利用在线学习平台，对各项评价内容比例进行设置，根据平台的学习记录进行评价。另外针对带有实践操作内容的课程，可在过程性评价中加入相关工作任务的实操评价，并做好相关评价的指标设置。

以上评价比例的设置可以根据具体课程的特点对所占比例进行相应的修改。

三、学业评价与增值评价相结合

1. 学业评价的特点及内容

学业评价是指以国家的教育教学目标为依据，运用恰当的、有效的工具和途径，系统地收集学生在各门学科教学和自学的影响下认知行为上的变化信息和证据，并对学生的知识和能力水平进行价值判断的过程。学业评价一方面要强调评价对学科教师教学的激励作用、诊断作用和促进作用。另一方面要注意弱化评价的选拔与甄别功能。评价结果要有利于激发学生的内在学习动机，帮助学生明确自己的不足和努力方向，促进学生进一步的发展。教师也要根据评价的反馈结果，反思教学过程，改进教学方法，提高教学能力，逐步地形成评价与教学的相互促进作用。

学业评价可以从不同的角度分类，比较常见的有：按评价的目的，可分为选拔性评价、水平性评价、反馈性评价；按不同的认知维度，可分为知识评价、技能评价、能力评价；按在教学过程中的作用，可分为形成性评价、诊断性评价、终结性评价；按评价的主体，可分为他人评价、自我评价；根据评价依据的标准与评价结果的解释方式的不同，评价可分为相对评价、绝对评价和个体内差异评价。无论哪种类型的评价，都要体现评价的科学性和有效性。也就是说，学业评价应在教学实践中尽可能符合实际需要，从而推动学生的学业进步。

> **小提示**　教育评价的理念、模式、机制、方法都处在变革中，因此对于学生学习的评价应当逐步从单纯的测试活动向多样化的活动过渡，逐步从注重终结评价向终结评价和过程评价相结合过渡，从而实现对学生学习评价方式的多元化。

高职院校学生的学业评价应包括学生的学习能力、基础知识、职业技能、职业素养等方面的情况。

2. 增值性评价的特点及内容

增值评价关注学生的学习过程,通过对个体的学习进程实施连续性的监测,既可以有效发现学生日常学习中存在的问题,也可以使学生观察到自己所取得的点滴进步,从而增强学习动机和主动性。同时,增值评价便于教师对学生提供过程性指导。由于学生技能的养成非一朝一夕之功,教师根据增值评价的反馈结果,及时地对学生技能学习存在的不足进行纠正,有利于培养学生扎实的专业技能。增值性评价遵循的是发展性原则,通过引导学生发现自身"增值"的可能,调动学生的学习兴趣,激励学生为实现发展目标而不懈努力。

根据职业教育的基本属性,学生通过接受职业教育所获得的"增值"应当包括三个部分,一是能力性增长,包括一般认知技能和专业技能的增长;二是社会性增长,包括积极的情感、态度、职业素养的增长;三是经济性增长,包括就业机会的获得与收入的增长。与之相对应,职业教育增值评价也应当包括能力性评价、社会性评价和经济性评价。对能力性指标的评估,其中一般认知技能主要考察逻辑推理能力、书面交流能力、记忆能力等,可以采用标准化测试来收集本校学生的认知发展信息;专业技能可以通过各类技能测试来考察。对社会性指标的评估,由于涉及情感、态度等内隐的心理因素,最适宜的测量工具是自陈式量表。自陈式量表通过自我报告型问卷调查,由学生自陈课内外学习、活动的参与情况,以及自我感受到的个体发展和收获情况,间接地实现对大学生学习过程和结果的增值评价。对经济性指标的评估,主要涉及学生毕业后的职业发展和收入水平,可以通过毕业生就业追踪调查问卷来了解学生毕业后的发展状况。

3. 学业评价与增值评价相结合的评价比例设置

学业评价和增值性评价作为学生学习评价的组成部分,有着各自的优势和劣势,在对学生学习评价的过程中应充分发挥二者的优势,使学业评价与增值性评价相结合。

从操作性方面来说,学业评价相对更容易操作,评价内容清晰,而增值性评价的部分内容涉及学生毕业后的社会价值的增值,因此在实施学生学习评价的过程中更多地侧重学生学业评价部分,二者比例建议学业评价占 70%,增值评价占 30%。

第五节 几种典型的学生学习评价方法(含典型案例)

一、标准化考试法

1. 标准化考试法的定义

标准化考试也称标准化测验(standardized test)。严格说来,它是指测验全过程的标准化,要求在以下方面,比如,确定考试目的,进行考试设计,编制试题,评价试题质量,通过试测以决定试题的难度,建立题库,确立常模或标准,筛选试题搭配试卷,对试题试卷的管理、出版发行,直到评分和对测验分数的解释,都必须严格地按照教育测量学的原理进行,都要达到一定的指标要求。对实测环境、条件的控制也必须严格、公正。

2．标准化考试法的内容

标准化考试试题编制的组织形式是开放型、分散型、经常性的。对每道试题都要经过测试、统计,要科学地评价出试题的质量,建立起题库,以便根据不同的考试要求随时组成不同难度的试卷。对同一种考试,保证每次考试试题质量相对稳定。

高职院校的标准化考试法主要应用在对课程的理论知识方面的考查,一般是通过线下的笔试测试和线上的在线测试的形式进行。

1）笔试测试

笔试测试一般是一门课程在进行终结性考试的时候所采用的标准化考试形式,比如期终考试。笔试考试一般采用线下考试,分为开卷考试和闭卷考试两种形式。

（1）试题编制。

① 确定题型。笔试考试一般常见的题型有单选题、多选题、判断题、填空题、简答题、论述题等,同时考虑题量和分值等因素。标准化考试采用主观试题同客观试题相结合的形式。实践证明,这两种题型结合并用,可以相互补充,相得益彰。

② 收集题库。根据课程的项目（章节）的知识点编写相应题型的试题题库。

③ 划分难易。确定各种题型试题的难易程度,并进行归类。

④ 合理组卷。根据专业人才培养方案和课程标准的考核要求,从题库中抽取各种题型试题进行组卷,一般需要组两套试卷,即 A 卷和 B 卷。

（2）组织施测。试卷组卷完成后,要对试卷进行试做,根据试做结果来判断是否需要对试卷题型或内容难易度进行调整。试卷确定下来之后,即可组织实施及测试了。

（3）评阅试卷。考试结束后,课程课题组共同完成阅卷工作,并针对考试结果进行分析总结,为以后的课程教学提供反馈和改进。

2）在线测试

在线测试可以利用网络,随时随地对学生进行考试,是传统考场的延伸和升级,同时可以利用在线平台的统计分析技术对课程的测试结果进行详细的分析,为改进课程教学提供数据支撑。另外,借助于它可以有效利用校园网的资源,更好地为学校的教学管理服务。因此,信息化在线测试更好地解决了这些问题。

（1）整理题库。将题库安装标准化考试的要求,根据项目（章节）的知识点,整理成单选题、多选题、判断题、填空题、简答题、论述题等题型,并对各题型区分难易程度,做到课程所有知识点的全覆盖。

（2）随机组卷。充分利用在线平台的随机组卷技术,根据各知识点的要求,按照题型和难易程度随机进行组卷。

（3）组织测试。完成组卷后,利用计算机机房或者手机 App 进行在线测试。

(4) 试卷评阅。在线测试的评阅分为客观题和主观题评阅,客观题系统会自动评阅,为此可减轻阅卷老师的工作量,让教师有更多的精力对测试结果进行分析总结。主观题由评阅老师进行评阅。在线平台系统会根据测试结果生成测试的完整统计数据,便于教师对课程的教学进行分析总结。

二、学业成长档案袋法

档案袋评价法又称为"文件夹评价""卷宗评价法"或是"成长记录袋评价",是一种以档案袋为依据、以学生为中心重视学生学习过程的客观的综合评价方法。它通过对学生学习情况、代表性作品的分析来评价学生的发展状况,以一种形象的、动态的、连续的方式呈现学生整个学习与成长过程。

1. 学业成长档案袋法的内容

关于档案袋评价法的类型,中外学者分别从不同的角度有不同的分法,美国南卡罗来纳大学的格雷德勒以档案袋的不同功能为标准把档案袋分为理想型、展示型、文件型、评估型和课堂型五种。我国教育学者徐芬、赵德成则提出了过程型档案袋、目标型档案袋、展示型档案袋和评估型档案袋。

- 理想型。研究认为这是一种比较理想化的档案袋,它鼓励学生进行自我反思,并且把入选的作品进行好坏等方面的评价。
- 展示型。由学生自己挑选出自己认为最好的或是最喜欢的作品,也可以挑选出经过反复修改到最终成型的作品,由此反映自己的思考与进步,还可以是幼稚、不成熟的作品,可能反映的是态度上的不认真,却记录着自己的成长。
- 文件型。它主要是学生的平时作品和形成性的检查表格,记录了学生的日常行为,是对学生较为全面、客观的观察与评价。
- 评估型。指由教师按照一定的标准建立的学生作品集。
- 课堂型。指教师根据学年度的课程和教学计划,对学生的学习情况和学习成绩进行综合型评价,包括教师的课程和教学计划,教师对学生表现的总结或教师评语。

在对课程的学习进行评价的时候,可根据课程的实际情况选择最适合的一种或几种档案袋评价类型来进行学习评价。这里以过程型档案袋评价法为例介绍一下评价的内容。

1) 建立档案袋

在建袋初期,教师通过讲座等途径向学生介绍档案袋,展示自己制作的档案袋样例,同时提醒学生,档案袋是一种评价工具,让学生了解档案袋的评价意义和内容构成。

确定档案袋收集的内容,指导学生在收集材料时应分门别类,按不同内容建立有层次、易管理的档案袋,并为学生提供清楚详细的操作指南。

2) 确定评价标准

根据档案袋评价内容确定评价标准,对每个被评价内容制订详细的评价表格并留档,通过教师评价、生生评价和自我评价,全面、客观地评价学生的学习情况,关注学生各方面才能的发展和学生向预期目标进步的过程。

另外在评价上,将终结性评价的考试与档案袋评价相结合,既用分数来检测学习的效果,又关注了学生的学习过程,重视了学习技能、心理变化、情感态度和学生自我反省等因素所带来的影响,因而能比较综合地反映学生在某一阶段的总体的学习效果,使学生与教师都能在评价后收获属于自己的成功与希望,同时也收获进步与发展。

3) 评价总结

针对不同课程的内容,在进行档案袋评价的过程中,适时地对某一阶段或某一项目的档案袋内容进行评价总结和展示,这种评价活动贯穿档案袋评价法实施始终。

2. 典型案例

以"汽车电气与电子技术"课程为例。学业成长档案袋法是该课程在学生学习评价中使用的评价方法之一,是以过程性档案袋的形式来对学生的学习过程进行评价并留档。

首先将档案袋收集的内容告诉学生,即把每个项目包含的所有工作任务单完成并整理后放入个人档案袋。具体工作任务单内容如图 7-9 所示。

班级:　　　姓名:　　　学号:　　　　　　　　　　　档案袋存档

工作任务 3-1　分析诊断大灯系统故障

任务说明

让学生通过对汽车大灯系统的组成和工作原理的学习,能够绘制大灯灯光的电路图,再根据电路图对大灯系统故障进行诊断与分析。

任务操作

1. **实车拆装大灯组件**

   (1) 查询 Elsa 系统,制订大灯的拆装工作流程,并整理记录。
   (2) 拆装奥迪 A4L 和 A6L 的大灯。
   要求:各组将工作过程拍照并上传到学习通 App 的分组任务中。

2. **实车分析诊断时近光灯无法点亮故障**

   根据大灯系统电路图,使用 Elsa 系统软件和 VAS6150 诊断仪对近光灯无法点亮故障进行诊断与排除,总结诊断排除过程步骤,并记录。

评价要求

评分项	得分条件	评分标准	配分	扣分
作业安全、职业操守	(1) 能进行工位 5S 操作(2分) (2) 能进行设备和工具安全检查(2分) (3) 能进行车辆安全防护操作(2分) (4) 能进行工具清洁、校准、存放操作(2分) (5) 能进行作业过程规范操作(2分)	依据得分条件进行评分,未按要求完成再扣分,扣分不得超 10 分	10	

图 7-9　具体工作任务单内容

评分项	得 分 条 件	评分标准	配分	扣分
应用技能、操作技能	能正确检测照明系统电路，找出灯泡不亮的故障点（总分：20分）。 （1）能确认不亮的灯泡位置及名称（4分） （2）能通过摇晃灯丝或目视方式检查灯泡灯丝有无烧损（4分） （3）能正确使用电压挡或导通档检测保险丝是否损坏（4分） （4）能正确使用电压挡、导通档检测线束是否损坏（4分） （5）检修的线束无金属暴露，且包扎牢固，手法正确（4分）	依据得分条件进行评分，未按要求完成再扣分，扣分不得超20分	20	
拆装作业、维修作业	能正确检测大灯系统电路，找出灯泡不亮故障点（总分：25分）。 （1）检查大灯系统工作情况（5分） （2）查找不亮的大灯灯泡，并检查灯泡是否损坏（5分） （3）根据电路图检测照明系统电路保险丝（5分） （4）根据电路图检测照明系统线束（5分） （5）更换故障保险丝、继电器或检修线束（5分）	依据得分条件进行评分，未按要求完成再扣分，扣分不得超25分	25	
资料应用、资讯检索	（1）能正确使用维修手册查询照明系统的电路图并记录相关信息（3分） （2）能正确记录所查询资料章节页码并记录相关信息（2分）	依据得分条件进行评分，未按要求完成再扣分，扣分不得超5分	5	
工具及设备的使用能力	（1）能正确选用维修工具（2分） （2）能正确使用维修工具拆装（2分） （3）能正确使用多功能万用表（2分） （4）能正确使用背插针（2分） （5）能正确使用黑胶带检修线束（2分）	依据得分条件进行评分，未按要求完成再扣分，扣分不得超10分	10	
诊断分析、检测分析	能判断照明系统的故障原因（总分：25分）。 （1）能判断灯泡是否正常（5分） （2）能判断大灯系统控制电路是否正常（10分） （3）能清晰说明大灯系统故障原因（10分）	依据得分条件进行评分，未按要求完成再扣分，扣分不得超25分	25	
表单填写与总结的撰写能力	（1）字迹清晰（2分） （2）语句通顺（1分） （3）无错别字（1分） （4）无抄袭（1分）	依据得分条件进行评分，未按要求完成再扣分，扣分不得超5分	5	

图 7-9（续）

评价表格

学生完成上述所有训练任务后,应该对照评价标准,对下表列出的各项内容做出总体评价。

评价内容	教师评价		生生互评		自我评价	
	已经掌握	还要进一步训练	已经掌握	还要进一步训练	已经掌握	还要进一步训练
(1) 大灯组件的拆装方法 (2) 近光灯不亮故障的诊断方法						

任务总结

图 7-9（续）

三、表现性评价法

1. 表现性评价法介绍

表现性评价就是教师让学生在真实或模拟的生活情境中运用先前所获得的知识解决某个问题或创造某种东西,以考查学生对知识与技能掌握的程度,以及实践、问题解决、交流合作和批判性思考等多种复杂能力的发展状况。评价时教师可以根据事先预定的评价标准来评价学生的行为表现,评价目的不是给学生分等级,而是便于评价者通过观察,记录学生的行为表现,对学生已掌握的知识内容、技能水平以及情感给予评价。它是通过完成一些实际的任务,诱导出学生的真实表现,以此评价学生掌握和运用知识与能力的方法。表现性评价的形式可以有多种,主要包括建构式反应题、书面报告、作文、演说、操作、实验、资料收集、作品展示等。

在学业成就评价中,表现性评价主要分为限制型表现性任务和扩展型表现性任务。

(1) 限制型表现性任务。限制型表现性任务在学生学业评价中出现的频率较高,具体的任务如大声朗读,设计一个表格,操作一个实训设备等,主要是考查学生对课程所要求的技能掌握程度。限制型表现性任务对评价的任务、目标有非常明确的要求,而且对被评价者的行动做了一定的限制。

(2) 扩展型表现性任务。如建造一个模型,收集分析和评估数据,创作一幅画,完成一个实操任务和完成一个作品等,扩展型表现性任务是从任务完成过程和方式到最后结果的总结形式都没有明确的规定,因而相对复杂。在任务完成的过程中,会涉及多种技能或能力,以及较复杂的认知过程,一般包含对理解能力、问题解决等深层能力的评价。在这一过程中,学生可以自由展示他们选择、分析、综合和评价各种信息的能力,以及对探究结果的判断、组织和创造能力。

2. 典型案例

以"汽车维护与保养"课程为例。表现性评价法是该课程在学生学习评价中使用的评价方法之一,是以扩展型表现性任务的形式来对学生的职业素养、操作能力、资料应用能力、分析能力和总结能力进行评价。

这里以课程的一个发动机机油更换的操作任务为例,说明扩展型表现性评价方法的应用,如表7-3和表7-4所示。

表7-3 工作任务与工作内容

工作任务	工 作 内 容
发动机机油认知	(1) 试讨论机油在正常使用条件下变质的原因(车辆无故障) (2) 试讨论机油在非正常使用条件下变质的原因(从导致机油变质的故障分析)
更换发动机机油操作	步骤一:升车前工作 步骤二:升车后工作 步骤三:落车后工作

表7-4 扩展型表现性评价方法

评分项	评 分 项 目	评分标准	配分	扣分
职业素养	(1) 能进行工位5S操作(2分) (2) 能进行设备和工具安全检查(2分) (3) 能进行车辆安全防护操作(2分) (4) 能进行工具清洁校准存放操作(2分) (5) 能进行作业过程规范操作(2分)	依据得分条件进行评分,未按要求完成再扣分,扣分不得超10分	10	
操作能力	能正确操作发动机机油的更换(总分:40分)。 (1) 能制订机油更换工作流程(5分) (2) 能正确操作举升机(5分) (3) 能正确使用工具(5分) (4) 能正确拆卸发动机放油螺栓,并排放机油(5分) (5) 能正确安装发动机放油螺栓(5分) (6) 能正确拆卸和安装发动机机油滤清器(5分) (7) 能正确加注机油(5分) (8) 能正确检查机油油位(5分)	依据得分条件进行评分,未按要求完成再扣分,扣分不得超40分	40	
资料应用能力	(1) 能正确使用维修手册查询发动机机油更换步骤并记录相关信息(8分) (2) 能正确记录所查询资料章节页码并记录相关信息(2分)	依据得分条件进行评分,未按要求完成再扣分,扣分不得超10分	10	
分析能力	能判断润滑系统的故障原因(总分:30分)。 (1) 能判断机油是否正常(10分) (2) 能判断润滑系统常见故障(10分) (3) 能清晰说明润滑系统故障原因(10分)	依据得分条件进行评分,未按要求完成再扣分,扣分不得超30分	30	

续表

评分项	评 分 项 目	评分标准	配分	扣分
总结能力	（1）字迹清晰（2分） （2）语句通顺（2分） （3）无错别字（2分） （4）无抄袭（4分）	依据得分条件进行评分，未按要求完成再扣分，扣分不得超10分	10	

四、增值性评价法

1. 增值性评价法的内容

在职业教育情境下，所谓"增值"是在控制生源质量、家庭背景、社区环境、区域经济差异等不受学校改变的因素后，由学生接受职业教育所带来的个体发展成果，增值评价就是对职业教育影响个体发展程度的测量。【论增值评价对职业教育高质量发展的意义】

（1）职业核心能力增值。对于高职学生增值的评估应当包括两个部分——一般认知技能和专业技能，也就是职业的核心能力的增值。通过对专业知识的学习，不断提升学生的专业技能水平，通过实践操作的练习，使动手操作能力得到了极大的提高。一般认知技能主要考察逻辑推理能力、书面交流能力、记忆能力等，可以采用标准化测试来收集本校学生的认知发展信息。专业技能可以通过各类技能和实操测试来考察。

（2）职业素养增值。职业素养主要包括职业道德、职业行为、职业作风、职业意识等，通过对职业院校学生职业素养的增值评价，使之获得积极的情感体验，树立正确的人生态度，提高职业素养，这也是职业教育的增值成果。职业素养一般体现在相应课程的实践操作项目中，可以通过课程的相关操作项目，制订相应的评价指标来进行考察。

（3）社会价值增值。对于职业院校的学生来说，社会价值的增值主要是体现于未来在就业市场方面的竞争力、毕业后的职业发展和收入情况，以及为社会所创造出来的价值。社会价值增值的评价可以通过毕业生就业追踪调查问卷的形式来了解学生毕业后的发展状况。

2. 典型案例

以"建筑施工技术"课程中职业核心能力增值评价为例。

将课程项目库中的实训任务按建筑规模、面积大小、复杂程度等进行难度属性梯度分级，从难度最低的一级到五级共分为5个难度梯度，其中一级到三级为课堂梯度任务，四级为闯关任务，五级为技能大赛任务。利用课程平台，建立每个学生的评价档案，并对学生进行画像诊断分析。结合前导课程成绩确定初始任务考核节点，在后续任务中根据评价公式

$$\left[\alpha = \frac{当前任务成绩(n+1) - 前一个任务成绩(n)}{前一个任务成绩(n)} \times 100\%\right]$$

进行考核点达标测试。对达到考核点的同学给予鼓励和表扬，并协商提高考核点难度梯度；对未能到达考核点的同学，教师团队分析原因，及时调整教学策略，即降低任务难度或安排同学组队学习。增值评价结果展示如图7-10所示。

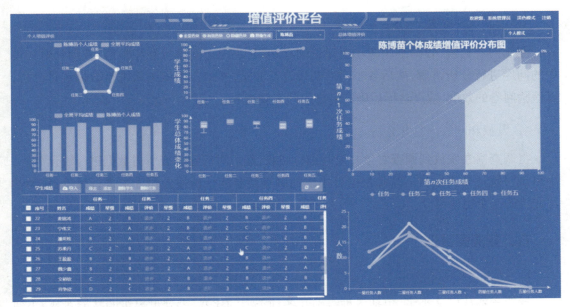

图 7-10　增值评价结果展示

五、问卷调查法

问卷调查法是指通过书面形式,使用严格设计的问题或表格收集研究对象的资料,并对调查结果进行研究分析的社会调查方法,是实证研究中研究者用来收集资料的一种常用方法。

问卷调查法在教育研究领域中的应用对象主要分为三种,分别是学生、教师及家长。研究内容涉及非常广泛,包括学生的学习态度及评价、教师的职业认同、家长的满意度等多个方面。相对来说,问卷调查法在学科教育中的应用较少,大多数应用于教学评价及学生心理健康教育。

对于职业院校的学生评价来说,问卷调查法主要应用在课程的项目或章节中,用来评价学生对该章节内容的掌握程度,并对调查结果进行分析,为课程的教学设计提供改进的依据。调查问卷内容既可以由学生以小组的形式来完成,也可以由教师来制作问卷内容。

1. 布置问卷调查内容

教师根据课程内容,选取适合做问卷调查的项目或章节给学生布置问卷调查的内容和要求。

2. 学生完成调查问卷设计

学生根据调查问卷的要求,通过小组讨论,先进行前期准备,即明确问卷调查的核心概念和研究目的,了解调查对象特点,确定问卷类型和统计方式,然后进入初步探索阶段,通过收集资料,获取相关信息,尝试题目编写。

3．编制调查问卷

编制问卷初稿,教师组织各小组讨论问卷初稿,小组之间进行互相学习,教师针对初稿中的问题进行分析讲解,然后各小组对初稿进行测试,并结合测试结果进行数据统计分析,以检验问卷的效度,效度达标后确定最终的问卷调查表。

4．发放和回收问卷并分析

将调查问卷发放到调查对象并及时进行回收,然后对问卷调查所得数据进行统计分析,小组撰写统计分析报告。教师根据各小组的调查问卷和分析报告对学生进行评价,作为学习评价的一个组成部分。

六、技能竞赛法

1．技能竞赛法的内容

技能竞赛从广义来讲,包括各种级别和各种类型的比赛,大到世界级的技能竞赛,小到班级内的技能竞赛。技能竞赛法能从高职院校学生的实际出发,以学生为主体,提高学生掌握多门专业课的理论知识和专业技能的热情,更好地调动他们的学习主观能动性。通过技能竞赛的评价方法,把竞争机制引入课程学习之中,即根据课程内容或课程相关的国家级技能大赛的比赛内容来设计技能竞赛项目,让参与的学生以小组为单位展开技能竞赛,并把竞赛成绩作为学习评价的重要组成部分。

以下以小组之间的比赛为例,介绍技能竞赛法的实施过程。

(1) 赛前预热。根据课程特点,确定比赛的范围,然后以小组为单位,布置赛前准备内容,对即将要比赛的内容进行知识和经验的归纳、总结、分析,掌握实际工作所大致经历的步骤,对比赛所需设备、仪器、工具等有所了解。并随机对学生准备情况进行抽查,避免滥竽充数的现象出现。赛前准备工作可以利用课余时间来完成。

(2) 确定赛项。教师根据给定的比赛范围,确定赛项内容,制定比赛规则,制作比赛评分标准,评分标准分为客观评分表和主观评分表,尽量做到评分的客观公正。

(3) 赛中实施。利用课堂时间,针对赛前发布的比赛内容或项目进行小组竞赛。比赛评分可采用小组互评和教师评分,小组互评使用客观评分表,教师评分采用主观评分表。参赛小组按照比赛项目在规定时间内完成比赛。

(4) 赛后点评。针对比赛过程,各小组进行自评,总结各自在比赛中的优势和不足,教师针对比赛当中存在的问题进行解读分析,进一步强化知识和技能。

2．典型案例

以"汽车底盘技术"课程为例,技能竞赛法是该课程在学生学习评价中使用的评价方法之一,是以课中小组 PK 赛的形式来对学生的职业素养、操作能力、分析能力和总结能力进行评价。

这里以课程的一个前轮制动摩擦片检查与更换项目作为小组竞赛项目为例,说明扩展型表现性评价方法的应用。制动系统检测与维修项目是世界技能大赛的比赛项目之一,在本次小组竞赛中评分标准参照世界技能大赛的评分标准进行评分。

根据课程特点,利用课外时间,对比赛相关事项进行充分准备,锻炼学生的组织能力。在确定比赛范围后,制定比赛规则和相关评分标准,利用课中时间完成小组竞赛。竞赛的评分标准如表 7-5 所示,其中客观分由小组之间互评,主观分由教师评价。

表 7-5 汽车底盘技术前轮制动摩擦片检查与更换评分表

小组名称			比赛时间	30 分钟	实际用时		
实训车辆		奥迪 A4L 2017 款 2.0T					
评分小组签字					教师签字		
属性	技能项目	评 分 点		说 明		配分	得分
客观分	组织和安全 (20 分)	需要时佩戴手套和眼镜等个人防护用品				4	
		安全使用举升机		举升后操作前总是锁止		5	
		使用车内外防护		工作前完成了全部车辆防护		3	
		正确使用工具,工具车辆无损坏		套筒/螺母掉落 3 次/个及以下不扣分,工具不可掉落		4	
		恢复整理工作场地		恢复整理工作场地、设备、清洁工具		4	
	检查制动器 (20 分)	检查制动管路是否漏油并记录		裁判人员根据实车情况和记录情况进行评分		5	
		检查制动摩擦片厚度并记录		裁判人员根据实车情况和记录情况进行评分		5	
		检查制动盘厚度并记录		裁判人员根据实车情况和记录情况进行评分		5	
		检查轮胎花纹深度并记录		裁判人员根据实车情况和记录情况进行评分		5	
主观分	更换摩擦片 (60 分)	正确拆卸车轮		根据工作量确定分值,分值大的会拆分评分点。按照手册要求评判维修工作,完全规范才能得分		8	
		正确拆卸制动器				8	
		正确拆卸摩擦片				8	
		正确更换摩擦片				8	
		正确安装摩擦片				10	
		正确安装制动器				8	
		正确安装车轮				10	
		合 计				100	

赛后,教师针对比赛中存在的问题进行点评总结,进一步强化知识和技能。

第八章 教学资源开发

　　教学资源一般指代媒体素材、课件、案例等服务于教师课堂教学和学生自主学习的素材类资源。教学资源的开发是课程建设的关键基础，更是达成教学目标的重要保障。但是，随着数字化的普及与发展，教学资源的种类和形式越来越多样化，其开发方式也在不断变化。为了使得教学资源的开发有章可循，本章从理论出发，探讨教学资源的内涵与特征，总结教学资源的主要类别，解读教学资源开发的五大原则，介绍教学资源开发的主要流程。最后，基于理论基础，从理工类、文科类和公共基础这三大专业类型中精选四门优秀课程实例，分别介绍其教学资源开发的基本情况和特色亮点。

第一节　教学资源的内涵与特征

一、教学资源的内涵

　　教学资源是指一切能够有效提高教学效果，为达成教学目标所提供保障的各种软硬件条件的总和。一般而言，教学资源包括教学大纲、演示课件等教学素材，以及教学教具、信息系统等。教育部于2000年起草并制定的《教育资源建设的技术规范》中指出，教育信息化的基础在于教学资源建设，而教学资源建设的基础则在于素材类资源建设和网络课程建设。其中，素材类资源主要分为八大类，包含媒体素材、题库、试题、文献资料、课件、案例、常见问题解答和资源目录索引。随着信息化教学的不断发展和数字化的不断普及，现代教学资源的形式越来越多样化。

　　从宏观上看，教学资源的建设与开发符合国家和社会的发展需求。中华人民共和国教育部在《国家中长期教育改革和发展规划纲要（2010—2020年）》文件中特别指出："加强优质教育资源开发与应用，加强网络教学资源体系建设。建立数字图书馆和虚拟实验室。建立开放灵活的教育资源公共服务平台，促进优质教育资源普及共享。"面向社会需求，优质教学资源的共享能够有效推动社会教育公平发展和质量提升。

　　从微观上看，教学资源的建设与开发符合其所服务的三方主体的需求（即学生、教师及资源共享者）。首先，对于学生而言，独立的颗粒化教学资源有助于学生从被动接收课堂知识转变为通过自主学习获取新知识，从而激发学生的学习热情和兴趣，提高学习效果。其次，对于教师而言，依据课程标准和教学内容所开发的教学资源能够更加有效地支撑课堂教学，辅助教师最终达成教学目标，提升教学的质量。最后，对于资源共享者而言，通过网络直接进行在线学习,可以随时随地获取优质的教学资源并反复使用,有效满足了人民群众新时代的教育需求。

于公于私,教学资源的建设都是各级各类院校信息化建设中的一项重要内容。对于职业教育而言,教学资源建设是利用信息化带动职业教育现代化的重要手段,是推进线上线下混合式教学实施的重要载体。教学资源建设的宗旨,便是为了能够更好地服务于学生的自主学习,更好地服务于教师的课堂教学,更好地服务于资源共享者的在线学习。

二、教学资源的特征

教学资源首先是一种人类教学实践活动中存在的资源形态,它具有所有资源的一般特征和共同特征,如"资源有限性"和"资源分布不均衡性"。同时,从教学资源所属的种类看,教学资源是一种指向"教学"的资源,其与教学活动有更多的关联,因此其资源的一般属性要与教学活动的特殊属性相互匹配和协调。再者,教学活动是在众多教学资源要素的协同作用之下才能将教学活动引向深入和持续,单一的教学资源的参与并不能形成真正意义上的教学活动。况且,从人类教学活动的发展历史来看,不同历史阶段对于教学资源的认识和使用又存在很大迥异,这就需要从发展的眼光看待教学资源。在《教学资源及其优化问题研究》一文中,指出教学资源具有明显的多样性、实践性、协同性、指向性、时代性、开放性和可开发性等主要特征,随着信息技术的快速发展,相关特征也产生了一些变化。

1. 多样性

教学资源的多样性不仅仅指参与教学活动的资源的存在的多样性,也是在教学资源运行中所呈现的过程的多样性,以及教学资源所呈现的层次的多样性。特别是随着教学环境的升级,VR、AR、MR、全息投影、裸眼3D等新技术的融入,教学资源变得越来越丰富,呈现方式更加多元。而且即使相同的资源,不同的老师使用,针对不同的对象,采用不同的方法,也会有不同的呈现方式。

2. 实践性

教学资源作为教学活动的依托,从其产生、形成和发展都体现在鲜活的教学实践当中,围绕着具体教学目标的实现,也就彰显出强烈的实践性特征。从某种意义上来讲,教师教学水平的高低就体现在对教学资源的认识和运用水平的高低。真正优秀的教师,是那些身处教学实践,对教学资源认识深刻、把握精准和运用娴熟的教师。如果教师使用教学资源的意识强,教学资源的指向性明确,参与教学的资源品类丰富,运用教学资源的艺术化程度高,教学就能收到事半功倍的效果。教学活动也会因为参与的资源层次不同而表现出不同的层次和境界。因此,课堂实践也就成了检验教师教学资源的认识与能力的主要场域。只有经过教学实践检验的教学资源,才能真正反映教学资源的价值,也才能体现教学资源的魅力。

3. 协同性

教学资源的协同性就是要发挥各种资源的优势,达成取长补短、优势互补、相互协同的作用机制,产生教学效果的最大化与最优化。教学是由一系列教学要素构成的一个完整系统,这就要求教师在教学过程中必须协调好各种资源。随着新一代信息技术融入教学的各个环节,我们在教学过程中使用的软硬件资源越来越多,越来越复杂,很多教学资源是依赖于特定的教学设备的,需要软硬件协同才能发挥最大的作用。

4．时代性

教学资源的时代性特征是人类教育事业和教学活动发展过程中所蕴含的重要特征,随着技术的发展,教学资源的呈现方式、传播方式、使用方法等也在逐步变迁。从人类教学活动的历史中,我们可以清晰地感受到教学资源的时代特征。

5．开放性

教学资源的开放性指用于教学的资源需要不停地更新迭代,人类处在一个知识爆炸的时代,特别是人工智能技术的发展,让知识更新换代的速度不断加快,所以教学资源必须具有开放性,能够及时升级迭代,才能促进教学目标达成,满足人才培养的需求。

6．可开发性

教学资源作为参与人类教学活动的一种资源形态,其与一般意义上的资源有着某种共通理解和特征,那就是所有的资源都具有可开发性。这主要是由于人类对于教学认识的不间断性所致,以前忽视的或者是没有被视为教学资源的事物,最后随着人们认识的逐渐深化,慢慢地被纳入教学资源的范围,从而成为新出现的教学资源。

随着移动通信技术、人工智能、大数据、云计算、物联网、虚拟现实等数字技术创新日益加速,教学资源也产生了如下的发展趋势。

1）资源数字化

数字技术创新日益加速,以前所未有的方式影响社会生产、生活和学习。数字化教学资源是数字时代专业建设的基本内容,可以大大拓展专业服务社会的范围和能力。围绕特定专业建设数字化教学资源库可以对专业人才培养形成整体性的支撑。在数字化转型的背景下,各种教学内容都向数字化转变,如传统的教材向数字教材转变,很多线下实践教学环节也利用虚拟现实实现仿真演练。

2）生产智能化

生成算法、预训练模式、多模态等AI技术累计融合,催生了生成式AI(AIGC)的大爆发,有望塑造数字资源内容生产新范式。目前ChatGPT、Midjourney、Notion AI等AIGC产品已经在很多领域得到广泛的使用,成为未来互联网的内容生产基础设施。

3）内容微型化

移动网络及终端的普及让移动学习深入我们的工作和生活,在课堂之外的其他地点如办公室、公交车上、地铁等待时可以利用移动设备随时随地地进行学习。移动学习有其随时随地、便捷性、学习内容碎片性等特点,所以应运而生的是学习资源的微型化,如以微课为代表的教学资源,以其短小精悍的特点得到广大师生的高度认可,目前已经是主要的学习资源。

4）分享便捷化

开放、共享是移动互联网精神内核，任何用户任何时候都可以把内容分享出去。在互联网＋时代，只有适合网络传输的教学资源才有生命力，依托于各教学平台和社交软件，师生之间可以进行便捷的资源共享。

5）应用移动化

随着移动设备的普及，移动学习成为日常工作生活的一部分。所有教学软件、教学资源开发的时候，都需要优先考虑移动端的适配性。

6）场景虚拟化

随着 XR 技术的快速发展，各种采集设备的快速完善，3D 场景的采集变得越发简单，传统的平面资源已经满足不了教学的需求，全景资源、3D 场景已经日益普及，利用 XR 技术创设教学场景，已经成为未来的一个趋势。

7）分析智能化

随着大数据、人工智能技术的快速发展，学习者的行为分析越发完善，根据学习者画像实现资源自动推荐已经在很多软件中实现，未来智能推荐、精准学习将逐步实现。

8）管理集中化

目前的数字化学习资源格式众多，特别是虚拟仿真资源，缺乏统一标准，资源过于分散，难以管理，而且重复建设，一堂课的教学资源有可能来自多个教学平台。未来统一技术标准，实现资源的集中化管理将是一个趋势，如目前正在建设的国家数字教育资源公共服务体系，国家枢纽连通国家教育资源公共服务平台和所有省级体系。

9）存储云化

随着云计算的成熟，各高校有的自建私有云，有的购买公有云，各种教学资源系统纷纷上云，云计算特有的虚拟化技术、动态可扩展、按需部署、灵活性高、可靠性高、性价比高、可扩展性等特点，解决了教学资源的快速增长问题。

10）交互多元化、可视化

随着 XR 技术发展，特别是元宇宙＋教育技术的发展，教学资源互动性更强，更加多元，沉浸式的人机交互、人人交互、虚实互动将成为常态。

第二节　教学资源的分类

一、依据资源性质分类

性质是一种事物区别于其他事物的特有属性，它是比较稳定的。根据资源的性质特征，可以分为内容类资源、工具类资源、生成类资源。

内容类资源是围绕具体的教学目标，以不同形式存在的各类信息资源或资源包，包括学生和教师在学习与教学过程中所需要的各种媒体素材、教学视频、教学设计、模拟演示软件、网络课程、3D 模型资源、补充材料等。

工具类资源是师生使用该类资源能够进行探究性学习、协作学习,或者依托这些资源能够产生新的教学资源,这一类资源称为工具类资源,包括通信工具、直播教学工具、思维导图构建工具、在线文档协同工具、信息检索工具、知识构建与可视化工具、协作交流工具、问题解决工具、虚拟体验工具、学习管理与评价工具、智慧课堂实施支撑工具、移动学习支持工具、教学研究工具等。工具类资源作为教学的支撑系统,作为内容类资源与学习者沟通的途径,提供了底层的支持。

生成类资源是在教与学的过程中,生生、师生的交互会产生一系列的资源,这些资源作为过程性的数据,对后续的教学提供参考支持。这一类资源主要包括依托录播系统沉淀下来的课堂实录资源,依托教学平台生成的学习过程记录、讨论主题、答疑、作业、考试等。

二、依据资源功能分类

根据教学资源在教学过程中的功能作用,可以分为辅教和助学两大类。

根据教学资源使用场所的不同,可以分为线上教学资源和线下教学资源。

《实用教育技术》一书中,从支持学生学习的角度,将信息化学习资源(主要考察的是软资源)分为获取类、授导类、交流类、合作类、探究类、表达类六种学习资源,各类学习资源分别对不同的知识转换形式提供支持。

- 获取类:包括搜索工具、下载工具、教育网站、数据库、数字图书馆、电子书籍、电子期刊、电子百科、电子软件库。
- 授导类:电子讲稿、课件、模拟演示、操练和练习、个别授导、智能导师、网络课程、电子测试。
- 交流类:电子邮件、社交软件、即时聊天、聊天室、电子论坛、专家网站、博客网站、直播平台。
- 合作类:群组、网络会议、网络研讨会、文件共享、虚拟社区。
- 探究类:教学游戏、仿真软件、虚拟现实、混合现实、虚拟实验室、数据处理、思维可视化等。
- 表达类:自我记录、文字处理、多媒体演示、设计绘图、音乐演奏、视频创作和改编、动画创作、网页发布、3D建模、虚拟现实引擎。

三、依据资源属性分类

属性一般是一种可被归类的性质。属是归属,即归类的范畴。

根据媒体类型,参考 CELTS-41.1 分类,可以分为以下类别。

- 媒体素材:传播教学信息的基本材料单元,可分为文本类素材、图形/图像类素材、音频类素材、视频类素材、动画类素材、思维导图、3D模型类素材。
- 试题:测试中使用的问题、选项、正确答案、得分点和输出结果等的集合。
- 试卷:用于进行多种类型测试的典型成套试题。
- 课件:对一个或几个知识点实施相对完整教学的用于教育、教学的软件。根据运行平台划分,可分为网络版的课件和单机运行的课件。网络版的课件需要能在标准浏览器中运行,并且能通过网络教学环境被大家共享;单机运行的课件可通过网络下载后在本地计算机上运行。

- 案例:指由各种媒体元素组合表现的有现实指导意义和教学意义的代表性事件或现象。
- 文献资料:指有关教育方面的政策、法规、条例、规章制度,对重大事件的记录、重要文章、书籍等。
- 网络课程:通过网络表现的某门学科的教学内容及实施的教学活动的总和,它包括两个组成部分,即按一定的教学目标、教学策略组织起来的教学内容和网络教学支撑环境。
- 常见问题解答:针对某一具体领域最常出现的问题给出全面的解答。
- 资源目录索引:列出某一领域中相关的网络资源地址链接和非网络资源的索引。
- XR应用:指通过计算机、人工智能等技术以及可穿戴设备产生的一个真实与虚拟结合、可人机交互的环境,包括支撑应用的软硬件资源。XR(扩展现实)包括VR(虚拟现实)、AR(增强现实)和MR(混合现实),被称为未来虚拟现实交互的最终形态。

第三节　教学资源开发原则

一、契合性

从教学资源建设的宗旨中不难看出,任何形式的教学资源在开发时都应必须坚持契合性原则,即契合课程的教学目标和学生的学习特点。

1. 契合课程的教学目标

教学资源的开发需要基于一定的教学目标,有针对性地围绕若干个知识点或技能点有序重构,用于解决教学过程中的重、难点问题。课程标准的制定明确了一门课程的定位、教学目标、整体设计、教学内容以及实施建议。教学资源作为课程实施建议中不可或缺的部分,其整体设计理所应为教师达成教学目标所服务。

教学目标中知识目标、能力目标和素质(思政)目标对于教学资源的要求有所差异。为达成知识目标所服务的教学资源应多以动画、微课、增强现实(AR)等形式开发,将知识难点以通俗易懂的方式表达展现,辅助学生理解相应知识点。为达成能力目标所服务的教学资源应多以项目案例、虚拟仿真实验等形式开发,通过对技术技能的实际应用场景模拟仿真,培养学生掌握相关技能点。为达成素质(思政)目标所服务的教学资源应该注重资源的内容组织设计,通过将思政元素有机融入教学资源中,潜移默化地培养学生的职业素养和家国情怀。

2. 契合学生的学习特点

教学资源的开发应坚持"以学生为中心"的教学理念，遵循学生身心发展规律和教育规律，满足学生多样化需求的学习方式，激发学生的学习热情，提高学习效率和学习效果。

学生作为教学资源的主要使用群体，通常具有学习主观能动性不强，学习时间碎片化等学习特点。结合学生的学习特点，教学资源的开发应适当地增加故事性、趣味性，以激发学生的学习兴趣，引导学生认识到他们才是课堂的主人，提高自主学习的积极性。与此同时，教学资源应能够有效扩展学生的学习时空，使得学生不受课堂场地和时间的约束，随时可以共享使用教学资源，提高教学资源的利用率，满足不同层次学生的需求，便于自主学习。

二、科学性

教学资源在开发时必须坚持科学性原则，注重资源的专业性、规范性、合理性。其根本原因在于教学资源是学生在教学过程中获取知识技能最直接的途径，如果资源在建设过程中没有坚持科学性，技术使用不规范合理，将会直接影响学生的学习效果和教学目标的达成度。教学资源的科学性包括资源的内容组织的科学性和技术使用的科学性。

1. 坚持内容组织的科学性

不论是自然科学、人文科学还是社会科学的课程，开发教学资源时都需要确保资源中出现的文字、图片、表格、概念、符号等内容能够准确地反映客观事实。为了保障教学资源的内容不出现低级的科学性错误，教学资源的开发必须有专业老师参与建设和审查。

坚持内容组织的科学性，除了保证资源内容符合科学和事物发展的客观规律之外，还需把好内容的政治关。教学资源的开发应该具有政治严肃性和原则性，不能偏离国家当前的政策方针。

2. 坚持技术使用的科学性

教学资源的建设过程要遵循技术标准的规范性和合理性。规范性是指资源需要符合常见的、通用的资源技术标准，才能够有效实现资源共享。例如，适合在主流智能终端和网络播放的视频资源常见格式为 MP4、WMA 等。如果采用较为罕见且不方便转化的 MKV 格式进行视频资源的建设，会严重影响该资源的使用和共享。

合理性是指教学资源开发时应该避免"唯技术论"，不能为了追赶热点而盲目使用流行的技术。例如，对于不适用虚拟仿真、虚拟现实等新技术的课程而言，如果执意开发此类型的教学资源并不能够有效提高教学效果，违背了科学性原则。

三、数字化

随着数字技术的不断发展，职业教育走向数字化转型已成为必然趋势。在此趋势下，教学资源的开发必须坚持数字化原则。数字化教学资源是支持学习过程的数字化媒体的总称。数字化原则指的是数字化资源在开发过程中应利用数字化资源的特性，突出教学资源的创新性和交互性。

1. 突出创新性

数字化技术的发展和普及推动了教学资源的内容创新、形式创新和技术创新等。相较于传统资源,数字化教学资源在开发时应突出教学资源的创新性,用于解决教学过程中的重、难点。

例如,由于存在安全隐患或设备成本过高等原因,智能制造、机械工程等许多工科类课程中工作任务的实训教学无法让学习者直接参与体验。对于这类不方便直接开展实训教学的课程,其教学资源的开发应利用虚拟现实等新兴计算机技术构建出接近真实的工作任务的虚幻化场景和实验条件,使得学习者获得沉浸式的教学体验,有效解决复杂职业情境下教学任务的难点。

2. 突出交互性

交互式技术能够使学生通过交互实践来学习,获得反馈后不断改进理解并构建新知识。但传统的纸质教学资源受到资源存在形式的局限性,缺乏应有的交互性,无法有效支持教师的课堂教学和学生的自主学习。为了解决这一问题,数字化教学资源在开发时应突出教学资源的交互性。

数字化教学资源开发的交互性既包括人与人之间的交互(即教师与学生、学生与学生),也包括人与物之间的交互。例如,在微课视频资源的开发中适时地插入互动问题,在课堂教学活动中利用与课堂启用演示课件资源的弹幕功能,都能够有效提高教师与学生之间的实时互动,获得及时的反馈;在数字化教材中增加拓展资源的二维码,能够有效增加学生与教材之间的交互,提高学生自主学习的效果。

四、实用性

为了避免出现开发的教学资源学生不愿用、老师不好用、教学资源出现只建不用的情况,教学资源在建设中需坚持实用性的原则。以颗粒化、系统化的方式开发教学资源,能够有效提高教学资源的实用性。

1. 颗粒化

颗粒化是指以教学目标为依据,将教学内容分为相对独立的教学颗粒,并以教学颗粒为基础开发颗粒化教学资源。对于教师而言,其能够根据学情分析自由选择并组织相对独立的颗粒化教学资源,用于设计课堂教学活动,极大地提高了教学资源的实用性和教学效果。对于学生而言,颗粒化教学资源能够使其在注意力高度集中的时间内(20分钟左右),通过碎片化学习方式充分利用资源开展自主学习,提高学习效果。

需要特别注意的是,教学颗粒的划分应适度,既不能将教学内容切割得过于琐碎,使得资源难以组织,也不能划分得过于粗犷,使得学生不好消化。只有保障了科学性和有效性,才能够切实提高颗粒化资源的实用性。

2. 系统化

系统化是指教学资源的开发应该以教学目标为依据进行整体统筹和建设。一门课程的教学资源可能以案例、微课、动画等多种形式存在。基于系统化开发教学资源，尽管资源有不同的表现形式，但其设计思想上保持了一致性，有效避免了教学资源脱离课堂教学，提高了资源的实用性。反之，如果教学资源的开发是零散孤立，各自为政的，将会大大降低资源的实用性。

五、支撑性

学生、教师以及资源共享者是教学资源的建设主要服务的对象。因此，教学资源的开发应坚持支撑性，以保障对教学实施过程和资源共享平台的支撑。

1. 对教学实施过程的支撑

教学资源的建设，应以教学设计为前提。教学方法与手段是教学设计中达成教学目标的途径与手段，教学资源作为支撑教学活动的基本要素和条件，是教学方法与手段实施的重要载体。

教学资源与教学设计之间是相辅相成的关系。一方面，不论是反转课堂教学、线上线下混合式教学，还是其他基于新技术的教学方法和手段，在实施过程中都离不开优质教学资源的支撑；另一方面，新形态数字化的教学资源能够有效推动教学组织方式重构和教学方法创新改革，优化教学设计。

例如，对于采用案例教学法、小组讨论法等教学方法的课程，其教学资源的开发需要以项目案例的建设为主；对于采用讲授法、直观演示法等教学方法的课程，应注重演示课件、微课视频等教学资源的开发。在线虚拟仿真教学资源的建设使得理工类课程能够采用理实、虚实、线上线下相结合的教学手段，有效提高教学效果和质量。

2. 对资源共享平台的支撑

教学资源库作为资源的共享平台，能够使得教学资源突破物理时空的限制，进一步扩大资源共享的范围。为了能够有效支撑共享平台的运行和更新，教学资源的开发应具有可拓展性和可移植性。

可扩展性和可移植性是颗粒化教学资源的特性。其中，可拓展性指教学颗粒在面对教学目标、内容、学情等发生变化时，通过对颗粒内容进行适当修改，能够适应新的教学需求。例如，在 Python 课程中所开发的 Hello world 编程案例，通过修改语法能够扩展并适应 Java 课程的教学需求。可移植性指的是一门课程的教学颗粒经过修改能够直接移植到另一门具有相同或相近内容的课程中使用。例如，在 Python 课程中开发的介绍顺序结构的微课动画，能够直接移植到 Java 课程中继续使用。颗粒化教学资源的可拓展性和可移植性支撑了资源的共享和建设效率。

第四节 教学资源开发流程

一、解构教学资源内容体系

1. 明确教学资源内涵外延

教学资源是教师展开教学工作的前提和基础,其重要作用不言而喻,重视教学资源的建设和应用,加强对教学资源的认识和研究,对于教师而言是极其重要且迫切的任务。教学资源该如何进行设计构思、开发应用、管理维护和评价改进,要首先明确其内涵和外延。就其概念而言,教学资源是为了达成教学的有效开展这一目的而提供的各类教学素材。广义的教学资源可以指在教学组织过程中被教师利用的、支撑教学的、为教学服务的一切元素,而狭义的教学资源通常包括音频、视频、PPT、图片、教材等。

2. 明晰教学资源特点分类

教学资源的形式多样且种类丰富。了解教学资源的特点及其分类,将有助于我们更好地了解各类教学资源的异同,以便在实际教学过程中更有针对性地运用这些教学资源。按照教学资源的性质可以分为被设计的教学资源和被利用的教学资源,按传输介质可以分为网络教学资源与移动教学资源,按学习特点可以分为预设学习资源、相关学习资源和泛在学习资源。当然,这样的分类方式可能存在一定的交叉点,比如微课视频既可以被设计,也可以被利用;既可以是课前预设的学习资源,也可以是课后拓展所用的学习资源。

3. 结合培养目标解构资源

坚持"以学生为中心"的教学理念,就必须正确解构教学资源的整体框架,主要指结合课程所在专业的人才培养目标,按照教学资源的概念、特点及分类进行解构,可以将教学资源按照自主学习、协助学习、交互学习、深度学习四个层级进行拆解,明确哪些教学资源是学生可以通过线上自主学习完成的,哪些教学资源是需要通过教师启发引导协助完成的,哪些教学资源是需要通过师生交互、生生交互或人机交互才能完成,哪些教学资源是需要通过深度探究才能完成的。解构之后的教学资源要再次根据其特点和用途进行重构。重构之后的教学资源不再被束缚在有限的空间领域和时间范围内,而是可以在课前阶段、课中阶段和课后阶段进行无限的拓展延伸。

二、确定教学资源开发形态

1. 建设精品在线开放课程

传统的课程教学资源主要包括纸质教材、PPT课件和课程讲义,外语类课程还包括相关音频及视频资源,而现代化的教学资源则是将传统的教学资源与大数据、云计算和区块链等技术结合而成的具有共享机制的课程教学资源。其中的精品在线开放课程教学资源能有效弥补纸质教材不能承载的内容,并且教学内容可以根据学情不同、技术发展阶段各异等情况进行及时更新，主动适应了数字教育发展的新形势，实现了需求牵引。同时，精品在线开放课程的应用也有利于个性化教学和应用型人才的培养。通过在线共享的课程教学资源，学生可以实现时时可学、处处能学，充分利用碎片时间，将课堂教学向课外拓展延伸，构建了新的教学资源形态，必将进一步推动职业教育优质数字资源开发建设、交互应用与开放共享，开创新的线上线下混合式教学模式。

2. 编写数字化交互式教材

随着数字化时代的到来，将富媒体的教学资源与纸质教材进行融合，便会形成数字化交互式教材这一教学资源的新形态，它是教材功能升级和形式创新的产物。为了优化教学过程，更新教育理念，重构教育体系以提高学校的教学质量，编写数字化交互式教材首先要对学科和课程所对应的职业与岗位能力进行分析，提取工作过程中存在的典型问题，以案例式或项目式等方式组织教材内容，以视频的形式给予讲解。另外，教师可以通过后台数据监测到学生的学习时长、答题速度和准确度，从而更精准地掌握学生的学习情况，据此调整教学策略。数字化交互式教材必须做好规划、建设、应用和评估，四位一体才能真正优化教学设计和课程实施，带动实质性的"课堂革命"。

3. 开发虚拟仿真教学软件

虚拟仿真软件是实践教学进行改革的重要抓手，有助于提高教学质量，培养造就高素质复合式技术技能人才。虚拟仿真软件能够营造虚拟仿真的环境，制作各类高精准度三维立体模型、场景以及动画，让操作者体验到最佳的沉浸式体验效果。同时，虚拟仿真软件也提供训练题库、学习知识库内容、考核等理论操作。虚拟仿真类的实训具备沉浸性、交互性、创意性和多感知性等特点，可以充分发挥前沿信息技术的叠加、放大、倍增作用，将信息技术灵活融入教学组织过程中，提高教师的教学效率和学生的学习兴趣。科学合理地运用该类教学资源不仅可以有效推动实训工作的开展，还可以打破传统实训室的各种空间层面的障碍和限制，从而真正强化学生的技能训练，并进一步加深学生对理论知识的理解，加强他们自身的动手实操能力。

4. 打造 XR 教学资源

虚拟现实是计算机图形学和人机交互技术发展之产物，包括 VR、AR 和 MR 等技术与产品。通过开发各式各样的虚拟现实教学资源，教师融合 OBE（成果导向）的教学理念开展形式丰富的教学，实现个性化学习，有利于实现"理虚实一体化"的课堂生态。研究并打造 XR 教学资源建设与应用，初心和意义在于引导教师和学生都能同时真正走向基于教学资源的教与学，教师的工作核心转移到教学资源整合中，从而使学生成为教学的主体。虚拟现实类教学资源的开发，必将推进教育数字化战略行动，促进职业教育的育人理念的转换和教学方法的数字化重塑，构建更加多元和更具活力的职业教育生态，提高职业教育层面的人才培养质量。

三、创新教学资源组织形式

1. 转变教学资源提供主体

在传统模式下的课堂教学中,教师是课堂教学的主要组织者,因此教学资源往往由教师根据教学目标和学生学情进行判断和选择。然而这样的教学资源是否符合学生的性格特点、学习习惯和情感态度,往往需要在教学活动结束后才能得到相应的反馈。这样的资源使用情况反馈无疑是滞后的。转变后的教学资源提供工作将主要由学生根据自身兴趣和学习需要进行寻找、比较、选择和确定,也就是说教学资源的提供转变为由学生来实现,而教师的主导作用主要体现在学习框架的搭建过程中,这既提升了教师备课的效率,也提高了学生的学习兴趣,增强了学生的学习主动性。

2. 翻转教学资源使用场所

传统模式下的学生学习主要发生在课中阶段,教学资源的使用也主要集中在这一阶段,但是教学资源的运用其实可以贯穿课前、课中和课后这三个阶段。比如,在课前阶段,学生通过课程平台观看教学微课视频资源,完成课前测试;课中和小组成员一起运用MR或VR等资源进行课堂成果展示;课后浏览本课程相关的文本资源等,进行课后拓展。基于自主探究与分组协作的教学方式打破了传统教材的线性结构,使学生可以依据自身实际需要选择感兴趣的教学内容。

3. 加强教学资源思政属性

"为谁培养人""培养什么人""怎样培养人"是教育工作者需要着力解决的根本问题,这就需要思政课程与课程思政实现深度协同,比如说如何以不同的形式和不同的策略讲述社会主义核心价值观,加强人文素养与提升社会责任担当,这就必然要求对教学资源进行协同共享,但这并不意味着要求所有课程"千人千面",而是要在达成内在本质方面实现步调一致。当我们充分认识到教育的意义在于促进民族富强、社会繁荣与人类进步之后,我们便对课程的本质产生了共识,必然会产生"1+1>2"的协同效应。只有思政课程与课程思政在教学资源方面实现了协同与共享,才会真正实现"立德树人",使二者在相互促进、相互协调和相互成就中实现双赢的局面。

4. 产出教学资源生成成果

在传统的课堂教学中,静态的教学资源往往是与教材配套的,这就导致教师非常容易忽视自己身边已有的资源,也使得他们不能真正地走进课堂,并与学生进行深度有效的互动。然而真正充满活力的课堂教学需要在特定的教学情境中通过师生互动、生生互动、人机互动等多种互动形式,在师生的共同参与、亲身体验与积极思考中孕育出超出教学方案设计的新思路与新方案,即在言语、情绪、行为、动作甚至是微表情等表达方式中出现生成性资源并对其加以合理利用,从而使课堂教学演变为一幅生动真实、鲜活感人的画卷。学生主动提供的资源、学生间相互的质疑与解疑、师生间的共同探讨等都是课堂教学过程中形成的生成性资源。

四、促进教学资源共建共享

1. 落实优质教学资源共建共享发展战略

随着信息技术水平的提高,迫切需要制订并落实教学资源共建共享的发展战略,使得教育教学的质量与之相适应并协调发展。首先,只有建立优质教学资源共建共享机制,才能充分发挥学校教学科研的优势。通过制订优质教学资源评价认定标准依据,协调资源应用的环境,形成合理的组织架构,从而进一步优化优质教学资源共建共享体系。丰富的教学资源是教育发展的前提和基础,而优质教学资源的建设需要多方共同参与,可以根据各自的优势展开分工与协作,联合收集或建设相关领域的精品课程资源库或精品在线开放课程,在资源库或精品课程之间形成可以进行相互操作、相互交换的访问数据。始终坚持在融合中发展、在发展中共赢,从顶层设计入手,注重部门间联动协作机制的建设和工作效率的提高,真正打破地域限制,以满足广大在校学生的个性化需求,创建优质教学资源共建共享服务平台。只有充分发挥教学资源的共享机制,才能准确把握教学资源优化策略及发展方向,探索出优质教学资源共建共享应用模式。

2. 制订优质教学资源评价认定标准依据

要始终坚持改革创新的精神,遵循高等教育的育人规律,借鉴国内外先进办学经验,落实优质教学资源共建共享发展战略。推进优质教学资源的建设与共享,就要在国家级和省级教学资源库建设的基础上,依托借鉴相关国际和国家质量标准,制订资源的分类方案和数据的技术标准,为优质教学资源的共建共享奠定坚实有力的基础。要明确主要任务的负责部门和具体负责人,工作落实到岗、任务落实到人,确保资源共建共享各项工作按计划保质保量顺利完成。同时,积极组织教师参加各类相关培训,以提高教师的理论水平、技术水平以及信息技术学科的教学整合的能力,从而进一步提升教育教学水平,以缩小不同区域之间教师在运用现代教育技术手段上的差距,以达成与优质教学资源相适应的师资水平,让优质资源能更加便捷地真正服务于教育教学工作。

3. 优化优质教学资源共建共享管理体系

教学资源的共建共享是一项长期复杂的系统工程,为了积极应对未来的机遇与挑战,要积极开展相关的应用研究,逐步形成具有自身特色的教学资源管理体系;同时,有效聚合优质教学资源,形成多层次、多维度、多功能、交互式的教学资源服务体系,扩大优质教学资源的覆盖面,进一步促进优质教学资源共建共享。既要制订详细的计划表,建立过程监督机制,也要建立奖惩激励机制,定期对实施情况进行总结和反馈。根据办学过程中的重点难点问题,大力开展教学资源挖掘、教学资源应用和教学资源建设等专项教学研究,进一步提升优质教学资源共建共享管理体系的质量与层次。始终坚持加强统筹协调,注重整体设计和系统安排，统筹长远目标与近期任务，形成了上下联动、分工协作、合力推进的良好工作格局，逐步建立起教学资源共建共享的长效机制。

4. 创建优质教学资源共建共享服务平台

为了创建优质教学资源共建共享服务平台，就要联合全国甚至是海外相关院校，发起成立世界范围内的"国际优质教育资源共建共享联盟"，建立数字化开发、集成、运用与共享的相关机制，在此基础上建成优质教育资源公共服务平台。在各类国际组织和各级政府支持下，充分发挥示范院校的作用，吸纳规模企业参与，由相关教育科技公司提供技术支持，从而整合各方资源，使联盟的运作获得资金支持和技术保障。汇聚优质教学资源进行整体构建，开发跨领域、跨学科、跨学段的精品课程。通过平台实现优质课程的在线直播和课后辅导等功能。教师可以在虚拟教研室进行云端备课和云端授课；学生可以跨校在线选课和获得互认学分，依托课程组建跨校学生课题研究小组。同时面向边远省市院校免费开放，从而充分发挥社会效益，助力当地教育腾飞。

5. 探索优质教学资源共建共享应用模式

随着数字化时代的到来，优质教学资源的共建共享不仅能推进"三教改革"的贯彻实施，还能促进"金课"的建设与"金师"的培养，我们要逐步建立教师成长共同体，进一步提升各级教师的教育教学技能，提高课堂教学成效，从而促进教师专业化发展，并反哺教学质量的提高。同时，发挥双高院校的辐射带动作用，充分调动广大教师运用优质教学资源开展教学工作的积极性，不断提升教师的信息化教学水平和优质教学资源的使用效益。数字经济赋能背景下，要以信息化教学手段为抓手，努力架起跨国、跨区和跨校的教育资源共建共享平台，充分发挥优质教学资源的辐射作用，促进各地区教育的均衡发展。要总结成绩、正视问题，进一步提高站位、统一思想，把握新方位，对标新要求，坚持以人为本，追求卓越，只争朝夕，真正落实好立德树人根本任务。

第五节　教学资源开发案例

教学资源在实际开发过程中，需以达到教学目标为主要目的，结合课程定位与学情分析，解构课程的内容体系，并结合课程所属专业类型特有的教学方法和手段，确定所需教学资源的形态。一般而言，教学资源可以分为"基本教学资源"和"拓展教学资源"两大类。

基本教学资源是指适用于各类型专业课程在项目化教学过程中，针对项目教学任务所开发的常规资源，包括项目教学任务配套的教学课件、教学教案、微视频和习题库。基本教学资源的开发应与所属课程的学分相关联，即不同学分课程的基本教学资源需在资源的数量和质量上满足基本要求，具体要求及说明如表 8-1 所示。

表 8-1 基本教学资源要求及说明

资源名称	基本要求及说明
教学课件/个	每个教学任务配备 1 个以上教学课件
教学教案/个	每个教学任务配备 1 个以上教案
微视频/(个/分钟)	1 学分课程：配备 20 个以上教学视频、教学动画等微视频，每个学分微视频时常不少于 200 分钟。 2～4 学分课程：每个学分配备 10 个以上教学视频、教学动画等微视频，每个学分微视频时常不少于 100 分钟。 5 学分以上（含）课程：配备 50 个以上教学视频、教学动画等微视频，微视频时常不少于 500 分钟
习题库/道	1 学分课程：每个教学任务配备习题，配备的习题不少于 100 道，其中开放式/非标准答案测验题、案例题等综合应用题不少于 20%。每个习题均要提供答案及解析。 2～4 学分课程：每个教学任务配备习题，每个学分配备的习题不少于 50 道，其中开放式/非标准答案测验题、案例题等综合应用题不少于 20%。每个习题均要提供答案及解析。 5 学分以上（含）课程：每个教学任务配备习题，配备的习题不少于 250 道，其中开放式/非标准答案测验题、案例题等综合应用题不少于 20%。每个习题均要提供答案及解析

拓展教学资源指的是在基本教学资源的基础上，针对不同类型专业课程特有的教学重、难点所开发的辅助资源，其形式包括但不限于案例库、数字化资源、动画、虚拟仿真工程、文本等。例如，理工大类专业中许多课程需借助虚拟仿真工程资源开展实训教学，但文科大类中大部分课程并不需要虚拟仿真资源。

本节从理工类、文科类和公共基础这三个专业类型中精选四门优秀课程，分别介绍其教学资源开发的基本情况和特色亮点，以供参考。

一、"单片机应用技术"教学资源开发

1. "单片机应用技术"教学资源基本情况

"单片机应用技术"是电子信息工程技术专业一门 4 学分的必修基础课，面向大二学生，于第三学期开设。该课程作为智慧职教示范课，目前已超过 182 个学校使用其在线教学资源，学习人数达到 48607 人。与此同时，该课程在中国大学 MOOC 平台面向社会开放教学，已完成 8 次开课，超 20000 人学习，同时开设校内同步 SPOC，学习人数超过 250 人。

该课程的课程目标旨在培养学生科技强国、精益求精的思想政治与职业素养，掌握单片机应用系统开发的基本理论和工作原理，具备独立完成单片机应用系统设计、生产和维护的能力。根据培养目标和要求，该课程以简易机器人为载体，依据单片机工程师的典型工作任务，将教学内容重构为 8 个项目，并从项目中精选出 19 个相互独立、前后关联、由易到难的实践任务。因此，该课程的教学资源围绕这 8 个项目，19 个实践任务进行开发。课程教学资源统计如表 8-2 所示，扫描表格中的课程链接二维码可在线查看相关资源。

表 8-2 "单片机应用技术"教学资源统计

资源类型	资源名称	资 源 说 明
基本教学资源	教学课件	≥19个
	教学教案	≥19个
	微视频	数量≥40个,时长≥400分钟
	习题库	≥200道
拓展教学资源	动画	10个
	仿真工程	20套
	文本	10个
教材	王静霞.单片机应用技术(C语言版)[M].4版.北京:电子工业出版社,2019.	
课程链接二维码		

2. "单片机应用技术"教学资源开发特色

"单片机应用技术"教学资源的开发特色为"以教材为核心,形成立体化、移动式教学资源"。由课程负责人王静霞老师主编的《单片机应用技术(C语言版)》被评为"十三五"职业教育国家规划教材,国家职业电子信息工程技术专业教学资源库配套教材,荣获首届全国教材建设奖特等奖。该教材以应用实例引导教与学,体现理论知识和实践能力并重。以该教材为核心,结合五步学习教学方法,对教学内容进行重构并开发学生喜欢学、容易学、快乐学的教学资源,从而达到掌握单片机原理知识和实践技能的课程目标。

以该课程项目2"声光行系统设计"中的任务2.2"声音报警系统设计"为例,如图8-1所示,按照功能逐渐扩展、难度逐渐增加的设计原则,对照五步学习法将教学任务重构为"做什么:声音报警系统分析""跟我学:声音报警系统设计"等五个部分。

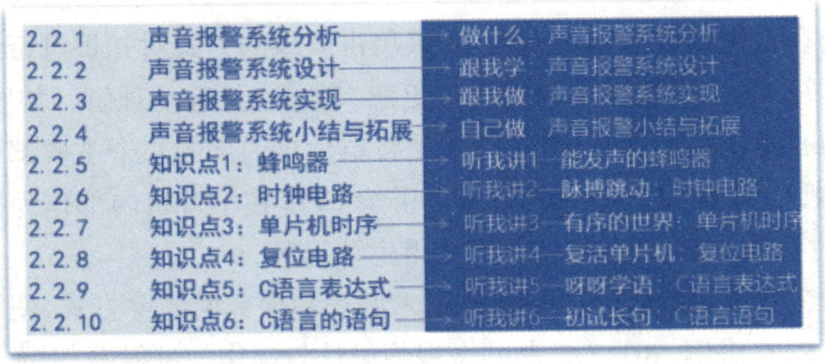

图 8-1 依据五步教学法重构教学内容实例

教学内容的重构是教学资源开发的关键基础。依据重构后的任务单元内容组织,以能够"粘"住学生为设计原则,开发具有故事性、游戏性、生活化和场景化的配套教学资源。

如图 8-2 所示,针对"任务 3.2 汽车转向灯控制系统设计"单元中"做什么""跟我做""听我讲""跟我学(设计)""自己做"五部分中的重、难点,开发了微课和动画等共计 15 个视频资源。

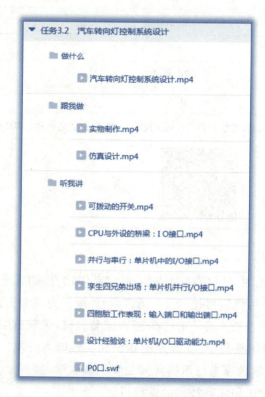

图 8-2 依据任务单元内容组织开发教学资源

微视频中微课和动画的设计应符合学生的学习和心理特点,用于激发学生的学习兴趣。在具体设计过程中,可以从故事性、游戏性、生活化和场景化四个方面规划微视频的叙事逻辑故事线。

故事性是指在微视频设计制作过程中,采用讲故事的方式对知识进行讲解。增加微视频的故事性,不仅让学生对视频中的知识点更感兴趣,也更容易理解。如图 8-3 所示,对于单片机内部结构的微视频设计与制作,巧妙地将单片机内部的八个主要部件看成一个家庭中的八个成员,把 CPU 比作家庭中的爸爸来讲解 CPU 在单片机内部作为控制核心等知识点,使得原本相对枯燥、难以理解的知识点变得生动起来。

游戏性是指在微视频制作过程中通过引入游戏和探究问题等方式,使得微视频变化多样。如图 8-4 所示,在讲解"01 二进制的微视频设计与制作"过程中,引入了根据二进制数举起手中"01 小牌子"的游戏,以此增加微视频的趣味性。

第八章 教学资源开发

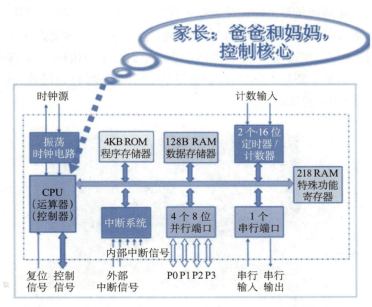

图 8-3 微视频实例——和谐大家庭：单片机内部结构

图 8-4 微视频实例——"01 齐步走：左移和右移"

场景化和生活化指的是尽可能让微视频中讲解的内容与真实场景相联系。以这种方式引入知识点能够最大限度地引起学生的共鸣,使得学生打开视频就能抓住注意力。如图8-5所示,在微视频设计与制作过程中,结合生活中在看书时可能会被烧开水、接电话、开门等任务打断的实际场景讲解中断基本概念,能够使得学生感同身受,将自己带入微视频所营造的场景中,以便于理解相应的知识点。

图 8-5 微视频实例——"何为中断:中断基本概念"

二、"建筑施工技术"教学资源开发

1. "建筑施工技术"教学资源基本情况

"建筑施工技术"是工程造价专业的一门4学分的必修基础课,面向大二学生,于第三学期开设。该课程作为省级精品在线课程,自2019年起在中国大学慕课面向全国开课5期,超6553名校外学员选读课程;2018年起在学银在线全国开课9期,3250名校外学员选读课程,完成企业员工培训500人次;并于2021年率先在智慧树开设虚拟仿真实训慕课二期,到目前为止已有4个SPOC班完成线上实训。

该课程的课程目标旨在培养学生科技强国、文化自信、爱岗敬业、勇于创新的思想政治与职业素养,掌握建筑工程施工的基本理论和工作原理,具备从质量、投资、进度、安全等方面管理工程的能力。根据培养目标和要求,该课程从建筑工程施工员、造价员岗位能力出发,依据工程项目转化为8个教学项目,每个项目分为3个学习任务。该课程的教学资源基于此教学内容,围绕8个项目的24个实践任务进行开发。课程教学资源统计如表8-3所示,扫描表格中的课程链接二维码可在线查看相关资源。

表 8-3 "建筑施工技术"教学资源统计

资源类型	资源名称	资 源 说 明
基本教学资源	教学课件	≥20个
	教学教案	≥20个
	微视频	数量≥800个
	习题库	≥500道

续表

资源类型	资源名称	资源说明
拓展教学资源	案例库	3个:"1+X"职业资格证题库、"匠心智造"系列讲座、职业技能大赛题库
	数字化资源	9个(拥有软件著作权)
教材		徐淳.建筑施工技术[M].北京:北京大学出版社,2018.
课程链接二维码		

2."建筑施工技术"教学资源开发特色

"建筑施工技术"课程遵循"数物融合、虚实共存"的教学模式,在教学资源开发上突出理虚实结合,构建了"二类型、三平台、四库"的特色数字资源,以虚拟仿真衔接"理""实",运用现代化信息技术再现工作情境,解决隐蔽工程、高危险、复杂工序教学效果问题和教学难点,使得学生能够在真实问题情境中探究学习,实现课程目标。

"二类型"是指以灵活增删的纸质活页式教材和云端更新的数字教材构成"纸数一体"的两种类型教材。如图8-6所示,智慧建筑活页式教材能够对教学内容及时更新调整。

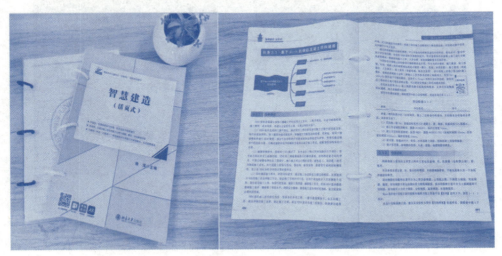

图8-6 智慧建筑活页式教材

"三平台"是指线上虚拟仿真实训平台、线下学习通教学平台,以及作业提交区块链平台。三平台将课程教学资源有效整合,运用数字赋能的教学手段,通过课前、课中、课后"三阶段"解决课程重难点。课前在学习通教学平台上自主学习3D立体微课,预建模并上传到区块链平台;课中在虚拟仿真实训平台上演练检验课堂教学的成果;课后在学习通教学平台上通过拓展任务和习题检验知识应用能力。

如图8-7和图8-8所示,教师能够在课中利用虚拟仿真实训平台深圳建筑工程师App上的教学资源有效地开展实训教学,学生以游戏的方式在虚拟仿真平台从甲方领取任务,从NPC施工员中获取所需的施工准备材料,完成施工准备等教学任务。通过虚拟仿真平台模拟的真实工作环境,学生能够直接在手机端进行移动学习并提交施工方案成果,检验施工管理能力。

图8-7 虚拟仿真实训平台——深圳建筑工程师App

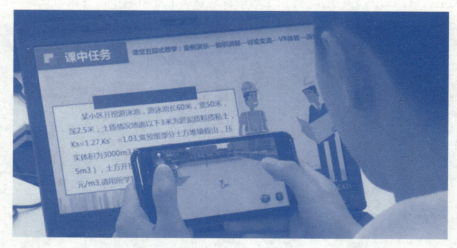

图8-8 利用虚拟仿真平台资源开展实训教学和移动学习

"四库"是指利用BIM数字模型项目库、工程事故案例库、操作视频库、增强现实(AR)、虚拟现实(VR)施工工艺动画库等四个资源库,助力课堂任务的完成。

如图8-9所示,课程配套开发的虚拟现实(VR)教学资源可在计算机设备中模拟产生一个三维的施工现场环境,为学生提供关于现场的视觉、听觉等感官模拟。相比于传统的文档和视频教学资源,VR资源能够让学生通过操纵杆对模拟的三维现场环境进行操作,提供沉浸式的现场体验,帮助学生更好地理解和掌握智慧建筑施工的相关理论知识和实践技能。

如图 8-10 所示,课程配套开发的增强现实(AR)教学资源支持学生使用手机查看任务中对应的结构图 AR 模型。AR 模型的优势在于将原本以二维形态展示的重点结构图变成了三维形态,且支持学生在手机端放大、缩小等操作,大大提高了学生对于结构图的理解,有效突破建筑施工课程教学中的难点。

图 8-9 智慧建筑虚拟现实(VR)教学资源

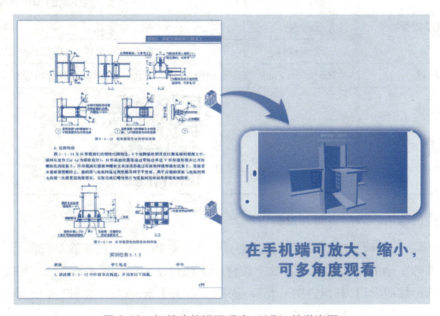

图 8-10 智慧建筑增强现实(AR)教学资源

三、"应用德语"教学资源开发

1. "应用德语"教学资源基本情况

"应用德语"是应用德语专业一门 7 学分的必修基础课,面向大学一年级的新生,于第一学期开设。该课程在学银在线平台向社会开放慕课教学,至今已完成四次开课,累计选课超 1100 人，访问人数超过 30 万人，互动次数超过 410 万。该课程同步开设校内 SPOC 课程，并立项为首批校级金课。

该课程的课程目标旨在培养学生德语口头沟通和书面表达能力，提高学生基于不同项目主题的听、说、读、写、译等专业技能，使学生逐步成为发音标准的"朗读者"、晓词达意的"词汇大咖"、理解短文的"语法达人"，以及精通两国文化的"文化使者"。根据培养目标和要求，该课程以"交际德语"作为主题，设计了 7 个项目，每个项目由 4 个左右的任务支撑。该课程的教学资源围绕以模块化实践任务为骨架的结构化课程内容体系进行开发，该课程的教学资源统计如表 8-4 所示，扫描表格中的课程链接二维码可在线查看相关资源。

表 8-4 "应用德语"教学资源统计

资源类型	资源名称	资源说明
基本教学资源	教学课件	≥ 28 个
	教学教案	≥ 28 个
	微视频	数量 ≥ 50 个，时长 ≥ 500 分钟
	习题库	≥ 250 道
拓展教学资源	MR 混合现实资源	若干涉及项目主题的 MR 资源
	云教材	配套数字教材
	语音课件	配套语音课件，在微信即可观看
教材	Herrmann Funk. 交际德语教程 [M]. 上海：上海外语教育出版社，2019.	
课程链接二维码		

2. "应用德语"教学资源开发特色

"应用德语"课程资源建设特色为"情景模式下立体交互式数字教学资源"。由课程负责人曹洁老师主编的《超越德语》数字教材作为课程重要的拓展教学资源，支持学生直接在手机端进行移动学习，其包含图片画廊、高清大图 133 张、音频 112 处、视频 15 个、气泡标注 3 处、交互学习 44 处，具有富媒体、立体交互等特色。

情景模式是指课程资源的组织、建设和教学活动的展开由生活中常见的场景导入，从而有效地激发学生的学习兴趣。如图 8-11 所示，《超越德语》数字教材构造了"初来乍到""亲切见面""愉快用餐""得体衣着""朋友聚会"和"外出旅游"的六大情景，并综合运用创设的日常生活情景，开展遣词造句、语法解析、对话演练、文化拓展和成果展示教学环节，循序渐进地提升学生语言实际运用能力，寓文化教育于知识技能教育之中，使学生充分享受德语学习带来的乐趣。

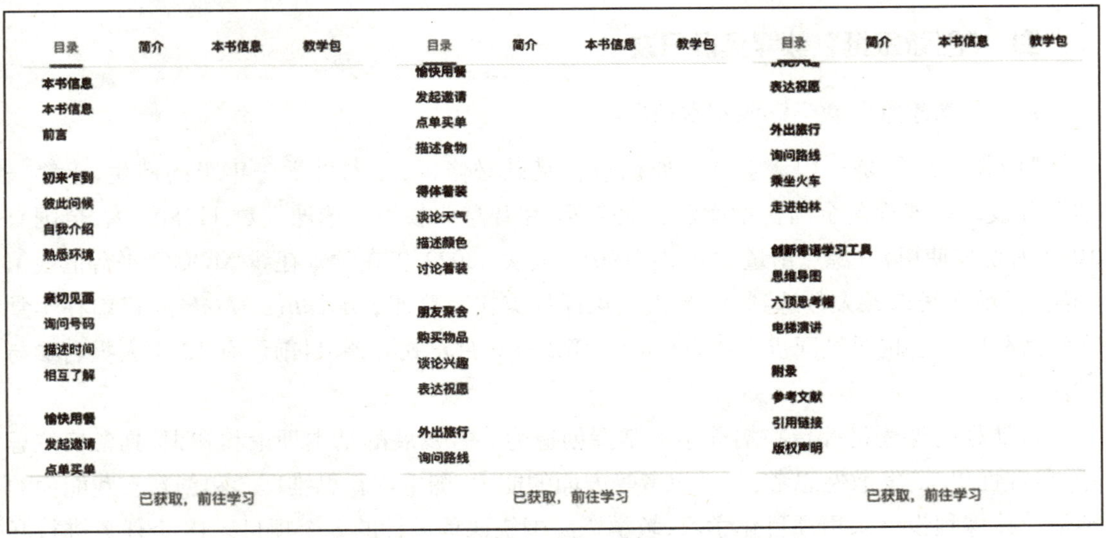

图 8-11 《超越德语》数字教材六大情景项目

立体交互是指利用信息技术，使原本在纸质教材中无法与读者直接交互的内容变得看得见、听得到。尤其对于语言类课程而言，传统纸质教材在词汇、听力、口语教学过程中存在一个重要的缺陷，即学生看到词汇无法直接掌握其发音，也难以进行对话口语练习。立体式交互数字教材资源能够有效解决这一问题。

如图 8-12 所示，学生使用该数字教材进行德语词汇知识交互学习时，能够直接获取词汇的读音，查看重点词汇对应的图片，加深对重点词汇的理解和记忆。如图 8-13 所示，该数字还支持学生进行对话练习，提供了听对话录音、自己录制演练对话、监听自己录制的对话、查看对话文本翻译等交互功能，能够有效解决学生在德语的听、说、读等专业技能学习中的难点和重点，提高学习成效。

图 8-12 《超越德语》数字教材中的重点词汇

图 8-13 《超越德语》数字教材中的交互练习

四、"创新思维"教学资源开发

1. "创新思维"教学资源基本情况

"创新思维"是一门 2 学分的通识教育基础必修课,面向大学一年级的新生,于第一学期开设。该课程是全国首批就业创业金课,在智慧职教平台选课人数 117805 人,全国有 1063 所院校使用,资源点击量达到 31719019 人次;2022 年在学堂在线 MOOC 平台上线第一期,目前在线选课人数达到 3188 人。该课程英文版慕课 Innovative Thinking 目前在学堂在线海外版平台也已经同步上线,首期于 2022 年 6 月正式开课,目前已有 1261 人报名参与学习。

该课程的课程目标旨在培养学生掌握创造力心智发展的基本理论和知识,具备换位思考、包容性思考、发散性思考、水平思考等方面的能力,侧重创新思维理念和创新实践能力的塑造。该课程设计采用项目化学习,教学资源围绕课程设计的 8 个项目、18 个任务进行开发。课程教学资源统计如表 8-5 所示,扫描表格中的课程链接二维码可在线查看相关资源。

表 8-5 "创新思维"教学资源统计

资源类型	资源名称	资源说明
基本教学资源	教学课件	18 个
	教学教案	8 个
	微视频	数量 48 个,时长 300 分钟
	习题库	100 道
拓展教学资源	实训指导文件	22 个
	视频类扩展资源	课程相关其他微课动画视频 291 个,3302 分钟
	图片、案例文本、PPT 素材等其他文本类扩展资源	320 个
教材	吴维. 创新思维 [M]. 北京:高等教育出版社,2020.	
课程链接二维码		

2. "创新思维"教学资源开发特色

"创新思维"课程教学资源的特色为"多元化、颗粒化、个性化"。基于此特色建设的颗粒化教学资源,能够有效提高教学资源的实用性,使学生更容易消化资源,并吸收和掌握相关资源中的知识技能,为实现创新人才培养的课程目标打好坚实的基础。

首先是教学资源的多元化。如图 8-14 所示,"创新思维"课程作为国家级创新创业教育教学资源库核心主干课,其依托于国家级创新创业教育教学资源库开发学习素材,包含了微课、动画、图片、课件、案例资源、实训项目等多元化的教学资源。

图 8-14　创新创业教育教学资源库中多元化资源

其次是颗粒化。颗粒化资源的建设指的是遵循化整为零、化难为易的原则,根据课程设计,围绕课程项目任务所涉及的知识点和技能点,按照合理的标准划分为教学颗粒进行资源开发。其主要作用是通过颗粒化的资源,使得学生在注意力高度集中时从颗粒化资源中汲取对应的教学内容,提高教学效果。因此,颗粒化资源在建设过程中,需要注意控制颗粒的粗细程度。例如,颗粒化教学资源中,微视频的时长一般不超过 8 分钟。对于教学过程中的重难点,可以划分为多个颗粒化资源进行建设。

如表 8-6 所示,该课程中"走进创新思维"作为课程内容的第一个项目,需要在教学过程中唤醒学生的创新意识,将学生塑造为创新者的角色。该项目分解为"理解创新"和"了解创新思维"两个任务,并依据这两个任务的知识技能要求建设多元化、颗粒化的教学资源。

表 8-6　"走进创新思维"项目颗粒化资源统计

项目单元	任务点	资 源 名 称
项目一　走进创新思维	任务一　理解创新	微课:为什么要创新 .mp4
		微课:什么是有意义的创新 .mp4
		创新行动:创新行动——集体智慧 .mp4
		行动工具卡:训练工具卡——集体的智慧及对创新的理解 .jpg
		创新思维课程流程 .mp4
		大咖谈创新:什么是创新 .mp4
		课程实录:创新的含义 .mp4
		课程实录:美元挑战案例解析 .mp4
		课程实录:创新的要素 .mp4
		创新的概念 .pptx

续表

项目单元	任务点	资源名称
项目一 走进创新思维	任务一 理解创新	5 美元挑战 .pptx
		拓展阅读：斯坦福——2030 年人工智能与人类生活 .pdf
		拓展阅读：逆向创新与供应链的关系 Reverse Innovation and Supply Chain.pdf
		拓展阅读：amplify-submission-criteria.pdf
		拓展阅读：Acumen_HCD_example.pdf
		拓展阅读：Assignment3_Challenge_[We Design].docx
		拓展阅读：Acumen_HCD_example2 .pdf
	任务二 了解创新思维	微课：创造力是与生俱来的吗 .mp4
		微课：创新自信力 .mp4
		大咖谈创新：创新的策略 .mp4
		五年来改变世界的中国创新（高清，480P）.mp4
		你绝对想不到拥有创造力的人到底多强大？（超清，720P）.mp4
		各种创意灯设计（高清，480P）.mp4
		史蒂夫·乔布斯——创新领袖，改变世界的天才（高清，480P）.mp4
		创造力是什么？为什么你会缺乏创造力？（高清，480P）.mp4
		活动：杂志封面艺人 .mp4
		专业资料：将行为心理学融入客户体验 .pdf
		拓展阅读：企业客户体验革新之计 .pdf
		拓展阅读：McKinsey-China-Luxury-Report-2019-Chinese.pdf
		拓展阅读：麦肯锡重写游戏规则——决胜零售银行新格局 .pdf
		拓展阅读：提升购物商场营收的秘密武器——大数据与高级分析 .pdf
		拓展阅读：塔工厂引领未来制造业 .pdf
		拓展阅读：打开智慧城市 2.0 时代的想象空间 .pdf
		微课：同理心与同情心 .mp4
		课件：同理心的概念 .pptx
		圆桌分享 .mp4
		专业资料：创新：从熊彼特到德鲁克 .pdf
		专业资料：创新的时代性 .pdf
		拓展阅读：组织力突围——中国独角兽企业的下一站征程 .pdf
		拓展阅读：中国创新势在必行 .pdf
		拓展阅读：创新不在于新，甚至可以很旧 .pdf
		拓展阅读：麦肯锡智慧医院白皮书 201907.pdf
		拓展阅读：创新造就改变 .pdf
		拓展阅读：开辟银行业务新格局——如何利用生态圈赢得小微企业市场 .pdf
		拓展阅读：创新的八大要素 .pdf

第八章　教学资源开发

最后是个性化。该课程作为一门公共大类下的通识教育课程，面向的学生来自不同的专业背景，因此该课程所包含的课程教具、硬件设备等教学资源需具有一定的个性化，允许各专业根据具体的学情进行选择。

针对课程项目中不同模块的课堂教学，各专业可以个性化选用各类课堂教具和硬件等教学资源。例如，在问题聚焦训练时可以选择可持续发展金字塔模型架；在进行思维训练时使用训练工具卡；在进行调研活动时使用行动学习引导卡；在原型制作环节时对于没有编程基础的学生，可以选择易上手的木质切割、钻孔等能够快速加工成型的简单机器；对于有一定编程基础的学生，可以使用 3D 打印技术并搭载智能化模块硬件，实现 AI 一体化设计。

第九章 教材开发

教材是一个民族教育文化的精神摇篮,事关人才培养质量的基础工程、战略工程,教材是国家事权,[1]体现国家意志。教材是人才培养的载体,是教学的基本蓝本,是学生获取知识的基本途径。教材质量是影响人才培养质量的重要因素。本章从教材的内涵和发展历程入手,介绍了教材的概念和发展、定位和功能、分类和特征、开发方法和流程等内容。最后,用三种典型高职教材开发案例分别介绍了活页式、融媒体以及数字教材的具体开发方法。

第一节 教材的内涵与发展历程

一、教材的内涵

1. 教材概念辨析

教材是教师"教什么"的基础,学生"学什么"的方向。教材是教学模式的重要支撑,是教学改革精神的具体落实和现实呈现。

1）高职教材的基本概念

根据高职课程标准、专业教学标准和高职教育教学实际需要而编选的信息材料系统就是高职教材。高职教材主要用于高职学生知识获取、技能掌握、能力形成和素养养成等,由特定的高职教育教学信息、符号和媒介三个基本要素组成。广义的高职教材是指高职课程所使用的所有教学材料,如课本、练习册、辅导材料、自学手册、录音录像材料、电视节目、网络资源等。狭义的高职教材仅仅代指教科书,是课程的核心教学材料。

2）教材与相关概念的关系

（1）教材与教学。教材是教学的主要依据和基础载体,教材是教学目标的具体化,教材是教学内容的集中反映形式和主要表现；教材内容是教学承载的母体,教材应该反映具体的教学理念和策略。

（2）教材与课程。教材是课程的重要组成部分。教材承载着课程的目标、内容、实施和评价（教学设计中有教材分析环节）等要素,教材受到课程结构、课程模式和观念的影响。

---

[1] 教育部关于印发《中小学教材管理办法》《职业院校教材管理办法》和《普通高等学校教材管理办法》的通知（教材〔2019〕3号）,2019-12-19.

教材是课程实施的保证,没有具体教材的课程只能是"空中楼阁"。

(3)教材与教科书。教材的外延比教科书要广。中小学常用教科书的概念,高职院校常用教材的概念。

(4)教材与教具。教材是教学活动的直接媒介,教具是间接媒介。教具是直观化的教材,是教材的物化部分。

(5)教材与学材。"教材"和"学材"概念是不同的教材观体现。"学材"更强调"以学生为中心""用教材教"和"问题意识";教材应该包含教法和学法,是教学的一体两面,但不是可以分离的过程。

通过教材相关概念的辨析,可以看出高职教材建设是综合社会实践的产物,既要服务于高职教学目标,又要遵循教育教学和技术技能人才培养规律。其中,教材的教学性是教材建设的核心。

2. 教材的定位与功能

1)高职教材的定位

高职教材能反映行业企业最新生产技术和实践知识,是我国职业教育改革的重要组成部分。邓泽民认为教材是学生学习的对象,是学习主体对其进行信息加工的客体,是用于培养学生高尚道德情操、构建学生能力结构和发展学生学习动机的外部工具和手段。[1]高职教材定位应该服务国家发展、学生发展和教育教学改革。[2]

(1)服务国家发展战略。高职教材建设应把握职业教育类型特征,主动服务国家战略发展需要,注重该领域内的知识技能体系建设,使之对接先进制造业、现代服务业和数字建设等多个领域,积极主动服务于国家发展战略和产业升级需要。

(2)担当铸魂育人使命。高职教材建设要把高尚的职业精神,如工匠精神、劳模精神等体现于教材中,要充分发挥职业道德精神的模范引领作用,发挥出教材铸魂育人的重要作用。教材建设应承担培养能够为社会主义现代化建设奋斗的既能立志服务社会又具有职业情怀的高素质技术技能人才的重任。

(3)助力教育教学改革。教材建设要能够体现职业教育改革理念,推动职业教育高质量发展。如在教材建设过程中体现"岗课赛证"融通,深化教学标准与岗位标准、实现教学过程与生产过程的对接,教材是架设于"岗课赛证"之间的重要桥梁。教师如何创造性地编写使用教材,甚至超越经典教材进行二次开发改造,如何从单纯的"教材的使用者"转变为"教材的开发者""教材的研究者"是教学改革和教师发展的重要内容之一。

2)高职教材的基本功能

(1)德育、思政与职业的引导功能。教材首先承担培养学生思想品德的任务,因为教书育人首要目的是"育人",培育学生良好的思想品德,帮助学生树立正确的世界观、人生观和

---

[1] 邓泽民,侯金柱.职业教育教材设计[M].2版.北京:中国铁道出版社,2006:125.
[2] 龙庆,赵文平.高质量发展导向下的职教教材建设定位与路径探析[J].职教论坛,2022(7):68-73.

价值观。另外,教材是上层建筑的重要组成部分,承载着国家发展和人才培养的知识、思想、观念和行为方式,具有鲜明的意识形态属性。教材要实现学生对政治形态的认同,强化对国家的理解和认识,实现意识形态的巩固。对于职业教育而言,教材还需要突出职业引导功能,领悟职业精神和价值,树立良好的职业理想和职业形象,塑造良好的职业人格和职业道德,让学生"学会做职业人"。

(2) 人类文化与经验的传承功能。教材是教学内容(知识)的载体,可传承人类文化科学技术知识和技能,适应经济社会发展的需要,满足职业工作的需要。职业教育教材担负着传播工业文化、行业文化、职业文化、企业文化和工匠文化等任务,为学生的综合职业能力发展创造丰富的职业经验体系,让学生"学会做事"。

(3) 职业认知和能力的构建功能。教材不仅是知识的载体,更是人类不同职业思维方式和认知过程的载体。学生的认知结构是从教材的知识结构转换而来。学生的能力形成心理结构、创新心理结构等也是由教材的目标结构、内容结构和过程结构转化而来。职业技能如心智技能和操作技能是通过学习而形成的合理的活动方式,是在一定推理条件下,在心理活动支配下通过反复练习形成的,让学生"学会学习"。

二、教材的发展历程

1. 初步建设期(1949—1976年)

中华人民共和国成立之初是新民主主义教育时期,培养职业技术人才成为教育改革的当务之急。为此各部委开始解决职教教材荒的难题,职教教材建设处于初步建设期。

1) 引进苏联高校教材

1950—1956年是引进苏联高校教材为主的时期。1950年2月20日,《改革旧教育建设新教育》提出"要按部就班地改革旧教育的教材和制度"。我国翻译和出版苏联理工农医等不同学科教材1393种,其中仅中国人民大学就翻译出版了一百多种的人文社科教材。1952年,《政务院关于整顿和发展中等技术教育的指示》提出,对于中等技术学校的教材编审工作可以分成两部分,教育部门负责普通课的教材编审,而技术课的教材由相关的业务部门负责编审。在明确的分工指示下,此时的职教教材由各部委分散领导。

2) 自编教材和讲义

1956年之后中央发出"向科学进军"的号召,国内高校开始自编教材和讲义。1956年,《高等学校教材编写暂行办法》规定教材按专业编审。1958年,国务院发布《关于教育事业管理权力下放问题的规定》,各地方按需自行修改教材,也可以自编教材。在教材编写方面,采用领导、教师、学生"三结合"的方法自编教材。同年10月4日,《人民日报》发表社论《根据党的教育方针来改革教材》,提出"编教材也要两条腿走路,中央编、地方编、专家编,教师和群众也编"。在这场自编教材的高潮中,虽然在短时间内编出了不少教材,但由于违背教育规律且质量不高,造成高校课堂教材不足,严重影响了正常教学。

3）两级分类建设

1961年2月10日，中共中央书记处认为高校教材工作要分两步走，"先解决有无，再逐步提高"。本着"未立不破"的原则，采取"选""编""借"的办法解决教材问题，既要有讲义和教科书，也要印发参考书。理工农医和师范理科的教材由高教部党组负责，文科教材由中宣部负责。教育部先后颁布《解决高等学校和中等专业学校理、工、农、医各科教材的具体办法》《关于解决高等学校理科各专业全部课程及工科各类专业基础课程和共同基础课程的教材问题的计划》。同年8月，全国理工农医类高等学校530个专业中，有360多个专业统一选编了教材。1966—1976年，高职教材建设陷入了十年的停顿和破坏阶段。

2．恢复重建期（1977—2000年）

1977年，教学秩序恢复正常，全国中专学校恢复招生后开始统一进行教材建设工作。我国高职教材开始重印旧教材，又新编了部分教材，进入恢复重建时期。

1）严格教材质量管理

1999年，中共中央、国务院作出《关于深化教育改革全面推进素质教育的决定》，对职业教育工作提出了新的任务，职业教育要增强专业的适用性，开发和编写体现新知识、新技术、新工艺和新方法的具有职业教育特色的课程及教材。1985年，全国中专教材规划会提出教材建设要凸显思想性、科学性、启发性、先进性和适用性。1994年，国家教委职教司在《关于国家教委规划教材的说明》中指出要提高中等专业技术学校的教学质量，抓好教材建设工作，国家教委职教司对通用性强、经济发展急需、专业开设稳定的一部分专业，以及必须统一要求的一部分课程，组织编写了少量的示范性教材。

2）教材管理二级建设机制

1993年，国家教委印发《关于职业技术教育教材规划工作的意见》，明确国家规划教材包括国家教委规划和中央业务部门规划的部分教材。这一文件的出台标志着职业教育教材管理开始实行"两级规划两级审定"的建设机制，以国家规划教材建设带动各地方、各行业部门在职业教育建设的积极性。1996年，《中华人民共和国职业教育法》提出，职业教育务必建立和健全体系，并且注重教材编辑、出版和发行的流程规范。1998年，教育部《面向21世纪教育振兴行动计划》提出要设立职业教育课程改革和教材建设基金，实施课程改革和教材建设规划。

3）教材建设系列化

2000年3月，教育部《关于加强高职高专教育教材建设的若干意见》提出"专业主干教材要具备独特特色"，这也促进了职教教材的改革与发展，在内容和结构上已经开始具备独特优势，为培养技能型新人才提供了有力支撑。2000年，《关于加强高职高专教育教材建设的若干意见》里提出"基础课程教材要体现以应用为目的，以必需和够用为度，以讲清概念、强化应用为教学重点。专业课程教材要加强针对性和实用性。同时，教材建设不仅要注重内容和体系的改革，还要注重方法和手段的改革，以跟上科技发展和生产工作实际的需求"。实施了高职高专第一轮规划教材建设，出版教育部高职高专规划教材180余种，主要偏重专业基础课教材。

20世纪末,国家教委规划的教材和教辅有400多种,覆盖政治课、文化课和部分专业课,已基本解决了教材紧缺问题,为以后进一步提高教材质量并向多品种、多层次发展奠定了基础。职业教育教材也在不断地升级改进,但是依旧存在教材内容过于陈旧且与企业生产相脱节,教材不能体现先进职业教育课程开发理念,教材更新速度过于缓慢,教材的选用环节不够严格等问题。

3. 稳步发展期（2001—2011年）

职业教育在进入21世纪之后获得了规模化发展,特别是高职教育发展比较迅速,与普通高等教育各占半壁江山。随着有关政策和文件的出台以及规划教材建设,打破了教材建设的一系列枷锁。高职教材在普通高等教育教材建设的基本框架下,从无到有,从有到多,从多到全,进入了稳步发展期。

1）启动建设国家规划教材

2002—2006年,普通高等教育教材实施国家规划教材精品战略。在高等教育教材建设框架下,高职高专教材启动第二轮规划,有537种列入"十五"国家规划教材,涉及公共基础课和专业基础课教材、部分专业核心课教材。2006—2010年,第三轮国家规划教材建设,高职教材出版数量迅速增长,有2699种高职教材列入"十一五"国家规划教材。2006年,《教育部关于全面提高高等职业教育教学质量的若干意见》提出行业企业参与开发职教教材,并确保优质教材输入课堂。

2）教材进行体系化建设

高职教材建设开始关注除了主干课程之外的实训课、教学资源库的配套建设。2008年,教育部《关于进一步深化中等职业教育教学改革的若干意见》强调"大力开发实训教材"。2004年《高职高专院校人才培养工作水平评估方案（试行）》和2008年《高等职业院校人才培养工作评估新方案》都将教材建设和实训教材开发纳入评估指标。2006年,教育部启动的"国家示范性高等职业院校建设计划"把研制特色教材和教学课件、共享型教学资源库作为建设任务。

3）开始重视教材质量和特色

2003—2007年,"高等学校教学质量和教学改革工程"提出建设具有一流教材为特点的示范性课程,带动近10000门省级精品课程和校级精品课程。2007年,国家精品课程评审方案首次将本科与高职高专分开为两个体系,要求"根据技能型专业人才培养目标、岗位需求和前后续课程的衔接,以必需、够用为度,统筹考虑和选取教学内容"。

这个时期教材建设规模有了大幅扩张,但是仍然面临如何提升质量和如何突出高职特色的问题。[1]高职教材仍然沿用本科学科式的编排体例,理论与实践没有进行有机融合,沦为本科教材的"压缩饼干"。还有大部分高职由中职升格而来,教师仅仅对中职教材进行了

---

[1] 张信群.高等职业教育教材建设研究[J].吉林工程技术师范学院学报,2010,26（3）：17-20.

简单扩充,造成了高职学生的理论基础不扎实,又成为中职教材的"膨化食品"。教材编写队伍以高校教师为主,缺乏行业参与,实践性内容普遍不足,教材内容与生产实际相脱节。2011年,教育部对高等职业教育管理部门进行调整,高职教材建设由教育部职业教育与成人教育司负责,教材建设也迎来了一个新的历史转折点。

4. 逐步深化期（2012年至今）

2022年《中华人民共和国职业教育法》第三条指出职业教育是与普通教育具有同等重要地位的教育类型,标志着现代职业教育体系建设进入新的法治化进程,也意味着职业教育"类型"地位在法理上得到保障。近年来我国职业教育事业快速发展,高职教材建设进入数字化转型的关键阶段,新形态教材、立体化教材、工作手册式教材不断涌现。职教教材体系要体现终身教育理念,具有中国特色,教材建设进入逐步深化期。

1）教材管理科学化、规范化

2012年,教育部印发《"十二五"职业教育建设的若干意见》,明确教材建设实行"两级规划两级审定,国家、省、校三级建设"管理机制。2019年,《职业院校教材管理办法》作为首部职业教材管理办法出台,健全了教材管理的各个环节,是我国职业教育教材管理的纲领性文件。一是教材规划注重发挥行业作用,要联合有关部门、行业组织、行业职业教育教学指导机构进行深入论证,听取职业院校等方面意见。二是教材编写要求体现职业教育特色,教材要以真实生产项目、典型工作任务、案例等为载体。三是教材编审注重专家参与,教材编写团队构成人员多元化。

2）反映高职特色新形态教材开始逐步应用

2019年,《国家职业教育改革实施方案》提出建设一大批校企"双元"合作开发的国家规划教材,倡导使用新型活页式、工作手册式教材并配套开发信息化资源。新形态教材外在形态上具有更强的灵活性,教材内容可随时更换、灵活组装、个性化装订等,这反映了职业教育主动适应新工艺、新技术快速更新换代的内在诉求。从简单设置二维码,到"活页式""工作手册式""立体化""全媒体"及VR教材等都是目前高职教材建设的新亮点。

3）教材质量有所提升

自从《国家职业教育改革实施方案》明确了职业教育是类型教育以来,高职教材中涌现出一批校企合作双元开发,突出职业性、应用性、多样性等类型教育特点的教材。随着信息技术在教材领域广泛运用,出版社开始注重纸质教材的数字资源或资源库的配套开发。在思想导向上体现德、智、体、美、劳全面发展的高素质劳动者和技术技能人才的培养目标,在内容上注重理论与实践相结合,教材的深度与广度应与同课程教学目标相一致;在形式上注重灵活和多样。总体来看高职教材结构多样,品种丰富,职业教育教材的类型特征更加凸显,基本满足了职业教育专业教学的需要,对高职教学质量的提升起到了重要的促进作用。

近年来,虽然我国职业教育规划教材建设的不断深入,教材质量有所提升,但总体上质量不高仍是突出问题,主要表现在以下方面:第一,教材开发思路不清晰。目前高职教材标准建设方面是落后于普通教育的,缺乏对课程定位和内容规划的系统理论设计。[1]第二,教材内容质量不佳。内容组织上未能充分反映新理论新技术新工艺,专业理论知识与学生现有水平不能很好地结合,欠缺形象化的文字表述,教材学习环节的设计上科学水准不足。第三,教师过分依赖教材配套资源。过度依赖教材配套资源会破坏教学生产过程,制约教师教学能力的提升,形成职业惰性,教学一线教师也很难成为教材开发中的研究者和设计者。

三、教材的发展趋势

1. 导向——从思政课程到课程思政的"价值引领"

"课程思政"是对原有的"思政课程""学科德育"的超越,从原来的单独开设的思政课程到坚持与其他课程学习相融合,把思政教育和专业教育相统一,挖掘其他课程和教学方式中蕴含的思想政治教育资源,实现全员全程全方位育人。课程思政不是在专业课中讲授思想政治理论课的内容,而是要充分提炼其蕴含的价值基因,通过隐性渗透、元素融合等方式,提升学生的获得感和幸福感,实现思想启迪和价值引领。例如,专业课中要适当体现习近平新时代中国特色社会主义思想,有机渗透工匠精神、劳模精神和劳动精神,灵活展现中华优秀传统文化、革命文化和社会主义先进文化,从而涌现一批把思想政治教育与技术技能培养相结合的好教材,潜移默化地将思政教育融入教材中,知识传授、技能形成与价值引领如盐融水、交相辉映,从而点亮青年学生心中的理想信念,用真理的光辉和信仰的力量引领学生做立大志、明大德、成大才、担大任的时代新人。

2. 结构——从学科逻辑到专业逻辑的"职教特色"

长期以来,高职课程禁锢于本科的学科课程形态,因此其教材呈现形式也与普通教育基本一致,主要是系统地阐述专业理论知识。随着任务引领、项目驱动为理念职业教育课程改革的推广与深入,逐步恢复建立了职业教育教材的本质内核。[2]因为新的课程模式必然需要新教材做支撑,在项目课程理念的引领下,人们普遍地开始了项目化教材开发的探索,各类项目化教材层出不穷,其呈现形式各异,与过去的学科化教材在呈现形式上有了根本性区别。普通高校教材结构大多"以学科为中心""以知识为本位",大多以高度严密的学科逻辑推理的顺序去建构教材结构体系。如从一般到个别的演绎推理顺序。与此不同的是,高职的教材"以就业为导向""岗证赛课融合""以职业能力为本位"的教学理念,教材的体系结构应该符合学生的认知规律和职业技能的养成规律,遵循劳动过程的系统化、符合工作过程逻辑;坚持以应用为主线,不过分强调理论知识的系统性和完整性,不过分追求教学的学科结构和严密的逻辑体系,以适应教材的任务式和模块化的需要。

---

[1] 邓泽民,侯金柱.职业教育教材设计[M].2版.北京:中国铁道出版社,2012:1.
[2] 徐国庆.职业教育教材设计的三维理论[J].华东师范大学学报(教育科学版),2015,33(2):41-48.

3. 载体——从平面纸质到立体数字的"新形态"

随着互联网技术的发展，教材也主动向多媒体和网络交互的立体教材延伸。教材载体已经从单一的磁带、光盘等传统的电子音像材料逐渐扩展到二维码、VR虚拟仿真软件、在线互动平台、AR（增强现实）技术等的逐步应用，内容更加形象直观、新颖活泼，可视性强，在一定程度上缓解了纸质教材更新慢与产业发展变化快之间的矛盾。在教材呈现上，项目式、任务式、案例式、情境式编排方式成为主流，漫画式、活页式、工作手册式、折页式新型教材不断涌现，使复杂抽象的理论知识更通俗易懂，增强了教材趣味性，职业教育教材更加符合学生的学习认知特点，更容易调动学生学习的积极性。

4. 队伍——从校内到校外的"多元参与"

编写队伍是教材内容的生产者，组建一支高质量的编写队伍是出版精品教材的必要前提。教材编写团队已不单纯依赖职业院校教师队伍，教材编写逐渐形成了学校教师、行业专家、企业骨干技术人员、教科研专家、学生共同参与的编写机制。教材作为校企协同育人的重要抓手，必然是产教融合的切入点。行业龙头企业、知名企业的技术骨干主动参与专业课教材的编写或研讨论证，教材编写主动对接行业标准、技能证书标准，注重根据工作实际设计满足教学需要的项目、案例，体现了课证融通、书证融通。现代职业教育体系强调工学结合、产教融合。学生也可以尝试作为教材编写的成员。学生可以从使用者角度提供信息反馈，让教材内容、任务顺序、语言风格、版式设计更加符合学习需要。另外，学生对知识技能的掌握程度是教学的起点，也是决定教材先行组织者和学习情境创设的关键点。在交互设计中，学生的学习错误和典型问题档案、学习经验等可以作为教材中朋辈指导的重要来源。组建多元化的教材编写队伍，校企深度合作，可以有效防止流于形式的校企合作编写模式，打造体现职业教育教学规律、满足企业用人需求和符合职业院校学生认知特点的精品教材。

第二节　教材的类型与特征

一、传统教材

1. 传统纸质教材

传统纸质教材是以纸质为媒介，以系统学科知识为体系，以知识领域为中心，侧重基础理论知识，通过章节或单元形式进行内容的组织编排，用文字和图表呈现内容。

传统纸质教材的特征如下。

（1）知识和技能具有适应性、完整性和系统性，读写直观、系统，便于记录和总结。

（2）版面有限，版式不够活跃，呈现形式比较单一，基本通过文字和图表呈现，只有静态的阅读体验，缺乏趣味性和交互式互动。

（3）以系统学科知识为体系，理论性强，实践环节相对薄弱。通常学习过程是先积累足够的理论知识，再形成实践能力，不能突出应用性和实践性，不能体现职业能力的培养。

（4）开发和出版周期长，更新不灵活，不能及时反映生产中的新知识、新技术、新工艺、新方法、新流程、新标准和新步骤。

2．传统音像教材

传统音像教材是依赖于影视技术和计算机技术，用图像和声音来表达教学内容的一种视频教材，通常有机地融入文字教材的立体开发中，主要是根据教学需求，提供内容不同且形式不一的静态数字化产品。

传统音像教材的特征如下。

（1）呈现形式主要是视频、录像和录音等，信息载体是电子存储介质，可以是录音带、录像带、光盘、硬盘、音像软件、学习软件等，需要通过CD、VCD、DVD、计算机等进行播放和学习。

（2）音像教材的优势是发挥视听元素的作用，声形兼备，形象、直观、具体化，体现了声形并茂的特点。

（3）通过直观的视频显示和先进的多媒体课件互动，增强学习者的体验感，激发学生的学习兴趣，可用于课堂教学，丰富学生的学习，也可用于网络课堂和远程教学。

（4）传统的音像教材教学信息和资源是固定和静止的，缺乏动态的交互性，不能及时跟踪学生的学习情况和及时反馈教材存在的问题，出版周期长，更新不及时。

教材是依据课程标准去编写的。随着科技的发展和职业教育改革的深入，职业教育培养目标、课程目标、课程标准在发生改变。要培养满足当前职业岗位需求的技能人才，传统纸质教材和传统音像教材已经不能满足新的课程标准和教学需求，因此，以系统学科知识为体系的传统教材建设也要转向以职业能力培养为体系的新形态教材建设中。

二、新形态教材

1．活页式教材

活页式教材是对可灵活组合教材的形象化称谓，是指内容可以灵活删减、增加和组合，根据用户需求变化进行定制化的教材。活页式教材不仅体现在物理形态上采用活页的方式进行装订，其实质在于教学内容组织模式的变革，是以国家职业标准或专业教学标准为依据，以综合职业能力培养为目标，以典型工作任务为载体，以学生为中心，以职业能力清单为基础，根据典型工作任务和工作过程设计的一系列可灵活组合的模块化学习任务的综合体。[1]

活页式教材的特征如下。

（1）以学生为中心，以职业能力为本位，以应用为目的。内容选取上以典型工作任务为载体，以职业能力为基本组织单位，融入职业精神、职业素养，强调对学生综合职业能力的培

---

[1] 蔡跃，王偲，李静.职业教育新型活页式教材的内涵、特征及开发要点[J].中国职业技术教育，2021（11）：88-91.

养,适应职业岗位能力培养和发展的需要。

（2）校企双元共同开发,理论与实践相结合,确保教材内容的典型性、先进性和可操作性。

（3）活页式教材的编写结构上按照模块、项目、学习任务等组织教学内容,以工作活页呈现工作过程,通过"引导问题"按照岗位的典型工作任务和流程作为学习路径,体现做中学,做中教。各模块相对完整、独立,可灵活撤换和组合,实现了教材的结构化、模块化和重组化。

（4）装帧上开放、灵活,便于教师按任务模块和教学梯度进行二次开发组织教学,配合活页笔记等,便于学生过程性学习记载和总结,满足个性化学习和过程性追踪评价。

（5）根据技术发展和产业升级情况,方便单独更新模块和优化组合,能提高反映新知识、新技术、新工艺、新标准、新岗位的实效性,与相应的职业资格标准或职业技能等级证书标准接轨,适应"岗、课、赛、证、创"融合发展。

2. 工作手册式教材

工作手册式教材是对像企业操作指导手册那样具有实践指导性教材的形象称谓,是指面向具体的职业岗位,采用工作过程导向的手册式编排结构,为行动导向教学提供相匹配教学资源的实践指导性手册式教材。工作手册式教材的实质在于教学内容结构设计的变革,将企业工作手册的编写方式和具有普遍性、科学性、教育性的方法知识相结合,[1]以学生为中心,以综合职业能力培养为目标,以职业岗位活动为中心,以典型工作任务为载体,产教融合,完整呈现职业岗位活动及工作过程,具有职业性和实践性。

工作手册式教材的特征如下。

（1）采用做中学的编排方式,以工作任务为导向,详细列出从工作准备到工作验收的完整工作操作流程以及在真实工作情境中可能遇到的问题和处理方法,给出职业岗位相应工作任务的指导性信息,能够便捷地查询和指导。

（2）以学生为中心,提供完成学习项目的指导信息和间接经验,引导学生建立整体的流程性工作逻辑,学生在做中学,在学习工作任务中学会知识和技能的有效迁移,从而获得直接的经验。

（3）产教融合,企业专家和教师合作编写符合职业教育的基本教学规律,能及时反映技术发展最新动态的企业真实岗位活动和生产流程,将能力训练部分与技术理论知识的学习相结合,实现"理实一体化",让学生获得工作过程知识并掌握操作技能,培养综合职业能力。

（4）简明、专业、实用,内容颗粒化、完整化,独立成册,可作为一个相对独立的部分使用,项目间能"互补""递进"和"增补",动态更新,方便对各个项目进行一定的重新排列和重新组合。

---

[1] 徐国庆."活页式、手册式教材"概念辨析与应用开发[J].当代职业教育,2022（2）：4-9.

3．融媒体教材

融媒体教材是在互联网技术和信息技术基础上实现纸质教材和数字化资源有机融合和贯通的新型教材产品。融媒体教材的实质在于教材内容呈现方式的变革，它以纸质教材为核心，借助课程资源开发，将丰富的数字化资源，通过嵌入二维码、链接和 AR 等方式配套到教材中，充分利用不同媒体资源的互补优势，多层次、多元化、多终端形式予以展示和应用的新型立体化融合型教材。

融媒体教材的特征如下。

（1）通过纸介质教材和数字化资源的一体化设计，充分发挥纸介质教材体系完整、数字化资源呈现多样和服务个性化等特点，支持学习者用移动终端进行学习，形成相互配合、相互支撑的知识和能力体系，提高教材的适用性和服务课程教学的能力。

（2）不受版面和呈现形式的限制，教学内容和呈现形式丰富。发挥不同媒体资源优势互补的特点，通过文字、教学微视频、PPT 课件、扩展知识、图片、模型、动画、虚拟仿真、虚拟现实（VR）、增强现实（AR）、习题及解答等丰富的立体化、多样化的数字资源直观、形象、沉浸式地呈现教材内容，多层次地进行展示和应用，激发学生的学习兴趣，有效化解重难点，提高学习的成效。[1]

（3）采用互联网技术，集纸质教材、数字化资源、网站平台等于一体，"一书一课一空间"，突破传统时间和空间的限制，便于教师多元化教学和学习者多样化学习，方便多维度的互动和共享，充分发挥融媒体教材可视听、可访问、可交互、可评价等特征，便于开展以学生为中心，采用线上、线下混合式教学的模式，有效服务于线上教学、混合式教学等新型教学模式。

（4）通过纸质教材传授主要知识内容，通过数字化资源呈现行业最新的技术和信息，根据技术发展和产业升级情况，可以根据需求进行实时修改或更新扩展，能提高反映新知识、新技术、新工艺、新标准、新岗位的实效性，为教师的教学和学生的学习提供丰富的拓展资源，方便教学使用和个性化学习。

4．数字教材

数字教材是指以符合课程标准的教学内容为基础，运用互联网、数字媒体、大数据等技术手段，汇集移动学习、富媒体资源呈现、交互式教与学、过程大数据记录与分析于一体的可听、可视、可练、可交互的融媒体交互式智能化出版物。

数字教材的特征如下。

（1）以传统纸质教材的图文内容作为学习的主要逻辑，以便于浏览的页面编排作为主体版式设计，将与图文内容相关的多类丰富的数字化资源进行融媒体呈现，直接插入正文相应位置，并在关键知识点添加词条加注和链接，方便阅读时直接点击观看、收听、浏览，更加便捷、立体化和具有针对性。

---

[1] 丁喜纲.职业教育新形态教材的比较与建设探析[J].中国职业技术教育，2021（2）：67-71.

(2) 容量大,平台有云属性,支持计算机、平板、手机等多终端访问,流式排版自动匹配终端格式,方便浏览、搜索、标注、练习、反馈和互动。

(3) 集合具有交互性的各类功能作为教学、互学、自学的主要手段,学习者通过移动终端浏览数字教材、记录笔记、在线测试、查询重难点内容,并可在线实时提出各类意见,通过智能化的数据采集、统计、分析管理学习过程,进行学习过程评价和学习追踪,实现多主体、多维度、多层次的高效互动。

(4) 设置及时、有效的反馈渠道,在一系列的应用过程中加强对反馈方式、手段、响应速度的提升来不断修正教材内容,提升教材质量,增强学习者满意度。

第三节 教材开发方法与流程

一、教材开发方法

高职教育的课程理论、学习理论、教学理论和传播理论是教材开发的思想理论基础。教材开发必须充分体现高职教育课程观、学习观、教学观和传播观。

1. 职业能力分析

职业能力分析是职业教育教材开发的基本技术。首先,要做好工作领域分析。工作领域是指一个岗位群所执行的较大范围的功能,不仅仅是企业岗位职责中规定的内容,将岗位或岗位群所涉及的职业活动按工作的性质和要求分解成若干个工作范围或领域。其次,要做好典型工作任务分析。按工作的性质与要求,将每一个工作领域分解成若干相对独立的单项任务。工作任务的分解要有一条清晰的逻辑线索,避免任务之间的交叉。最后,要做好职业能力分析。每个任务所描述的是岗位上要完成什么事情,而能力所要描述的是为完成这些事情应具备的条件,即要描述出在什么条件下人能够把事情做到什么状态。

工作领域一般为 5 个以上,表述采取"名词 + 动词"的短语形式,如"企业形象策划"。每个工作领域的工作任务分解要尽量详细,每条工作领域包含的工作任务一般以 5～7 条为宜。每条工作任务的职业能力以 4～6 条为宜。

2. 职业能力教学化处理

对职业能力进行教学化处理,形成可直接用于教学的职业能力。进行教学化处理需要以核心素养为指导,增加和删减能力条目,提高任务的教育价值;要按照从学习的起点到最高点的顺序,由易到难,由简到繁,补充完整职业能力;对各条职业能力的学习内容进行均衡化处理,使它们的学习量大体接近;为学习跨度比较大的职业能力提供过渡性职业能力;对所有职业能力按教学逻辑的前后关系进行编排。

3. 知识体系建构

教材内容应涵盖本课程中最基本、最有用的事实、概念、理论和技能,要求基本知识和概念准确无误,技能操作符合行业规范,满足职业岗位的能力要求,技术要求描述准确。教材要为学生提供多样化和有针对性的任务,任务出现的频率、形式、难度、位置等适当,能很好地培养学生的实践能力。教材内容的顺序应符合学习者认知发展规律,按照由浅入深、由易到难进行排列,专业课教材中的内容与职业岗位的实际需求应贴合紧密。

4. 课程思政设计

教材应体现"知识传授与价值引领相结合"的原则,注重德技并修、育训结合,有机融入劳动教育、工匠精神、职业道德、职业精神和职业规范等内容,贯彻立德树人,落实课程思政。教学过程应融入知识的人文价值、科学文化和产业文化,融入思考问题、解决问题的思维方法和价值观以及严谨专注、敬业专业、精益求精和追求卓越的职业品质养成等。课程思政的体现不应机械化地融入思政元素,而是需要在分析学情的基础上,充分挖掘本专业本课程的科学精神、价值取向及伦理规范等思政元素,并将其"浸润式"地融入课程内容中,实现知识与思政元素的有机融合,学生能够在潜移默化中提高思想政治水平、道德素养和文化素养,实现学生的全面发展。

5. 数字化资源开发

通过纸质教材和数字化资源的一体化设计,充分发挥纸质教材体系完整、数字化资源呈现多样和服务个性化等特点,并通过二维码等技术手段,建立纸质教材和数字化资源的有机联系,支持学习者用移动终端进行学习,从而提高教材的适用性和服务课程教学的能力。通过对课程的项目任务设计,对每个任务进行解构,形成课程知识点和技能点,即知识技能树,再对每个知识点和技能点选取适当的媒体表现形式进行设计制作,比如微课、动画、虚拟仿真等,数字化资源开发路径如图9-1所示。

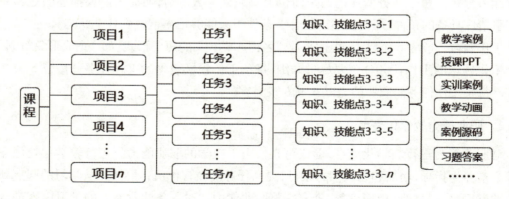

图 9-1　数字化资源开发路径

6. 教材文本呈现

教材中的文字质量、编制结构、图文呈现形式等都会对学习者的有效学习产生深刻影响。教材中的字词准确无歧义,句子连贯,表意清晰、简练;教材有明确的结构划分和关联系统,通过标题、总结、阅读框架、信息提示等环节的科学设计,给学习者提供清晰的学习引导。

教材中文字内容、图像、表格、插图等资源相互支持和印证,所指向的信息保持一致;教材中字体格式、大小、行距、印刷的清晰度、图文配置等版面设计具有视觉引导作用并符合美的原则,能吸引学生阅读。

二、教材开发流程

1. 组建团队

高素质、专业性的编写团队是教材质量的保障,主编和参编人员应具有丰富的高职教学经验,一般应具有中级及以上专业技术职务(技术资格)。以主编(含副主编)为核心,吸纳多元背景的专业人员,组成具有合理人员结构的校企合作教材编写团队。

2. 确定思路

团队成员统一思想、共同学习和研讨,确定教材的建设思路和编写理念,进行项目和任务驱动教学设计;根据学科特点和教学内容,确定教材编写形式,例如活页式、工作手册式、融媒体教材等。

3. 收集素材

按照编写思路,收集整理教学项目、任务、案例等素材和资源,尤其是贴近职业岗位、来自企业一线的新技术、新工艺、新方法等。

4. 编制目录

教材目录应遵循由易到难、循序渐进的认知规律,能直观体现教材编写思路,体现项目任务框架及知识点的系统性;同时目录应方便技能点和知识点的查找和检索,为学生学习提供便利。

5. 编写样章

一般由主编执笔,编写具有完整章节结构的样章,确定教材每部分的编写体例和风格,表现形式尽可能丰富多彩,增强可操作性、可读性和互动性,激发学生的学习兴趣。目录和样章编写完成后,建议聘请有经验的老师或专家,与团队成员一起,共同进行修改和完善。

6. 制订计划

确定每章节大约编写字数,主编按照参编人员的专业特长,合理分配编写任务,明确完成时间点,分工合作,责任到人。

7. 分工编写

参编人员严格按照样章的体例和风格编写教材内容,教材编写过程中应通过多种方式征求各方面特别是一线师生和企业意见,并按时提交初稿,通常编写过程中会遇到很多问题，应及时跟主编沟通协商解决。

8. 统稿完稿

主编需对教材初稿进行整合，针对问题和不足进行修改完善，完成统稿任务。教材编写完成后，应送一线任课教师和行业企业专业人员进行审读、试用，根据审读意见和试用情况修改完善教材。

第四节　三种典型的高职教材开发案例

一、活页式教材开发案例

《城市轨道交通概论（第2版）》由深圳职业技术大学崔宏巍、胡松华主编，是人民交通出版社有限公司2021年出版的活页式教材。该教材依据城市轨道交通行业发展现状，对城市轨道交通系统按其组成择要叙述，旨在让学生学习城市轨道交通系统建立总体认识，为开展课程的学习提供基础课件、在线课程、虚拟仿真实训教学软件、视频动画、习题等教学资源。

1. 基于建构主义的教材观

随着我国城市轨道交通的不断发展，职业院校在进行城市轨道交通课程教学时，利用传统的教学方式很难表达现代城市轨道交通行业教学内容，难以达到原定教学目标。这本教材的编写及设计尝试使用多媒体资源与知识点相结合的方式，将难以理解的知识点用多媒体资源的形式呈现。教材在内容设计上强调知识和技能生成性、境遇性和建构性，倡导学生通过自主探究构建相应的知识技能。《城市轨道交通概论》基于建构主义的新型活页式、工作手册式教材的理念，编写组将本书设计为活页式教材，方便教学者和学习者根据实际教学需求进行灵活调整，实现"教"与"学"的相互融合和互助提升，教材的主要功能是促进学生进行意义建构，突出引导和建构。

2. 灵活的学习任务活页设计

学习任务活页是学生在教师的指导下自主完成的综合性学习任务。学习任务不仅包含事实性知识和操作技能的专业能力，还要包括能够解决复杂情境的跨专业能力。学习任务一般特指职业性发展任务，也称为典型工作任务。

学习任务活页有三方面的编写要求。[1]

第一，突出重点。通过问题的解决科学设计学习流程，让学生通过完成任务并解决问题的有形过程，掌握处理问题的程序和工作标准，而后者恰恰是能力培养的核心，要把学生应知应会的概念、定律、参数、状态等融入项目实施过程中。

---

[1] 蔡跃.职业教育活页式教材开发指导手册[M].上海：华东师范大学出版社，2020：56.

第二，准确规范。规范任务名称，准确简述任务情境（问题现象）；对问题的判断与分析要有理论依据（理论、原理、规范、标准等）；完成任务要有明确的方法与步骤（工作流程或工艺流程）；工作过程有明确的操作规范与要求；要明确工具设备的正确使用方法。

第三，要素齐全。每个学习情境的内容应当完整，所设定的教学任务应能够体现完成一项工作（处理某个问题）的全过程。通过实际操作，学生既能体验和锻炼实际操作能力，又能验证理论、流程、规范和标准的正确性。每个活动环节都要对学生的学习进行评价，评价内容包括重点、关键点、安全、规范素养的要求。

《城市轨道交通概论》按照 B5 纸张 9 孔型标准活页进行打孔，使用者可搭配颜色、图案多样的相同型号的活页夹或装订环，装订成活页式教材使用，有利于教师展开教学和学生学习。

对于教师而言，教材内容的项目化、模块化、任务化设计，方便教学团队组织教学，可根据教学需求调整教学顺序；可根据不同使用对象、不同专业的教学要求，替换、添加、减教学内容和教辅资料。可结合行业热点、最新时事、典型案例等，随时补充教学素材；可促进"岗课赛证"融通，将岗位职业技能、专业教学标准、技能大赛、"1+X"职业技能等级证书的内容灵活补充到教材中；可方便任务实训工单的收缴，评分后返给学生。

对于学生而言，可随时添加学习笔记、学习心得到教材对应位置，方便复习；可灵活添加学习辅助资料，如参考资料、习题等；可根据上课内容携带对应页码（每个项目单独印有活页页码），不用带整本书，简单方便；可根据自我学习进度随时调整学习顺序。

3. "岗课赛证"融通的内容编排

《城市轨道交通概论》采用项目任务体例编写，涵盖城市轨道交通概述、城市轨道交通线路与站场、城市轨道交通车站机电设备、城市轨道交通车辆、城市轨道交通供电系统、城市轨道交通信号与通信系统、城市轨道交通运营管理七个主要的项目。内容设计全面、简洁，对学生专业技能的提升有着重要的作用。该教材依据城市轨道交通站务、乘务等岗位从业人员需要重点掌握的职业技能，结合作者的多年教学改革成果，融入了行业技能大赛赛项要求"1+X"城市轨道交通站务职业技能等级证书及"1+X"城市轨道交通乘务职业技能等级证书的考试内容，促进了"岗课赛证"融通（见表 9-1～表 9-4），提升了教材质量。

表 9-1 "岗"——国家职业技能标准相关工种/岗位技能要求在教材中的融入

国家职业技能标准城市轨道交通服务（2021 版）		项目二	项目三	项目六	项目七
站务员(五级/初级工)	行车组织与施工组织	√			√
	客运与服务	√		√	√
	票务运作			√	√	√
	应急情况处理		√	√	√

续表

国家职业技能标准城市轨道交通服务（2021版）		项目二	项目三	项目六	项目七
行车值班员（五级/初级工）	行车组织与施工组织	✓			✓
	客运与服务	✓		✓	✓
	票务运作		✓	✓	✓
	应急情况处理		✓	✓	✓

表9-2 "课"——教学改革在教材中融入

教师活动	学生活动	教学意图
（1）组织教学：课前组织学习预习，布置课前学习资料； （2）复习旧课：课程整体框架，课程标准，课程学习要求和考核要求； （3）课程导入：以专业相关新闻、典型案例或课前预习内容等方式导入； （4）学习新课； （5）课程小结； （6）考核评价：在线习题等方式	（1）起立致礼，考勤； （2）席卡放在课桌上； （3）展示预习、讨论、小组作业等，回答问题； （4）课内回答问题； （5）课内在线作业； （6）课后完成作业及预习任务； （7）关注本专业的相关新闻	（1）德育及行为教育、上课准备； （2）给学生养成复习、预习的习惯； （3）引导学生关注本专业的新闻，增加对本专业的了解程序，培养学生通过网络获取专业知识的能力的习惯； （4）培养学生严谨负责，按时完成作业的习惯； （5）培养学生的安全意识； （6）培养学生的责任意识及相关岗位的职业荣誉感

表9-3 "赛"——职业技能大赛赛项要求在教材中的融入

职业技能大赛		项目一	项目二	项目三	项目六	项目七
城市轨道交通行车值班员职业技能大赛	职业道德		✓			
	职业守则		✓			
	行车安全	✓	✓		✓	
	列车运行图					✓
	客运组织	✓	✓		✓	✓
	设备故障的应急处置					
	突发事件应急处置			✓	✓	
	票务管理			✓		✓
	站厅火灾（A/B端）					
城市轨道交通行车值班员（信号）职业技能大赛	社会责任与职业道德		✓			
	城市轨道交通安全基础		✓		✓	✓
	城市轨道交通乘务管理			✓	✓	

续表

职业技能大赛		项目一	项目二	项目三	项目六	项目七
城市轨道交通列车司机职业技能大赛	社会责任与职业道德	✓				
	安全基础知识	✓			✓	
	相关法律法规					
	乘客服务	✓			✓	✓
	行车组织					✓

表9-4 "证"——"1+X"职业技能等级证书技能要求在教材中的融入

证书技能要求	城市轨道交通站务						
	初级				中级		
	行车组织及施工组织	客运服务	票务运作	应急情况处理	客运服务	票务运作	应急情况处理
项目二	✓			✓			
项目三		✓	✓	✓		✓	
项目六	✓		✓				
项目七	✓	✓	✓				

4．全媒体的数字化资源设计

《城市轨道交通概论》是全媒体活页式教材，教师和学生通过扫描书中的二维码即可获取课程资源，包括课程思政案例、虚拟仿真实训教学软件、视频动画等。这些数字资源丰富了课程的教学内容，还原了企业真实场景，将原本枯燥的标准、技能陈述带入一个栩栩如生的工作世界，提供了一个全媒体全方位的教学环境，使学生告别传统乏味的学习过程。

（1）二维码的应用。二维码能储存汉字、数字等信息，具有信息容量大，编码范围广，容错能力强，扫描响应速度快，制作简单，成本低廉，持久耐用等特点。将二维码应用于活页式教材中，可以对教材内容进行扩展和延伸，弥补传统电子资源载体的不足。有的二维码还可以开发留言功能，学生可以将学习中遇到的问题和疑惑发送给教师，增强教学交互功能。这本教材中主要使用二维码数字资源的形式扩展部分"课程思政"内容以及插入了重、难点视频资源。学生可以在计算机、手机、平板上通过扫描二维码或输入网址来访问虚拟教学平台进行学习，通过虚拟仿真教学不仅能熟悉设备的组成结构，还能掌握标准化作业流程。

（2）虚拟仿真类教学实训。VR虚拟仿真教学模拟实训系统在完全虚拟的环境下进行操作演练，不会因误操作造成人身伤害和环境破坏，提高了实训的安全性和可靠性。教材中有两处学习任务采用了虚拟仿真技术，让学生可以对设备的各个部件或总成反复认知，对拆装过程反复训练，对应急处理流程反复练习，对自动售票机的结构认知清楚，掌握标准化处理流程，为更好理解设备结构和标准化作业流程提供支持与帮助。系统利用先进的计算机仿真虚拟技术,在 Web 端虚拟教学平台上完成设备结构教学、日常工作中检修作业与应急处理。学员可以在安全、便利的环境下随时随地开展直梯井道认知与维护,并且系统还会根据每一次的学员的操作步骤对错与否,对学员的实训结果进行自动评分,为教师日常理论授课、组织实训和教学管理等工作提供了新的技术手段。

5. 校企"双元"的编写团队

"十三五"和"十四五"职业教育规划教材建设实施方案都指出了要突出职业教育的类型特点,深化产教融合、校企合作,推动校企"双元"合作开发教材,鼓励职业院校与高水平大学、科研机构、龙头企业联合开发教材。企业需求是活页式教材开发与建设的风向标,《城市轨道交通概论》编写团队由深圳职业技术大学汽车与交通学院教师和天津三号线轨道交通运营有限公司员工组成。在编写过程中,团队认真调研了和课程相关的岗位需要的职业技能,按照课程对岗位、课程任务对项目、项目对工作任务的要求,以工作训练形式表现教材内容,充分反映岗位技能知识的需要。对教材进行审核时,也邀请了天津三号线轨道交通运营有限公司的专家对教材是否符合专业和培养目标、职业技能标准、企业行业需要和职业生产实际等方面进行整体把关,并给出评价意见和修改建议。

二、融媒体教材开发案例

由深圳职业技术大学王静霞教授主编、电子工业出版社出版的《单片机应用技术(C语言版)》第四版教材获得首届全国教材建设特等奖。该教材坚持正确的政治方向和价值导向,符合国家教育教学改革精神,体现"以学生为中心""做中学,做中教"的职业教育理念,育人功能显著,在教育教学实践中反映良好。教材使用广泛,社会影响大,在同类教材中处于国内领先水平。

《单片机应用技术(C语言版)》教材自 2009 年第 1 版正式出版以来,至今发行了 4 个版次,前后 46 次印刷,共发行超 40 万册,成为 300 多所学校的专业教学用书。这里以此为典型案例,介绍融媒体教材的开发方法。

1. 准确聚焦的教材定位

教材服务于课程教学,是教之本,学之源,其定位要与课程定位相呼应。单片机应用技术是电子信息类、自动化类等专业的专业基础课程,旨在培养学生科技强国、文化自信、爱岗敬业、勇于创新、精益求精的思想政治与职业素养,掌握单片机应用系统开发的基本理论和工作原理,具备独立完成单片机应用系统设计、生产和维护的能力。

《单片机应用技术(C语言版)》依据高职教育培养高素质高技能人才的目标,结合高职学生的学习能力,遵循由浅入深、从简单到复杂的认知规律,以学生为主体,教学设计采用典型的项目任务驱动方式,在保证单片机原理知识系统性的前提下,突出学生的动手能力训练,将单片机的硬件设计和软件编程内容分布在任务能力训练中,层层递进,边学边练,使学生的设计能力得到不断提升。

2. 任务导向的编写理念

单片机应用技术教材的第一版是在 2009 年 5 月出版发行的。2008 年,深圳职业技术大学单片机课程组在多年教学改革和实践的基础上,单片机应用技术课程被评为教育部国家级精品课程。根据国家教育教学改革精神,课程改革进入了一个全新的阶段。把"以学生为中心"作为课堂教学改革的基本思路,将教室上理论课、实训室上实验课,这种理论和实践相割裂的教学模式,改变为统一在实训室上课,让学生在做中学、做中教。在这种背景下,编写团队开启了单片机应用技术教材的研发和编写工作。

通过走访企业,了解单片机工程师职业岗位需求,确立了以培养学生的单片机应用系统设计能力为主线的编写思路。同时,将项目化教学设计思想引入教材中,以工作任务为导向,由任务入手引入相关知识和理论,通过技能训练引出相关概念、硬件设计与编程技巧,体现做中学、学中练的教学思路,并融入职业素养教育和价值观引导等内容,注重提升学生的综合素质和岗位胜任力,满足理实一体化教学要求,适应学生的个性化、多样化学习需求。

3. 易学好教的内容设计

教材以单片机的应用能力为主线,采用项目化教学设计思路,从课程的知识、能力和素质三维目标出发,学生应掌握的 8 项能力作为能力模块,每个能力模块又分解为若干个技能点,以任务为载体进行技能点的训练,全书包括 8 个项目,26 个任务,贯穿整个教学过程,如图 9-2 所示,整体设计框架清晰,层次分明。

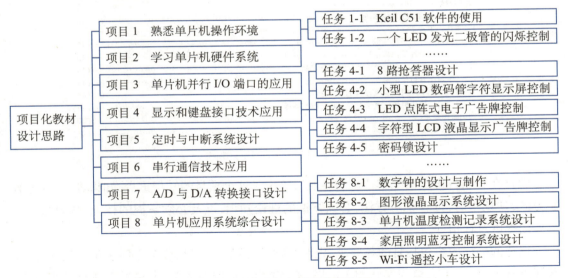

图 9-2　实践任务贯穿教学过程

教材以"训练任务 + 知识学习"的结构体系,学生可以在"做"的过程中学习单片机原理与结构,在"做"的过程中获得有关单片机应用的小技巧、小经验,再进一步将这些习得的知识、经验和技巧应用于更高一级的单片机应用项目的开发中,使学生在这种"做中学、学中练"的认知活动中获得极大的成就感和学习乐趣,这种任务驱动、理实结合、软硬同步、循序渐进的教学模式,综合了近年来课程改革的先进成果和教学经验,既能有效地提升学生的理论水平和实践能力,又可以加强学生在实际工作中分析问题、解决问题的能力和创新意识,非常有利于学生未来的可持续发展。

在任务的选取上,强调以能力训练为中心,针对每个项目具体能力要素的培养目标,精心选择训练任务,避免过大过繁,体现精训精练。同时,注重能力训练的延展性,每个任务既相对独立,又与前后任务之间保持密切的联系,即后一个任务是在前一个任务基础之上进行功能扩展而实现的,使训练内容由点到线、由线到面,体现技能训练的综合性和系统性。

单片机系统设计实战综合任务是教材的特色之一,数字钟的设计与制作综合了本书所有单元的训练内容,并引入了大量实际设计经验,起到了从训练到实战、承上启下的过渡作用;温度检测记录系统则完全从职业岗位能力出发,凝聚了编写组多年开展单片机应用产品设计的体会和经验,实现了常用的 1 线/2 线/3 线或 4 线等串行总线接口器件与单片机的接口设计,拉近了单片机教学与职业岗位需求的距离。

家居照明蓝牙控制系统设计和 Wi-Fi 遥控小车设计,将比较新的蓝牙和 Wi-Fi 技术融入了教材,使得教材内容紧跟技术发展和市场应用。

每个项目以若干任务为骨架,与任务相关的知识点以小节形式紧密编排,为实践任务提供必要的理论知识支撑,将知识点有机融入实践项目及任务中,同时也不会将知识点过于碎片化,符合学生的认知规律,易学好教,项目 1 的内容编排如图 9-3 所示。

```
项目 1  熟悉单片机操作环境 ································································ (1)
  教学导航 ······················································································ (1)
  任务 1-1  Keil C51 软件的使用 ······················································· (2)
  1.1  认识单片机 ············································································ (11)
    1.1.1  什么是单片机 ································································· (11)
    1.1.2  单片机内部结构 ······························································ (13)
  任务 1-2  一个 LED 发光二极管的闪烁控制 ······································ (14)
  1.2  学习单片机的准备 ·································································· (18)
    1.2.1  单片机开发流程与工具 ···················································· (18)
    1.2.2  单片机的仿真学习与 ISP 下载实验板 ······························· (19)
  知识梳理与总结 ············································································ (20)
  思考与练习题 1 ············································································ (21)
```

图 9-3 项目 1 的内容编排

教材在各项目正文前配有"教学导航",给出了这个项目的知识重点、知识难点、推荐教学方式、建议学时、推荐学习方法、必须掌握的理论知识,以及必须掌握的技能,从教与学两个方面提供过程指导。

任务的描述内容包括目的与要求、电路与器件、源程序设计、任务小结和举一反三等,在叙述方式上,引入了大量与实践相关的图、表,并给出了器件清单、电路板实现等细节内容,一步步引导学生自己动手完成设计,具有可操作性。

同时注重学生思考能力和创新能力培养,每个任务都设置了"举一反三"环节,让学生在基本任务的基础上进行扩展和提升,充分锻炼学生的设计能力,有效激发学生的学习兴趣和创新潜能。同时利用扩展阅读资料,让学生了解国际国内电子信息行业动态、创新人物等信息,帮助学生在学习知识、能力的同时,树立正确的价值观。

对于知识点内容,首先通过思维导图方式采用知识分布网络给出本节内容的主题框架,便于读者掌握本节内容的重点。知识分布网络示例如图9-4所示。原理性内容叙述简约,并适时穿插各种小知识、小问答、小技能等,表现形式丰富多彩,可读性强,便于老师与学生之间开展互动性教学,增强教学过程的趣味性。

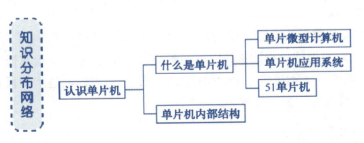

图 9-4　知识分布网络示例

知识梳理与总结,从整个项目的介绍思路入手,梳理每个任务和知识点内容,并提炼总结出项目的重点内容,有助于学习者从整体上把握项目的学习内容,以达到高效学习、提炼与归纳的目的。每个项目的思考与练习题,题型丰富,数量较多,并用二维码形式提供参考答案,有助于帮助学习者对项目内容进行复习、拓展和提高。

4. 如盐融水的课程思政

教材中就如何实现立德树人和思政教育方面进行了深入研究和实践,在培养单片机应用设计相关岗位的职业能力的同时,可以提升学生的专业认同感和职业使命感;引导学生科学运用辩证思维看待问题,树立产业自信和科技报国的理想信念。将深圳特区精神与信息技术创新发展紧密结合,形成创新实践引领、特区精神铸魂的课程思政育人模式。围绕"讲述深圳故事,弘扬特区精神"为主线实施价值塑造,着力从信息技术产业发展与应用中挖掘所蕴含的思政元素,凝练成以"科技报国之理想信念、精益求精之工匠精神、敢闯会创之开拓意识"为核心的课程思政建设目标。

思政教学在教材中的融入具体包括三个方面。首先,拓宽知识点的广度和宽度。在介绍单片机概念时,拓展到我国集成电路产业现状以及中国本土MCU的领航者宏晶公司的介绍,呈现了国内企业坚持技术自主研发的创新意识,激发学生的民族自豪感,进而树立技术强国的远大理想信念。在阐述数字钟设计的时候拓展到名师郭天祥的好学精神和创业经历,激励学生脚踏实地,吃苦耐劳,将来在创新创业方面大显身手。其次,全面更新教材中的案例。例如广告牌案例采用了抗疫宣传牌,显示案例也选取了建校日、校训等有意义的内容,实现入脑入心的价值引领。最后,挖掘技能点的任务训练活动的深度。将6S管理思想、专业素质和职业素养融入训练过程中,让学生自觉践行工匠精神,体会学习获得感,进而提升专业认同和远大的职业理想。

5. 丰富新颖的配套资源

《单片机应用技术(C语言版)》教材作为新型融媒体教材,提供了丰富优质的数字化教学资源，包括微课、教学 PPT 课件、动画、习题库、仿真文件、习题解答、编程源文件、扩展阅读、行业信息等。

纸质教材资源标注与在线数字课程资源一一对应，更好地适应了高职学生泛在学习要求，便于学生随学随练、自学自测；满足学生课前、课中、课后学习和自主学习，可充分支撑线上学习及混合式教学。

教材中的微视频教学注重趣味性设计，采用生活化和场景化教学，增强了故事性、游戏性，新颖有趣；同时采用动画将抽象的原理知识直观形象化，帮助读者掌握原理性强的知识点。教材中所有实践任务均提供了 Proteus 仿真电路下载，可以通过实验板和仿真软件完成任务训练，为学生课外学习提供了保障。

6. 生动直观的版式编排

在形式设计方面，教材装帧设计形式新颖，印刷精良，美观大方，配色合理，图片清晰，编印符合学习者认知规律，增强了可操作性、可读性和互动性。

实践任务和知识点描述过程中，适时穿插各种小知识、小问答、小技能等，并用不同的字体、有趣的标识符号和方框与正文加以区别，图文并茂，突出重点和难点，提高互动性，让学生在系统学习和实践过程中，轻松掌握重点内容，突破难点。

7. 有实战经验的编写团队

教材编写团队实力强，该教材主编在职教战线工作 20 多年，具有丰富的课程建设和教学经验，在教学方面积累了很多成果，获得广东省职业院校信息化大赛一等奖两次，全国职业院校教师教学能力大赛二等奖，全国普通高等学校优秀教材二等奖等，其主持的慕课、微课等多次获得各种奖项。

编写团队包括多名教学名师和优秀的青年教师，具有丰富课程建设经验，教学成果显著，且长期与单片机开发与设计类企业合作，主持多项单片机科研项目开发，吸取了大量企业单片机项目开发经验，并将之融合到教材编写中，让项目选取具有鲜明的实战性。

三、数字教材开发案例

深圳职业技术大学曹洁主编、大连东软电子出版社出版的《超越德语》秉承"基于成果的教育"（OBE）的教学理念，以学生为中心，根据企业相关岗位工作中对德语能力的要求，以能力培养为导向，以语言输出为目标，通过六大情境项目和创设的三种创意德语学习工具引导学生树立正确的理想信念、学会正确的思维方法，培养学生运用德语口头沟通、书面表达和实际运用的能力，提高学生基于任务（项目）分析问题及解决问题的能力，培育学生精益求精、追求卓越的职业精神，为学生达到德语欧标 A1 的语言水平和步入职场奠定坚实的基础。

1. "创新型"编写团队

"超越德语"是应用德语专业的一门专业核心必修课，是提升学生职业素养及培养学生专业技能的重要组成部分。课程开设面比较广，参与授课教师也比较多，既有拥有丰富教学经验的授课教师和外企实战经历的教师,又有外籍教师。教材编写时组建一线教师、外企教师和优秀学生组成的"创新型"团队,结合以学习者为中心、基于成果的教育理念和完善高层次应用型人才培养体系,组建编写团队时,重点从以下三个方面考虑:一是吸收具有多年授课经历、教学经验丰富且教学效果好的一线教师;二是吸纳在外企工作,职业岗位中对德语能力有要求的实战经历丰富的企业教师;三是考虑语言类教材音频文件的重要性,吸取有丰富教学经验的教师和发音标准的德语专业优秀学生。多种类型成员组成的"创新型"编写团队统一思想、共同学习和研讨、分工合作,高质量地完成教材的编写。

2."成果导向""专创融合"的编写理念

《超越德语》作为高等院校德语专业教材,适合所有对德语学习怀有兴趣的学习者,并能为学习者达到德语欧标 A1 的语言水平和步入职场奠定坚实的基础。该教材秉承"基于成果导向的教育"(OBE)的教学理念,为了完善高层次应用型人才培养体系,服务"一带一路"倡议,满足粤港澳大湾区现代服务业产业发展的需要,根据企业相关岗位工作中对德语能力的要求,以能力培养为导向、以语言输出为目标,紧扣人才培养方案,支撑学生提升德语发音、词汇、语法等专业知识,以及基于不同项目主题的听、说、读、写、译等专业技能的训练,培养学生德语口头沟通、书面表达能力和实际运用的能力。

根据应用德语专业人才培养方案相关要求,遵循高等职业院校学生的认知规律,《超越德语》以"交际德语"作为主题,设计了初来乍到、亲切见面、愉快用餐、得体着装、朋友聚会、外出旅行六大项目。每个项目由 3 个任务支撑,将思政教育、劳动精神、工匠精神等有机融入任务设计实施过程中,形成了以模块化实践任务为骨架、以技能知识点为内容的实践导向结构化课程内容体系框架,如图 9-5 所示。同时将创新教育融入专业教育,创设了思维导图、六顶思考帽和电梯演讲三大创新思维工具。在教学设计方面,以任务为驱动,突出职业性、实践性、创造性,体现"教、学、做、思、创"五位一体的成果导向和专创融合的设计理念。

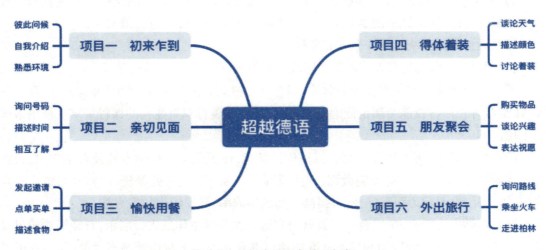

图 9-5 教材实践导向体系框架

3. 情景式项目化的任务设计

数字教材和纸质教材一样，以学生为中心，以职业能力培养为目标进行课程和内容的构建，确定教材体系框架，设计完整系统的教材目录。根据企业相关岗位工作中对德语能力的要求，以能力培养为导向、以语言输出为目标。《超越德语》通过主人公阿华初到德国，请同学们和他一起"学会德语，走遍德国；掌握德语，畅行欧洲；运用德语，筑梦丝路"来构建课程体系，根据语言的认知规律，由易到难、由点到面设计了初来乍到、亲切见面、愉快用餐、得体着装、朋友聚会、外出旅行六大情境项目，并介绍了三大创新德语学习工具，涵盖了德语欧标 A1 语言水平的所有知识技能点，体现了知识技能的完整性、系统性、创新性。同时针对每个项目具体能力要素的培养目标，精心选择训练任务，每个项目分别包含 3 个不同任务。比如初来乍到这个项目，就包含彼此问候、自我介绍、熟悉环境 3 个任务，每个任务开展又包含 6 个环节，分别是情境导入、遣词造句、语法解析、对话演练、文化拓展和成果展示，循序渐进提升学习者语言实际运用能力，升华学习者职业素养。

教材通过六大项目、18 个任务贯穿整个教学过程，同时积极响应国家大众创业、万众创新战略，全面提升人才培养质量，教材将创新教育融入专业教育，创设了三大德语学习工具——思维导图、六顶思考帽和电梯演讲，学生在学习德语时结合三大创新思维工具必将事半功倍，轻松地掌握德语学习的方法，灵活地运用德语，为达到德语欧标 A1 的语言水平和步入职场奠定坚实的基础。

数字教材的内容根据编写过程中项目或任务的变更可以进行灵活调整，同时在教材出版后，还可以及时进行项目的更新和扩展。

4. 标准化的教材样章设计

教材样章通常由教材主编编写，团队成员进行讨论交流，最后修改后确定下来。数字教材样章可以选取一个典型项目进行编写，也可以选择其中一个任务进行编写，还可以选择任务中的典型环节进行编写。《超越德语》教材考虑到每个任务环节的结构统一性和数字资源的分配合理性，样章选取的是其中一个典型项目中的一个任务进行编写。

样章设计原则围绕以下 3 个方面进行。

（1）思政引领，文化育人。以课程思政作为引领，教学内容对接国家"一带一路"倡议，教学素材以中华优秀传统文化作为载体，培养学生树立文化自信，推动中德两国文明互学互鉴，让学习者在语言技能与岗位能力双轨并行，德育与美育双重建构的课程中享受德语带来的乐趣。

（2）情境教学，资源立体。综合应用创设情境、任务驱动等教学方法及自主学习、合作探究等学习方法。集文本、原创微课、视频、动画、音频、图片、习题等资源为一体，结合富媒体、立体交互、学习行为跟踪等技术，提高教师教学效率，激发学生学习兴趣。

（3）以学生为中心，师生合作。教材内容选取优秀学生作品进行展示，音频资源通过具有丰富教学经验的一线教师和发音标准的德语专业优秀学生合作录制和示范，学习者可以进行交互式练习和思考，充分体现"以学生为中心"的教学理念。

以"初来乍到"项目中的"彼此问候"任务介绍样章的设计、编写和资源分配、开发以及上传的工作。

"彼此问候"任务由情境导入、遣词造句、语法解析、对话演练、文化拓展和成果展示6个环节开展,合理设置资源呈现形式,将视频、音频、图片、文本等资源直接插入正文相应位置,方便阅读时直接点击观看、收听、浏览、互动,更有针对性和交互性,便于跟踪和反馈学生学习情况。

情境导入是通过与任务相关的趣味形象情境引出项目的主题,在"初来乍到"项目的第一个任务"彼此问候"中,情境引入就是通过一名初到德国的留学华人学生阿华第一天到学校报道,见到新同学如何和他们打招呼的情境进行引入,然后列举出著名的留学德国的华人,比如周恩来、朱德、蔡元培、林语堂等,吸引学习者学习的兴趣,激发学习的积极性。在教材样章这部分的建设中,除了文字外,还配备了一些视频、图片等素材,学习者随时可以点击浏览。

遣词造句部分是体现语言学习中听、读的能力,由重点词汇和常用句型组成,单词配有精美图片,通过教师和优秀学生提供德语单词、句子朗读示范音频以及翻译,图文声情并茂,师生合作互动,让学习者可以轻松地掌握德语听读的能力。

语法解析部分,借助故事提升学习者学习兴趣,通过解析、举例总结来学习语法变化规律,授之以鱼,更授之以渔,同时,辅之以在线选择题、判断题、连线题等交互式练习,检验学生的学习成效,授人以渔,妙趣横生,学思并举,温故知新。

对话演练部分是教师结合工作、生活情境原创的德语对话和微课视频,学习者可以进行听、读、录音、翻译和交互式练习,注重情境教学,增强学生互动。数字教材的交互评测和练习直接在关键知识点处插入,随时进行有效练习和评测,检验学生学习成效。

文化拓展部分是通过图片、视频、动画、网站等资源对比中德文化差异,进行文化探究,拓展知识面,助力学生今后推动两国文明互学互鉴。

成果展示部分结合往届学生的优秀作品,例如,插入商外学院短视频比赛中获奖的《龙狮文化扎根深职》原创德语视频,引出拓展学习任务,启发学生的创新思维,体现以赛促学及成果导向。

完成样章具体设计、资源设置和开发后,样章编写者根据出版社提供的数字教材开通账号,线上进行教材编辑,合理地在相对应的位置添加文本、图片、音频、视频、动画等富媒体资源,通过词条加注、气泡、链接、交互等方式呈现不同内容,实现立体交互和学习行为跟踪。

5. 团队合作的在线协同

数字教材的编辑一般支持多个账号同时对同一本书进行编辑,但是甲编辑第一项目时,其他编者的账号不能同时编辑此项目;也可以只开通一个账号,不同项目负责人用同一个账号编辑各自的项目。做好前期的教材目录设计并完成样章编写之后,就正式进入教材编写阶段。根据参编教师的专业特长合理分配编写任务,该教材由六大项目构成,由三位具有丰富教学经验的一线教师负责编写,音频部分均由教师和优秀学生共同完成,最后的创新学习工具由教材主编和具有外企经验的企业工作人员共同开发。教材主编将教材目录、样章以及编写注意事项发给参编教师作为参照,参编教师通过开通的账号完成教材的编辑工作,在编写过程中,各编者之间相互沟通交流,对教材数字部分资源进行合理设置、分配和上传,鼓励创新,按时完成编写任务。

  数字教材在完成初稿编辑之后,会综合使用人工智能手段进行在线内容审核,审核有问题处会提示编者,编者根据提示对稿件进行二次修改后再定稿。定稿后的稿件由编辑部重新绘图、进行编排。最后生成教材样稿,编者再次对样稿进行审阅和细微修订,责任编辑最后进行审核并发布。经过试运行,编者和学习者反馈问题,多位编者进行讨论,根据修改建议再次修订后发行。

第十章　教师教学质量评价方法开发

教学质量是学校生存和发展的立足之本。教学质量评价作为教师教学管理的一项基础性工作,在加强教师队伍建设、促进教师专业发展、提升教育教学质量等方面发挥着重要的作用。2019年1月,国务院印发的《国家职业教育改革实施方案》中指出"要建立健全职业教育质量评价和督导评估制度"。[1] 2020年9月,《职业教育提质培优行动计划(2020—2023年)》提出"健全职业学校内部治理结构,深入推进职业学校教学工作诊断与改进制度建设,切实发挥学校质量保证主体作用"。2020年10月,中共中央、国务院印发的《深化新时代教育评价改革总体方案》强调"有什么样的评价指挥棒,就有什么样的办学导向"。[2]

教师教学质量评价是提升职业院校教学水平的重要手段,也是职业学校教学质量不断改进及学生培养质量不断提升的重要途径。科学的教学质量评价不仅能充分发挥评价的指挥棒作用,还能发挥评价的助推器功能,保障评价赋能有效改进,推进职业教育高质量发展。

第一节　教师教学质量评价理念

一、教师和教学质量

教学是教师传授知识与技能,以及学生接受知识与技能的互动过程,教师通过有目的、有计划地传播知识和技能,让学生循序渐进地在交流和互动中掌握相应的知识与技能。顾明远在《教育大辞典》中指出,"教学质量"是为了衡量教育教学所应达到的目标而制定的较为具体的标准。[3] 还有学者把教学质量定义为学生获取的知识、提高的能力与社会需要的相关程度。[4]

从教学质量的角度来看,教师是影响教学质量最为关键的因素,教师的教学设计能力、教学实施能力、实践操作能力、教学研究能力和教学思维能力等都会影响其教学质量。从教师的角度来看,有效的教学质量评价,能使学校主管部门准确了解教师工作状态和教学工作

---

[1] 国务院关于印发国家职业教育改革实施方案的通知[EB/OL].(2022-07-02). http://www.gov.cn/zhengce/content/2019-02/13/content_5365341.htm.
[2] 中共中央、国务院印发《深化新时代教育评价改革总体方案》[EB/OL].(2022-07-02). http://www.gov.cn/zhengce/content/2020-10/13/content_5551032.htm.
[3] 原雪."以学生为中心"的高校教师教学质量评价体系的研究[D].哈尔滨:哈尔滨理工大学,2019.
[4] 杨雁.高校教学质量提升策略研究[D].太原:山西大学,2017.

进展,有目的、有计划地开展教学工作,有利于教师通过评价结果的反馈不断进行教学经验的自我总结,不断发现自己在教学工作过程中存在的不足之处,有利于教师进行不断改进和自我完善。

二、教学目标与教学质量

教学目标是教学过程中师生预期达到的学习结果和标准,是指导教学活动的重要准绳,是衡量教学目标达成度的标尺。[1]科学合理地确定教学目标是教学设计首先要解决的问题。

评价教学质量的主要依据是教学目标,只有制订了切实可行的教学目标,才能保证教学评价工作正常执行。从教学质量角度来看,其衡量的标准一是学生是否实现了自己的学习目标,即学生的"学习质量";二是教师是否达到了自己设计的教学目标,即教师的"教学质量"。从教学目标的角度来看,教学目标决定教学质量,科学的教学目标是教学质量提高的前提,合理的教学目标是教学质量的根本保证。

三、教师教学质量评价理念

1. 成果导向理念

成果导向教育（outcome based education, OBE）1981 年由美国的 Spady 等人于 1981 年提出,提出后即受到广泛重视,美国、加拿大等国都将其视为高等教育的核心理念。该理念强调教学质量用学生受教育后的产出成果来衡量,成果不是学生课程的分数成绩,而是学生受教育后真正掌握的能力,即学生的学习成果代表一种能力结构,这种能力主要通过课程教学来实现。相对比于传统教育,成果导向教育强调由学科导向向目标导向转变,由以教师为中心向以学生为中心转变,由质量监控向持续改进转变。[2]

基于成果导向理念,教师教学质量评价应落实"以学生为中心"的内涵,突出学生在教学质量评价中的主体性地位,从学生学习的角度出发,强调教师教学质量评价要持续收集教学对学生产生影响方面的信息,理顺学生为什么学、学什么、学生希望教师怎么教、学生应该怎么学等方面,真正关注学生的发展、学习和学习成果,对教学活动及其结果进行价值判断,并依据评价结果不断改进"教"与提升"学"。[3]

2. 第四代评价思想——回应协商理念

20 世纪 80 年代末由美国评价专家顾巴和林肯在分析前三代评价缺陷的基础上提出注重回应和协商的第四代评价思想。第四代评价提出评价的根本出发点应是对利益相关方评价要求的"回应",评价的本质是利益相关各方通过"协商"增进了解、加强沟通、达成共识、

---

[1] 刘炜杰.职业教育项目课程的教学目标设计——以加工制造业为例[J].职教论坛,2014(9):74-77.

[2] 宋俊,胡飞飞,龚青山.基于OBE理念的机械设计基础课程教学改革探讨[J].现代商贸工业,2019,40(26):184-186.

[3] 俞佳君.以学习为中心:高校教学评价的新范式[J].高教探索,2016(11):11-15,20.

形成"共同的心理建构"的过程。[1] 如评价主体之间通过相互沟通协商,消除对评价结果的分歧,共同形成一致的评价意见;又如评价主体与评价对象之间通过反馈沟通协商,对评价内容的价值判断形成统一观点。

基于第四代评价思想,教师教学质量评价聚焦学生学习成果达成,建立学生、教学督导、授课教师和管理机构共同组成的多元评价主体,对教学单元、课程、专业学习成果等开展达成性评价、质量调查、专项评估、复核回访等,形成多元化、全过程质量评价数据链,建立教学质量综合测评系统,基于评价数据系统分析,将评价、诊断、改进落实到每门课程、每位教师、每名学生、每个教学单元、每节课程,实现以反馈驱动精准诊断。建立评价反馈、"教学→课程→专业"递进诊改和评价考核等评价结果运行机制,强化评价的改进提升功能,保障评价赋能有效改进。

3. 发展性评价理念

发展性评价是20世纪80年代发展起来的教育评价新理念。通过系统收集评价和分析信息,对评价者和被评价者双方的教育活动进行价值判断,旨在促进被评价者不断发展。由于胜任力评价的动态性,教学质量评价应关注教学全过程。发展性评价更注重过程性评价,关注评价对象发展的全面性,倡导评价方法的多元化,着眼于被评价者的未来发展。[2]

在发展性评价理念指导下,依据职业教育教学的发展规律和内在特征,教师教学质量评价体系的构建应该更加注重教学评价的过程,选择教学中最基本、共性强的内容构建多维度的评价视角,注重参与评价主体的多元化,建立立体化、多渠道的评价反馈系统,优化评价组织方式和实施过程,注重定性和定量相结合、过程性评价与终结性评价相结合。

第二节 教师教学质量评价要素

一、教师教学质量评价主体

2016年8月,《关于深化高校教师考核评价制度改革的指导意见》提出"学校应实行教师自评、学生评价、同行评价、督导评价等多种形式相结合的教学质量综合评价。"[3] 根据相关文件要求,结合学校实际,确定教师教学质量评价主体主要包含四方面:一是学生,学生评教是主体。学生是教学活动的参与者,是教学效果的体验者,更是教师教学质量评价的受益者,学生有权利和义务对教师的教学质量进行评价。二是教学督导,教学督导评价是保障。教学督导一般都具有先进的教育教学理念和丰富的教学实践经验,能够从更高的站位对教师教学作出深刻评价,促使教师改进教学方式并提升教学质量。三是教师自评,教师个人

---

[1] 乔娟娟. 新评价思想影响下的课堂教学评价探析[D]. 武汉:华中科技大学,2010.
[2] 梁姗姗. 义务教育教师的发展性评价素养研究[D]. 重庆:西南大学,2013.
[3] 教育部关于深化高校教师考核评价制度改革的指导意见[EB/OL]. (2022-07-02). http://www.moe.gov.cn/srcsite/A10/s7151/201609/t20160920_281586.html.

自评是根本。教师自评是教学评价制度现代化的重要标志,教师对教学质量的自我评价是提升自身教学能力和教学水平的基础和保证。四是管理机构,管理机构评教是补充。主要是二级学院层面和学校层面教学管理机构相关负责人,有责任对教师的教学质量进行评价。

1. 学生

学生是教学质量最直接的体验者,可以从"质量主体"的角度表达自身的学习体会,对教学质量的优劣给出评价。学生评价能对教学起到积极的导向作用,促进教学相长。学生评价主要是收集学生在学习过程中、学期中和学期末对教学与学习过程及效果意见的评价。学生主要根据课堂、实验(训)、实习等教学环节不同,从素质教育、课堂教学、教学效果三个方面对教师师德师风、教学准备、教学设计、教学内容、教学过程、技能水平、指导能力、实习(实训)管理、辅导答疑、作业批改、课堂管理、为人师表、教学效果等进行综合评价。学生评价不仅能对教学本身起到积极的导向作用,促进教学相长,也为管理部门提供用于教学研判和人事决策的可靠信息,进而及时调控教学现状,提高学校的管理效能。

2. 教学督导

教学督导队伍包括学校和各院(系)及教学主管部门聘任的专、兼职教学督导专家和企业专家。督导专家作为学校教学管理的智囊核心,对教学活动比较熟悉,最能对教师的教学水平方面做出综合的评判,专家的意见往往有针对性,能有效督促教师在教学过程中扬长避短。教学督导专家在整个学期通过巡课、听课等方式对每位任课的校内专任、校内兼课、校外兼职(课)的教授进行督导、打分和评价,并就巡课、听课内容为教师提供相关建议,促进教师进行教学反思和改进。

3. 教师自评

教师自评是教师自我改进和提升的重要手段,是对授课教师的基本要求,是院(系)对教师教学质量评价的参考。实施教师的自我评价,有利于教师发现自身在教学过程中的优缺点并及时调整教学策略,也有利于帮助教师养成教学反思的良好习惯,促进一线教师深入开展教研教改,更有利于教师能动地把客观评价标准转化为努力的方向,持续不断地提高自身教学水平。承担教学任务的教师,可从教学目标、教学内容、教学过程和教学能力四个方面展开自评,并利用教学平台、学生座谈等方式,定期组织学生评教。主动征询学生意见和建议,及时改进教学,提高教学质量。每学期结束前应根据"教师教学质量自我诊断表"和学生反馈信息,结合自身教学实际,客观地进行自我评价,撰写自我评价报告上交院(系)。

4. 管理机构

二级学院院长、教学副院长和教学质量主管部门对教师承担本单位教学工作开展质量测评,在整个学期通过教案检查、巡课、听课、学生座谈等方式,从教学准备、教学过程、教书育人三个方面就立德树人、教学准备、教学实施、课程思政、辅导答疑、作业考试、专业建设、课程建设、教学研究等方面对教师教学投入和教学质量进行评价,并就检查、巡课、听课等内容及时反馈相关教师。管理机构在进行评价的同时，还能为相关部门提供用于教学判断和人事决策的可靠信息，进而及时调控教学现状，提高教学管理效能。

二、教师教学质量评价内容

1. 教学目标

从管理层面，构建各教学环节的质量目标和质量标准，不断完善教师教学质量评价的工作机制及工作流程，从学生、教学督导、教师和管理机构四个层面建立完善且相对独立的质量监控和运行保障机制，形成全要素、立体化的教学质量评价与保证体系。从教学层面，科学、合理、准确地评价教师教学质量，提高学校内部教学质量管理水平，促进广大教师不断更新教育教学理念，不断深化课程体系、教学内容、教学方法、教学手段等的改革，提升教师的教学能力、教学水平和教学效果，促进教师成长，推进教学诊改，实现学校人才培养质量的持续提高。

2. 实施思路

（1）师德为先。教师教学质量评价过程中要以师德师风评价、落实立德树人根本任务为先。作为职业院校教师首先要有良好师德师风，符合"四有好老师""四个相统一""四个引路人"的基本要求，即有理想信念、有道德情操、有扎实学识、有仁爱之心；[1]坚持教书和育人相统一、坚持言传和身教相统一、坚持潜心问道和关注社会相统一、坚持学术自由和学术规范相统一；[2]做学生锤炼品格的引路人，做学生学习知识的引路人，做学生创新思维的引路人，做学生奉献祖国的引路人。[3]

（2）学生为本。教师教学质量评价应注重对"学"的评价。关注学生发展，培养学生学习兴趣，提高学生主动学习的意识，充分挖掘学生的学习潜能，激发学生的创造力，让学生展现个性化优势，促进学生全面发展。根据评价体系的相关指标，从教学目标、教学过程、教学效果等方面体现以学生为本。教学目标方面，教学目标要符合学生知识和技能需求，教学内容应对接岗位需求，将职业素质教育、行为习惯养成等方面的内容贯穿于教学之中，体现学生的主体地位；教学过程评价方面，注重培养学生自主学习的能力、创新思维，教学中注重师生互动；教学效果评价方面，以学生学习效果为出发点，学生不仅在知识与技能上得到了发展，同时在个人情感、态度、价值观方面都得到了提高。学生作为独立的个体，个人素质和个性特点鲜明，面对学生不同层面、不同类型的个性化需求，教师能及时反馈，给予相应的指导，做到因材施教。

---

[1] 习近平.做党和人民满意的好老师——同北京师范大学师生代表座谈时的讲话[N].人民日报，2014-09-10（2）.

[2] 习近平.全面贯彻落实党的教育方针　努力把我国基础教育越办越好[EB/OL]．（2022-07-02）.http://www.gov.cn/xinwen/2016-09/09/content_5107047.htm.

[3] 习近平.把思想政治工作贯穿教育教学全过程　开创我国高等教育事业发展新局面[N].人民日报，2016-12-09（01）.

（3）能力为重。能力为重是指注重对学生职业能力的培养。在教书育人的过程中把理论知识与实践能力有机结合，教学内容对接岗位需求，按照生产实际设计模块化课程，强化工学结合、理实一体、手脑并用，实施项目式、案例式、任务式、情景化教学等，通过教师的规范操作、有效施教，提高学生基于任务（项目）提出问题、分析问题、解决问题的能力。

3. 预期效果

（1）规范教学管理。通过教师教学质量评价，不断完善教学质量标准，规范教学管理，进一步健全学校内部教学质量保证体系。为学生打造舒适的学习环境，为教师创造优良的教书氛围。

（2）提升教学质量。树立全员、全方位、全过程的教学质量观，增强立德树人意识；调动教师的教学积极性，推进教师不断深化和落实教学改革，确保教学质量持续提升。

（3）激励教师发展。引导全体教师专心教学工作，潜心钻研业务，提高教学水平；为教师教学工作聘任、专业技术职称评聘、发现和培养教学骨干等工作提供基本依据。

（4）推进教学改革。建立全校、院（系）两级教学质量评价体系，全面了解学校教学情况，为学校教学改革政策、教学规划等相关文件的制定提供客观依据。

（5）加强学风建设。营造良好教风，以教学建设为抓手，通过课堂建设与管理，引导学生从"要我学"到"我要学"，提升学生满意度，创建优良学风，营造良好的育人环境。

第三节　教师教学质量评价标准

在教师教学质量评价体系构建的过程中，不仅确保每一级评价标准具有清晰的来源，还严格依据构成要素确立的相关原则选取各构成要素。

一、教学质量评价原则

教学质量评价原则是开展教师教学质量评价的依据，是教学质量评价参与者在评价过程中应严格遵循的准则，是制定评价指标、开展评价活动、提高评价质量、发挥评价的规范和引导作用的重要保证。教学质量评价原则应符合职业教育教学特点，客观反映职业院校教育和教学活动规律。教师教学质量评价原则应以教学目标为依据，以教学质量评价的基本特征和基本原理为出发点，充分考虑与教学质量评价相关的各种因素，坚持"两多两结合"，即评价主体多元、评价视角多维、定性评价与定量评价相结合、过程性评价与终结性评价相结合。

1. 多元性参与

坚持评价主体多元，统筹学生、教学督导、管理机构和教师自身，按不同评价主体授予梯度分布的评价指标，使教师教学质量评价体系成为全员参与、及时反馈、良性互动的体系。学校人才培养工作是一项复杂的与广大参与者都有关的活动，评价主体作为教师教学质量评价工作的直接参与者，反馈的是不同角色对教学质量评价的需求和偏向，每一类主体的信息都有其优越性和局限性。同时，评价主体需要考虑其评价标准的全面性、准确性及可操作性,既能站在客观的立场反映教师教学的全过程,又能立足教师教学过程解决评价标准的可操作性问题,因此需要通过多元主体的评价获得对教师教学质量评价的综合结论,进一步提高教师教学质量评价的精准度。

2. 多维度视角

针对不同的评价主体,制定与之匹配的多维度评价指标,每个评价主体下设相应的二级指标和三级指标,全面评价教师思想引领、知识传授、能力培养等方面并以此来衡量教师的教学质量。在确定相关评价指标时,要确保构成要素的明确性、独立性和可行性。一是明确性,在确立评价指标时要确保构成要素的名称及描述明确、具体;二是独立性,除了明确性之外,还要确保各指标之间具有独立性,指标之间不存在意义相交叉重合的部分,没有语义不明、指代不清的情况;三是可行性,评价指标的确立必须要能够起到评价作用,考虑到评价主体能对相关指标作出评价,评价指标条目数量要恰当,体系权重要合理。

3. 定性定量结合

定性评价是评价主体根据教师在教学过程中各个方面的具体表现,对教师作出定性结论的价值判断。定性评价注重的是对评价结果实质内涵的理解和综合判断,只能大体地反映教师的教学质量,且受主观因素影响较大,具有综合性、模糊性特点,是具有实质性内容的一种评价。定量评价是采用数学的方法,对教师的具体表现作出定量结果价值判断。定量评价对教师课堂中的教学行为及其表现的评价,可能出现以偏概全的现象,不能完全客观、准确地反映教师的教学质量,具有单一、精确、简单、易于比较的特点,是客观化、标准化、精确化的一种评价机制。

在具体的评价中,采用定性与定量评价相结合原则,将教学中难以量化的部分,如教师的师德表现、情感投入等,给予定性的评价,再结合每学期学生主体和其他评价主体的评价结果进行综合分析,增强评价的科学性、客观性和评价的效度。

4. 过程性与终结性结合

过程性评价是在教学过程中对教师的教学质量进行评价,属于教学活动进行中的评价,重在评价教师的教学过程;终结性评价是针对教学结果对教师教学质量做出的评价,属于教学活动结束之后的评价,重在评价教师的教学效果。

教师教学质量评价应树立"预防为主"的意识,在注重终结性评价的基础上加强过程性评价,关注教师"教"和学生"学"的过程,加强评价的时效性,注重动态的追踪评估,让教师收到及时的反馈信息和及时、精准的指导。

二、教学质量评价标准

坚持分类评价,根据不同课程类型制定相适应的评价标准,根据思政课、常规课(理实一体化、实训课、选修课)、体育课、外语课和实践性课程(顶岗实习)各自的特点,制定与之相适应的评价标准。

1. 思政课评价标准

思想政治理论课是落实"立德树人"根本任务的关键课程，承担着向大学生传播马克思主义基本原理、习近平新时代中国特色社会主义思想，对大学生进行思想政治教育和塑造培养时代新人的重要任务。思政课的评价主要聚焦于落实立德树人根本任务，主要评价标准如下。

1）教学素养
- 教学态度：精神饱满，工作投入，备课充分，授课认真。
- 教学理念：结合新时代和学生特点，具有"以学生为中心""OBE 教育""深度学习""全面发展"等现代教学理念。
- 教学礼仪：仪表端庄，衣着得体，举止文明，教书育人。
- 教学纪律：严守教学纪律，严格课堂管理，考勤和管理方法适当。
- 教学语言：普通话标准，讲授清晰，表达流畅，富有亲和力、针对性。

2）教学内容
- 教学重点：吃准吃透教材重点，反映马克思主义中国化最新理论成果，教学内容精要，理论观点正确，事实讲述准确，政治性和学理性相统一，主导性和主体性相统一。
- 教学情怀：信仰坚定，引导和启迪学生树立爱国情、强国志、报国行。
- 教学视野：结合中外历史和国内外热点问题，体现知识视野、国际视野、历史视野。

3）教学设计
- 教学方法：教学方法灵活，教学环节多样，教学时间合理，启发学生思考，师生有效互动。
- 教学手段：综合应用多媒体课件、现代教学（直播）平台及其他教具，教学检测和反馈及时。

4）教学能力
- 教学组织：教学过程和步骤恰当，学思悟行结合，收放有度，引导学生线上线下自主学习。
- 教学艺术：理论联系实际，教学富有激情、个性和感染力，激发学生的求知欲和学习兴趣。

5）教学效果
- 教学状态：学生课堂参与率和抬头率高，课堂氛围和秩序良好。
- 教学收获：观察并感觉到学生较好地掌握了教学内容，提高了运用政治理论的立场、观点、方法分析和解决问题的能力。

2. 常规课（含理实一体化、实训课、选修课）评价标准

常规课（含理实一体化、实训课、选修课）是职业教育课程体系的重要组成部分，是落实教学任务及实现人才培养目标的核心，对其评价主要聚焦教师教学全过程，包括课程标准、授课计划、教案、教学过程、教学效果、为人师表等,其主要评价标准如下。

1) 素质教育
- 礼仪文化。第一,衣着得体,举止文明,引导学生文明上课。第二,教书育人,培养学生高雅情操,塑造学生健全人格。
- 纪律要求。第一,遵守教学纪律,按时上下课。第二,严格考勤管理,维持课堂秩序,课堂纪律好。
- 职业素养。第一,精神饱满,教态自然,备课充分,授课认真。第二,将课堂知识与职业文化融会讲解。
- 专业文化。体现专业素养,授课符合专业规范。

2) 教学设计
- 教学内容处理。第一,内容精心提炼,重点突出,条理清楚,易于理解。第二,内容充实,难点处理得当,有效信息量大,体现学科前沿知识和成果。第三,课后学习内容安排恰当,注重学习能力培养。
- 教学方法。第一,导语明晰,能引起学生情感和知识共鸣。第二,设计合理,知识点明确,重点、难点安排得当。
- 教学手段。第一,精心制作课件,合理使用多媒体及其他教具。第二,恰当使用板书,用字规范,书写工整。

3) 教学能力
- 教学语言。第一,普通话标准,声音清晰,语速适中,有感染力。第二,教学用语规范,表达流畅,精练明快,有亲和力。
- 教学组织。第一,教学目的明确,步骤清晰,收放有度,时间分配恰当。第二,注重互动与启发,讲练结合,充分调动学生积极性。
- 授课艺术。第一,教学具有灵活性、个性、创造性,课堂气氛活跃。第二,富于激情,深入浅出,激发学生的求知欲。第三,讲内容与讲方法适当结合,重视培养学习兴趣、学习习惯和学习能力。

4) 教学效果
- 课堂互动情况。学生积极参与课堂教学,师生互动活跃。
- 学生听课状态。通过目测判断学生听课状态作出评价。

三、体育课评价标准

体育课程作为职业教育必修的公共基础课程,在增强学生身心素质、培养日常运动习惯等方面发挥着重要的作用,其主要评价标准如下。

1) 素质教育
- 礼仪文化。第一,衣着得体,仪表端庄,举止文明,引导学生文明上课。第二,寓体育文化于教学过程之中,教书育人,培养学生高雅情操,塑造学生健全人格,按要求检查学生着装。

- 遵章守纪。遵守教学纪律，按时上、下课，按规定准备好场地器械严格考勤管理，维持课堂秩序，课堂纪律好。
- 职业素养。教态自然，精神饱满，授课认真，指导、纠错及时热情；能亲身示范并陪同学生一起练习。
- 专业文化。体现良好的专业素养，授课符合专业规范，增进学生的体育技能认知。

2）教学内容

- 课前。注重学生的运动安全，做好运动前的热身运动。
- 课中。第一，能根据学生的素质和现状，因材施教，针对性强。第二，课后学习内容安排恰当，注重学生平时体育锻炼的安排。

3）教学设计

- 教学方法。第一，导语明晰，能迅速引起学生情感和知识共鸣。第二，知识点明确，重点、难点突出，时间分布合理。
- 教学手段。第一，讲解简洁透彻，动作示范准确、规范。第二，能根据场地、器械条件及学生情况，采取适当的方法提高教学效果。

4）教学能力

- 教学语言。第一，普通话标准，声音清晰，语速适中，有感染力。第二，教学用语规范，表达流畅，精练明快，有亲和力。
- 教学组织。第一，教学目的明确，步骤清晰，收放有度；课堂调控、应变能力强，安全措施到位；练习气氛活跃，练习密度安排合理。第二，注重互动与启发，讲练结合，耐心指导，形成以学生为中心的教学氛围。
- 授课艺术。第一，教学具有个性、创造性，课堂气氛活跃。第二，充满激情，深入浅出，化难为易，激发学生求知欲。第三，能利用现代新技术、信息化的教学手段从事教学。

四、英语课评价标准

高职英语是高等职业教育专科学生必修或限定选修的公共基础课程，兼具工具性与人文性，主要培养学生学习英语和应用英语的能力，为学生未来继续学习和终身发展奠定良好的英语基础，其主要评价标准如下。

1）素质教育

- 礼仪文化。第一，衣着得体，举止文明，引导学生文明上课。第二，教书育人，培养学生高雅情操，塑造学生健全人格。
- 纪律要求。第一，遵守教学纪律，按时上下课。第二，严格考勤管理，维持课堂秩序，课堂纪律好。
- 职业素养。第一，精神饱满，教态自然，备课充分，授课认真。第二，将课堂知识与职业文化融会讲解。
- 专业文化。体现专业素养，授课符合专业规范。

2) 教学设计
- 教学内容处理。第一，内容精心提炼，重点突出，条理清楚，易于理解和掌握。第二，语法或词汇语言点适量，训练方法有效，体现现代外语教学观及其理念。第三，课后学习内容安排恰当，注重自学能力的培养。
- 教学方法。第一，导语明晰，能引起学生情感和知识共鸣。第二，设计合理，知识点明确，重点、难点安排得当。
- 教学手段。第一，精心制作课件，合理使用多媒体及其他教具。第二，恰当使用板书，用字规范，书写工整。

3) 教学能力
- 教学语言。第一，外语发音清晰，语调自然，表达流畅，有感染力。第二，教学用语难易得当，语速恰当，有交际性。
- 教学组织。第一，教学目的明确，步骤清晰，收放有度，时间分配恰当。第二，注重互动与启发，讲练结合，充分调动学生积极性。
- 授课艺术。第一，教学具有灵活性、语言技能与交际能力的训练合理安排，课堂气氛活跃。第二，富于激情，深入浅出，激发学生求知欲。第三，教学内容与教学方法适当结合，重视培养学习兴趣、学习习惯和学习能力。

4) 教学效果
- 课堂互动情况。学生积极参与课堂教学，师生互动活跃。
- 学生听课状态。通过感受与目测判断学生听课状态作出评价。

五、实践性课程（含顶岗实习）评价标准

实践性课程是高职课程体系重要的组成部分，主要引导学生在理论指导下进行实践能力训练，注重理论与实践一体化教学、实践技能的系统性和职业岗位活动的完整性，其主要评价标准如下。

1) 课前准备
- 仪器设备。仪器设备等准备充分，仪器仪表、设备良好率高。
- 学生预习。学生写好预习报告，画好相关数据记录的表格。
- 指导书设计。实践指导书、教案齐全，知识点清晰，重难点突出，教学设计符合学生认知规律，有利于教学活动组织。

2) 教学技能
- 语言表达。教师的语言表达科学准确，具有感染力，能够激发学生学习兴趣和引导学生积极思考。
- 教学手段。第一，板书（或课件）整洁清晰、便于理解。第二，教师演示规范、准确、娴熟。

3) 教师指导组织
- 教学组织。第一，严格教学管理，课堂秩序井然，严谨治学，对待学生具有耐心和高度

- 的责任感。第二,教学组织安排合理,教师讲解与学生操作时间分配恰当。
- 实践指导。全程指导,指导的范围点、面结合;促进不同层次学生的发展。
- 教学方法。教学方法得当,善于启发引导学生解决重难点问题,有利于学生科学素质的培养。

4)教学效果

- 学生状态。第一,实践目的明确、内容熟悉、知识点清楚。第二,态度专注,秩序有条不紊,勤于动手,善于思考,具有合作精神。
- 实践过程。第一,仪器、设备操作、使用规范、熟练,现象和数据记录规范。第二,具有较强的安全意识和问题处理能力。

5)实践报告质量

- 学生成果。第一,完整、规范、整洁,无编造数据、抄袭或雷同现象,无违纪现象。第二,数据记录及处理科学规范,正确应用表格及图形表达实验数据和结果。第三,对实践结果的科学性和产生误差的原因进行较详细的评述,实验结论科学、简练。
- 教师批阅。教师批阅详细、表达清晰,具有科学性、启发性。

第四节 教师教学质量评价体系

一、教师教学质量评价指标

教师教学质量评价指标落实成果导向理念、第四代评价思想和发展性评价理念,立足"以学生为中心",聚焦教师的"教"和学生的"学",即教师"教什么"——教师的教学目标;教师"怎么教"——教师的教学实施;教师"教成什么样"——教师的教学效果,重点评价以上三点的实施和评价问题。

1. 教师教学目标指标

对教师"教什么"的评价主要从教师教学目标的确定和教学内容的选取两方面开展。

(1)教学目标。教学目标是教师教学时所期待学生达到的预期结果,是教学的出发点和归宿。教学目标的准确确定和有效达成是衡量教师教学质量的主要指标。

一是按照课程教学大纲的要求安排教学进度,有明确的教学重点、教学难点和知识点、技能点和素质点,且教学目标全面、具体、适当,有层次性和可操作性,并能反映专业特色。全面,指教学过程全面覆盖学生的思想情感教育、知识传授、能力提升等方面;具体,指知识目标、能力目标和素质目标的达成度可量化、可测评;适当,指确定的教学目标符合人才培养方案和课程教学大纲的要求,符合学生专业岗位需求,符合学生的接受能力和认知规律。

二是教学目标的设定要有梯次性。学生能明确课程的学习目标、学习目的及应掌握的知识与技能,了解课程之间的相互关系。

课堂教学的多个教学目标并不是同等重要,对目标达成程度的要求也不尽相同。比如,对知识目标要求"了解什么""熟悉什么""理解什么"和"掌握什么"等;对能力目标要求"会什么""能运用什么"或"掌握什么"等;对思想情感目标一般要求"树立什么""培养什么"或"懂得什么"等。

(2) 教学内容。教师教学质量评价,不仅要看教学目标的达成度,还要注重教学内容的选择。教师对教学内容的选择主要在于对教材内容的选择、整合、组织与重构。

一是教师正确理解并根据学生的实际发展水平和特点,合理选用和使用教材,创造性地选择教学素材,确定重点和难点,教学内容充实。

教材作为职业院校教师(尤其是专业课教师)的重要参考资料,并不是确定教学内容的依据。职业院校教师教学内容确定的依据是人才培养方案、课程标准或岗位需求,它源于岗位工作实际。对教师教学内容的要求也不是平均的,其要求学生达到的程度也不尽相同,这要求教师教学时要突出重点、突破难点。教学重点是教学过程中要求学生必须理解或掌握的知识点,或必须学会的技能点。教学难点是教学内容中学生不容易理解或理解很困难的部分,需要教师根据不同的学情和课前学习反馈确定。在评价时应注重教学重点和教学难点的确定是否恰当,是否符合人才培养方案、课程标准和学生学情。教师在教学过程中是否突出了教学重点,破解了教学难点。

二是重视教学内容的内涵,体现科学性、人文性和社会性的融合,能激发学生的学习兴趣,引导学生积极思考、主动参与。

教学内容应符合职业院校学生认知规律和技术技能人才成长规律,突出思想性、基础性、职业性和时代性,有效支撑教学目标的实现,内容选择科学严谨、容量适度、安排合理、衔接有序、结构清晰。

三是能根据产业的发展、技术的进步,采用递进式、层次化的项目化教学,适时更新和讲授技术前沿的知识、训练技能。

教学内容应落实职业教育国家教学标准,对接职业标准(规范)、职业技能等级标准等,专业(技能)课程内容应对接新产业、新业态、新模式、新职业,体现专业升级和数字化改造。结合教学实际融入科学精神、工程思维和创新意识,注重劳动精神、工匠精神、劳模精神培育。

2. 教师教学实施指标

"教什么"是对教师教学准备的评价,"怎么教"是对教师教学实施过程的评价,主要从教学过程、教学方法与教学手段和教师的教学素养三方面开展。

(1) 教学过程。教学过程是教师和学生在教学任务中的活动状态变换及其时间流程。教师根据课程标准的要求和授课对象的特点将教学要素有序设计,并付诸实施。教学过程评价包括以下内容。

① 教学思路。教学思路是教师授课的脉络和主线,教学思路由教学内容和学生学情决定,是教学内容和教学方法与手段的有机结合,包括讲解(实践)内容的先后顺序,教学内容的详略处理、衔接过渡以及实践活动安排等。教学思路应根据教学目标、教学内容、学生接受能力和教师的教学风格确定。

对教师教学思路的评价，一是看教师教学设计思路是否符合教学内容的逻辑关系，是否符合职业教育学生的认知规律和技术技能人才成长规律；二是看教学思路逻辑是否清晰，主次是否分明，详略是否得当；三是看教学思路设计是否关注学生自主学习能力的培养，承认学生发展存在的差异性，项目层次化，区别指导；四是看教学思路设计是否有启发性，是否注重由知识讲授向知识获取能力培养的转变，努力挖掘学生自主学习的潜能，培养学生的创新意识和创新精神。

② 课堂结构。课堂结构是指课堂教学环节和步骤，是教学内容间的衔接、顺序和各环节占用的时间，不同的教学结构产生的教学效果不同。教师应依据教学内容的重要程度和难易程度，合理安排各教学环节的时间。课堂结构的设计应合理，教学过程应系统优化，流程环节构思得当，课堂结构应符合学生的认知规律。通过激活旧知识（技能）进行知识迁移，引出即将学习的新知识或要掌握的新技能，明确学习的目标，告知学生要提高的认识，或要理解、掌握的知识点，或要学会的技能以及需达到的要求；然后讲解新知识、传授新技能，学生实践领会新知识，练习新技能；最后总结强调教学目标，布置作业，教师检查辅导，学生巩固知识、技能，形成一个完整的学习过程。

（2）教学方法与教学手段。教学方法是教学过程中教师为实现教学目标和教学任务要求，在教学活动中所采取的行为方式，包括教师的"教法"和学生在教师指导下的"学法"，是"教法"与"学法"的统一。教学手段是教师在教学过程中为完成教学任务、实现教学目标而采取的具体措施。有了明确的教学目标、确定了教学重点、教学难点和教学总体设计，教师还需要通过有效的教学方法和教学手段去实施教学，实现教学目标。教师需要根据教学内容、教学环境与设施、学生学情和教学反馈，选择适当的教学方法，突出学生中心，落实理实一体化，强调知行合一，实行因材施教，体现灵活的教学组织形式。教学方法与教学手段的评价包括以下方面。

① 教学方法。我国著名的教育家叶圣陶先生对教学方法做过如下描述：教学有法，教无定法，贵在得法。"教学有法"，指不同的教学有一定规律可循；"教无定法"，指在具体的教学中不存在"放之四海而皆准"固定不变的万能方法；最终要"贵在得法"。教学是一项复杂的系统工程，教学方法是否适当、有效，是根据教学内容、学生、教学环境等条件、教师自身特点而定，也就是因人（教师和学生）、因事（教学内容）、因环境（教学环境和教学设备条件）而定。教学方法的优劣是相对而言的，没有好坏之分，只有适合与否之别。科学的教学方法能以学生为主体，激发学生的学习兴趣，调动学生的学习积极性，较好地实现教学目标。

教学活动的复杂性决定了教学方法的多样性，如讲授法、演示法、讨论法、任务驱动法等都是常用的教学方法。为实现同一教学目标有多种教学方法，不同的教师可以选用不同的教学方法或综合运用多种教学方法，同一位教师，在教授同一内容、面对同一批学生时，也不可能只使用单一的方法。评价教师课堂教学方法的使用，既要看教师能否根据教学实际适当地选择教学方法，又要看教师是否能够灵活运用多样化的教学方法，较好地完成教学任务，实现教学目标。

② 教学手段。随着科技的进步，传统的教学手段已经不能适应和满足职业教育的发展需求，现代职业教育须充分运用信息化、数字化手段。评价教师教学手段的运用，主要看教师是否合理运用前沿信息技术、数字化资源、设施设备改造传统教学与实习实训，提升学习效果，提高教学与管理效能。

(3) 教师的教学素养。教师的教学素养主要包括教师传授知识和能力、专业（学科）知识和教学能力、教学实践能力和综合素质。教学质量既是教师教学基本功的体现，也是教师道德素质、人格魅力影响的结果。评价教师综合素质主要包括以下几个方面。

① 师德师风。师德师风建设既是立德树人根本任务的必然要求，也是新时代职业教育的根本任务。新时期赋予师德师风的新要求表现在理念、行动、师表和素质的与时俱进。教师的师德师风评价主要包括：第一，教学理念上坚持与时俱进，带头践行社会主义核心价值观，在思想理论和教学方法上自觉立德树人，增强教书育人的荣誉感、责任感和使命感。第二，在行动上要做到在具体的教学中与时俱进，时刻树立起使命感、危机感、紧迫感，既要教好书，又要育好人，用教师的人格魅力赢得学生的喜爱和尊重。

② 板书和多媒体课件。板书和多媒体课件是教学内容的大纲和概括。板书和多媒体课件的评价主要包括以下三个方面：一是设计合理，提纲挈领地体现教学重点要点；二是简要精练，能高度概括课堂的总体内容；三是条理性强，应字迹工整，字体规范、板画线条清晰，多媒体课件布局合理。

③ 教姿教态。教师的教姿教态是教师课堂教学形象的体现。教师以姿势辅助授课，可达到润物无声、潜移默化的效果。教师课堂上的状态应该是衣着整齐、打扮得体，符合职业特点；仪表端庄大度，举止从容亲和，切合教学内容；态度热情和蔼，师生情感融洽，充满教学激情。

④ 语言表达。教学主要通过语言进行沟通和传递，是一种语言的艺术。教师的课堂语言要准确清楚、精当简练、生动形象、逻辑性强，有启发性，语速要快慢适度，语调要高低适宜，抑扬顿挫、富于变化和感染力。

⑤ 操作能力。操作能力体现在教师对实训的演示时机选择是否恰当，是否照顾到全体学生，教师使用教具、操作实训仪器和现代化教学设备是否精准熟练。

⑥ 课堂把控力。把控课堂的能力是教师的基本功之一，课堂把控能力是上好一节课的重要保证。对课堂把控能力评价主要包括：一是教师应遵守并执行教室（实训室）的管理条例，严格考勤制度，把控课堂教学秩序；二是课堂要体现教师主导，学生主体，让学生充分参与讨论，让课堂变得有趣、有效；三是教学组织严谨，能较好地对课堂教学进行组织、管理，能根据课堂上不同的情况调节课堂教学节奏，课堂应变能力强。

3. 教师教学效果指标

教学效果主要体现在学生的学习效果，是教师的"教"与学生的"学"有序配合的综合反映。对学生学习效果的评价也就是对教师教学效果的评价，主要看师生互动、课程思政融入和教学目标的达成度。

（1）师生互动。师生互动主要看教师能否充分体现学生在教学活动中的主体地位，评价主要包括以下两方面：一是课堂教学中教师角色是否转变，是否体现"教师主导、学生主体"；二是学生是否积极参与了教学的整个过程，学生的学习兴趣是否得到了有效激发，学习的积极性是否得到了充分调动。

（2）课程思政融入。课程思政是课程结合本身的特征将社会主义核心价值观、理想信念、爱国情怀、工匠精神、职业素养、劳动精神、安全意识等融入课程教学当中，实现全员、全过程、全方位、全环境育人目标。思想情感是学生人生观、世界观以及日常道德素质的综合体现，关系到"培养什么样的人""为谁培养人"的大问题。在课程教学中，是否体现了对学生"做人"（做什么样的人、怎么去做人）的教育，是否在教学过程中紧紧围绕坚定学生理想信念，以爱党、爱国、爱社会主义、爱人民、爱集体为主线，围绕政治认同、家国情怀、文化素养、宪法法治意识、道德修养等重点优化课程思政内容供给，系统进行中国特色社会主义和中国梦教育、社会主义核心价值观教育、法治教育、劳动教育、心理健康教育、中华优秀传统文化教育。

（3）教学目标的达成程度。教学目标的达成程度是评价教师教学质量的主要标准。教学目标达成程度包括以下几方面：一是教师的教学任务完成情况，即计划的教学任务是否按授课计划完成；二是学生是否达到了教学目标，即要求学生理解的内容是否理解，要求学生熟悉的内容是否熟悉，要求学生掌握的知识和技能是否掌握，要求学生提高的能力是否都得到提高；三是学生受益情况，即不同的学生在原有基础上是否都有进步、有收获，知识、能力、素质和思想情感四个方面目标都能达成或大部分达成。

二、教师教学质量评价体系构建

通过不同的项目评价指标以及相应的指标权重、评价标准构建形成教师教学质量评价体系综合体。

1. 评价办法

学校按学年对任课教师进行教学质量测评，由质量保障中心、教学单位、教务处等部门组织落实。

1）质量保障中心职责

（1）对任课教师进行课堂教学质量测评。

（2）参与教师备课质量测评。

（3）每学期中组织学生开展过程性教学测评。

（4）汇总四方测评数据，确定教师本学年教学质量测评结果。

（5）每学年进行测评数据分析，发布相关数据分析报告。

2）教学单位职责

（1）对承担本单位教学工作的教师开展教学质量测评。

（2）测评主要内容包含：

- 在教学活动中坚持社会主义核心价值观，传播正能量，坚持立德树人。
- 教师在期初和期中对教学文件的检查情况。
- 参与专业建设、课程建设情况，如课程内容更新，现代教学手段与方法使用，教学标准建设，撰写教材，等等。
- 备课质量情况。
- 承担教学工作量、开新课或新开课等情况。
- 与教学相关的其他工作完成情况。

（3）备课质量测评，应组织含教学督导在内的不少于5人的专家组进行测评。

（4）组织对承担本单位教学工作的教师开展教学质量自评。

（5）教学单位教学质量测评办法及相关指标体系应遵循质量保障中心原则性指导意见，由各单位自主制订，经公示并报质量保障中心备案后执行。

3) 教务处职责

（1）每学期末组织全体学生完成对任课教师的网上评教。

（2）教务处根据两学期学生测评数据确定最终有效数据，并将学生测评最终结果报送至质量保障中心。

2．评价指标表

学生评价主要从素质教育、课堂教学、教学效果三个方面设计评价指标，诸如"态度端正""尊重学生""掌握了基本知识和基本技能"等；教学督导通过听课、巡课等方式从教学态度、教学内容、教学方法和手段、教学效果四个方面对教师教学质量进行评价，评价指标主要有"备课认真，准备充分""思政育人与教学有机融合""教学手段先进，教学方法灵活""教学目标达成度高"等；教师自评从教学目标、教学内容、教学过程和教学能力四个方面对教学情况进行评价，评价指标主要有"敬业勤勉，对教学充满热情""授课内容充实、信息量大""积极进行课堂教学诊断与改进"等；管理机构通过教案检查、巡课、听课等方式，从教学准备、教学过程、教书育人三个方面对教师教学质量进行评价，评价指标包括"教学资源丰富""授课思路清晰""重难点突出""体现立德树人"等，具体指标如表10-1所示。

表 10-1 教师教学质量评价指标体系

总目标	一级指标	二级指标	三 级 指 标
教师教学质量评价体系	学生评价	素质教育	态度端正，举止得体
			精神饱满，亲和力强
			语言生动，激发学生学习兴趣
		课堂教学	教学资源丰富
			教学手段先进，方法灵活
			理论联系实际，恰当引用案例
			尊重学生，师生关系融洽
			能认真、耐心为学生答疑

续表

总目标	一级指标	二级指标	三级指标
教师教学质量评价体系	学生评价	教学效果	掌握了基本知识和基本技能
			积极参与教学,课堂气氛活跃
	教学督导	教学态度	教学目标定位明确
			教学重、难点把握准确
			教学方法和教学手段运用恰当
			重视学生创新实践能力培养
		教学内容	内容熟练,信息量大
			重难点突出,条理清晰
			讲解脉络清晰,层次分明
			"思政育人"与教学有机融合
		教学方法与手段	手段先进,教法灵活
			师生关系融洽,气氛活跃
		教学效果	教学目标达成度高
			重视培养学习兴趣、学习习惯和学习能力
	教师自评	教学目标	教学进度合理,目标具体明确
			重、难点突出,有层次性和可操作性
		教学内容	教材选用合理,教学内容充实
			能激发学生的学习兴趣,引导学生积极思考、主动参与
			采用项目化教学,体现产业发展
		教学过程	注重师生互动交流
			教学组织严谨、合理
			关注学生自主学习能力的培养
			挖掘学生自主学习的潜能,培养学生的创新意识和创新精神
		教学能力	课堂管理科学,严肃课堂纪律
			演示操作规范熟练
			语言表达清楚,逻辑性强
	管理机构	教学准备	备课充分,内容充实
			视频、案例等教学资源丰富
		教学过程	态度严谨,仪表端庄
			精神饱满,亲和力强
			讲授准确,重、难点突出
			条理清晰,深入浅出
			教法灵活,手段先进
		教书育人	学生掌握了基本知识和技能
			有机融入课程思政
			学生的兴趣得到培养和激发

3．评价结果

教师教学质量评价结果分为优秀、良好、合格、基本合格和不合格五个等级。

（1）优秀。测评综合分数排序位居教学单位前 20%（含 20%）者。

（2）良好。测评综合分数排序位居教学单位 20%～50%（含 50%）者。

（3）合格。不设比例，介于良好和基本合格之间。

（4）基本合格。符合以下任意一条者，为基本合格：

- 本学年发生两次一般教学责任事故或一次较大教学责任事故者。
- 有两次及以上学生关于教学质量、为人师表等方面的投诉，经核实情况认定者。
- 期末学生评价收获度和满意度类别指标有 50% 以上的学生给予"差"评价者。

（5）不合格。符合下列条件之一者，为不合格：

- 本学年发生三次及以上一般责任事故或两次及以上较大教学责任事故者。
- 连续 2 年被评为基本合格者。

三、教师教学质量评价体系运行

教学质量评价的目标是教学工作的持续改进，按照"需求导向、自我保证、多元诊断、重在改进"的思路，建设教学质量监控与评价的闭环管理体系，建立常态化的教学质量保证体系和可持续的诊断与改进工作机制，不断提高人才培养质量。

1．过程监控

1）过程监控的基本原则

（1）目标性。过程监控的目标是保证教学任务的完成，实现教学目标。其任务是发现偏离于目标的误差，并采取及时有效的措施进行纠偏，确保教学任务与教学目标的实现。因此，过程监控是对教学行为的管理与监控。

（2）全员性。教学工作是学校的核心工作，教学质量离不开全体教职工的共同努力，人人都是质量管理与监控系统的重要组成，其中学生是主体，院（系）、教学管理部门和教师是基础和保证。

（3）系统性。教学质量涉及教师、学生、教学设施等诸多因素，同时与学校办学定位、培养目标和管理等有关，是系统共同作用的成果。由教学管理部门、院（系）、教研室和班级等构成一个多层次、纵横交叉的综合网络，是一个完整的教学管理系统。

（4）全程性。教学质量是在教学实施过程中形成的，质量管理与监控系统应能对教学的全过程进行监控。做到事前监控教学准备过程，事中监控教学实施过程，事后监控教学整改过程。

2）过程监控的目标

围绕学校教学核心目标，构建各教学环节的质量目标和质量标准，完善工作机制和工作流程，按照决策指挥、质量生成、资源建设、支持服务、监督控制五个系统，从学校、职能部门、院（系）、教师、学生五个层面，建设完整且相对独立的质量监控和保证机制，形成全要素网络化的教学质量保证体系。

3）主要监控内容

（1）人才培养目标监控。各专业应在高等职业学校专业教学标准指导下，具体制订本专业的培养目标和培养规格，通过社会人才需求调研和毕业生跟踪调查等方式，建立明确并能适时校正和调控的人才培养目标，强化学生知识、能力和素质的监控。

（2）人才培养方案和课程标准管理与监控。专业人才培养方案和课程标准是组织和实施人才培养工作的核心文件，也是开展教学工作及对教学工作进行有效监控和评估的主要依据。

（3）专业设置管理与监控。专业设置应对社会人才需求状况进行调查与预测，并邀请行业、企业专家加以研讨论证。

（4）教学过程管理与监控。教学过程监控主要通过听课、教学检查、教学督导、学生评教、教师自评、作业考试等实现过程监控。

- 听课评价和督导。主要包括教学督导听课、管理机构听课、同行听课、观摩教学听课、对新教师集体听课、说课和说专业竞赛等。通过听课、评课和大赛等掌握教师教学基本状况，及时做好指导和交流，提出针对性意见和建议。
- 理论和实践教学检查。主要检查各教学单位和教师是否按照人才培养方案、课程标准、授课计划及实训计划、实习计划、毕业设计计划等组织备课、上课、报告布置和批改、考试命题与阅卷、成绩分析等。
- 学生评教。每学期进行两次学生评教工作，同时测评教师师德师风，教师评价分数计入教师教学质量评价和年度岗位考核。
- 考试和考试模式改革。通过考试检验学生学习效果和教师教学效果，指导教学内容与教学方法改革。以突出学生技术技能培养为出发点，改革考试模式，推行教考分离，并对学生加强诚信教育，严肃考纪，形成良好考风和学风。

（5）教师及学生信息反馈管理与监控。

- 建立教师及学生信息员工作机制。从各部门、各院（系）聘请教师、学生为信息员，通过多种渠道和形式了解教师和学生对教学情况的反馈，指导和改进教学。
- 建立跟踪调查机制。通过对毕业生岗位适应情况调查及对学校教学的反馈意见，及时改进和指导教学，以适应行业企业新需求。

（6）教材质量管理与监控。成立教材审定部门，对各院（系）、各专业选用教材的适应性、科学性等进行评估。建立教材质量反馈机制，就教材内容的先进性、编排体系的合理性、对本院（系）的适应性等方面征求教师、学生意见和建议，并进行整理和归纳，及时反馈到院（系）和相关主管部门。

2．评价反馈

教师教学质量评价结果的反馈是教学质量监控与保障的关键环节，及时、准确地收到评价反馈结果是教师教学质量评价工作发挥督导作用的前提。因此，科学、及时地处理评价信息,确保教学质量评价结果反馈途径畅通,可以帮助教师发现自身在教学中存在的不足,根据反馈意见和专家指导及时调整,使自身的教学能力更契合学生和课程的需要,不断提高自身的教学能力和水平。

(1) 定期反馈。在反馈时间上,学校可根据本校的实际情况采取每学期一次或者两次,在期中和期末阶段来反馈评价结果,在学期中反馈评价结果可对教师上半学期的教学工作做出评价和总结,根据评价结果做出适当的调整和改进,并可以在后半学期对已做出的改变加以检验。在学期末反馈评价结果可为教师留出充足的时间对教学过程中存在的问题进行梳理和整改,以期在新学期的教学工作中取得更好的成绩。

(2) 及时反馈。学校建立教学质量管理平台,教学督导人员可借助平台及时反馈评价结果。教师和所在院(系)领导可实时查看教师的评价结果和意见建议,动态了解教学过程中存在的问题,做到立评立改。学生通过手机或计算机完成评教或日常反馈,利于使用,便于及时提供反馈。同时,可通过教学平台的大数据监控,对课堂异常数据实时观测,开启预警,并及时反馈到相关院(系)及相关教师。

3. 持续改进

评价是手段,引导是目的,督导工作的重点在于"导"及确保持续改进。学校、院(系)将教师教学质量评价结果纳入教师考评内容,作为教师年终考核、职称评聘的依据。建立帮扶机制,就学生评教、督导评价、教师自评和管理机构评价反馈的问题进行总结、反思、改进。通过研讨、教研活动等形式,共同探讨教学中存在的问题,鼓励师生提出改进措施,实现以评促学、以评促教、以评促改。

学校要及时地进行评价后的跟踪、督导和指导工作,以达到持续改进的效果和作用。对于教学质量评价较高的教师,组织他们谈心得、谈体会,将自己的成功经验与其他教师进行交流分享;对考核结果较差的教师,院(系)采取相应的针对性措施,实现教师的共同进步。除此之外,要收集在开展教师教学质量评价中存在的问题,听取各单位的反馈,针对评价中存在的问题加以整改,从而进一步完善教师评价工作,真正发挥教学评价的作用。

第十一章 课程建设质量评价方法

项目化课程是围绕某一个真实性或仿真性生产项目展开教学活动,所有教学活动都以工作任务为出发点,学生通过完成相关岗位的各种实际任务,培养必备的职业能力与职业素质。项目化课程教学模式在职业教育中显示出很高的应用价值,成为当前高等职业教育课程改革的主要方向之一。

关于课程建设质量评价方法,人们通常在以下两个层次上使用它。[1] 一是在观念层次上主要区分为量化评价方法与质性评价方法;对该层次的评价方法的研究,主要从其概念、理论依据、价值取向、收集资料的方式等方面着手。二是在具体评价过程中使用它,在该层次上方法与技术基本上是同义的,如本章提出的"项目化、标准化、信息化"课程建设质量评价方法;该层次中的方法在实际评价过程中根据具体情况各有侧重,并在具体实践中逐渐形成统一标准。

同时,项目化课程评价的应用与推广亟须学校与教师转变传统的评价观,[2] 特别是评价主体与评价方式的转变。传统课堂是教师为主角的独角戏,而项目化课程评价模式就是要克服传统评价模式的弊端,将多个主体纳入教学评价系统。除了教师外,还要包括学生团队和学生个体。新模式通过学生个体对自身的审视与评判,团队之间的相互学习、竞争与交流,以及教师对每个团队的客观评价,在师生之间有效地建立起一套良性的互动体系,实现教学评价过程中多方主体间的交流合作,并让每一方评价参与者都能从评价中获益,最终促进学生长远发展。

第一节 评价方法论的基础及拓展

课程建设质量评价理论作为一种理性认识,有利于职业教育课程开发与实践的理性构建。一方面,它立足于课程建设实践,建立在对课程建设现实的分析和反思的基础之上;另一方面,它又经过教师的头脑加工,体现着教师教学的目的和价值倾向。一般地,有前瞻性的课程建设质量评价理念,将会成为职业教育课程开发与实践的思想先导、教育活动的指引方向。本节内容将在现有的"以学生发展为本、促使课程不断改进与提高、面向多元"的课

---

[1] 周华丽.地方普通高校应用性本科教育课程体系设计的探索[J].北京教育(高教),2011,Z1.
[2] 王炎.基于增值理念的高职项目化课程成绩评价体系的设计与实施[J].中国职业技术教育,2016(8):71-75.

第十一章　课程建设质量评价方法

程评价理论基础上,[1] 分不同重点对课程建设质量评价理论进行拓展性探索。

一、对现有评价方法论的把握：夯实基础、吸收借鉴

评价方法论往往能把复杂事情简单化,它的作用是有助于评价方法的落实。当方法在现实中不断使用及优化时,方法论是其背后的最好支撑。所以当拓展新的课程建设质量评价方法时,可将已有的方法论作为基础,以利于主动积极开拓、借鉴为我所用。

1. 以学生发展为本的评价方法论

从课程评价本身的发展来看,以学生发展为本位的理论是逐步走上前台的。20世纪30年代,课程评价就作为测量手段诞生于美国的一次课程改革实验研究——"八年研究"之中。在当时的课程实验中,课程评价的主要任务是对课程实验的结果——学生的行为变化进行调查和分析。此时评价的主要目的并不在于学生的发展,而在于了解课程的效果,以证明课程实验的成功还是失败。由于当时课程评价刚刚崭露头角,而且评价本身就是在对教育测量扬弃基础上的进一步发展,在评价中深深地打着实证主义的烙印。人们更多地把工具理性放在了优先地位,对目的理性的重视就明显不足。泰勒提出在课程评价中应遵循三个重要准则"客观性、信度、效度"就是对这一点最好的证明。20世纪60年代以后,课程评价得到了迅速发展,虽然在评价中开始出现了一些人文的因素,但在整体上仍强调实证的方法,对学生发展的作用仍较小。从70年代开始,在人本主义哲学和社会思潮的影响下,课程评价出现了一系列新的评价模式,如斯塔克的应答评价模式、艾斯纳的教育鉴赏、教育批评模式、古巴和林肯的自然主义评价模式以及在此模式基础上发展起来的"第四代教育评价"思想等,它们的共同特点就是在评价中不追求客观性,并试图摒弃评价中的数量特征,而从人的角度出发,充分考虑课程有关人员的观点和看法。由于学生在课程开发中的特殊作用,此时的课程评价在重视学生发展方面有了很大进展。在这些课程评价模式指导下,人们还开发了许多质性课程评价的方法,如学生的表现评定、档案袋方法（又称公文包方法）、苏格拉底式评定等,这些方法相对于过去的偏重客观测量的标准化考试来说,弱化了课程评价的甄别功能,强化了发展性功能,使评价向着有利于学生发展的方向迈了一大步。

对于该理论的吸收借鉴,重点在于"在课程评价中要注意面向学生,把保证学生的发展作为课程开发的前提,在课程评价的技术手段上要有利于学生全面素质的发展"。要从注重习得能力（learned ability）的评价转向重学习能力（learning ability）的评价,从注重学习效果的评价转向注重达到结果过程的评价,从面向学生的过去的评价转向面向学生的现在和未来的评价。

2. 促使课程不断改进的评价方法论

促进课程不断改进的评价理论是在课程评价发展过程中逐渐形成的。在课程评价产生

---

[1] 刘志军.发展性课程评价研究[D].上海：华东师范大学,2002：279.

之初,评价主要是用于对课程结果的判定。泰勒在课程评价的目标模式中就明确提出"评价过程实质上是一个确定课程与教学计划实际达到教育目标程度的过程"。[1] 根据泰勒的解释,此时的课程评价的对象主要是学生,评价的依据是课程改革前后对学生行为的评价,根据学生行为的变化来确定课程改革的成果。由此可以看出,泰勒时期的课程评价只是了解课程的成功与否的重要依据,它对课程本身及与课程相关的人员的行为影响甚微。泰勒的这一课程评价思想影响和支配课程评价研究达 30 年之久。从 20 世纪 60 年代开始,由于美国大规模课程改革的推动,课程评价观念也有了相应的变化。克龙巴赫提出"评价能完成的最大贡献是确定课程需要改进的方面"。[2] 后来斯克利文在《评价方法论》一文中,把评价的两种职能区分为形成性评价和总结性评价,形成性评价重在改进,总结性评价重在判定。20 世纪 60 年代中后期出现的许多课程评价模式中大多认识到评价对课程的改进作用,其中有代表性的就是斯塔弗尔比姆提出的 CIPP 模式。斯塔弗尔比姆明确提出:"评价最重要的意图不是为了证明,而是为了改进。"[3] 他所提出的 CIPP 模式正是建立在这种观点之上的。他把评价分为背景评价、输入评价、过程评价和结果评价四部分,通过各种不同的评价,不断地对课程相关人员提供必要的信息,促使课程不断地改进和提高。70 年代以后,课程评价的改进功能逐步得到了大家的认可。

对于该理论的吸收借鉴,重点在于"更加重视过程评价、关注非预期效应"。要把课程评价渗透于整个课程开发过程之中,不仅在制度上保证课程评价成为课程研制过程中的一个不可缺少的环节,而且评价人员要积极参与到课程开发全过程之中,并要针对问题提出解决问题的办法。强调利用各种手段对各种非预期效果进行分析,通过对非预期效果的监控,实现对课程开发质量的保证。

3. 面向多元的评价方法论

在过去的课程评价研究和实践中,无论是评价的主体还是评价标准,抑或是评价方法,大都强调一元化、统一化,对多元化考虑得较少。西方国家从 20 世纪 70 年代开始,由于受现象学、存在主义等思潮的影响,在课程评价研究中出现了一些新的课程评价模式,如斯塔克的应答评价模式和斯克利文的消费者导向评价模式。在这些评价模式中,强调评价应从关心课程方案所有人的需要出发,通过不断地信息反馈,使评价结果尽可能满足大多数人的需要。这样,课程评价的服务方向出现了变化,即由过去评价只满足一元的价值需要开始向满足多元的价值需要发展。这种多元化的趋势为发展性课程评价面向多元的评价理念提供了借鉴。

在课程评价方法上,经过多年发展,先后出现了多种评价方法。20 世纪 60 年代以前,实证化评价方法盛行,这些方法大多是从自然科学方法引入课程评价中的,强调客观性和价值

---

[1] 拉尔夫•泰勒.课程与教学的基本原理[M].施良方,译.北京:人民教育出版社,1994:85-86.
[2] 瞿葆奎,陈玉琨,等.教育学文集•教育评价[M].北京:人民教育出版社,1989:164-165.
[3] 斯塔弗尔比姆.方案评价的CIPP模式[M].陈玉琨,译.北京:人民教育出版社,1989:98.

中立。20世纪70年代以后,强调人文化的质性课程评价方法逐渐受到人们的重视,这些方法大多是从现象学、文化人类学引入,强调研究者参与、理解,在评价中更多地融入了评价者的主观感受。在二者经过一个时期的激烈争论之后,许多研究者发现,通过争论很难得出哪一类方法更好的结论,关键在于在实践中的运用。在这方面,我国与西方学者出现了两种不同的倾向。在我国,虽然大多数人都认识到在方法上应做到定性与定量相结合,但在课程评价实践中,由于定性方法的发展滞后,其运用效果也常常受到怀疑,在课程评价方法选择上主要强调实证化评价方法。相反,近年来质性课程评价方法在西方国家则受到更多的青睐,对质性课程评价的研究明显多于数量化的课程评价,在研究态度上也是更多地贬"量"而扬"质"。

对于该理论的吸收借鉴,重点在于要认识到"这两种倾向都不利于课程评价方法的发展和运用"。课程评价面向多元的理念中,一个重要内容就是追求方法的多元。面对情况各异的课程现象,在选择方法时,应不存偏见地面对众多的评价方法,不能因"量"而废"质",也不能因"质"而废"量"。这正是发展性课程评价强调差异和多元精神的体现。

二、对于"课程建设质量评价"方法论的拓展

传统的课程体系使用的是教学大纲,教学大纲是规范一门学科教学的指导性文件。它是联系课程计划与教学的中间桥梁。教学大纲使得有目的的学习的组织与结构能在教师之间与师生之间进行交流。随着课程改革的深入,原有的教学大纲已不足以完整地体现课程的变化,必须寻求一种新的完整体现课程改革理念的表现形式,这就是课程建设质量评价标准。而项目化课程体系将教学大纲过渡到了课程标准,课程标准的评价到目前为止还没有一套成熟的评价方案。

课程标准力求通过加强过程性、体验性目标,引导学生主动参与、亲身实践、独立思考、合作探究,从而实现向学习方式的转变,改变单一的记忆、接受、模仿的被动学习方式,发展学生收集和处理信息的能力、获取新知识的能力、分析解决问题能力以及交流与合作的能力。

本章将针对课程标准评价理念,主要作以下拓展及实践。

(1) 与课程计划的一致性,专业教学目标是为课程计划规定的培养目标服务的,因此它不能违背课程计划的目标。在实践中容易被人们忽视的问题是,课程计划所规定的培养目标是否充分地为专业教学目标所涵盖。在实践中,课程标准是由各专业的专家分别编制的。各专业的专家从各自的学科领域出发,他们分别制订的各门学科教学目标在总体上却未必能覆盖课程计划规定目标的所有内容。

(2) 课程标准的内容应包括课程目标、内容标准、教学实施建议、课程资源的开发利用、安全、综合性学习等,体现了课程改革的新思想和素质教育的要求。

(3) 课程评价应关注人的发展过程,并呈现出多元化的趋势。课程标准将学生的发展、教师的发展与课程的发展融为一体。课程标准应淡化终结性评价和评价的筛选评判功能,强化过程评价和评价的教育发展功能。

(4) 课程标准应重视对某一阶段学生所应达到的基本标准的刻画,同时对实施过程提出了建设性的意见,而对实现目标的手段与过程,特别是知识的前后顺序不作硬性规定。

(5) 课程标准应为学生设计大量调研、探究和实践性的学习活动,选编的研究性学习案例应典型精彩,具有操作性和指导性。

(6) 课程标准在课程目标部分应明确各专业在知识与技能、过程与方法、情感态度价值观等三方面共同而又各具特点的课程总目标和学段目标。通过对知识与技能、过程与方法、情感态度价值观三方面的整合,从而促进学校教育重心的转移。

该评价注重对师生双主体完整的四个评价操作程序,即教学准备环节、教学实施环节和教学反馈与改进环节进行评价。传统的课程评价一般在第三个环节集中开展,往往存在评价偏失,忽视评价实效。课程评价中的教师、学生、教学内容、教学方法手段、教学环境、教学管理诸因素的评价,主要是对学生学习效果的评价和教师教学工作过程的评价。为此,教学评价包括评教和评学两个层面,教师和学生是教学评价的两类客体,即被评价的两类对象。[1]

展望今后的"全景流程"评价改革,在课程评价上的改进方向包括:一是学校的管理者、教师要主动联系企业行业的专家能手共同对课程实施效果进行评价。在一定意义上来讲,职业教育课程实施的效果要体现职业性,彰显职业能力,此决定必须依托企业和行业人员代表社会来开展评价和认证,所以要寻求企业行业的支持和帮助。二是要组织由专业教师、企业专家、行政管理人员和教育专家组成的专业评价团队,对课程建设的全过程进行全方面、多层面、全景式评价,不断改进和提高课程建设水平。

三、对于"教材开发评价"方法论的拓展

教材是根据课程标准的规定,把一定学科的内容按逻辑关系与学生的学习规律加以组织的教学媒体。目前我国高校对教材的评价已经摸索出了很多比较成熟的方案,但这些方案的中心都面向传统的普通教育,而对职业教育方面的教材评价涉及偏少。教学实践证明,课程教材作为直接指导学科教学的教学材料,对项目化的课程建设质量有着直接的影响。本章认为项目化课程教材应按照下列理念进行评价。

(1) 有学校教师与现场专家一起开发的项目化校本教材;有符合学校规范的项目化实训指导书;有符合学校规范的项目化教学指导书等。

(2) 教材应体现项目化课程模式。众所周知,课程模式决定教材模式。现在大多数的高职院校仍在按照学科系统化课程和教材按部就班地教学生,技能人才培养效率低下,中高级技能人才长期供不应求。因此评价教材首要就看其教材是否从企业调研和工作分析入手,一步一步、扎扎实实地进行新型课程模式的研究、设计、论证和教学试验进行编写。

(3) 教材开发的过程和方法是"校企合作",而非"闭门造车"。目前我们的许多教材都是学科知识型的,其内容脱离企业一线,学生在教材获得的东西不能用于企业工作,因此编写项目化课程教材必须走进企业进行工作任务分析与一线的工程师、技工进行专向研究。将职业活动内容转换为教学内容后,课程方案与企业专家研究论证,这样编写出来的教

---

[1] 孙建.高职院校基于SPOC"双客体、全流程"在线教学评价模式研究[J].教育与职业,2021(2):95-98.

材不是按传统方法"编写"出来的,而是以企业工作现场为平台,与企业的专业人士共同合作"研发"出来的。

(4) 教材的内容结构应采用"知行一体化",而非单一的"知识系统化"。现行职业教育培训教材的内容结构上有很多是普通高等学校教材的压缩本。不少学校也对传统教材进行改革探索,出现了一些新版本,但细看内容结构,还是停留在某些章节的"加加减减",这种办法很难从根本上改变固有教材的知识体系。因此,在教材的选择上应当保持"三个同步"原则:一要坚持教材与课程开发同步;二要坚持将职业知识要求与职业能力同步;三要坚持教材的开发与相关教学要素的完善同步。

对于"教材开发评价"方法论的掌握,在于教材"标准化"的理解及执行。我们知道,对于一些复杂的评价事务和概念,只能通过制定、发布和实施统一标准,才能获得最佳秩序和评价推广效益。因此标准化课程评价需要经过反复论证与修整,才能制定出适合课程评价特点的评价指标。应用是标准制定的动因和实践场域,而标准是推动应用与实践的加速器。

鉴于项目化课程之中教材开发评价的复杂性,很难直接运用统计方法确定各个指标的具体标准数值,导致获得的评价数据具有一定的模糊性,因此需要标准化评价方法进行测量评价。这是一种基于隶属度理论,并把定性评价转换成定量评价的过程,对于一些模糊性较强的评价过程具有较高的适用性,其具体应用可分为4步:①构建因素分类;②构建权重集;③建立评语集;④综合评价。

四、对于"金课建设评价"方法论的拓展

在本章界定中,高职院校金课的拓展性评价理念在于"三性一度",主要是指课程目标的适应性、课程内容的先进性、教学过程的有效性以及学习成效的达成度。主要内涵如下。[1]

1. "三性一度"内涵

(1) 课程目标的适应性。课程致力于开启学生内在潜力和学习动力,注重知识生成、技能训练、素质提升,对专业培养目标达成具有重要的支撑作用。

(2) 课程内容的先进性。课程内容紧跟生产技术前沿,聚焦核心知识与技能,将职业岗位知识、技能、素养有机融入课程,及时将产业行业的新技术、新知识、新工艺、新规范等引入教学。教学资源丰富多样、质量高,能有效支撑和促进师生之间、学生之间进行资源共享、问题交流和协作学习。

(3) 教学过程的有效性。根据学生认知规律和学情特点,通过探究式、启发式、混合式等教学方法的应用,促进师生之间的交流互动、资源共享,凸显学生主体、教师主导的学习过程,构建智慧教育赋能下的师生学习共同体。

(4) 学习成效的达成度。学习成果全面对接职业岗位工作成果,全面培养学生的专业

---

[1] 深圳职业技术大学."金课"建设标准[Z].深圳:深圳职业技术大学,2021-04-19.

技术技能、创新意识、创新精神和可持续发展能力等。

2."三性一度"标准设置

根据"三性一度"内涵构建,结合职业院校教育实践情况,经过标准化设置,可对应一级指标5个,二级标准10个,其标准分值,如表11-1所示。

表11-1 "三性一度"对应课程标准指标及分值表

三性一度要素	对应一级指标	对应二级指标	二级指标分值
课程目标的适应性	(1)整体设计	课程思政	7
		课程标准	8
课程内容的先进性	(2)教学内容与资源	课程内容	15
		课程资源	15
教学过程的有效性	(3)教学实施	课程实施	10
		考核评价	10
学习成效的达成度	(4)建设成效	学习成效	10
		应用推广	10
		团队建设	5
		特色创新	10

1)课程思政标准要点

(1)挖掘、梳理课程所蕴含的思政教育元素,把价值引领与思维方式培养融入课程。

(2)课程思政落实到课程目标、课程标准、教案、课堂授课、实训研讨等环节。

2)课程标准要点

(1)课程定位对专业培养目标具有重要的支撑作用,前、后续课程衔接得当,对接职业技能标准、大赛要求、"1+X"证书等。

(2)与行业产业岗位需求有机契合,从知识、技能、素养等方面明确课程教学目标,注重培养学生的可持续发展能力。

3)课程内容要点

(1)校企合作开发课程,按照项目化课程设计思路,以实际项目(案例、活动等)为教学载体,反映行业最新技术和成果,有效支撑教学目标的实现。

(2)"课证融通、赛教融通"有机结合,整合和重构教学内容,科学设计学习性工作任务,实现教、学、做的一体化。

(3)重视学习任务与活动设计,课程设计、教学安排和呈现方式符合学生认知规律。

(4)采用或编写深度对接行业企业标准、体现"书证融通、赛教融通"要求、呈现形式丰富、内容及时更新的教材。

4)课程资源要点

(1)教学教案、课件等教学文件齐全、格式统一规范,重、难点突出。

(2) 针对不同课程,开发动画、案例库、在线自测考试系统、素材库、学生作品库等。

(3) 课程资源丰富多样,有一定的冗余度,形成围绕知识技能点展开、清晰表达知识框架的课程资源,科学全面地标注资源属性,方便教师开展线上、线下教学,有效支持学生课前、课中及课后全过程学习。

5) 课程实施要点

(1) 合理运用微视频、动画、虚拟仿真、云计算、大数据、区块链等数字技术,坚持以"学生"为中心的问题引导、任务驱动等教学方法,探索翻转课堂、混合式、探究式、参与式、个性化教学等模式,创新教与学模式,打造智慧课堂,让学生在知识习得与技能训练中获得成长。

(2) 学生在线学习响应度高,师生互动充分,能有效促进师生之间、学生之间进行资源共享、互动交流,以及自主式与协作式学习。

6) 考核评价要点

(1) 评价主体多元化,注重学生自我评价、同伴评价、教师评价、企业评价等综合评价。

(2) 将诊断性评价、过程性评价、终结性评价有机结合,从知识、技能、素质等层面对学习成果进行多元评价,促进学生全面发展。

7) 学习成效要点

(1) 学生对课程认可度高,学习兴趣浓厚。

(2) 学习成果突出,学习成果全面对接职业岗位工作成果,全面培养学生的技术技能、创新意识、创新精神和可持续发展能力等。

8) 应用推广要点

(1) 校内教学能较好地将在线课程与课堂教学相结合,教学方法先进,教学质量高。

(2) 共享范围广,应用模式多样,应用效果好,受益教师和学习者反馈、评价高。

9) 团队建设要点

注重师资梯队建设,推进教师数字化能力转型,形成结构合理、专兼结合、教学与应用研发能力全面发展的教学团队。

10) 特色创新要点

探索校企合作开发课程模式、"课证融通"及"赛教融通"模式等,在教学内容、数字化转型、模式、策略、方法、手段、多元评价、团队建设等方面创新特色鲜明。

第二节 课程建设质量评价方法

一、整体教学设计评价方法

课程整体教学设计是一个系统工程,要结合时代发展需求,要体现现代教育思想,要具有明确的教学目标,在具有鲜明特色的同时,还应注重对创新性与实践性的培养,并能从全局上科学地划分项目、恰当安排项目的先后顺序。

1. 整体教学设计评价否决性指标和课程资源量化表

整体教学设计评价否决性指标和课程资源量化表如表 11-2 和表 11-3 所示。

表 11-2　整体教学设计评价否决性指标

序号	否决性指标
1	课程内容、课程资源或课程实施过程中存在意识形态问题
2	课程内容陈旧，没有对接行业、企业职业岗位需求
3	课程资源数量未达到资源量化要求
4	教学资源质量差

表 11-3　课程资源量化表

类　别	是否有
课程标准	有
说课 PPT	有

2. 整体教学设计评价评议性指标

整体教学设计评价评议性指标如表 11-4 所示。

表 11-4　整体教学设计评价评议性指标

一级指标	二级指标	评价要点	分值
课程目标的适应性	教学目标	（1）教学目标以职业活动导向，对接行业、企业职业岗位人才需求。挖掘、梳理课程中所蕴含的思政教育元素，把价值引领与思维方式培养有机融入课程。 （2）符合教育部发布的专业教学标准、实训教学条件建设标准、顶岗实习标准等有关要求，涉及"1+X"证书制度试点的专业，还应对接有关职业技能等级标准，公共基础课应符合教育部发布的公共基础课程标准有关要求，紧扣学校专业人才培养方案和课程标准，强调培育学生学习能力、信息素养、职业能力、精益求精的工匠精神和爱岗敬业的劳动态度。 （3）教学目标表述明确规范、相互关联、重点突出、可评可测	7
	课程项目	（1）强调能力目标提升，不可与知识目标混淆，素质目标的表达清晰规范，将职业道德、职业素养、工作态度等落实在课程的实操环节。 （2）覆盖课程所有的知识点、能力点，目标要求与项目内容对应。 （3）校企合作开发课程，按照项目化课程设计思路，以实际项目（案例、活动等）为教学载体，反映行业最新技术和成果，有效支撑教学目标的实现	8
课程内容的先进性	教学内容	（1）教学教案、课件等教学文件齐全、格式统一规范，重、难点突出。 （2）针对不同课程特点，开发教学动画、课程案例库、企业案例库、在线自测考试系统、素材资料库、学生作品库等。 （3）知识目标与课程背后的理论支撑。 （4）目标中列出课程使用的（数学）工具、工作过程中是否为学生理论提升留出"接口"。 （5）重视学习任务与活动设计，课程设计、教学安排和呈现方式符合学生认知规律	15

续表

一级指标	二级指标	评 价 要 点	分值
课程内容的先进性	完成系列教学文件	（1）采用或编写深度对接行业企业标准、体现"书证融通、赛教融通"要求、呈现形式丰富、内容及时更新的教材。 （2）是否列入国家、行业、企业标准、规范、法律、法规，是否明确列出，并附全文。 （3）课程资源丰富多样，有一定的冗余度，形成围绕知识技能点展开并清晰表达知识框架的课程资源，科学全面地标注资源属性，方便教师开展线上线下教学，有效支持学生课前、课中及课后全过程学习	10
	整体设计演示内容	（1）教学进度图展示，全面清晰完整展示整体教学时间、所有项目、考核节点、技能点与知识点的整体设计。 （2）探索校企合作开发课程模式，"课证融通""赛教融通"模式等，在教学内容、模式、策略、方法、手段、多元评价、团队建设等方面创新特色鲜明	15
教学过程的有效性	一体化教学过程	（1）"课证融通、赛教融通"有机结合，整合和重构教学内容，科学设计学习性工作任务，实现教、学、做的一体化。 （2）模拟职业岗位现场环境实施项目教学，以情景引出项目任务、任务引出问题、问题驱动学习，在规定的情景中完成具体的项目。 （3）合理运用微视频、动画、虚拟仿真、云计算、大数据、区块链等数字技术，坚持以学生为中心的问题引导、任务驱动等教学方法，探索翻转课堂、混合式、探究式、参与式、个性化教学等多种应用模式，创新教与学模式，打造智慧课堂，让学生在知识习得与技能训练中获得成长。 （4）校内教学过程中能较好地应用，将在线课程与课堂教学相结合，教学方法先进，教学质量高。 （5）共享范围广，应用模式多样，应用效果好，社会影响力大，受益教师和学习者反馈、评价高。 （6）注重教师梯队建设，推进教师能力转型，形成结构合理、专兼结合、教学与应用研发能力全面发展的教学团队	15
	课程设计和课程进度	课程设计与整体教学进度图匹配程度，从时间刻度、项目映射、考核节点、技能点、知识点方面考核课程设计的落实度	10
学习成效的达成度	课程考核	（1）项目实施与项目成果覆盖课程标准所提出的所有目标，学习成果突出，学习成果全面对接职业岗位工作成果，全面培养学生的技术技能、创新意识、创新精神和可持续发展能力等。 （2）评价主体多元化，注重学生自我评价、同伴评价、教师评价、企业评价等综合评价。 （3）将诊断性评价、过程性评价、终结性评价有机结合，从知识、技能、素质等层面对学习成果进行多元评价，促进学生全面发展。 （4）学生对课程认可度高，学习兴趣浓厚	20

二、单元教学设计评价方法

职业类教育的课程应随着行业的发展而变化，只按照既定大纲授课会落后于行业的发展，无法培养学生的职业行为能力。因此，课程的教学设计应当充分考虑行业的现状与需求，然后将其分解为多个关联的单元进行教学设计，以最终达成课程目标。课程进行单元教学设计时，在注重各单元间的连贯性的同时，还应保持相对的独立性；不仅要关注理论知识的传授，还有加强对学生实践操作能力的培养。各教学单元的目标都应是清晰、可测量的，教学资料齐全,并充分考虑到学生间的个性化与差异性,为每个学生提供可学、可操作、可提升的学习内容。下面将评价标准作进一步的阐述。

1. 单元教学设计评价否决性指标和单元教学量化要求

单元教学设计评价否决性指标和单元教学量化要求如表 11-5 和表 11-6 所示。

单元教学的验收采取否决制。凡是满足表 11-5 中任意一项的课程直接给予验收不合格。

表 11-5 单元教学设计评价否决性指标

序号	否决性指标
1	单元教学内容、课程资源或课程实施过程中存在意识形态问题
2	单元教学内容违背科学、不正确、不完整
3	单元教学内容陈旧,没有对接产业岗位需求
4	单元教学资源数量未达到表 11-3 中的资源量化要求

表 11-6 单元教学量化要求

类别	要求
单元教学教案	每个单元教学配备 1 个以上教案
单元教学课件	每个单元教学配备 1 个以上课件
微视频	每个单元教学配备 1 个以上教学视频、教学动画等微视频
习题库	每个单元教学配备习题,每个学分配备的习题不少于 3 道,每个习题均要提供答案及解析

2. 单元教学设计评价评议性指标

单元教学设计评价评分表如表 11-7 所示。

表 11-7 单元教学设计评价评分表

一级指标	二级指标	评价要点	分值
课程单元教学目标与定位	单元定位	(1) 符合高素质技术技能人才的培养目标。 (2) 在整体课程设计中的位置合理,前、后续单元教学内容衔接恰当	10
	目标设置	(1) 教学目标表述清晰、明确。 (2) 教学目标设置合理,能够支撑课程整体目标。 (3) 教学目标突出德育和能力目标。 (4) 教学目标具有可检验性	10
课程单元教学设计	学情分析	对学生的知识基础、学习特点及适宜的学习方法进行了分析和引导	5
	教学内容	(1) 教学内容丰富、先进,具备国内外先进水平和国际视野。 (2) 教学内容凸显职业教育特征。 (3) 有机融入思政元素、职业精神、岗课赛证等。 (4) 教学内容完整、针对性强,与岗位的紧密度、吻合度和融合度高。 (5) 教学内容能够支撑单元教学目标。 (6) 教学重点突出,难点明确	10

续表

一级指标	二级指标	评价要点	分值
课程单元教学设计	设计理念	(1) 设计理念先进，突出学生主体地位。 (2) 体现高职教育的职业性、实践性和开放性	10
	教学资源	数字化资源丰富，有利于提高教学效率	10
	教学过程	(1) 教学过程设计科学、合理。 (2) 教育过程将知识体系与行动相结合。 (3) 教学时间安排合理。 (4) 主要环节详细、完整，衔接紧密	20
	方法与手段	(1) 教学方法运用得当。 (2) 教学手段运用恰当、高效。 (3) 信息技术与数字资源运用充分、有效	12
单元教学评价	评价与效果	(1) 评价内容科学、合理。 (2) 评价方法灵活、多样、有效	8
单元教学特色	单元特色	理念先进、立意新颖、构思独特、设计巧妙	5

三、教学资源开发评价方法

教育资源分为教学素材、教学课件、网络课程、虚拟仿真系统、教育游戏、教学案例、数字图书、数字教材、教学工具、学习网站十类。教学素材是指教学过程中使用的文本、图形、图像、动画、视频、音频等多媒体材料，是教学课件、网络课程、教学案例等。

教学资源的基本组成元素是承载教学信息的基本单位。

教学课件是指根据教学需要，在一定的学习理论指导下，经过教学设计，以多种媒体表现，具有良好结构，满足某一单元或知识点教与学需要的一种软件。

网络课程是指以计算机网络为基础实现的课程教学内容及实施的教学活动总和。从组成内容来说，它包含教学目标、教学内容、教学活动和评价方法等课程教学必备的要素。从组成形式来说，它包含符合网络学习特点的按照一定的教学目标组织起来的课程教学内容、网络课程教学支撑环境以及基于以上二者开展的网络教学活动。

虚拟仿真系统是指运用虚拟仿真技术开发的，用于特定技能训练的软件。它应能完整支持一门或一门以上的课程，并在实际教学中有一定应用基础。

教育游戏是指根据教学需要，在一定的学习理论和游戏理论指导下开发的，兼顾教育特性和游戏特性，同时承载着一定的教育和娱乐目的，能够实现寓教于乐的计算机软件。

教学案例是指记录教育教学过程中发生的教学活动及典型意义事例的资源，可用于教师总结教学经验，开展教研，促进教学水平提高。每个教学案例需要包括教学设计方案、教学课件、课堂视频实录、教学反思四个部分，形成一个完整的教学案例。

数字图书是指借助数字化技术形成二进制数字编码形式的、以计算机文件为载体并通过计算机、手机、电子阅读器等设备显示的图书。数字图书包含文本、图片、声音、电影、动画等内容，而且支持超文本链接。

数字教材是通过数字化技术实现对传统教材的文本、图形、图像、声音、视频、动画等媒体的整合，通过各种数字终端阅读并具有交互功能，能够支撑一门课程教学的完整教材资源。

教学工具是指针对知识点（簇）能够在一个或多个方面为不同学生或教师的学与教活动提供有效支撑的软件，它既可以按一节课或一个单元为单位组织，也可以按学科为单位组织。

学习网站是指围绕学科教与学，通过网页技术，整合多样化的数字学习资源，并提供网络教学功能与支持服务的网站。

教学资源开发是课程设计落地的重要保障，成为解决课程教学重难点的重要手段。

1. 教学资源开发否决性指标

教学资源开发否决性指标如表 11-8 所示。

表 11-8 教学资源开发否决性指标

序号	否决性指标
1	课程资源存在意识形态问题
2	课程内容陈旧，没有对接产业岗位需求
3	教学资源质量差
4	教学资源出现严重的科学性错误
5	教学资源所含链接内容存在问题，产生严重后果
6	在教学资源中擅自使用国家规划教材标识，或使用可能误导职业院校教材选用的相似标识及表述，如标注主体或范围不明确的"规划教材""示范教材"等字样，或擅自标注"全国""国家"等字样
7	每个教学任务配备 1 个以上教案
8	每个教学任务配备 1 个以上教学课件
9	每个学分配备 10 个以上教学视频、教学动画等微视频，每个学分微视频时常不少于 100 分钟
10	每个教学任务配备习题，每个学分配备的习题不少于 50 道，其中，开放式/非标准答案测验题、案例题等综合应用题不少于 20%。每个习题均要提供答案及解析
11	其他造成严重后果的违法违纪违规行为

2. 教学资源评议性指标

教学资源建设是一个长期的过程，并且需要保持"以应用为主"的原则建设和应用，对于课程资源主要从三个维度，即资源建设、资源应用和资源更新进行评价（见表 11-9）。

第十一章　课程建设质量评价方法

表 11-9　教学资源评议性指标

一级指标	二级指标	验收要点	分值
资源建设	资源规划	（1）体现行业最新技术规范标准，采用新知识、新技术、新工艺、新方法、新流程、新标准、新步骤。 （2）资源对接课程标准，适应"互联网＋职业教育"发展需求，体现信息化特征。 （3）建有基本资源、拓展资源以及支持服务的相关内容。 （4）课程资源按照项目、任务分层建设。 （5）课程资源丰富多样，呈现方式得当，文本型演示文稿、图形（图像）类和文本类资源数量占比小于 50%。 （6）课程资源数量大幅度超出提供课程上课所调用的资源，实现资源冗余。 （7）以学习者为中心定制典型学习方案，突出网络"教"与"学"的特点	10
资源建设	资源内容	（1）基本资源涵盖课程标准规定的内容，覆盖课程的基本知识点和技能点。 （2）拓展资源适应分层教学需要和用户的个性化需求，具有特色性和前瞻性。 （3）教学设计、教学实施、教学过程记录、教学评价等各个环节资源搭建完整。 （4）资源使用无知识产权争议，原创资源占比较高	15
资源建设	质量保证	（1）课程建设团队校企深度融合、实力较强，任务分工明确。 （2）建立资源建设和应用的质量要求或标准（参考国家教育资源公共服务平台教育资源评价指标体系）。 （3）监督、记录和评估质量活动执行结果。 （4）有课程质量报告和相应的在线（混合）教学标准（规范）	10
资源应用	功能实现	（1）学生、教师、企业员工和社会学习者均可以通过资源自主选择进行系统化、个性化的学习。 （2）教师可以针对不同的教授对象和教学要求，利用资源灵活组织教学内容、辅助教学实施。 （3）共享平台框架设计合理、先进，交互性好，界面视觉表现规范、美观，导航清晰，资源库素材能以知识点、技能点为线索系统呈现，网站运行环境良好，响应速度快。 （4）使用人性化，用户体验好	10
资源应用	基本应用	（1）资源支持线上教学或线上线下混合教学，促进教与学的改革，体现"以学生为中心""做中学，做中教"等职业教育理念，激发学生学习兴趣，以学习成果为导向，促进自主学习，在课前、课中、课后使用率高，利于提高学生习得能力。 （2）教学团队教师率先使用，担任课程教学任务的教师需要应用资源完成教学。 （3）学生广泛使用，所有上课班级都需要应用课程资源，不低于 180 分钟／人。 （4）发挥示范效应，辐射带动其他高职院校应用课程资源	25
资源应用	校企融合	（1）校企共同参与课程资源的规划、建设、应用和推广，体现产教融合、校企合作、工学结合。 （2）企业为课程提供企业案例和技术支持，校企共同解构企业案例，重构教学案例，教师、行业企业专家共同开发与岗位实际需求紧密联系的实训模块、项目模块	5
资源应用	社会服务	（1）企业员工和社会学习者应用课程资源学习频度较高，累计学习时间较长。 （2）打造课程 IP，通过各类活动或媒体进行推广与宣传	5

253

续表

一级指标	二级指标	验 收 要 点	分值
资源应用	特色与创新	（1）坚持应用驱动，在深化课程教学改革、提升教学信息化水平、为各类学习者提供个性化服务等方面深入探索、富有成效。 （2）通过应用虚拟仿真、人工智能等新一代信息技术，解决教学重、难点	5
资源更新	更新机制	（1）持续投入机制。 （2）所在学院在推进课程资源建设和应用方面出台的有关保障措施	7
	更新实效	（1）有明确的更新经费投入。 （2）资源内容年更新比例不低于原有资源数的 10%。 （3）课程用户数量每年实现一定比例增长	8

第三节 教材开发评价方法

教材又称课本，它是依据课程标准编制的、系统反映学科内容的教学用书，教材是课程标准的具体化。教材评价要解决应该如何进行教材评价、谁来评价教材、从哪些维度进行评价的问题，以确保教材的适用性和价值。为持续提升教材质量，深入开展教材评价诊断与改进，建设以适应职业教育、赋能学生未来发展的世界一流教材体系。

教材评价是通过特定的方法和途径对教材作为教学媒介、工具和资源的有效性、可靠性、导向性和使用效果进行分析，并通过一定的方式对分析结果加以综合概括，得出对教材价值的总体认识，进而对教材存在的问题进行诊断，对教材的编写过程进行反思，促进教材可持续发展的过程。教材评价机制是职业教育教材建设的重要保障。

一、教材评价否决性指标

教材评价采取否决制，否决性指标如下表所示，凡是满足下表中任意一项的教材，直接给予评价不合格（见表 11-10）。

表 11-10 教材评价否决性指标

序号	否决性指标
1	教材内容政治方向、价值导向存在问题
2	教材内容陈旧，没有对接产业岗位需求
3	教材内容出现严重的科学性错误
4	教材所含链接内容存在问题，产生严重后果
5	在教材中擅自使用国家规划教材标识，或使用可能误导职业院校教材选用的相似标识及表述，如标注主体或范围不明确的"规划教材""示范教材"等字样，或擅自标注"全国""国家"等字样
6	其他造成严重后果的违法违纪违规行为

二、教材评价评议性指标

教材评价应该从教材内容和形式两个方面进行评估，从五个维度，即团队构成与获奖情况、课程建设基础、教材编写理念与内容设计、教材实践应用及效果、出版质量进行评价（见表 11-11）。

表 11-11　教材评价评议性指标

一级指标	二级指标	验 收 要 点	分值
团队构成与获奖情况	团队构成情况	（1）团队结构合理，师德师风优良，教学成果积累丰富，教学改革意识强，信息素养高。 （2）行业企业专家参与编写，体现产教融合、校企合作、工学结合。 （3）团队主要成员实践经验丰富且专业知识水平高的教师与行业企业专家共同开发实训模块、项目模块，与岗位实际工作联系紧密	5
	团队获奖情况	（1）依托教材的教改获得教学成果奖。 （2）实施教学手段与方法创新与改革，教学团队教学能力不断提升。课程团队成员作为主讲人参加教学能力大赛获奖。 （3）课程团队依托课程指导学生参加技能大赛或创新创业大赛获奖	5
课程建设基础	建设成效	课程被认定为教育部、省级、校级精品在线开放课程（或课程思政示范课程或创新创业示范课程）的情况	5
	资源开发	（1）课程资源以自主设计与开发为主，与课程内容相匹配、全覆盖，内在逻辑合理、内容完整精炼，能够满足学校教学和学习者学习需求，做到能学辅教；体现课程思政建设要求，体现行业发展的前沿技术和最新成果。 （2）课程资源类型丰富、内容多样，针对各模块知识点或技能点设置对应的授课视频、动画、虚拟仿真、演示文稿、测验和作业等多样的教学资源	5
教材编写理念与内容设计	教材定位与目标	（1）落实立德树人根本任务，符合相应专业教学标准、人才培养方案，注重培育和践行社会主义核心价值观，融入课程思政相关内容；对学生创新精神、创新能力、工匠精神、职业精神、专业精神的培养要贯穿始终，崇尚劳动光荣、技能宝贵、创造伟大。 （2）课程目标定位准确、条目清晰、内容具体、可评可测。 （3）公共基础课程教材注重打好科学文化基础、培养学生思想政治素质、学科核心素养；专业（技能）课程注重提升专业能力、掌握专业技能，培养学生职业道德、综合素养	10
	教材结构与内容	（1）课程内容组织与安排凸显职业教育类型特征，公共基础课程内容及时反映新知识，专业（技能）课程对接新产业、新业态、新模式、新职业，反映相关领域新技术、新工艺、新规范，体现行业企业参与特征，紧贴本专业相关技术领域职业岗位（群）的能力要求。 （2）课程内容完整、结构合理、逻辑清晰，学习单元划分合理，采用模块化、项目化课程方式设计课程和教材，原则上每门课程由 5～7 个模块课程（模块、项目）构成；教材中各模块/项目之间层次分明、结构清楚，符合职业规范要求；课程、模块、项目之间逻辑关系明确，能够系统性培养学生的职业能力。 （3）教材项目源于企业的真实产品、工艺、方法、操作规程、标准等，进行典型化处理、教学处理和规范；注重以真实生产项目、典型工作任务、案例等为载体组织教学单元；教学案例源于企业和社会需求，具有职业性、实用性、典型性、可操作性特征，符合行动逻辑、工作逻辑、产学研融合逻辑要求；结合职业能力培养和毕业要求设置不同水平和要求的内容，凸显项目教学、任务驱动、案例教学等特点	10

续表

一级指标	二级指标	验 收 要 点	分值
教材实践应用及效果	教学适用水平	(1) 符合人才培养目标及本课程教学的要求,所选理论内容的广度和深度能够满足实践教学和未来从事岗位工作的需要。 (2) 按照学生认知规律,在教材结构编排方式上,采用模块化、项目化、任务式结构,遵循行动导向或任务驱动教学模式的需求,便于学生开展自主学习,辅助教师进行线上线下混合式教学,做到因材施教	5
	职业能力培养水平	(1) 教材的开发源于对企业现状、岗位的人才需求、规格分析基础之上;体现以服务为宗旨,以就业为导向,走产学研结合的发展道路的办学方针。 (2) 能综合反映对学生职业岗位能力(专业能力、应变能力和创新能力)、职业道德修养和其他相关能力协调、合作、心理素质等的培养。 (3) 融入对学生创新精神和创新能力培养的内容,使学生能够把所学知识灵活地应用于实际,创造性地解决实际问题。 (4) 在培养学生重点掌握专业领域基本技能的基础上,能够与学生顺利获得相应的专业技能等级证书有效衔接	10
	示范引领效果	(1) 在教学和课程改革方面与同类课程相比显示了明显优势,具有推广价值。 (2) 其他院校学生、企业员工和社会学习者使用教材开展学习,用户使用活跃度高,应用效果良好,社会影响力大,认可度高	10
出版质量	设计水平	封面、扉页、封底能恰当反映本书内容,构思合理、格调健康、色彩和谐,版式规范、统一,字号字形、序号使用合理,符合阅读心理	4
	绘图水平	线画清晰、准确、美观,图文合理,大小恰当,位置准确	4
	校对水平	文字、图表、标点符号无错误、遗漏,封面书名、作者名、出版者名与扉页、版权页一致	4
	印刷水平	开本选择合理,版心正直,纸质厚薄适中,全书墨色均匀一致,字迹、插图清楚,颜色清晰光洁,层次丰富,无缺损字、污损字,价格合理	4.5
	装订水平	无缺页、白页,无颠倒页,装订平整,压膜坚实,不歪不斜,书皮、书芯切口处整齐规范,不皱不裂	3.5
教材特色与创新		充分彰显职业教育类型特征,充分体现项目化的设计思路,注重培养学生可持续发展的能力和职业迁移能力;合理、有机融入立德树人、课程思政内容,培养学生自主学习能力、创新能力和职业素养	15

第四节　金课建设评价方法

课程是决定学校人才培养、教学质量和教学水平的最基本要素,也是学校综合办学实力的根本性体现。课程建设是学校教学建设的核心内容,是推进教育创新、深化教学改革、提高教学质量的最直接途径。

一、金课内涵

"金课"是指教学目标明确,教学内容先进,教学过程实效,学习成效显著,融知识、能力与素养于一体,促进学生全面发展的课。

(1) 课程目标的适应性。课程致力于开启学生内在潜力和学习动力,注重知识生成、技能训练、素质提升,对专业培养目标达成具有重要的支撑作用。

(2) 课程内容的先进性。课程内容紧跟生产技术前沿,聚焦核心知识与技能,将职业岗位知识、技能、素养有机融入课程,及时将产业行业的新技术、新知识、新工艺、新规范等引入教学。教学资源丰富多样、质量高,能有效支撑和促进师生之间、学生之间进行资源共享、问题交流和协作学习。

(3) 教学过程的有效性。根据学生认知规律和学情特点,通过探究式、启发式、混合式等教学方法的应用,促进师生之间的交流互动、资源共享,凸显学生主体、教师主导的学习过程,构建智慧教育赋能下的师生学习共同体。

(4) 学习成效的达成度。学习成果全面对接职业岗位工作成果,全面培养学生的专业技术技能、创新意识、创新精神和可持续发展能力等。

二、金课建设评价原则

"金课"建设要坚持党的教育方针,以学生为中心、以服务为宗旨,遵循需求导向、问题导向及目标导向,优化课程结构,丰富课程资源,深化课程改革,规范课程管理,不断提升课程建设质量,全面提高教育教学质量。

(1) 课程思政、价值引领。挖掘、梳理课程中所蕴含的思政教育元素,厘清课程思政教育主线,把价值引领与思维方式培养有机融入课程,强化情感在教育中的"催化剂"作用,实现课程的全过程育人。

(2) 校企共建、工学结合。与行业企业共同提炼岗位典型工作任务,分析完成任务应具备的职业能力与素质要求,根据典型工作任务对课程内容进行整合重构,并对其进行教学化处理,以工学结合、项目驱动培养学生的岗位胜任力。

(3) 数字技术、全面融合。结合社会发展的数字化转型,把完成工作任务使用的数字技术有机融入课程教学内容,充分发挥信息技术、人工智能等数字技术的优势,建设能够满足在校学生、社会人员学习的教学资源,实现个性化、差异化的学习,并在规划学习计划、记录学生进步、评估学习结果等方面开展精准教学探索。

(4) 学生中心、持续改进。以学生为中心,充分发挥同伴互助、小组学习等社会化学习优势,实时反思教学策略与课程效果的关系,不断对课程进行创新,促进学生全面发展。

三、金课建设评价内容

(1) 课程标准。要以"课程思政、引企入教"为抓手,以职业岗位能力和专业教学标准为依据,以职业能力培养为重点,校企共同编制课程标准。

(2) 课程内容。要遵循学生职业能力培养的基本规律,以真实工作任务及其工作过程为依据,"课证融通、赛教融通"有机结合,整合和重构教学内容,科学设计学习性工作任务,实现教、学、做的一体化;要以加强学生专业综合应用能力培养为目标,按照专业核心能力构成要素的规格要求,构建模块化教学内容。

（3）课程资源。要重视课程资源的多样性、多用性和泛在性。课程资源要包括多样形态和媒体形式，为不同学习风格的学生提供合适的形式。资源能够支持课前的学习、课中的加工和课后的学习。要采用或编写深度对接行业企业标准、体现"书证融通、赛教融通"要求，呈现形式丰富、内容及时更新的教材。

（4）教学实施。要围绕目标达成、教学内容、组织实施和多元评价等进行整体规划，采用符合学生成长规律的教学策略、教学方法、教学过程、教学评价等，探索翻转课堂、混合式、探究式、参与式、个性化教学等多种应用模式，创新教与学模式，打造智慧课堂，让学生在知识习得与技能训练中获得成长。

（5）考核评价。要将诊断性评价、过程性评价、终结性评价有机结合，从知识、技能、素质等层面对学习成果进行多元评价，促进学生全面发展。

（6）教学团队。要加强双师结构教师团队建设，引进行业企业人员担任兼职教师，注重教师梯队建设，推进教师能力转型。

四、金课建设评价思路与要求

（1）全面调研和梳理，明确课程建设目标及建设任务。对全面调研课程对接的岗位具体的职业能力要求，对课程目标、内容、学生和评价等方面进行全面的梳理，兼顾未来社会对人才的需求和个人发展诉求，分析理想课程与当前课程之间的差距，明确课程目标及关键建设任务。要把课程建设落实到每一个教学单元，要列出清单并分配任务，保证课程组所有成员达成共识，要明确每一位教师的个体责任和任务。

（2）以校企共建为抓手，重构和优化教学设计及教学资源。坚持校企共建，结合产业未来变化，重构和优化教学内容，形成新的教学设计。要在课程中逐步形成系统化的课程思政体系，并且将行业标准、"1+X"证书、技能竞赛标准、新技术等有机融入课程中。

（3）以学习产出为目标，全面激发学生学习动力。在课程教学实施中要坚持项目驱动、任务导向的教学模式，广泛运用数字技术，坚持创设学习情景，坚持把企业实践搬到课堂，改变现有课程的实施格局，创新课程内容、教学方法和教学模式，打造活力课堂，注重学生的学习产出，全面激发学生学习动力。

（4）实时评估和迭代，打造高质量课程。不断地在课程实施中实践、评估和反思课程建设效果，实时对课程建设进行调整和迭代，将课程建设成高质量"金课"。

五、"金课"验收与"一流课程"认定

根据"金课"验收指标（见附件），"金课"验收分为优秀、合格、不合格三个等级。评分在60分以下的课程验收等级为不合格；评分在60～85分的课程验收等级为合格；评分在85分以上的课程验收等级为优秀。

在"金课"建设基础上，从优秀"金课"中认定一批在课程应用、教材建设、教学设计、学习成效、团队建设等方面成效显著，起到示范引领作用的"一流课程"。

"金课"验收达到优秀等级、更新迭代及时、应用效果良好，在"金课"工程启动之前取

得以下标志性成果之一的（一项标志性成果只能作为一门课程的认定条件，不允许重复使用），认定为"一流课程"。

（1）课程被认定为省级以上课程，且持续应用和更新的。

（2）团队成员出版的课程教材获评国家规划教材、国家精品教材，且在近3年出版或再版的。

（3）课程获教学能力大赛省赛一等奖以上奖项的。

（4）课程获学校说课程比赛一等奖的。

（5）课程（所有开设班级）连续3年在学生评教活动中居全校排名前30%。

（6）团队成员获校长教学质量奖、教学名师等荣誉。

（7）团队成员作为第一责任人指导学生参加与课程相关的技术技能竞赛，获得省级一等奖以上奖项。

（8）团队成员获校级教学成果奖（前2）或省级以上教学成果奖（前3）。

（9）团队成员获校级教学创新团队（前2）或省级以上教学创新团队（前3）。

附件：深圳职业技术大学"金课"验收指标

一、否决制

"金课"验收采取否决制，否决性指标如表11-12所示，凡是满足表中任意一项的课程，直接给予验收不合格。

表 11-12 课程验收否决性指标

序 号	否决性指标
1	课程内容、课程资源或课程实施过程中存在意识形态问题
2	课程内容陈旧，没有对接产业岗位需求
3	课程资源数量未达到表11-13的资源量化要求
4	教学资源质量差
5	课程应用未达到表11-14的应用量化要求

表 11-13 课程资源量化要求

类 别	是 否 有
课程宣传片	有
课程标准	有
教学教案	每个教学任务配备1个以上教案
教学课件	每个教学任务配备1个以上教学课件
微视频	每个学分配备10个以上教学视频、教学动画等微视频，每个学分微视频时常不少于100分钟
习题库	每个教学任务配备习题，每个学分配备的习题不少于50道，其中，开放式/非标准答案测验题、案例题等综合应用题不少于20%。每个习题均要提供答案及解析

表 11-14 课程应用量化要求

类 别	要 求
教学班数	所有计划上课班级都使用课程资源开展教学
学生用户数	所有上课班级学生均参与课程学习
在线教学活动	每个班级每学分的在线教学活动（发帖与回帖、讨论、在线互动交流等）次数不少于 8 次
在线测验与作业	每个班级每学分不少于 2 次
在线学习	每个学生每学分网络学习时长不低于 90 分钟
线上成绩占比	占总成绩比重不低于 15%

二、验收指标

"金课"验收评分表如表 11-15 所示。

表 11-15 "金课"验收评分表

一级指标	二级指标	验 收 要 点	分值
整体设计	课程思政	（1）挖掘、梳理课程中所蕴含的思政教育元素，把价值引领与思维方式培养有机融入课程。 （2）课程思政落实到课程目标、课程标准、教案等教学文件。 （3）课程思政贯穿于课堂授课、实训研讨等教学活动各环节	7
	课程标准	（1）课程定位对专业培养目标具有重要的支撑作用，前、后续课程衔接得当，对接职业技能标准、大赛要求、"1+X"证书等。 （2）与行业产业岗位需求有机契合，从知识、技能、素养等方面明确课程教学目标，注重培养学生的可持续发展能力	8
教学内容与资源	课程内容	（1）校企合作开发课程，按照项目化课程设计思路，以实际项目（案例、活动等）为教学载体，反映行业最新技术和成果，有效支撑教学目标的实现。 （2）"课证融通、赛教融通"有机结合，整合和重构教学内容，科学设计学习性工作任务，实现教、学、做的一体化。 （3）重视学习任务与活动设计，课程设计、教学安排和呈现方式符合学生认知规律。 （4）采用或编写深度对接行业企业标准、体现"书证融通、赛教融通"要求、呈现形式丰富、内容及时更新的教材	15
	课程资源	（1）教学教案、课件等教学文件齐全、格式统一规范，重、难点突出。 （2）针对不同课程特点，开发教学动画、课程案例库、企业案例库、在线自测考试系统、素材资料库、学生作品库等。 （3）课程资源丰富多样，有一定的冗余度，形成围绕知识技能点展开、清晰表达知识框架的课程资源，科学全面地标注资源属性，方便教师开展线上、线下教学，有效支持学生课前、课中及课后全过程学习	15
教学实施	课程实施	（1）合理运用微视频、动画、虚拟仿真、云计算、大数据、区块链等数字技术，坚持以"学生"为中心的问题引导、任务驱动等教学方法，探索翻转课堂、混合式、探究式、参与式、个性化教学等多种应用模式，创新教与学模式，打造智慧课堂，让学生在知识习得与技能训练中获得成长。 （2）学生在线学习响应度高，师生互动充分，能有效促进师生之间、学生之间进行资源共享、互动交流和自主式与协作式学习	10

续表

一级指标	二级指标	验 收 要 点	分值
教学实施	考核评价	（1）评价主体多元化，注重学生自我评价、同伴评价、教师评价、企业评价等综合评价。 （2）将诊断性评价、过程性评价、终结性评价有机结合，从知识、技能、素质等层面对学习成果进行多元评价，促进学生全面发展	10
建设成效	学习成效	（1）学生对课程认可度高，学习兴趣浓厚。 （2）学习成果突出，学习成果全面对接职业岗位工作成果，全面培养学生的技术技能、创新意识、创新精神和可持续发展能力等	10
	应用推广	（1）校内教学过程中能较好地应用，将在线课程与课堂教学相结合，教学方法先进，教学质量高。 （2）共享范围广，应用模式多样，应用效果好，社会影响力大，受益教师和学习者反馈、评价高	10
	团队建设	注重教师梯队建设，推进教师能力转型，形成结构合理、专兼结合、教学与应用研发能力全面发展的教学团队	5
特色创新	创新要求	探索校企合作开发课程模式、"课证融通""赛教融通"模式等，在教学内容、模式、策略、方法、手段、多元评价、团队建设等方面创新特色鲜明	10

第十二章　高职课程开发的挑战与对策

伴随着数字技术数字经济的快速发展,尤其是 ChatGPT 的出现,"技术"正在"倒逼"教育领域开启更深层次的变革。这对传统课程和课堂带来大挑战,学校必须快速适应这一趋势,重新审视其课程设置和内容,注重培养学生的批判性思维和创新精神。通过一系列面向未来的高职课程开发对策及实践,提升职业教育适应性,使职业教育人才培养更加高端多元化、治理体系更具科学智能化、评价模式更趋全面个性化,从而培养出一批掌握数字时代工作世界所需的专业知识和硬核技术,具备数字素养、数字能力、数字思维,具有合作能力、创新意识、工匠精神、可持续发展能力和国际视野,适应产业重大需求和"数字中国"建设的卓越工匠。

第一节　数字化时代高职课程面临的机遇与挑战

一、技术变革与数字鸿沟

当代德国最有影响的哲学家奥特弗利德·赫费认为,"技术"是一种以方法论的方式获得的知识,它使那些有能力的人能够顺利解决问题,并且使他们意识到这种成功并非偶然,而是凭借一种可靠的且可预测的方式达成的。[1]技术的演化与变革不断推动着人类社会向前发展,尤其是进入互联网时代,大数据的广泛应用、人工智能 2.0 时代的到来、"互联网+"全面渗透,迅速改变着世界。为应对技术变革,以德国"工业 4.0"战略、"中国制造 2025"为代表的全球性战略竞赛火热进行中。与此同时,由于不同国家和地区间的经济发展不平衡而导致的信息技术应用衍生的"不公平",即"数字鸿沟"现象也在加剧。数字鸿沟在教育领域的存在将严重阻碍教育公平的实现。随着新时期我国教育现代化进程的加快,教育信息化 2.0 时代已经来临,如何应对人工智能等新兴数字技术衍生而来的新数字鸿沟,成为当前我国教育信息化过程中必须面对的严峻挑战。

1. 数字鸿沟的含义

1999 年,美国国家远程通信和信息管理局(NTIA)在名为《在网络中落伍:定义数字鸿沟》报告提出数字鸿沟(digital divide)是指存在于那些拥有信息时代工具的人以及

---

[1] 奥特弗利德·赫费.培育我们的世界:论技术与教育的人道旨归[J].社会科学战线,2019(3):7-13.

那些未曾拥有者之间的鸿沟。随后，世界经济合作与发展组织（organization for economic cooperation and development，OECD）在《理解数字鸿沟》报告中将"个人、家庭、企业、不同社会经济发展水平的地区，在享用信息技术的机会以及利用互联网从事各项活动的水平之间的差距"定义为"数字鸿沟"。[1]

国际组织及世界各国的学者长期关注和研究数字鸿沟，并从信息技术的发展给社会分工带来的变化等层面进行了探究。有学者认为：一方面，信息技术的高速发展产生了大量闲置劳动力；另一方面，这些大量闲置的劳动力因为缺乏信息时代需求的知识和技能，所以被局限于传统部门，无法继续发展。在中国，学者们认为数字鸿沟造成的差别不仅是一个技术问题，还是一个社会问题，将数字鸿沟造成的差别称为"第四大差别"，并将其与城乡差别、农工差别、脑体差别并列，合称为"四大差别"。从教育领域看，由于城乡教育信息化设备和教育资源配置的不均衡、信息技术在教育领域的应用不均衡所造成的数字鸿沟正在阻碍着教育公平。因此如何深化教育信息化改革，实现技术赋能双向流动并发挥潜能，从而实现教育信息化优质均衡发展是当前面临的挑战。

2．数字鸿沟的发展

正如《国家中长期教育发展规划纲要（2010—2020年）》中指出的"信息技术对教育发展具有革命性影响"，随着教育信息化的深入发展，以互联网为基础的信息技术由手段性辅助教育走向全过程融合性教育变革，并在教育信息化2.0时代推动教育向创新发展转变。由于"数字鸿沟"自带技术的依附性，受信息科技快速发展的影响，其内涵和表现形式也在不断演化，基本形成了三层"数字鸿沟"。

（1）第一层数字鸿沟："物理鸿沟"。1998年12月，教育部制订的《面向21世纪教育振兴行动计划》提出实施"现代远程教育工程"，形成开放教育网络，构建终身学习体系。2000年11月，教育部发布《关于在中小学实施"校校通"工程的通知》，强调利用信息技术营造信息化的学习环境，具备数字化校园特征的"校校通"建设逐渐成为教育信息化的主流。经过二十多年的建设驱动期，我国教育信息化的基础网络设施和应用支撑平台已初具规模。在此期间，不同经济水平的地区和社会群体之间计算机的拥有量、互联网的接入率之间的差异逐渐暴露出来，这种差异形成了个人或群体在信息化设施的获取、互联网的接入和其他信息工具的保有量等物理层面的数字鸿沟，即第一层数字鸿沟——"物理鸿沟"，也有称为"设备鸿沟"或者"接入鸿沟"。

（2）第二层数字鸿沟："技能鸿沟"。随着信息技术的发展和信息设备的普及，由于信息技术接入差异所导致的"物理鸿沟"正在渐渐弥合，而教育的主体在信息技术使用和技能上的差异形成了第二层数字鸿沟——"技能鸿沟"，也有称为"素养鸿沟"，包括学生利用数字化设备来变革其学习并完成活动的素养差异、教师应用信息技术转变教学方式方法的能力差异、教育主管信息化领导力特别是自身信息素养的差异等。

---

[1] OECD. Understanding the digital divide[OL]. https://www.oecd.org/sti/1888451.pdf.

2012年3月,教育部印发《教育信息化十年发展规划（2011—2020年）》,指出"要促进所有学校师生享用优质数字教育资源,努力缩小地区之间、城乡之间和学校之间的数字化差距。"随后,在"应用驱动"的工作方针指引下"班班通"和"人人通"工程的建设在全国推进,教育信息化由基础设施建设转向资源和环境的共享与应用。这一时期,在国家"三通两平台"工程的推动下,教育资源服务体系全面建成,优质教育资源得到广泛使用和共享；学生开始有意识地利用数字化技术与资源来完成学习活动；教师开始有意识地引入信息技术变革教学方法；教育主管部门和学校开始采用信息技术来提高教学管理效率。

（3）第三层数字鸿沟："智能鸿沟"。技术的产生和大量应用,将对其所在场域产生影响和变革,[1]所影响的范围取决于技术的性质、特点,一些技术甚至可能会深刻影响人类社会的历史进程。[2]就我们所处的"互联网+"背景下的智能时代,人们能不能理解和充分适应以互联网技术和人工智能技术为核心驱动的信息科技,对世界政治、经济、文化、生活的深刻影响。在此基础上培养个体的相应关键能力,以实现个人与社会的协调发展,这就是新的"智能鸿沟"。行业数字化转型所构造的万物互联的智能世界中,物理世界与数字化世界融合互联,这个过程不仅是技术实现的过程,更是思维模式转变的过程,因此也被称为"思维鸿沟"。

智能鸿沟因智能技术自身的快速迭代、技术生态的日益闭环化以及智能技术向前发展的不可逆性等,导致了智能时代所造就的数字鸿沟更为深刻。2018年4月,教育部发布《教育信息化2.0行动计划》,将"互联网+"、大数据、新一代人工智能等技术作为教育系统性变革的内生变量,支撑引领教育进行数字化转型、智能化升级,推动教育理念更新、模式变革、体系重构,实现"更加注重教育公平""更加注重创新引领""更加注重育人为本"的消除三层数字鸿沟的策略路径,以教育规划阻断贫困代际传递。

二、教师数字化教学创新能力现状

"互联网+教育"的实施不仅会改变教与学的方式,而且将深入影响到教育的理念、文化和生态。《2019年地平线报告》认为教师教育正逐渐从技术应用的取向转变为设计思维方法取向,助力教师成为更具创新力的教学设计师。新时代,教师不仅需要技术整合应用的信息化教学能力,更亟须一种指向为教学变革而设计的创新设计思维。

《教育部等五部门关于〈教师教育振兴行动计划（2018—2022年）〉的通知》将"创新教师教育模式,注重信息技术应用,基本形成教师教育新形态"作为其发展目标之一。《职教20条》也提出要"适应'互联网+职业教育'的发展需求,运用现代信息技术改进教学方式方法,推进虚拟工厂等网络学习空间建设和普遍应用。"[3]尤其在2020年全球疫情中,我

---

[1] 伊藤穰一,杰夫·豪.爆裂：未来社会的9大生存原则[M].吴建英,周卓斌,译.北京：中信出版社,2017.

[2] 闫志明,唐夏夏,秦旋.教育人工智能（EAI）的内涵、关键技术与应用趋势——美国《为人工智能的未来做好准备》和《国家人工智能研发战略规划》报告解析[J].远程教育杂志,2017,35(1)：26-35.

[3] 国务院印发《国家职业教育改革实施方案》[EB/OL]. (2019-01-24) . http://www.moe.gov.cn/jyb_xxgk/moe_1777/moe_1778/201904/t20190404_376701.html.

们深刻认识到了信息化教学对于教育的重要作用,职业教育数字化转型势在必行。教师作为教学的主导者,教育教学理念的实践者,是职业教育数字化转型的关键,其数字化教学及创新能力的持续提升显得尤为重要。

数字时代高等教育对教师教学能力提出了新的要求,数字技术对教学能力内涵及构成要素的扩展体现在四个方面,即数字技术融入教学的意识、素养、能力和研究。教学数字化转型是长期的过程,教师数字化教学能力的发展过程也是动态的、阶段性的,包括应用、深化、创新三个阶段。

经过多年的信息化建设与实践,教师普遍具备了一定的数字技术支撑教学的意识、素养、能力和创新研究。但正如葛文双等提出的,教师数字化教学能力的发展过程也是动态的、阶段性的,包括应用、深化、创新三个阶段。[1]

1. 数字技术融入教学的意识现状

教师已经意识到数字技术在教学中的意义,有意识地将数字技术引入教学以提高教学质量,这种情况在一些教学亮点展示中已普遍存在。但是,有意识深化数字技术与教学融合、有意识学习和利用信息化教学知识与方法以及有意识创新变革教学模式等方面需要开展持续、主动、全面的教学变革,这还有很长的路要走。

2. 数字技术融入教学的素养现状

教师所拥有的数字素养是给学生传授21世纪核心能力的先决条件,在此基础上还需要教师具备将数字技术融入教学的素养。[2]从大多数学校课堂信息化教学的实际开展情况看,教师初步掌握常用数字技术工具的应用,如文档课件制作、网络教学平台使用、思维导图绘制、常用社交媒体软件使用等。然而,如何让数字技术在教学中由生硬的刻意嵌入变为灵活自然应用,如何让数字技术工具有机融入教学全过程,如何能够敏感地关注到教学过程数据化等,则期待教师不断强化数字学习并提升自身的数字素养,深化数字技术教学应用与分析,才有教学创新变革。

3. 数字技术融入教学的能力现状

与传统课堂教学相比,教师掌握了技术与课程整合的基本方式,数字技术支撑的教学已普遍实现了资源共享、互联互通、富媒体学习、信息众筹等,一定程度上提升了教学效率和质量。但数字智慧还提供了更为深层的应用,如数据佐证、对象画像、预警评价等,需要教师养成以数据来诊断和评价教学的能力,据此诊断教学中存在的问题,创建新的教学媒体与工具,灵活应用数字技术创新教学模式,持续改进教学,培养学生的高阶思维能力,以及探究、

---

[1] 葛文双,韩锡斌.数字时代教师教学能力的标准框架[J].现代远程教育研究,2017(1):59-67.
[2] European Commission. Digital Education Action Plan 2021—2027: Resetting Education and Training for the Digital Age[DB/OL].https://eur-lex.europa.eu/legal-content/EN/TXT/PDF/?uri=CELEX:52020SC0209,2020-09-30.

合作和自主建构知识的能力。

4. 数字技术融入教学的研究现状

职业教育项目化教学、任务驱动教学、基于问题探究教学等典型教学法得到普遍应用，在实践中依据教学进程被分为课前、课中、课后三段式教学方式，在此标准化模式的基础上，教师能够灵活应用数字技术实施教学，诊断问题，开展研究，改进教学。部分教师深化数字技术应用，能够根据课程特点和教学情况设计适合的教育实验方法，据此不断改进教学模式和方法。期待有更多教师能够更进一步通过研究探究教学规律，对教学进行深度反思，创新教学模式，并通过分享与交流来引领教学团体共同发展。

总之，教师数字化教学能力的持续提升与创新发展是数字化转型的核心内容，同时也是职业教育教学数字化转型的前提条件，但教师借助数字化创新教学的能力从意识、素养、能力及创新研究方面有不同程度的差距，这需要教师自身、职业院校、社会组织、政府部门等多方协调努力。

三、学生数字化学习能力现状

学生的数字化学习能力包括适应数字时代的学习、胜任数字时代的工作、改造数字时代的自然与社会是职业教育数字化转型的最终目标。[1]学生的数字化学习能力培养主要涉及学生数字素养发展，以及学生认知方式和学习方式的数字化转型。

1. 学生数字素养的发展现状

中央网络安全和信息化委员会在《提升全民数字素养与技能行动纲要》中提出要构建知识更新、创新驱动的数字素养与技能培育体系。《"十四五"国家信息化规划》也将"全民数字素养与技能提升行动"列为十项优先行动之一，提出要在大中小学设置常态化、场景化数字技能课程，激发数字创新潜能。[2]全面提升学生的数字素养不仅具有战略意义，而且是教育数字化转型的内在需求。

数字素养包括基本的数字技术知识与技能，信息与数据素养，利用数字技术进行交流与协作的能力，数字内容创作的能力，数字安全与数字伦理的意识，借助数字技术进行持续学习、问题解决、反思和自我提升的能力，数字化专业知识和能力等。

然而现实情况是，由于我国学生数字素养培育面临多重挑战，如因重视度不足而导致相关的教育处于边缘，因培育系统化不足使得学生数字知识碎片化、零散化，因培育意识、方式和内容不及时更新带来的滞后化等。如何在职业院校结合专业培养重塑学生的数字素养是一个系统工程，需要整体考虑，多方参与，形成持续提升的数字素养培养体系。

---

[1] 韩锡斌，等.高等教育教学数字化转型核心要素分析[J].中国电化教育，2022（7）：37-41.

[2] 中央网络安全和信息化委员会.全民数字素养与技能提升[EB/OL].http://www.cac.gov.cn/2021-12/27/c_1642205314518676.htm，2021-12-27.

2. 学生的泛在学习与人机结合的认知方式现状

教育信息化 2.0 时代,物联网、5G、人工智能、虚拟仿真等新一代数字技术为教育教学营造了泛在学习空间,学生学习方式日益呈现"时时、事事、人人、处处"的泛在特性。学生能够根据自己的学习目标和需求,通过各类在线资源与平台,在任何时间、地点自主完成学习活动,由此,人机结合也逐步成为学生基本认知方式,学生的学习方式将从单一、被动的学习方式向多样化的新型学习方式转变。

泛在学习在带来"泛在性、易获取性、交互性、学习环境的情境性和个性化"的同时,对学生的泛在学习能力提出挑战,如有许多研究表明,在线学习中存在学习者计划力较低的现象,这些学习者不能根据自身的学习需求和实际进度制订合理的学习计划,逐步丧失积极性和自信心,自发推进深层次学习存在一定的困难。[1] 因此,要有意识地培养学生的学习计划能力、自我调节学习能力以及持续学习探索能力,才能更好地适应人机结合的认知方式。

四、数字背景下教学理念与实践

教育理念是人们对教学和学习活动内在规律的认识的集中体现,是人们对教学活动的看法和持有的基本的态度和观念,是人们从事教学活动的指导思想和行动指南,可以说有什么样的教学理念就会产生什么样的教学行为。

1. 传统教学理念

传统教学理念下教师是获取知识的唯一来源,是知识的权威,学生想要学到知识就必须认真听讲,可以说学生理解和记住知识是教学的最终目的,学生学到的课程知识处于孤立、割裂的状态,难以融会贯通。在教学实践中,教师还容易忽视对学生获取文献资料、分析数据、逻辑推理等能力的训练。

2. 现代教学理念

随着时代的进步和科技的创新,教师不再是唯一的知识源,学生获得知识的途径越来越广。在这种情况下,教师不再是教学过程的唯一主导者与主要参与者,学生成为自主的行动者和实践者,教师则成为学生行为和实践的辅助者和合作者,促使学生在自主的行动与实践中获得多方面能力的全面提升。

3. 数字背景下的教学理念

"互联网+教育"的发展改变了教育的本质,强调开放、共享、创新的发展理念,构建了信息空间、物理空间和社会关系三空间支撑下的新型教育体系。我们要主动运用互联互通、开放共享、空间融合等互联网思维,构建空间融合基础上的线上线下、课上课下教育相融合

---

[1] 张家军,韦敏.自主学习视域下远程学习者在线学习力的现实样态及提升策略研究[J].电化教育研究,2021,42(10):48-53,62.

的发展格局。

"互联网+"时代教育的新知识观和新本体论,是"互联网+教育"的重要指导思想,也是互联网推动教育创新的重要理论成果。互联网改变了知识内涵,网络中出现了新的知识类型:海量网络知识、动态主观知识、境域操作知识以及综合碎片化知识等新知识。"互联网+教育"的新本质是联通,即联通本体论。"互联网+教育"联通本质体现在三个方面。①在学习层面要关注学习者的信息网络,联通是重要的学习方式,帮助学习者构建动态可持续更新的信息网络可以促进学生的发展。②在教学层面要关注物理空间和网络空间的联通,要利用线上线下融合,推动教学方式组织方式变革。③在组织层面要关注系统间的联通,要推动资源共建共享以及数据的汇聚和共享,要推动教育与社会、人才的协同发展。

五、建设一体化互联网+教学大平台

以高速、移动、安全、泛在的新一代网络和信息基础设施体系和互联互通的信息资源共享体系为支撑建设一体化互联网+教学大平台,为在线开放课程建设、专业资源库建设、智慧课堂教学、线上线下混合式教学提供支持,通过全过程教学大数据的采集、分析和应用,推动信息技术从辅助性教学向以数据交互、信息评估、智能教学为主的数字化教育转变。

同时,考虑到"人人皆学、处处能学、时时可学"的泛在学习需求、特殊时期大规模的在线教学应用需求及复杂的课程个性化发展需求,建设一体化互联网+教学大平台可以采用微服务架构及混合云部署互联网化应用,在应用、速度、并发、多模、安全等方面加强设计与部署,实现私有云本地数据中心的安全性和可靠性,支持校内线上线下混合教学,同时灵活地根据教学开放度选择云部署模式,支持SPOC、MOOC教学,从而实现课程应用从学校走向社区并服务社会。

1. 重互通,强延展

以线上线下混合教学为起点,集学、教、管、评、考、资为一体建设一体化互联网+教学大平台,各模块之间数据通、资源通、应用通,实现本校教学运行数据按课程、院系、全校性地汇聚,实现课程、专业库之间的资源无障碍共建共享。平台强延展设计。一方面,实现应用业务延展,通过与身份认证系统、教务系统、考勤系统、学分系统对接,生成一人一空间,一人一课表,一人一导学;另一方面数据延展,通过标准化接口,与第三方实训系统、专业教学系统、图书资源系统、录播系统等对接,获得资源或生成教学评价等,为规模化建设优质高职及本科教育课程提供立体式智能教学服务体系。

2. 智学习,多画像

互联网+教学大平台建设以学习者为中心的智能教育环境,在实现基本的在线教学功能基础上,以智能学情分析、个性学习推送、灵活教学互动、精准学习评价、动态学习预警来助力混合式教学、翻转课堂、移动教学创新实践。教师可在线建设管理教学资源,发布个性学习内容,设计教学流程,开展教学活动,评价教学效果。平台采集教与学过程并对数据进行清洗、分析和应用,借助智能化教学工具、智能推荐技术和智能分析技术助力个性化学习和精准化教学,实现教师画像、学生画像、课程画像、学习预警、智能评价等,为教与学全过程的数字化转型提供服务。

六、支持数字化教学的多元化需求

数字化是未来教育的必然趋势,是我国教育并跑甚至领跑世界教育的新契机,数字化教学是用新一代信息技术取代传统的教学模式,实现"高效课堂无纸化、探究互动零距离"的创新育人模式,是一种跨学校跨地区推动公平教育终身教育的体制和模式。

1. 数字化教学是提升教学质量的内在需求

信息技术深度融入教育教学,可以在不受规模限制的前提下准确刻画每个学习者的个性化特征,进而提供高质量的定制化教学支持服务,能够显著提升教育教学质量,助力教师专业发展和学生健康成长,也只有基于智能技术实现精细化资源配置与科学决策,才能为"办好人民满意的教育"提供关键支撑。[1]

2. 教育数字化是推动教育公平的有效手段

教育公平是社会公平的重要基础。为弥补"数字鸿沟"及促进教育公平,教育数字化是一个重要推手。一方面,利用数字化手段可以扩大优质教育资源覆盖面,通过推进"三个课堂"等方式可使不同时空内的教学者、学习者共享名师名课,显著增加数字资源共享的效率和效果;另一方面,通过将信息技术融入教育教学全过程,可以打破时空限制,有效支持学生自主学习和教师专业发展。

3. 教育数字化是实现终身学习的有力支撑

《"十四五"国家信息化规划》首次明确提出"开展终身数字教育",强调要"发挥在线教育、虚拟仿真实训等优势,深化教育领域大数据分析应用,不断拓展优化各级各类教育和终身学习服务"。"教育数字化"的快速发展和不断渗透,为终身学习奠定了良好的资源与技术基础。一方面,通过依托校内外的开放数字教育资源,基于全民学习需求与能力监测数据,可以为学习者提供实时、便捷的学习内容推介和学习方法指导,支持开展适合自身需求的自主学习;另一方面,通过建设国家和省级互通的学分银行体系,可以将个人学历教育、培训、职业经历和非正规、非正式学习活动等学习成果存入账户,形成个人终身学习数字档案,实现终身学习成果的认定、累积和转换。此外,通过深入开展继续教育课程认证、学分积累和转换试点,有助于搭建各类教育纵向衔接,普通教育、职业教育和继续教育横向沟通的学习"立交桥"。

---

[1] 杨宗凯.加快教育信息化支撑终身数字教育[EB/OL]. (2022-03-08) . http://www.cac.gov.cn/2022/03/08/c_1648363725755324.htm.

第二节　面向未来的高职课程开发对策

一、高职课程要素的全方位转型

高等职业教育课程是面向于培养高素质复合型的技术技能人才的一种类型教育。自改革开放以来，现代职业教育体系框架全面建成，我国进入了工业化时代向数字化转型的关键发展阶段。习近平总书记曾经多次提出，世界范围内目前正在发生百年未见的大变局，这促使我国在发展过程中面临内外环境大变动。产业升级和经济结构调整与转型不断加快，各行业对于技术技能人才的需求也在快速发生变化。对于我国来说，在进行学习向创新的跨越过程中对于整个社会系统来说是一项艰巨任务，同时更是建设我国高质量教育工作体系的核心之一。

作为职业教育育人基石的课程，也需要以促进就业和适应产业发展需求为导向进行转型，从而提高人才培养结构对于产业结构的适应性。而推动产业链、创新链、教育链与人才链的协调融合，已经成为人才培养供给侧结构性改革的必然选择，由此可见高职课程转型应紧扣这四要素，深化产教融合与专创融合，以产业需求作为指引，以创新作为核心驱动力，形成链式融合和链式驱动。

1. 产教融合，牢牢把握数字化转型风向标

职业教育课程转型的第一要素就是要坚持把"产教融合、校企合作"作为推动现代职业教育体系建设、体制机制改革和人才培养模式创新的重要策略，适应产业数字化转型需要，主动调整人才培养方案，紧贴本专业相关技术领域职业岗位（群），对接新产业、新业态、新模式、新职业，教学内容及时反映新知识，反映相关领域新技术、新工艺、新规范，创新技术技能人才培养模式，真正把产教融合的思想落实到学校管理和人才培养的各个方面、各个层次和各个环节，提升专业服务区域产业的能力，增强人才培养的社会适应性。积极发挥行业、企业在产教融合、校企合作中的能动作用，使其以多种形式参与职业教育人才培养，为校企合作培养人才提供有力支撑。相关职能部门有效保障校企合作良好的外部环境，建立投入机制，理顺管理体制，强化行业指导和企业参与，统筹整合区域教育和产业资源，充分发挥其在产教融合中的推动、引导、支持和监控作用。

教育部等6部门联合印发的《职业学校校企合作促进办法》中强调校企合作是指职业院校和企业在实施职业教育过程中通过共同育人、合作研究、共建机构、共享资源等方式实施的合作活动，因而强化企业重要主体作用及促进企业深度参与，是打造产教融合平台的关键。根据《中华人民共和国职业教育法》规定，企业应当履行实施职业教育的义务，参与职业院校的办学、决策等。同时，深化产教融合也是推进"管办评"分离和"放管服"改革的重要组成部分。引入企业等主体参与办学，促进办学主体多元化，可以加快教育治理模式转变和治理结构现代化。因此，我们要充分调动企业参与产教融合的积极性和主动性，拓宽企业参与途径，引企入教，支持引导企业多种方式参与学校专业规划、教材开发、教学设计、课程设置、实习实训,发挥骨干企业引领作用,吸引优势企业参与校企合作长效机制。

2. 专创融合,紧紧抓住数字化转型关键点

"专创融合"是高职人才创新能力培养的重要途径,而数字经济发展的核心驱动力是创新。只有在创新的前提下,数字化知识和信息才能作为生产要素,通过网络载体与实体经济相融合,才可以提升传统产业的智能化水平,进而重构经济发展与教育组织形态。当前,国民经济结构正在发生巨大改变,数字经济驱动我国产业由消费互联网向产业互联网转变,随着网络化、平台化和智能化发展,人工智能、5G、云计算等新兴数字技术无不依赖创新能力的拓展,客观上也要求职业教育尤其是高职课程也需要进行相应的调整,实现创新驱动。

目前专业教育培养的痛点在于以既有的知识传授为基础,人才的知识成长时常滞后于社会发展。产业的数字转型对人才的需求愈加全面,由单一的技术技能型人才也转变为创新型复合式人才,专业教育和创新教育也服务于这一目的,创新型复合式人才的培养取向为专创融合教育提供了发展路径。为此,专业教育不仅要注重吸收并传播前沿知识,更要注重人才的创新素质,以适应未来社会持续发展变化的现实需要。"专创融合"是数字经济时代技术向产业迁移的客观要求,在这种情况下,"专创融合"不仅仅是课程改革的趋势,更应作为一种制度安排,促使高职学生创新创业能力的全面升级。而如若想要真正实现创新驱动发展,那么就务必做到重新塑造教育链,即在教育链中深刻融合创新人才与科技创新,并且作为驱动促使创新链与产业链相融,在此过程中相应也就要求职业教育在进行人才培养过程中应当以创新人才和科技创新作为重要引领,进而才能有效推动人才培养体系和流程的改革。

二、课程内容的全过程重构

课程内容是课程的核心要素之一,也是课程的有机组成部分,反映了课程的价值取向和结构观,是课程数字化转型的基石与支撑。

项目化课程是目前职业教育课程改革中的主导理念,传统职业教育课程的首要特征是许多内容实用性不强,与岗位任务的关联度低,而岗位能力真正需要的许多实践性知识技能又没有纳入课程中。项目化课程中的"项目"是指经过项目化处理的工作任务,使工作任务具有项目的典型特征,比如独特性、明确的目标、规定的时间、有限的资源等。开展项目化的工作任务不仅是为了创设贴近真实岗位工作的情境,更是为了引导学生采用项目思维参与每一项工作任务,在确认目标、制订计划、行动执行、检查监控和总结反馈的项目开展过程中习得特定职业岗位必要的知识技能和核心素养。在产业数字化转型的背景下,岗位工作的完成常常设计多领域的交叠,单一的项目对职业能力割裂式的培养已无法满足对于复合型人才的培养,而在《国家职业教育改革实施方案》中则提出了解决办法——开展模块化教学。

1. 基于复合型人才培养的课程结构模块化

对于工作体系而言,以数字化技术为引领的生产技术变革已经显著地模糊了很多专业性较弱的岗位及其任务的边界,岗位一线从业人员面对的工作情境也更为复杂,这就使得以任务作为教学体系中的最小模块,已经无法触及岗位工作的实际内容和关键特征。很多企业的招聘条件也开始淡化对具体工作任务的描述,而是转向对员工具备能力,尤其是一些通用能力的要求。相应地,教育体系也开始通过引入"关键能力"核心素养等以能力为载体的概念,来推动学校课程的变革。

以能力为单位开发模块化课程需要注意以下三个关键点。一是职业能力的分析源于对岗位工作任务的分析,岗位工作任务不建议以单一岗位为参照,而应该以具有相同或相似技术、工作内容或服务对象的岗位群为参照进行开发,以提升任务的教育性、概括性和覆盖面。二是分析出的职业能力是在工作中实际做事的能力,具有较强的任务依附性和情境性。对于那些具有共性的、可迁移性的通用能力,应该是在分析完所有职业能力后进行的提炼。而且所谓的核心素养、关键能力的培养,一定是基于具体工作任务的完成和职业能力的形成之上,这也是促进关键能力向其他领域迁移的方法。三是以能力模块作为职业教育模块化课程开发的逻辑起点,并不是排斥以知识、技能为最小模块单元。智能化时代,企业对培养员工应对复杂问题情境能力的需求不断提升,员工也需要具有学习能力和可持续发展能力,这些都需要更多理论知识的支撑。部分操作技能的熟练掌握,以及在真实或仿真的工作情境中形成对工作态度、职业精神的深刻理解。因此,一些知识模块和技能模块不仅需要在具体的能力中体现,还需要以单独体系的方式加以组织,以帮助学生形成应对复杂问题情境的、迁移性高的能力。这些知识模块和技能模块源于职业能力分析,但一定程度上又超出职业能力分析的结果,与核心能力关联度较高,其是为学生构建专业知识体系和形成专项技能操作模式。

与项目化的课程结构类似的是,模块化的课程结构也需要合适知识技能的载体,载体的功能是让独立的模块呈现于一个具有目标的、整体的行动体系之中,让学习者在具体的行动体系中了解每个能力模块的价值及其表征形式,从而将知识、技能和素养整合在能力的形成过程之中。我们能够调整模块的不同组合模式,来应对产业数字化转型的高速特性,以职业能力需求作为课程模块变化的指导,帮助学习者建构某一领域系统的知识体系和技能操作模式。

2. 围绕数字化转型方向的课程内容模块化

在新时代背景下,无论是新课程的开发还是旧课程的变革,都要按照专业设置与产业需求对接、课程内容与职业标准对接、教学过程与生产过程对接的目标而努力,做到人才培养与企业需求紧密结合,对接国家职业技能标准规定的职业功能、工作内容、技能要求与相关知识要求,构建与之对应的教学目标和核心课程标准。2021 年 4 月,孙春兰副总理在全国职业教育大会讲话指出,要深化三教改革,"岗课赛证"综合育人,提升教育质量。"岗课赛证"是对课程实践的经验总结,为课程内容的选取提供了方向,对传统课程岗位能力分析滞留于静态化分析,割裂了职业能力的整体性的问题,提出了合理的解决办法,也为课程模块化重构提供了思路与基础。

推进"岗课赛证"综合育人,即通过融"岗""赛""证"要素于"课",深化育训融通课程建设,提升其目标内容等兼容性,是深化教育供给侧结构性改革的重大举措,也是推进职业教育体制和治理能力现代化的创新工程。

从字面来看,"岗"即岗位群核心工作任务,表现为个体完成具体岗位任务所必备的职业核心素养;"课"指课程,表现为与特定职业核心素养相对应的专业课程结构与课程模式。"赛"本意是各级各类职业技能大赛;"证"则是职业资格证书和"X"证书。在高职教育范畴,"赛""证"也指围绕参赛和考证而实施的育训课程。在四者中,"岗"是本源性的,是"课""赛""证"的逻辑起点;"课""赛""证"是围绕职业核心素养而展开的育训课程的总和,它们皆缘"岗"而设并随"岗"而改,是派生性的。"课"是高职院校人才培养的基本单元,是将"岗"的从业标准和规范系统地转化至教育链的必要路径。

复合的职业能力培养,是专创融合与岗课赛证综合育人的共同目标,复合能力包括专业综合能力与职业综合能力。

围绕职业能力培养,通过探索"岗""课""赛""证"融合路径,以"课"为关键枢纽,构建岗位晋升、难度递增、证书分层的知识技能纵轴和面向企业的规范意识、面向实战的职业素养、面向客户职业素养横轴,确立全面发展的教学标准,形成全方位人才培养模式矩阵。深入分析岗位能力结构与面向应用场景,以"岗"确立育人方向,通过分析、解构、筛选岗位工作过程,对大赛资源与赛项、"1+X"职业技能等级证书与职业资格证书进行拆解,从职业素养以及能力养成两个维度进行梯度划分,以课程作为学习之路、晋升之路和提质之路,从而实现先进制造复合型人才的全面发展。

三、课程教学实施的精准化突破

教育部等九部门印发的《职业教育提质培优行动计划(2020—2023年)》提到,要主动适应科技革命和产业革命要求,以"信息技术+"升级传统专业,及时发展数字经济催生的新兴专业。从课程思维来看,面对数字化转型的冲击,原本与信息科技有关系的学科应该借助数字化机遇,打破传统专业定位的界限,应该敢于尝试、敢于设立新鲜的学科,保障课程发展符合新时代的特性;而与信息科技关系较弱的学科则应该主动向数字化转型的路上靠拢,在教学中融入信息科技的理念以及数字化教学措施,从而激发学生对数字化领域的兴趣,以此推动学生综合能力的提升,并实现"专创融合"与"产教融合",推进"互联网+""智能+"教学实施新形态,实现教育教学的变革创新。

1. 面向未来的课程教学实施

数字化转型所催生的诸多新技术、新概念(物联网、大数据、云计算)也为课程转型后的实施带来了诸多机遇,不论是课程教学实施的理念、方法以及手段,需要课程从理念到实践、从宏观到具体、落实到课堂教学实施中,实现基于"互联网+"的智慧课堂构建。

智慧学习工场是我国教育规划中心在进行产教融合实践工作基础上紧密结合数字技术发展所提出的未来职业教育发展的创新模型,同时智慧学习工场更是我国未来教育中的大单元。与传统学院和系存在差异的是,智慧学习工场是指智慧学习与智慧工场和学习工场三方的有机结合,有着"真实场景",同时数据还可以做到产教融合与多学科专业集成、学生自主学习、多元合作和共联共享等多个属性。在实施产教融合过程中就意味着职业学院需设计学习的"真实"场景,即学习工场。其中"真实"场景必须要以创新作为根本导向,更要深刻结合多学科专业,具备支持人才培养以及科技创新和继续教育等多种功能,更要保证与真实的社会生产及多种类型平台进行连接,而这也正是以往职业院校组织结构无法完成的。更重要的是,智慧学习工场是充分实现学生改变自身学习方式的重要场所。在职业教育中要想更好地促进学生能够做到自主学习,首先应当为学生设计"真实"场景,其次是设计能够与"真实"场景相连的数字化学习系统,最后是对基于数字化的教育测量及评价。

智慧课堂教学实施的关键是互动教学,即把课堂教学过程看作是一个教与学融合、交互作用与影响的动态过程其核心标志是具有立体化的互动交流能力。在教学互动过程中强调学生是学习活动的主体,教师是学生学习的指导者、帮助者、促进者。它不同于传统的互动教学,不仅仅是师生间、生生间的语言交流讨论,最根本的不同是它借助智能化的移动学习工具和应用支撑平台实现教师与学生的立体、高效、持续的互动交流,在互动过程中实现协作、探究和意义建构,促进学生的智慧生成与发展。智慧课堂的互动教学体现在学生学习发展的全过程,由限定在特定实体空间的面授活动拓展为虚实融合空间中的多元化活动方式。多样化的电子设备和技术系统为开展形式多样的教学活动提供了支持工具,课程的组织形式由固定时间的班级授课拓展为线上和线下相结合的课前、课中和课后形式,教学活动由教师的单向传递转向强调以学习者为中心的师生双向甚至多向交互。多样的数字技术工具与虚实融合的数字教学空间,在教学活动进展过程中为学生提供了更丰富和及时的认知与情感支持。

2. 面向未来的课程教学资源

随着高校人才培养目标的转变,基于产学研结合的教育创新体系能切实提高优质教学资源的协同创新应用。推动数字化优质教学资源共建共享与协同创新,不仅有益于教育公平,更有益于优化高等教育体系,是提高高校师生整体素质及增强高校人才培养能力的重要方法。

课程是高等教育教学活动的基本依据和载体。数字技术融入课程教学,能够为学生提供更加丰富的教学环境、灵活的教学活动与即时的评价反馈,减轻教师教学负担,促进学生能力发展。面对现有工作中的问题,相关工作人员必须明确数字化优质教学资源共建共享与协同创新的价值,确定建立数字化优质教学资源库的客观要求。还应该从实际出发,建立全局性眼光,增强细节把控能力,找到推动数字化优质教学资源共建共享与协同创新机制建设和优化的有效路径。针对信息化、数字化手段和教育之间的结合这一重要趋势,建设数字化教学资源的价值更加突出,并结合学校本身的资源以及教学特点设计开发出先进的、可扩展的数字化教学资源,为学生提供更加便捷的学习方式。

在构建数字化优质教学资源共建共享与协同创新机制时不难发现,高校师生缺乏共建共享意识,忽视协同创新思路已成常态,并对相关工作的推进造成了极为严重的阻碍。为此,在建立和优化数字化优质教学资源共建共享与协同创新机制的过程中,相关工作人员应高度重视意识培养和普及工作,提高高校师生和其他参与主体的协作共享、创新发展意识,真正地从思想层面着手消除工作隐患。当然,在此环节还需要不断增强高校师生对多元化、个性化优质数字化教学资源的需求,提高他们对资源共享的期待度,并引导他们正确看待资源共享与校际竞争之间的关系,进而为有效开展建设数字化优质教学资源共建共享与协同创新机制奠定基础。

四、课程评价的多元立体化设计

教育评价事关教育发展方向,有什么样的评价指挥棒,就有什么样的办学导向,所以,评价背后的观念就显得至关重要了。

智能时代教育教学评价改革是时代需求、技术进步、教育发展等多方面共同作用的结果,反映出智能时代对教育教学评价创新的迫切需求。智能时代人才培养需求的变化要求教学评价机制的创新。智能时代深刻改变了社会各行业对劳动者知识、能力、素质的要求,进而改变了教育行业的人才培养目标,亟待建立以学生为中心的知识为基、能力为重、德育为先的德智体美劳人才培养体系。学生的批判性思考能力、协作沟通能力、解决复杂问题能力、创新能力以及"人技"互动能力,成为其面向未来智能时代的关键竞争力。针对新时代人才培养要求,必须创新信息化条件下的教与学方式,发展面向每个人、适合每个人的教育体系。而教育评价是新型教育体系的关键一环,必须通过创新教学评价机制,发挥教育评价的指挥棒作用。

新兴技术在促进教育教学评价方式创新上发挥着重要作用。创新教育评价工具,以大数据、人工智能技术为代表的新兴技术为实现评价方式多元化提供了便利。例如,基于大数据分析技术的评价,不但可以全方位、全过程采集教学数据,而且可以获得情感因素、心理倾向、实践能力等非结构化数据;通过跟踪和记录学生的学习过程并适时发起学习干预,可为教师和学生提供动态、实时的评价反馈,有利于及时调整教学进程;而在区块链等技术支持下,可以设计开发面向终身学习的学分银行,有效构建终身教育立交桥等。

深化教育评价改革是克服"五唯"教育导向的关键途径。2018年全国教育大会上,习近平总书记提出坚决克服唯分数、唯升学、唯文凭、唯论文、唯帽子的顽瘴痼疾的重要指示。在现有人才培养体系下,教学评价内容主要关注的是学生对知识的掌握情况,有可能导致死记硬背、"机械刷题"等现象,对德、智、体、美、劳全面发展考查不足。要重构教育教学评价体系,利用信息技术深化教育评价改革,必须在教育评价内容、评价主体、评价方法、评价工具等方面提供具有针对性的解决方案,支持形成性和个性化的教学评价。

1. 教育教学评价创新典型趋势和案例

为进一步加强对教育教学过程和结果的绩效监测，教育评价创新受到了主要发达国家的广泛关注，涌现出一批典型案例。

强调能力培养，利用学习档案记录成长轨迹。在评价过程中让学生了解到知识偏好、能力缺陷、发展目标等内容，避免以应试成绩为尺度评价教育质量。例如，美国知名私立高中联盟 MTC 采用全新的学生评价体系，评价内容涵盖创造性思维、数理能力等八大类，实现个性化的学生综合评价。

关注学情预测，通过数据分析给予反馈干预。通过监测学生可能存在的学业风险，为这些学生提供个性化的帮助。例如，采集来源于学生信息系统中的基本信息数据和网络学习平台中的学习行为数据，利用定制算法对每一位学习者进行学习预测，以辨别其是否存在学习困难的可能。

注重教学监测，提供基于大数据的自适应学习。以学习者原有的学习储备和个体特征为起点，动态匹配符合"最近发展区"的学习服务。例如，通过对学生在线学习进行跟踪，精准分析学生的认知投入水平和学习目标达成情况，及时推送定制化的学习计划和内容。

2. 信息技术推进评价改革的创新途径

信息技术支持的教育教学评价，既要注重全局性的战略布局和顶层设计，也要关注课程与教学层面的信息化学习方式变革。智能时代需要的教育教学评价改革创新途径主要表现在过程评价、增值评价和综合评价等方面。

强化过程评价，注重教育评价的动态性和诊断性。传统的教育评价方法以总结性评价方式为主，而通过基于技术的数据采集和分析将评价渗透到教学环节之中，对自然状态下评价对象的真实学习行为轨迹进行跟踪，可以实现基于数据分析证据的差异化和适应性教学，提供对教育数据的全过程采集和教育结果的适时反馈，确保学习效果。

优化增值评价，关注学生努力程度和进步表现。开发多样的评价模型，不以学生考试成绩作为评价的唯一标准，通过大数据、人工智能技术采集学生知识、情感、态度、思维和行为等全过程数据，从发展性角度评估学生的努力程度、学习绩效等，关注学生在原基础上的进步程度，形成纵向比较，激发学生内生动力，引导学生德、智、体、美、劳全面发展。

健全综合评价，强化评价主体和手段的多元性。教学评价主体的多元性表现在教师评价、家长评价、同伴评价、自我评价甚至是机器评价的融合发展，推进内部评价与外部评价的整合；教育评价方法的多元性即采用基于智能技术的试题测试、实践操作、面试答辩等不同方法进行综合评价，增强教学评价的客观性、公正性和有效性。

此外，利用智能技术改进结果评价，尤其是优化考试流程，实现从组卷、阅卷到考试管理等各方面的整体提升，也是需要关注的重要内容。

五、课程教学模式的创新性建构

数字化和全球化的交融共生中催生了多种新型的教学模式，对传统的教学模式发起了新的冲击,基于在线教育大规模课程变革的混合式教学模式也大行其道。在疫情期间,从学生学习空间的总体设计出发到定制化学习方案,职业教育的教学模式也逐渐呈现出线上与线下相结合的创新模式。

混合式学习和混合式教学的相关概念认为混合式教学是指在适当的时间,通过应用适当的媒体技术,提供与适当的学习环境相契合的资源和活动,让适当的学生形成适当的能力,从而取得最优化教学效果的教学方式。混合式教学侧重于将传统课堂教学和网络教学的优势相结合,改变教师和学生的角色,体现"以学生为主体,以教师为主导"的教学理念,教师起到引导、支持、监督、控制的作用,学生充分利用教师创建的环境,自由、自主地开展学习。同时,混合式教学可以充分利用各类教学资源,扩展学生的知识面,还可以通过各种教学方法、教学媒体、教学策略等的优化组合、合理利用,发挥学生的主体作用,培养学生的积极性和创造性。

融合智慧教学技术,促进学生智慧成长,是智慧教育的价值旨归。学生智慧的生成源于学生、同伴、教师、资源、课程媒介及学习环境等多要素间的深度交互。创建深度交互环境,推动学生个性化深度学习。

混合式教学作为一种新型的学习方式,受到国内外研究者的关注,并在不断探索中取得了较好的理论和应用成效。混合式教学模式促使教师从讲授型教师向导师型教师转变,使学生从浅层学习向深度学习进阶,由被动学习向主动学习转换,提升了教师的教学执行力和学生的贡献参与力。但受制于学习群体的年轻化、娱乐化,学习方式的碎片化以及学习环境的场景化,混合式教学支持下的部分课堂仍停留在机械式记忆、被动地接受、线性理解阶段,是缺乏批判反思的"浅层学习"。混合式教学下的"浅层学习"呈现出以下特征。

(1) 碎片化。碎片化主要指知识信息是零散、孤立且没有显性交集的。通常学生与同伴间的知识信息基本是对称的,学生与教师间的知识信息是不对称的,为了实现学习者之间知识信息的对称均衡,教师在课程内容重置中引入混合式教学,由于实施过程中施教力度不当,加上线上线下内容零散、孤立,学生不能对知识进行系统管理,导致碎片化学习发生。

(2) 浅层化。浅层化表现为机械记忆、被动式接受,其认知水平停留在记忆、理解层面。由于线上"线性学习"大于"非线性学习"、线下"教的努力"大于"学的努力",导致浅层学习发生。基于此,为了改变混合式教学中的碎片化和浅层化学习状态,本研究引入了深度学习理论,结合混合式教学的实施路径,构建了指向深度学习的"3×3×3"混合式教学模式。该模式作为混合式教学的优化路向,旨在改变机械记忆、被动接受的"浅层学习"状态,促进"深度学习"的发生。

针对上述问题,从"深度学习"的角度进行教学模式的优化。深度学习包括目标维度、过程维度、结果维度三个层面,其中深度学习下的目标维度要求混合式教学满足学习者知识掌握、能力培养和情感体验三方面需求。知识掌握在课前、课中完成。课前知识传递,学生自主观看视频、PPT课件、电子推文等学习资源,完成任务清单并把握重、难点;课中知识迁移和技能内化,采用师生、生生合作方式,通过项目分解、任务驱动方式来实现知识在多场景的创造性应用。能力培养分布于课前、课中和课后三阶段,涵盖认知、自我和人际三大领域。认知领域要求学习者进行自主学习，强调知识迁移以及解决真实情景中的复杂问题；自我领域注重知识过程的批判理解，以及对学习结果的反思总结；人际领域强调学习成果的共享，重视师生、生生间的沟通协作与互动参与。情感体验在于满足学生个性化需求，增强学生在混合式教学环境中的学习体验。过程维度包括准确度、应用度、修正度三个层面，分别发生在课前自主探究、课中协作探究、课后深度探究三阶段。第一阶段为准确度：课前自主探究，主要进行知识传递；第二阶段为应用度：课中协作探究，通过引入项目任务，采用师生、生生合作方式来实现知识迁移和技能内化；第三阶段为修正度：课后深度探究，对任务成果进行修改、完善、反思，进一步巩固知识，提升技能，促进知识的迁移应用。结果维度注重知识点在多场景的迁移应用，强调对学习过程和学习结果的评价。

参 考 文 献

[1] 翟海魂. 课程是提高高等教育质量的关键[J]. 河南科技学院学报, 2011 (2): 1.
[2] 张冰洁. 中英职业教育课程模式比较研究——以英国 BTEC 课程模式为例[J]. 职业教育研究, 2015 (1): 15.
[3] 姜大源. 论中国高等职业教育对世界教育的独特贡献[J]. 中国职业技术教育, 2015 (36): 11-19.
[4] 吴全全, 闫智勇, 姜大源. 产业升级背景下职业教育专业优化及课程设置的筹策[J]. 天津中德应用技术大学学报, 2021 (3): 6-24.
[5] 张健, 陈清. 职业教育课程目标确认的价值、依据与内涵[J]. 职教发展研究, 2019 (1): 5.
[6] 张仲林, 薛立军. 当代职业教育理论与实践发展研究[M]. 哈尔滨: 东北林业大学出版社, 2008.
[7] 黄炎培. 职业教育论[M]. 北京: 商务印书馆, 2019.
[8] 陶行知. 陶行知教育名篇[M]. 北京: 教育科学出版社, 2013.
[9] 邓泽民, 侯金柱. 职业教育教材设计[M]. 2 版. 北京: 中国铁道出版社, 2006: 125.
[10] 徐国庆. 职业教育教材设计的三维理论[J]. 华东师范大学学报（教育科学版）, 2015, 33 (2): 41-48.
[11] 刘炜杰. 职业教育项目课程的教学目标设计——以加工制造业为例[J]. 职教论坛, 2014 (9): 74-77.
[12] 张家军, 韦敏. 自主学习视域下远程学习者在线学习力的现实样态及提升策略研究[J]. 电化教育研究, 2021, 42 (10): 48-53, 62.
[13] 庄西真. 论增值评价对职业教育高质量发展的意义[J]. 中国职业技术教育, 2021 (4): 12-17.
[14] 王鑫, 刘力. 过程性评价的含义及其相关概念辨析[J]. 中国教育技术装备, 2020 (22): 10-12.